越城年鉴数字版

# 越城年鉴

YUECHENG ANNUAL

# 2021

绍兴市越城区人民政府 主办
绍兴市越城区档案馆 编

方志出版社
Publishing House of Local Records

图书在版编目（CIP）数据

越城年鉴 . 2021 / 绍兴市越城区档案馆编 . -- 北京：方志出版社，2021.11
ISBN 978-7-5144-4972-3

Ⅰ . ①越… Ⅱ . ①绍… Ⅲ . ①区（城市）—绍兴—2021 —年鉴 Ⅳ . ① Z525.54

中国版本图书馆 CIP 数据核字（2021）第 275612 号

## 越城年鉴（2021）

编　　者：绍兴市越城区档案馆
责任编辑：王　娜
出 版 者：方志出版社
地址　北京市朝阳区潘家园东里 9 号（国家方志馆 4 层）
邮编　100021
网址　http://www.zgfzcb.cn
发　　行：方志出版社图书经销中心
电　话（010）67110500
经　　销：各地新华书店
印　　刷：绍兴市越生彩印有限公司
开　　本：889mm × 1194mm　　1/16
印　　张：23
字　　数：567 千字
版　　次：2021 年 11 月第 1 版　　2021 年 11 月第 1 次印刷
印　　数：001～600 册
ISBN　978-7-5144-4972-3　　定价：200.00 元

# 越城区党史地方志工作委员会

顾　　问：徐　军
主　　任：钱林江
副 主 任：应尧刚　周春雨　盛卓异　王柏振
委　　员：（按姓氏笔划排序）
马　超　王小伟　王月娟　王吉程　王　挺
朱建华　刘明华　汤　华　寿建明　谷　丰
沈华清　张国昌　陈志平　陈继瑞　陈智明
罗方远　金建兴　周志红　周　胜　单伟国
单曙光　赵雄伟　胡淼华　娄建成　祝卫越
徐卫东　曹刚勇　章国荣　葛卫江　董湘颐
蒋　坚　蒋铁奇　谢勇峰　谢　菁　戴志根
戴宝水　魏珂赛

# 《越城年鉴》编辑部

主　　编：董湘颐
编　　辑：（按姓氏笔划排序）
王锐勋　冯玲玲　沈婷婷　陈　沉　徐丽娟
屠益峰　第　尔　董晓燕　虞子平

# 2020 年越城区<br>获得省级及以上荣誉

2019—2020 年全国节约型公共机构示范单位

2019 年度一星平安金鼎的平安县（市、区）

2019 年度全省“零进京扰序”县（市、区）

2019 年全省生活垃圾分类工作优秀县（市、区）

2019 年度全省农村生活垃圾分类处理工作成效明显县（市、区）

# 2020年越城区
# 省级及以上试点工作

- 国家级基金监管信用体系建设试点
- 重大决策社会风险评估工作省级试点
- 家电行业省级分行业改造试点
- 5G基站“一件事”集成改革省级试点
- 全省水利工程管理“三化”改革试点
- 浙江省不动产登记电子证明项目试点
- 浙江省智能化残疾人证试点
- 全省档案工作服务农村基层社会治理试点

# 2020 年越城区高质量贡献奖名单（集体）

## 产业、城市领域

浙江富陵控股集团有限公司
浙江中成控股集团有限公司
中芯集成电路制造（绍兴）有限公司
浙江绍兴苏泊尔生活电器有限公司
浙江医药股份有限公司
振德医疗用品股份有限公司
浙江佳宝新纤维集团有限公司
喜临门家具股份有限公司
绍兴翔宇绿色包装有限公司
浙江七色彩虹控股集团有限公司
浙江耀锋动力科技有限公司
绍兴金帝银泰购物中心有限公司
华汇工程设计集团股份有限公司
绍兴市咸亨酒店有限公司
浙江绍兴彤尔尚居家空间有限公司
绍兴市千客隆超市有限公司
浙江东利源供应链管理有限公司
绍兴菲滋意式餐饮服务有限公司
绍兴凡尔赛纺织品有限公司
浙江一景生态牧业有限公司
绍兴民乐粮油专业合作社
长业建设集团有限公司
浙江环宇建设集团有限公司
浙江禹建建设集团有限公司
中富建设集团有限公司
浙江宝厦建设有限公司
绍兴京越房地产开发有限公司
绍兴龙坤房地产开发有限公司
绍兴武地臻雅置业有限公司
绍兴汀光房地产开发有限公司

## 文化领域

浙江越生文化传媒集团有限公司
浙江特立宙动画影视有限公司
浙江视联文化传播有限公司
绍兴市迎恩门文化旅游发展有限公司
越城区文化市场综合行政执法队

## 生态领域

绍兴市环保科技服务中心
浙江工业大学绍兴研究院
浙江益壤环保科技有限公司
绍兴奇尚商业设施系统有限公司
越城区环境信息中心

## 创新领域

中国纺织科学研究院江南分院
绍兴东湖高科股份有限公司
浙江上方电子设备有限公司
浙江贝得药业有限公司
浙江光特科技有限公司
绍兴拓邦电子科技有限公司
浙江海隆生物科技有限公司
浙江新码生物医药有限公司
绍兴绿斯达新材料有限公司
越城区生产力促进中心

## 开放领域

长电集成电路（绍兴）有限公司
浙江芯测半导体有限公司
浙江最成半导体科技有限公司
浙江德琪医药科技有限公司
浙江三花智控股份有限公司
浙江锦盛新材料有限公司
绍兴市戎马汽车零部件有限公司
绍兴水木湾区科学园有限公司
越城区市场监管局行政许可中心
绍兴滨海新区驻北京招商团队

## 营商环境领域

营商环境观察员队伍
中国建设银行越城支行党支部
府山街道越都社区党委
绍兴电力局用电管理所
斗门商会

## 基层治理领域

社会事业：

绍兴唯尔福妇幼用品有限公司
越城区人力资源服务中心
越城区疾病预防控制中心
陶堰街道社区卫生服务中心
绍兴市群贤小学

社会治理：

越城区委政法委基层治理科
越城区公安分局治安大队
袍江人民法庭
越城区检察院第六检察部
越城区消防救援大队大队部
府山街道书圣故里社区
稽山街道综合信息指挥室
皋埠街道综合信息指挥室
鉴湖街道综治办
富盛镇综治办

**图 1 "十三五"期间越城区生产总值增长情况图**

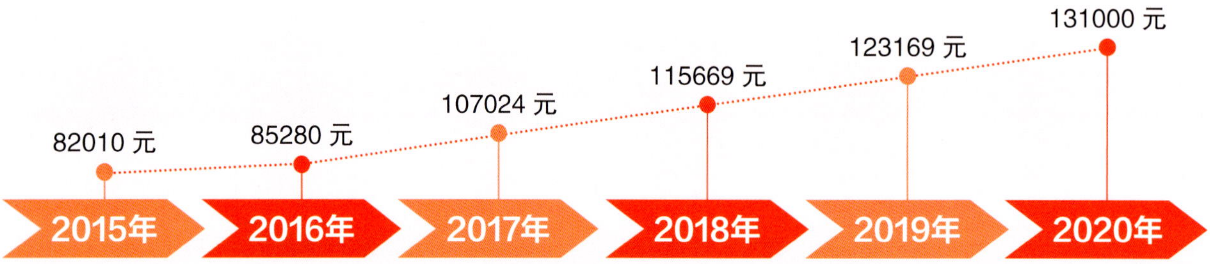


**图 2 "十三五"期间越城区人均生产总值增长情况图**

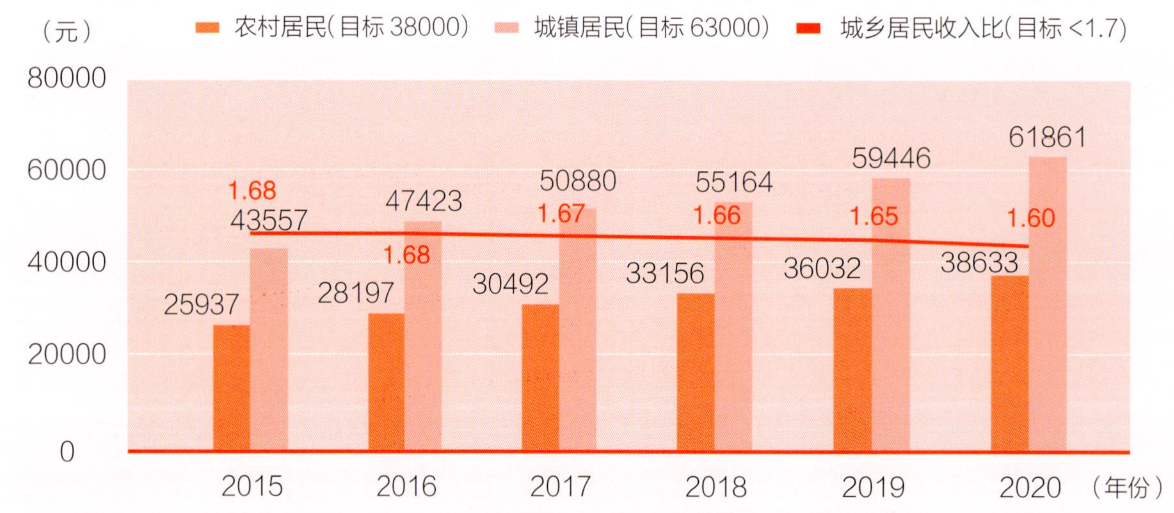


**图 3 "十三五"期间越城区城乡居民收入情况图**

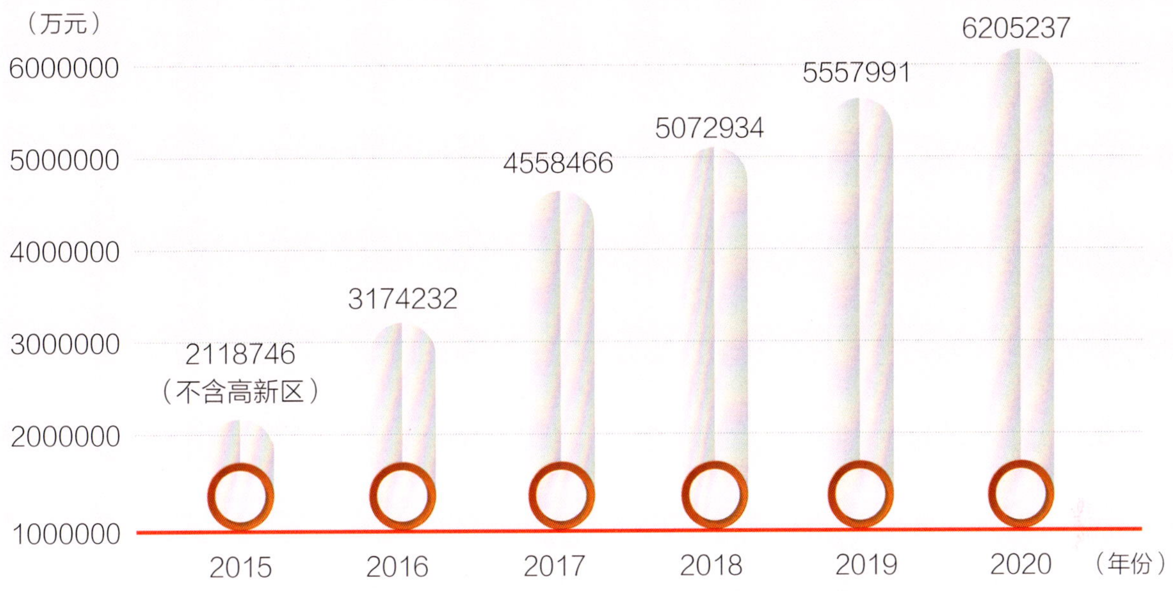


**图 4 “十三五”期间越城区社会消费品零售额增长情况图**

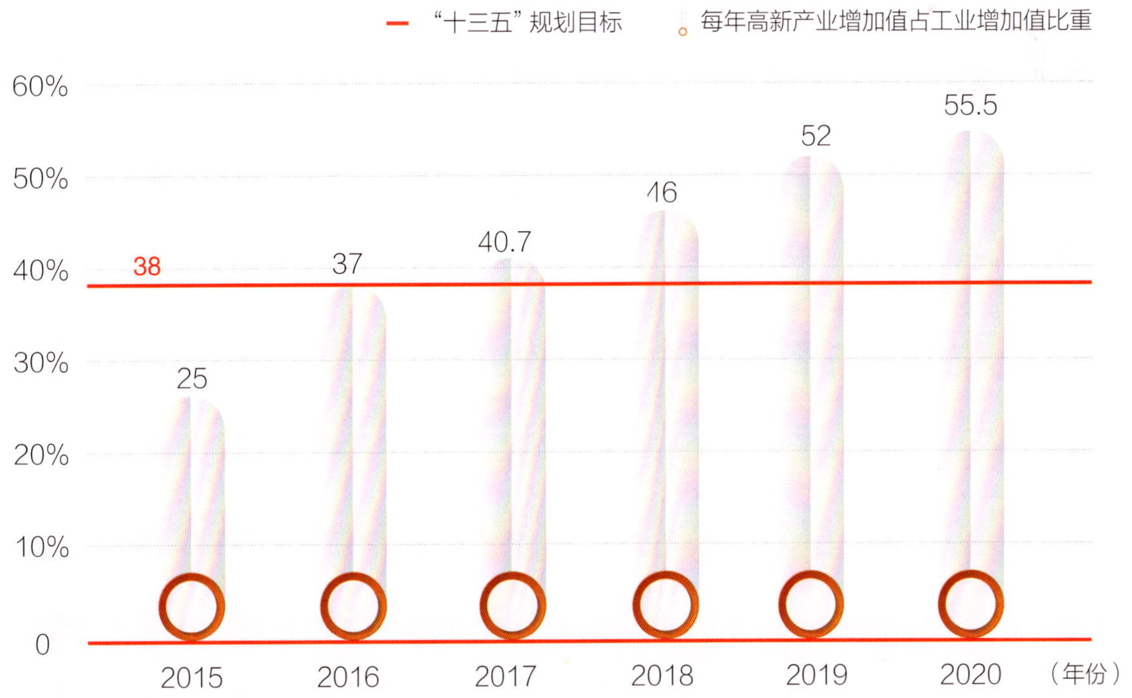


**图 5 “十三五”期间越城区高新技术产业增加值占比情况图**

▲ 2020 年 1 月 8 日，越城区九届人大四次会议开幕式主席台合影（区委宣传部　提供）

▲ 2020 年 7 月 24 日，越城区管领导干部政治能力提升专题班开班，区委书记金晓明宣讲省委十四届七次全会精神（区委组织部　提供）

▲ 2020 年，越城区委党校举办“学习习近平总书记考察浙江重要讲话精神”主题展（区委党校　提供）

▲ 2020 年 12 月 24 日，第四届浙江省基层党建论坛在越城区举办（区委宣传部　提供）

## 越城区社区党建"契约化"共建 10 周年大事记

**2008年**

- "契约化"共建在越都社区进行试点，探索出"五约"流程（谈约、签约、亮约、履约、评约）、四类菜单（责任、服务、资源、个性）、双向服务等工作法。

**2010年**

- 1 月 22 日，时任中共中央政治局常委、中央书记处书记、国家副主席习近平在第三批深入学习实践科学发展观活动简报上对越城区社区党建"契约化"共建作出重要批示，对"契约化"共建给予充分肯定。

**2011年**

- 10 月，国务院领导在视察越城区社区工作时，对社区党建"契约化"共建给予充分肯定。
- 绍兴市社区党建"契约化"共建工作推进会在越城区召开，这项经验在绍兴全市进行标准化推广。越城区被评为绍兴市基层组织建设先进区。

**2012年**

- 社区党建"契约化"共建被评为全省服务型基层党组织建设十大品牌之一。

**2015年**

- "契约化"共建推行项化管理，"契约化共建、目化管理"成为新的工亮点，同时开展"一居特色"建设，成效显著。

▲ 2020年12月24日，越城区委书记金晓明在第四届浙江省党建论坛上作主旨发言（区委宣传部　提供）

**2018年**

- 5月24日，绍兴市城市基层党建现场会在越城区召开。越城区出台《关于深化“契约化”共建　以新时代城市基层党建引领城市基层治理全面提升的实施意见》。
- 首个楼宇党建联盟在灵芝街道成立，楼宇商圈党建“五双工程”在迪荡街道实施。
- 越城区深化在职党员“两地报到”工作，全面开展“人人契约”行动，目前全区已有5万余名党员完成报到，100%签订了个人共建契约。

**2019年**

- “契约化”共建推行项目化管理，“契约化共建、项目化管理”成为新的工作亮点，同时开展“一居一特色”建设，成效显著。
- “契约化”共建被评为全国城市基层党建创新案例。

**2020年**

- 1月22日，在国家领导人批示“契约化”共建10周年之际，越城区委召开全区深化新时代党建“契约化”共建工作现场会，“契约化”共建开启新征程。
- 4月，绍兴市将驻村指导员、民情日记、社区党建“契约化”共建等成功经验有机结合，高质量开展“三驻三服务”。

▲ 2020 年 2 月 4 日，越城区召开区委常委会布置疫情防控工作（区委宣传部　提供）

## 滨海新区复工复产“九项机制”

- 服务专班制
- 驻企指导制
- 网上备案制
- 分类管控制
- 主体责任制
- 居住保障制
- 物流通畅制
- 应急处置制
- 责任豁免制

## 村社防疫“二十字指南”

- 镇街指导
- 村社自治
- 居家隔离
- 设卡登记
- 生活保障

## 企业复工“八步法”

- 早通知　建台账
- 快隔离　严审批
- 勤报告　强处置
- 优保障　常督查

▲《绝不放松》(稽山街道　提供)

▲ 2020年2月28日,越城区企业复工集中服务中心启用,建有临时集中安置用房12幢,总建筑面积28262平方米(区委宣传部　提供)

▲ 大湾之滨　向海而生(滨海新区管委会　提供)

▲ 2020 年 10 月 22 日，越城区、滨海新区召开建设全市首位度营商环境大会（区委宣传部　提供）

全力打造

全覆盖、全天候、无差别、

数字化、低成本

的最优营商环境

"1+10"营商环境改革

1 开展营商环境优化提标行动

1 推进投资促进体系改革

2 深化投资项目审批服务改革

3 推进政府数字化转型改革

4 开展办企办税便利化改革

5 推进建筑许可财产登记改革

6 深化建设工程招投标改革

7 推进跨境贸易综合改革

8 开展惠企政策一体化改革

9 深化信用监管体制改革

10 深化创新创业生态改革

▲ 2020 年 11 月 24 日，2020 中国（绍兴）第三届集成电路产业峰会在越城区举办（区委宣传部　提供）

▲ 浙江省首批“万亩千亿”新产业平台——绍兴集成电路产业平台（营商环境提升专班　提供）

▲ 2020年11月29日，中国（绍兴）首届生物医药峰会在越城区举行（区委宣传部　提供）

▲ 浙江省第二批“万亩千亿”新产业平台——绍兴滨海新区高端生物医药产业平台（营商环境提升专班　提供）

▲ 区委书记金晓明在2020“同心·越城”大会上发表主旨讲话（区委统战部　提供）

▲ 2020年4月17日，越城区人民政府、北京融创控股集团有限公司、深融文旅三方就绍兴黄酒小镇开发建设项目，签订战略协议（黄酒小镇管委会　提供）

▲ 2020年6月3日，长电集成电路（绍
有限公司300毫米集成电路中道
进封装生产线项目一期厂房开工

▲ 2020 年 10 月 24 日，2020“同心·越城”大会召开，设 1 个主会场和 12 个网络分会场。图为部分与会嘉宾合影（区委统战部　提供）

（区委宣传部 提供）

▲ 2020 年 6 月 22 日，绍兴黄酒小镇开发项目投资合作协议签约仪式举行（黄酒小镇管委会　提供）

▲ 2020年12月9日，全国城乡社区治理宣传工作暨社区治理能力现代化培训班在越城区举办(区委宣传部　提供)

▲ 越城区公安分局民意感知中心(区公安分局　提供)

▲ 马山街道“裘说法”调解中心

▲ 越城区社会综合治理矩阵平台(陈楠　摄)

(陈楠　摄)

▲ 北海街道西湖新村智能安防室(陈楠　摄)

▲ 轨道交通地铁一号线建设进行时(区委宣传部　提供)

▲ 杭绍台铁路越城区段施工现场(孙端街道　提供)

▲ 孙端街道小库村从“经济薄弱村”蝶变为“精品村”（鲁人杰 摄）

▲ 孙端街道田园丰收节（区委宣传部　提供）

▲ 马海闸站（区水利局　提供）

▲ 富盛镇托斯卡纳庄园（富盛镇　提供）

# 编辑说明

一、《越城年鉴(2021)》全面、系统、客观地记述越城区 2020 年自然、经济、政治、文化和社会生活的基本面貌及发展状况，为区委、区政府科学决策提供依据，为社会各界了解越城区情提供资料，为研究越城区和编修《越城区志》积累史料，为越城区争当“四个率先”先行区、打造全市首位度中心城区，争创社会主义现代化先行省的区域发展之路注入文化自信。

二、《越城年鉴(2021)》以马克思列宁主义、毛泽东思想、邓小平理论、“三个代表”重要思想、科学发展观、习近平新时代中国特色社会主义思想为指导，坚持辩证唯物主义和历史唯物主义的立场、观点和方法，实事求是地记述一年中的人、事、物，力求思想性、科学性和信息性的统一。

三、《越城年鉴(2021)》记述的区域范围为 2020 年越城区境。记述的时限为 2020 年 1 月 1 日至 12 月 31 日。部分跨年度发生的事物，以本年鉴截稿时间为止。记述内容包括建制、环境、经济、政治、文化、社会、人物等各个方面，重点记述年度内的大事、要事、特事，反映年度新变化、新经验、新问题，务求真实性、实用性。

四、《越城年鉴(2021)》分类目、分目、条目 3 个层次编辑，类目下一般设综述，分目下设概况，以便记述事物的变化和基本数据，条目为基本单位，一事一条，动态记述。

五、《越城年鉴(2021)》除专文外，采用记述体。文风力求严谨、朴实、简洁、通畅。文字、称谓、数字、纪年、标点、符号等，一般均按国家规定书写、应用，农田土地面积仍沿用“亩”作为计量单位。

六、《越城年鉴(2021)》所载文字内容及数据，均由区有关职能部门提供，并经各级领导和相关专业部门审核。部分数据由于来源、统计口径等方面的原因，不同部门提供的同项目数据存在不一，以当年《越城区统计年鉴》为准。

# 目 录

## 中共越城区委员会

## 越城区人民代表大会

## 越城区人民政府



## 政协越城区委员会

## 中共越城区纪律检查委员会



## 民主党派　工商联



## 群众团体

## 军 事

## 法　治

## 农业 农村

## 城乡建设与管理



## 经济管理

## 财　税

## 科学技术



## 教　育

## 体 育



## 文化传媒

## 卫生健康

## 劳动和社会保障



## 社会事务

## 镇　街

## 附　录



## 人　物

## 区委重要文件目录选编

## 区政府重要文件目录选编

## 索 引

# 特　载

## “十三五”时期越城区发展成就

### （一）活力越城绽放发展光彩

经过五年发展，越城已经跃升为一座经济强劲、创新活跃的活力之城。

**1. 聚焦重大改革，综合实力大幅跃升**。五年来，越城区抢抓重大改革机遇，全面整合国家级高新区、国家级经开区，与滨海新区政区合一，以大平台支撑全区经济社会赶超式发展。2020 年地区生产总值突破 1000 亿元，人均生产总值达到 13.1 万元，年均增长 9.1%。一般公共预算收入达到 72.69 亿元，是 2015 年的 3.3 倍。固定资产投资、社会消费品零售总额、外贸出口分别为 565 亿元、620.5 亿元、566.7 亿元，是 2015 年的 4.2 倍、2.9 倍和 4.9 倍。

**2. 聚焦动能转换，产业升级步伐加快**。五年来，越城区坚定不移念好“两业经”，大力实施招商引资“一把手工程”、数字经济“一号工程”，累计利用外资 8.4 亿美元，引进内资 300 亿元。集成电路产业和高端生物医药产业平台入选全省“万亩千亿”新产业平台，中芯国际、长电科技、越海百奥等一批重大项目相继落户，印染化工等传统产业改造提升有序推进，家用电器制造业改造提升、小微企业“银商合作”列入全省试点，小微园区数和入园企业数均居全市首位。

**3. 聚焦科技赋能，创新动力显著增强**。五年来，越城区全面实施创新驱动发展战略，大力实施“科技新政”“人才新政”，科技创新体系不断完善。累计建成区级以上创新园区 39 个、总面积 70 万平方米，先后引进水木湾区科学园、复旦科技园、浙大研究院等校地合作平台，入选省级产业创新服务综合体 5 个、总数全市第一，引育高层次人才 216 名，国家高新技术企业增至 344 家，规上工业企业研发中心实现全覆盖，全社会研发费用投入增长 7.8 倍，高新技术产业增加值占比提高到 55.5%。

### （二）品质越城彰显城市风华

经过五年发展，越城已跃居成为一座文明富裕、生态宜居的品质之城。

**4. 聚焦城乡一体，城市形象持续提升**。五年来，越城区坚定不移唱好“双城计”，投入 650

亿元，完成拆迁征收1050万平方米、惠及居民31500余户、腾出空间2万余亩，极大拓展城市发展空间，常住人口城镇化率达到81%。古城保护利用全面加速，实现古城道路沿线景观提升全覆盖，“一城一桥三故里”项目群形象全面呈现，古城面貌焕然一新。合力推进全市域交通基础设施互联互通，区内在建工地近500个、总投资超2000亿元，32省道、群贤路、凤林路、绍三线北延、迪荡湖隧道等主干道路建成通车，新三江闸等百亿水利工程顺利推进。城市管理智慧升级，高分通过全国卫生城市、全国文明城市复评。连续三年成功举办“同心·越城”大会、集成电路产业峰会、中德峰会等重大活动，城市美誉度显著提高。大力实施乡村振兴战略，高质量完成全国农村集体产权制度改革试点、小城镇环境综合整治，全面启动美丽城镇建设，创成“五星3A”村129个、新时代美丽乡村85个，消除年经营性收入30万元以下经济薄弱村。累计完成“三改”2100余万平方米、拆违884万平方米，获批省“基本无违建区”、国土资源节约集约模范区。

**5．聚焦生态建设，污染防治成效显著**。五年来，越城区深入贯彻“两山”理念，生态环境质量公众满意度预计达到80%以上。坚决打好蓝天保卫战，空气质量优良率升至85%，PM2.5年平均浓度降至27微克/立方米，改善率全省第一。大力实施“污水革命”，全面剿灭V类、劣V类水体，“污水零直排区”建设实现全覆盖，功能区水质达标率保持100%，获评省“清三河达标区”“五水共治”（河长制）工作优秀县（市、区），夺得“大禹鼎”。提质推进“垃圾革命”，城乡生活垃圾分类覆盖率分别达到98.2%、96.7%，连续两年荣获全省生活垃圾分类工作优秀县（市、区）。扎实开展“无废城市”建设试点，垃圾总量实现负增长，资源化利用率、无害化处置率均达100%。城乡公厕提标改造实现全覆盖。

**6．聚焦数字赋能，营商环境不断优化**。五年来，越城区坚定不移打造“活力城”，平稳高效完成机构改革、区划调整，有效承接三轮下放事权，基本实现“三区同权”，区级自转功能全面增强。深入推进“最多跑一次”改革，加快实现“一窗受理”“一网办理”，网上办、掌上办、跑零次、即办率分别达100%、95.8%、96.8%、83.4%，镇、村便民服务中心实现全覆盖。大力实施优化营商环境“10+N”便利化行动，落实减税降费、“五减”资金超50亿元，实施企业和个人全生命周期“一件事”改革，更高要求“减环节、减时间、减材料、减跑动”。推进5G基站建设审批“一件事”集成改革省级试点，建成5G基站1300余个，基本实现主城区5G信号全覆盖。加快推进政府数字化转型，提升“浙里办”“浙政钉”应用水平，着力构建线上线下融合的政务服务体系，“15分钟政务服务圈”基本建成。

## （三）和谐越城展现幸福画卷

经过五年发展，越城已经跃居成为一座幸福和谐、以人为本的魅力之城。

**7．聚焦共建共享，民生事业协调发展**。五年来，越城区扎实办好民生实事，一般公共预算内民生支出累计达200亿元。累计新增就业岗位13万个，城乡居民人均可支配收入分别达到6.19万元、3.86万元，收入比降至1.60，社保、医保参保率均超过99%。新扩建学校42所、新增学生容量2.8万个，省义务教育标准化学校创建率达100%，获评省“教育基本现代化区”。成立越城区人民医院，投资12亿元的新院动工建设，医联体、健共体实现全覆盖，“15分钟医疗服务圈”基本形成。全面实施老旧小区改造，基本消除城乡C级D级危房。率先实现城乡一体化供水，镇街示范性养老服务中心实现全覆盖，成功联创省“双拥模范城”。

**8. 聚焦整体治理，社会大局保持稳定**。五年来，越城区大力推进平安越城建设，群众安全感实现“五连升”。统筹“两战”取得重大胜利，实施全省第一个整村医学隔离，较早实现疫情“未扩散”、患者“零死亡”、医护“零感染”目标，复产指数位列全市第一。创新发展新时代“枫桥经验”，深入推广党建“契约化”共建、五邻社等社区治理新模式，成功列入全国社区治理和服务创新实验区、新时代文明实践中心建设试点区，“四治融合”格局基本形成。纵深推进扫黑除恶专项斗争，持续实施安全生产专项整治，刑事治安警情、安全事故率、死亡人数年均下降16%、20%、25%，成功创建省级食品安全区、农产品质量安全放心区、渔业平安示范县，连续十五年荣膺省平安县（市、区）称号，成功夺得“一星金鼎”。

**“十三五”规划主要指标完成情况**

表1

| 序号 | 指标名称 | | 2020年目标值 | 2020年预计值 | 完成情况 |
|---|---|---|---|---|---|
| 1 | 全区生产总值（亿元） | | 1000 | 1008.5 | 完成 |
| 2 | 人均生产总值（元） | | 130000 | 130913 | 完成 |
| 3 | 公共财政预算收入（亿元） | | 72.69 | 72.69 | 完成 |
| 4 | 固定资产投资（亿元） | | 550 | 565 | 完成 |
| 5 | 社会消费品零售总额（亿元） | | 600 | 620.5 | 完成 |
| 6 | 第三产业增加值（亿元） | | 620 | 634.5 | 完成 |
| 7 | 高新技术产业增加值占工业增加值的比重（%） | | 40 | 56 | 完成 |
| 8 | 研究与试验发展经费支出占GDP比重（%） | | 2 | 2.4 | 完成 |
| 9 | 专利授权量（件） | | 4500 | 6500 | 完成 |
| 10 | 新增人才资源数量（万人） | | 10 | 10 | 完成 |
| 11 | 外贸出口（亿元） | | 430 | 566.7 | 完成 |
| 12 | 新增城镇就业人数（万人） | | 8 | 10 | 完成 |
| 13 | 城乡居民医疗保险参保率（%） | | ≥99 | ≥99 | 完成 |
| 14 | 城镇登记失业率（%） | | 2.5 | 1.8 | 完成 |
| 15 | 城镇常住居民人均可支配收入（元） | | 63000 | 61860 | 完成 |
| 16 | 农村常住居民人均可支配收入（元） | | 38000 | 38632 | 完成 |
| 17 | 义务教育学校省标准化达标率（%） | | ≥98 | 100 | 完成 |
| 18 | 人均期望寿命（年） | | 81 | 82.99 | 完成 |
| 19 | 机构养老床位数占老年人口总数比例（%） | | 4 | 4.13 | 完成 |
| 20 | 规模以上单位工业增加值能耗降低率（%） | | 市下达指标 | 完成市下达指标 | 完成 |
| 21 | 主要污染物排放（万吨） | 化学需氧量排放（万吨） | 市下达指标 | 完成市下达指标 | 完成 |
| | | 氨氮排放（万吨） | | 完成市下达指标 | 完成 |
| | | 二氧化硫排放（万吨） | | 完成市下达指标 | 完成 |
| | | 氮氧化物排放（万吨） | | 完成市下达指标 | 完成 |

续表 1

| 序号 | 指标名称 | 2020 年目标值 | 2020 年预计值 | 完成情况 |
|---|---|---|---|---|
| 22 | 单位生产总值二氧化碳排放量(吨 / 万元) | — | — | 不考核 |
| 23 | 全年优良天气达标率(%) | ≥ 80 | 85 | 完成 |
| 24 | 地表水环境质量合格率(%) | 100 | 100 | 完成 |
| 25 | 生态环境质量公众满意度(%) | ≥ 75 | 80 | 完成 |
| 26 | 城市化率(%) | 80 | 81 | 完成 |
| 27 | 城乡居民收入比 | < 1.7 | 1.60 | 完成 |
| 28 | 亿元生产总值生产安全事故死亡率(%) | < 0.1 | 0.011 | 完成 |
| 29 | 民生改善满意度(%) | > 75 | 80 | 完成 |

说明：为体现可比性，2020 年目标值和预计值均为不含沥海街道数据

# 浙江越城"战疫兵法"书写县域之治

"郡县治,则天下安",2020年这场突如其来的新冠疫情,考验了一个国家的治理效能,也检验着一城一域的治理水平。

从"遭遇战"到"阻击战",率先于浙江省采取整村隔离医学观察、药企承担浙江一半以上口罩生产重担、创村社防控"20字法"和企业复工"8步法"……疫情面前,浙江省绍兴市越城区观势、谋局、落子,万众一心实现"平战转换"张弛有度,书写了上下同欲者胜的"战疫兵法"。

"疫情发生以来,越城区步步为营、环环相扣,到目前为止也是取得了阶段性的重要胜利。"在绍兴市越城区委书记、滨海新区党工委副书记、管委会副主任(主持工作)金晓明看来,疫情如一面镜子,既照射出了地方的防疫治理能力,也折射出地方的产业结构和经济发展水平。

## 连夜布局"作战图"创浙江首个整村隔离村

今年年初突发的疫情,打破了各个城市发展节奏,武汉被突如其来的疫情袭击。和一般乡镇不同,越城区孙端街道诸多村庄历来有外出务工经商的传统,春节前夕部分在武汉务工者也大多返乡。

回想起当时,金晓明仍然觉得惊心动魄——经摸排,孙端街道武汉返乡人员450余名,除夕夜当天,孙端街道新河村摸排出了3个疑似病例。基层是"第一道防疫线",守住了孙端街道就是守住了越城区,但缺乏经验,怎么办?

1月23日,浙江启动重大突发公共卫生事件一级响应。"绍兴市委、市政府主要领导商量后,绍兴市市长盛阅春正月初一傍晚专门打电话给我,要越城区考虑怎么进一步做好隔离措施。"金晓明介绍,越城区疫情防控指挥部连夜研究隔离方案,多种方案都被否决后,最终选择对新河村和镇塘殿村实行整村隔离,同步对孙端街道的外围进行第二层隔离。

谋定后动。方案落定,1700多户、5000多人口,如何执行?当晚,整个区陆陆续续召开四五场会议,街道班子成员开会、所有村党支部书记开会等,统一思想、明确要求,开会时手机也统一收管。会议的同时，该区调兵遣将，调集公安、综合执法人员和民兵前往街道和村子设卡，还派遣两位副局长到街道支援。

“那一晚是不眠之夜。”金晓明回忆，凌晨5点左右外围设卡已经全部就位，一大清早统一开会后的党员们，立马分头行动到居民家做思想工作。

启动整村隔离背景下，不少民众出行受限，难免有恐慌心理，越城区则将后勤保障工作做到细致入微。据了解，当地每天每户按100元标准统一上门配菜，每天定时上门回收生活垃圾，医护人员一天两次上门测体温等检查，其也成为浙江省首个采取整村隔离医学观察的村。

“这是新生事物，当时还是很担心考虑不周全而引发次生问题，所以越城区后勤工作尽可能周到。”金晓明谈及，除了起初的4例输入性病例，隔离措施之后，两个村都未再出现新增和疑似病例，达到预期效果。

“无恃其不来，恃吾有以待也”。当“未知数”降临越城，果断出击、科学布局成了越城区临危不乱的兵法。

## 万众一心协力战疫 药企肩扛“战时的兵工厂”

街道这场“战疫”的首战告捷，不仅极大地增加了整个县域抗疫的信心，还率先于浙江省推出“镇街指导，村社自治，居家隔离，设卡登记，生活保障”的20字村社防疫指南。

在越城区，医务人员、公安等纷纷化作“逆行者”、党员干部日夜坚守挺在一线为民解忧、老百姓自觉居家减少外出、文艺工作者用艺术力量鼓舞人心……众志成城、上下同心，加速了战疫胜利。

在金晓明的心目中，除了万众一心战疫让他感动，在最困难的时候，辖区内的医药企业主动扛起“兵工厂”重担，也让他深感自豪。

疫情突袭而至，全国防护用品告急，口罩成了特别紧缺的资源。值得庆幸的是，越城区以生物医药产业为特色，不少生产口罩、防护服的企业与政府联手，为全国抗疫输送“武器”。

“当时所有企业都已经或正准备放假过年，外地员工大多已回老家，越城区要求一些重点企业抓紧恢复产能。”让金晓明印象最深刻的是“振德医疗”，“除夕那天跟企业老总交谈时，他的大局意识非常强，马上打电话紧急召回员工。本地的党员干部先回来，同步把外地员工也请回来，所付的工资是平时的5倍。”

企业紧锣密鼓的生产中，越城区关注到企业的原料和设备仍比较紧张，政府也通过自身各式渠道，帮助企业采购熔喷布、口罩生产设备等，助力扩大产能。

“当时的口罩是紧缺物资，省里、工信部都希望越城区支援，当时越城区跟市里做汇报，市里也很支持。”金晓明谈及，除了绍兴市、越城区本地留了一些自用，企业生产的防护用品绝大部分都支援了浙江乃至全国，“在最紧张的时候，浙江一半以上的医用口罩由越城区提供的。2月份，时任浙江省省长袁家军专程到医疗企业慰问，称赞企业是‘战时的兵工厂’，做了高度评价。”

兵法云：上下同欲者胜。为反击疫情，社会各界“一条心”成了越城区取胜的兵法。

## 经济“停摆”地区生产总值却逆势而上 招商引资成绩斐然

金晓明给出一组对比数据：上半年，全国GDP下降1.6%，浙江省增长0.5%，绍兴市增长0.7%，对比之下，越城区地区生产总值增长1.7%。其中，13项主要经济指标位居绍兴市前二。“这份亮眼成绩，与越城区防疫有效、复工复产有力、狠抓招商引资密不可分。”

复工复产一启动，“越城经验”频频出炉。针对企业，越城特别推出早通知、建台账、快隔离等复工复产“8步法”，企业上岗前，相关部门专门组织业务培训介绍详情。同时，浙江省首批四大新区之一的绍兴滨海新区推出企业复工复产九项机制，包括服务专班制、驻企指导制、网上备案制等，尽可能减少疫情冲击。

疫情导致地方经济几乎处于“停摆”状态，而在疫情防控和复工复产“两手抓”阶段，金晓明却忙碌着招商引资，“复工复产过程中，越城区接待了一波又一波全国各地的客商，交谈过程中，客商都异口同声提到了这一次浙江在防疫中的出色表现，也对越城防疫成绩表示充分肯定。”

320亿元“重塑”黄酒小镇项目签约、100亿元双成半导体设计产业平台项目“屏对屏”签约、1000亩的国科生命健康创新园正式签约……复工复产以来，聚焦集成电路、高端生物医药两大“万亩千亿”新产业平台以及文化旅游业，越城区重大产业项目加速招引集聚。今年以来，共招引10亿元以上项目24个，总投资992亿元，其中入选第一批浙江省重大产业项目12个，总投资327亿元，用地4222亩，分别占该省7%、10%、11%。

“所谓危中有机，越城区就牢牢抓住机遇，所以也在招商引资上有了溢出效应。”金晓明无不自豪，同时也对未来充满信心，“越城处于新旧动能转换的重要历史机遇期，疫情之下各地不少经济指标受影响，但越城的新兴产业比如上半年的出口数据反而逆势上扬，所以不论是疫情还是产业转型升级，都对越城下一步发展带来了机遇。”

从最初的争分夺秒、闻令即动到后来的擘画有道、张弛有度，日夜兼程的战疫中，越城区既骁勇善战护佑了一方百姓安宁，也敢于冲锋在前为全国抗疫输出“兵器”，为城市发展赢得机遇，也为中国之治贡献“越城智慧”。（中新网 绍兴 10月19日电 邵燕飞 方堃 项菁）

# 在2020“同心·越城”大会上的主旨演讲

（2020年10月24日）

金晓明

各位领导，各位来宾，各位乡贤，女士们、先生们、朋友们：

海内存知己，天涯若比邻！在这金风送爽的美好季节，来自海内外1000多名行业领军人物、知名专家学者、企业家、战略合作伙伴、杰出乡贤，在线下云上齐聚越城，共同参加2020“同心·越城”大会。在此，我谨代表越城区四套班子、滨海新区管委会，向出席大会的各位嘉宾表示热烈的欢迎！向长期关心支持越城发展的各界人士表示衷心的感谢！

两年前，越城区召开首届“同心·越城”大会，我把越城比作一坛“状元红”酒，陈香浓郁、醇厚绵长，迎来了开坛启封、宴请宾客之时。去年，在第二届大会上，我以“越”为题，讲述了越文化的守正创新、越精神的与时俱进。今年，越城区相聚于互联网，设立1个主会场，12个网络分会场，来自美国洛杉矶、新西兰奥克兰等5个海外同乡会，上海、深圳等7个国内重点城市商会，在“云”上叙旧结缘、交流合作、畅谈未来。虽然疫情让越城区相距千里，但互联网让越城区贴近彼此，我演讲的主题也围绕网络流行语“风口”展开，与大家共话越城发展。

## 一、风生水起，风景这边好

古越大地，名人辈出，创造了辉煌的历史和灿烂的文化。当今越城，风起云涌，这座古老而又年轻的城市，正以从容自信的脚步，从会稽山走来，跨过曹娥江，挺进杭州湾。一年来，越城区深入推进活力越城、品质越城、和谐越城建设，实施“改革创新、项目攻坚、治理提升”三个年行动，坚持“两手硬、两战赢”，落实“六稳”“六保”各项目标任务，奋力打造全市首位度中心城区。1—9月，全区地区生产总值增长2.2%，固定资产投资增长19.3%，自营出口增长30%，财政总收入和一般公共预算收入分别增长5.3%和4.2%，交出了一份经济社会发展的高分答卷。

**风雨同舟共患难。**面对突如其来的疫情，在上级党委政府的坚强领导下，依靠广大干部群众，区委区政府审时度势、因地制宜，果断实施全省第一个整村医学隔离，率先赴省外开展驻点招工，开出全市首趟“就业大巴”，选派千余

2020 年 10 月 24 日，2020“同心·越城”大会召开，设 1 个主会场和 12 个网络分会场。图为主会场现场（区委统战部　提供）

名干部开展驻企服务，全力帮助企业复工复产，在全省考核中复产指数位列全市第一。医药企业主动扛起“战时兵工厂”的重任，扩产能、提产量，为全国输送口罩、防护服等抗疫“武器”。各地越商心系家乡，累计捐赠物资达 5000 余万元，充分展现了越商担当、越商形象。社会各界纷纷加入联防联控，志愿服务于村社小门，架起了一道道生命防护墙。正是因为越城区同心同向，才取得了疫情防控决定性胜利。

**大风起兮云飞扬**。两年前，越城区以壮士断腕、凤凰涅槃的决心和毅力，实施印染化工跨区域集聚提升行动，47 家涉改印染企业中，32 家企业组成 5 个组团易地搬迁，已全部开工建设，其余 15 家转型退出；35 家涉改化工企业中，21 家集聚企业已签约搬迁，5 家已关停，其余 9 家将转型发展。越城区狠抓集成电路、生物医药产业链精准招商，两大产业集群从小到大、从有到优，越城经济结构脱胎换骨，新兴产业比重逐步提升。疫情之下，今年招商引资全面飘红，新引进 10 亿元以上项目 24 个，总投资 992 亿元；入选第一批省重大产业项目 12 个，总投资 327 亿元，用地 4222 亩，分别占全市 63%、74% 和 65%，占全省 7%、10% 和 11%。总投资 230 亿元的 8 个市县长项目工程已全部开工。项目落地建设，人才纷至沓来，今年以来，新引进院士专家 5 人、国家级领军人才 15 人、大学生 1.8 万人。

**改革风雷逐浪起**。滨海新区的设立，标志着绍兴改革开放以来，最大的战略发展平台横空出世，“政区协同、统筹发展、各有侧重、双向赋能”的全新体制架构，确保了新区“轻装上阵”。沥海街道南汇村拆改的顺利完成，长电绍兴项目从拿地到开工创造 22 天的新纪录，企业投资项目审批“最多 80 天”，对标世界银行标准，出台优化营商环境 30 条，主动打响新一轮企业服务的“发令枪”。这样的例子，对体制变革后的越城和滨海新区来说，不是新鲜事，这是干部能力水平的体现，也是打破过往体系，创新建立工作互补、人员互通、发展共推、责任共担命运共同体的结果，更是越城“首位崛起”的一个个小缩影。

**春风又绿江南岸。**在持续内外兼修之下，城市颜值变新了变美了。辖区内塔吊林立、工地满目，202 个市区两级基础设施项目，总投资近 2000 亿元。越兴路、群贤路、世纪街等 29 条道路综合整治提升，推动镜湖、高新、袍江、江滨等片区加速融合。古城北入口、阳明故里、风越里等古城项目群深入推进，越来越多的时尚元素点缀其间。美丽城镇建设持续深化，启动 94 个老旧小区改造，惠及群众 2.3 万余户，今年已累计完成拆改 164 万平方米，这里正在形成一道最有特色、最具魅力、最高品位的靓丽风景线。

**越王台下春风暖。**以“一线城市”标准，推进公共服务高水平发展。总投资近 12 亿元的区人民医院动工建设，将与浙二医院全面合作，打造现代化三甲综合性医院；中科大附属肿瘤医院绍兴分院、国科大肿瘤研究所绍兴分所正式签约落户滨海新区，将有力助推健康越城建设。每年投入 3000 万元支持教师队伍建设，与上海虹桥国际学校、浙江金融职业学院绍兴校区签订合作协议，现代教育体系正在构建完善。实施蓝天、碧水、净土、清废专项行动，空气质量改善率位居省市前列，生活垃圾总量实现负增长。从医疗到教育、到生态环境、再到养老服务，一批批省市区民生实事扎实推进，群众满意度获得感稳步提升。

**风雨不动安如山。**全面夯实平安基础，始终为群众生活、企业发展保驾护航。深化“最多跑一地”改革，优化矛调中心三级运行体系，让老百姓有地方找个说法，把矛盾纠纷化解在萌芽、解决在当地。为解决百姓信访无门、走“冤枉路”的问题，推广全域信访代办新模式，建立三级代办点，实现镇街代办全覆盖。坚持把保障人民生命财产安全放在第一位，优化完善“一图全面感知、一网综合治理”智慧化治理模式，建立情指行合成作战体系，辖区刑事治安警情同比下降 30.6%。实现平安建设十五连冠“满堂红”，成功捧回当前省级最高荣誉“一星金鼎”。

**任尔东西南北风。**摆擂台、设舞台，让干部在同台竞技中脱颖而出，创新设立生物医药、“871”项目、古城商贸服务、生态环境治理等工作专班，在项目攻坚、重点工作、企业服务等一线锤炼干部解决实际问题的能力。“三驻干部”走进 1300 多个企业、市场和项目，解决问题 600 余件，“契约化”共建精神、理念融入服务的方方面面。严管与厚爱双向发力，全面聚焦“推、拖、躲、怕、差”五种不良风气，问责追责党员干部 98 人，为 17 人澄清证明，干部为事业担当、组织为干部担当的氛围逐渐浓厚。

回顾今年以来的工作，越城区在付出艰辛和汗水的同时，也收获了来之不易的成绩。这些成绩的取得，得益于上级党委政府的坚强领导，得益于全区干部群众的奋力拼搏，也得益于海内外同乡会、各地商会的鼎力支持，更得益于社会各界朋友的关心厚爱。在此，我代表越城区四套班子、滨海新区管委会向大家表示最诚挚的感谢！

## 二、风口已至，崛起正当时

蓄势生长、春山可望。当下之越城，正处于千载难逢、多重机遇叠加的黄金成长期，正释放着城市发展的蓬勃魅力，已吹响了建设现代化强区的时代号角。

**越城区迎来了重大战略的风口。**从国家层面看，长三角一体化是习近平总书记亲自谋划、亲自部署、亲自推动的国家战略，当前长三角区域高起点、多层次的改革开放格局持续推进，已逐渐成为全国发展强劲活跃增长极、高质量发展样板区。从省级层面看，大湾区战略是我省“四大建设”之首，而新生于杭州湾南翼的滨海新区，是大湾区战略的重要内容、我省最高能级的发展平台之一，省市赋予了强力的要素资源倾斜，发展动能日益强劲。从市级层面看，随着绍兴大城市建设步伐加快，越城正处在历史发展最好时期，1983年刚成立时仅100平方千米、23万人口，通过几轮体制调整变革，从与镜湖新区、绍兴高新区“三区合并”，到与袍江经开区“合署办公”，再到上虞沥海街道划至越城，实辖面积已扩大5倍，GDP超过千亿元，常住人口超过120万人，成为全市人口第一大区，同时拥有绍兴高新区、袍江经开区、绍兴综保区等三个国家级发展平台，将实现更高水平、更大范围的叠加效应，必将成为人才集聚、创新发展的新高地。

**越城区迎来了产业腾飞的风口。**在国家新基建投资的拉动下，在关键领域国产替代加速的背景下，集成电路、高端生物医药两大省级“万亩千亿”新产业平台已抢占先机，今年前三季度，产值分别增长60%和25%，推动新兴产业逆势而上，高新技术产业投资、战略性新兴产业增加值分别增长19.6%、8.4%，R&D同比增长22%，均位居全市前列。集成电路产业以区域IDM产业模式为方向，依托中芯国际、长电科技、豪威科技等头部企业引领，打造设计、制造、封测、装备、应用、材料六大平台，今年新招引美新半导体制造等22个项目总投资265亿元；生物医药产业聚焦生物技术药物、高端化药制剂、先进医疗器械、医药生产性服务业四大领域，今年新招引国科生命健康创新园等11个项目总投资290亿元。两大“万亩千亿”新产业平台的发展也得到了省委、省政府的关心支持，今年越城区还将承办全省“万亩千亿”新产业平台现场会。

**越城区迎来了城市发展的风口。**随着“融杭联甬接沪”的不断深入，杭州亚运会红利的溢出效应全面迸发，基础设施互融互通成为大趋势，“市域半小时、杭甬半小时、上海一小时”交通圈正在逐步形成。这里毗邻上海港、宁波港等大型港口，离杭州萧山国际机场和宁波机场只有40分钟和60分钟车程，绍兴高铁北站坐落于境内，全国首条智慧高速、城市快速路、轨道交通等各项重大基础设施全面提速，绍兴地铁1号线明年底通车，将与杭州5号线相接，真正实现同城。今年，辖区内在建省级重大基础设施项目27个，综合交通建设投资将达300亿元；未来三年，市区两级还将投入1200亿元用于基础设施建设，越城将成为面向长三角、联通杭绍甬的交通枢纽中心。

**越城区迎来了文化振兴的风口。**文化是越城的宝贵财富和最大优势，“人文+历史”是越城发展的灵魂和支撑。越城区严格实施古城保护利用条例、筹措使用保护基金，古城规划的波澜画卷已徐徐展开，标杆式文创项目拔地而起，今年共引进重大项目7个，总投资达410亿元。与深圳盈投和华润置地共建“871LOOP”，将打造成为融合产业活力和古城气质的绍兴文化新地标；与北京融创、深融文旅共建黄酒小镇，将建设成为世界级黄酒品牌标杆、中国黄酒文化复兴高地；与华强方特共建“熊出没”乐园和水世界公园，将打造高科技主题旅游度假乐园；迎恩门风情水街，传承一河一街城市记忆，已成为新的网红打卡圣地；鲁迅故里步行街入选了全省第一批省级高品质步行街试点。今年，浙江省委省政府提出了“千年古城”复兴计划，绍兴市委市政府强调要坚持守正创新，重塑城市文化体系，这是越城区深挖文化资源、擦亮古城金名片的新契机，随着对古城资源的日益重视和文化产业的持续投入，“越文化”之风吹进了千家万户，千年的历史积淀必将引来更多惊艳的目光。

**越城区迎来了改革创新的风口。**越城之变，得益于体制之变。省委提出要努力把开发区打造成为“重要窗口”的窗口，而滨海新区的设立就是省市立足越城发展前景，对开发区的一次系统性重构、革命性重塑，赋予了越城发展史上前所未有的重大改革机遇。绍兴综合保税区获国务院批复，国家级集成电路产业创新中心、省特色集成电路实验室、市人才管理改革试验区等创建工作全面推进，彻底激活了越城一池春水，提供了广阔的“用武之地”，极大地释放了全区干部主动服务发展的热情。时代的巨浪已经将越城推到了大开放、大改革、大发展的潮头，从改革深化年到改革创新年，未来的越城必将通过不断的改革突破，开辟新的发展空间，开启新的壮阔征程。

## 三、风口之上，呼唤大担当

处在蝶变跨越的越城，乘风而起、迎风飞扬，是必然的选择。历史只会眷顾坚定者、奋进者、搏击者，而不会等待犹豫者、懈怠者、畏难者。成就是干出来的，当你足够优秀时，你就是风口。

**越城区要构建大格局，不负新期望。**充分发挥杭州湾南岸中心城区的区位优势，围绕滨海新区打造大湾区发展重要增长极、全省传统产业转型升级示范区、杭绍甬一体化发展先行区、杭州湾南翼生态宜居新城区等“一极三区”目标，立足全局、深入研究，科学编制“十四五”规划，把视野打得更开、格局放得更大、思路开得更阔，持续打好“两业经”“双城计”“活力城”高质量发展组合拳，着力提升核心竞争力，努力在长三角一体化和大湾区发展中走在前列、勇立潮头。

**越城区要把握大机遇，无愧新时代。**聚焦打造全市首位度中心城区这个奋斗目标，一步一个脚印，一张蓝图绘到底，以愚公移山、水滴石穿的劲头落实好、坚持好。要着力提升产业首位度，打好产业基础高级化和产业链现代化攻坚战，推动传统产业改造提升和新兴产业培育发展，加快形成“产学研用金、才政介美云”产业创新生态；要着力提升城市首位度，加速“融杭联甬接沪”进程，优化城市配套，构建更加先进的现代教育、科技文化和医疗卫生体系，不断提升城市的能级和品质；要着力提升文化首位度，坚持文化创造性转化和创新型发展，积极融入绍兴文创大走廊建设，加快文商旅融合发展；要着力提升生态首位度，深入践行“绿水青山就是金山银山”理念，倡导绿色生产生活方式，全面建设大湾区最美宜居城市。

**越城区要展现大担当，不惧新挑战。**始终保持奋进的姿态，变压力为动力，变被动为主动，变平凡为非凡，走出自己的“舒适区”。面对突发问题，不退缩、不怕事，敢于迎难而上、挺身而出，关键时刻豁得出来、顶得上去。面对改革难题，不回避、不守旧，敢于逢山开路、遇河架桥，全面展现越城干部的首创精神。面对岗位职责，不浮夸、不缺位，敢于唯实惟先、善作善成，“做事”而不“作秀”。面对歪风邪气，不迎合、不动摇，敢于动真碰硬、不留情面，守住为官做人底线。

**越城区要构建大协同，共创新事业。**着眼整体智治，坚持系统谋划，通过数据共享、流程再造和业务协同，使党政机关服务“碎片化”转变为“一体化”，群众、企业办事“找部门”转变为“找政府”。充分发挥市区同城优势，牢固树立责任意识，主动加强与市级部门的沟通协调，努力争取更多支持和帮助。充分发挥行政区和开发区体制优势，健全完善扁平高效的运行机制，全面实现双向赋能，聚力打造省级高能级战略平台。也希望大家能主动讲好越城故事、传播好越城声音，把越城的特色、优势、亮点推介出去，把更好的企业、项目、人才招引进来，进一步汇聚越城崛起的强大力量。

长风破浪会有时，直挂云帆济沧海。各位乡贤、各位朋友！越城是越城区生长发展的起源地，是越城区梦想飞扬的起航地，更将成为越城区投资创业的新高地。

祝愿越城区与风共舞。一同把握机遇，顺势而为，乘势而上，成为新时代的“弄潮儿”。

祝愿越城区风雨如磐。一道同舟共济，心心相连，精诚合作，在大风大浪中同呼吸、共命运。

祝愿越城区风和日丽。一起创造辉煌，成就彼此，共赢共荣，共同谱写越城发展新篇章。

大鹏一日同风起，扶摇直上九万里。各位乡贤、各位朋友！风口也是时间窗口，抓住风口就能赢得一个时代，越城区要与时间赛跑主动作为，越城区要与时代同行引领未来。祝越城区的友谊历久绵长，祝越城区的明天越来越好。

# 越城区新河村集中隔离等防疫经验亮相省新冠肺炎疫情防控工作第十九场新闻发布会

（2020年2月14日）

**《钱江晚报》小时新闻提问：**

绍兴市越城区新河村发现输入性病例后采取了整村隔离的办法，目前也已经安全地解除隔离了。春节期间走亲访友是中国老百姓的传统习俗，请问你们是怎么说服村民安心居家隔离的？村民的日常防护工作又是如何开展的？隔离期间，村民的基本生活是如何保障的？谢谢。

**越城区副区长钟建荣：**

谢谢这位记者朋友对越城区新河村疫情防控工作的关心关注。新河村是越城区孙端街道下面的一个行政村，977户，常住2887人，流动人口600余人。新河村是全省首个采取整村隔离医学观察的村，主要的做法越城区是三个方面：

**一、科学果断的决策。**到1月25日（正月初一），新河村已发现2例确诊病例和2例疑似病例，这2例疑似病例最终在26日和27日也得到了确诊。鉴于新河村大量的武汉返乡人员和严峻的疫情防控形势，市委、市政府高度重视，连夜研究决定对新河村实行整村隔离。区指挥部按照“街道指导、村民自治、居家隔离、设卡登记、生活保障”的原则，立即制订方案，当晚指派常务副区长和我到新河村，现场指挥。26日凌晨4：30，区指挥部调集医务、公安、城管等56名工作人员，设7个卡点，对新河村实行24小时严密管控，外来人员一律不准进村，村内人员一律居家不得外出，实施全封闭整村隔离医学观察。

**二、强化村民的共识。**春节期间，正是村民走亲访友的时候，新河村第一时间召开村两委会议、村民代表会议，并通过党员、村民代表将这次行动的具体部署及紧迫性、必要性传达到每位村民。5：30前，新河村将近1000份整村隔离《通告》发放到每家每户。同时运用巡逻车、大喇叭、村级应急广播等宣传工具向群众进行宣传，引导村民理解这次政府的行动，避免产生不必要的恐慌情绪，让群众知道居家是最安全的选择，政府的做法最终是为了大家的安全，因此得到了广大村民的理解支持。隔离期间，村民情绪稳定，自觉遵守隔离有关规定，没有一位村民发生冲卡等过激行为。新河村在每个卡点设立“临时党支部”，在每个自然村设立“党员劝导队”，每天在村内开展劝导。同时，还建立了水上派出所巡逻艇巡逻、地面警车巡逻、空中无人机巡逻的“水、陆、空”立体式巡逻，及时发现并制止村民的串门、聚集、聊天等行为。

**三、加强生活保障。**隔离期间，越城区按照每天每户100元的标准，由街道负责，指定一家可靠的餐饮配送企业负责每日统一配送蔬菜、肉类等基本物资，组织党员、村民代表分发到户，村民急需的生活用品统一由村代购，药品统一由街道卫生院代送，及时解决村民基本生活后顾之忧，让群众安心居家。由医生、民警、村干部组成的三人小组对重点人员一天两次上门随访。同时，村里建立医疗小分队，哪位村民身体不适，小分队随时上门进行就诊。生活垃圾按照医疗废弃物标准统一指定企业，每天进行消毒清运处置。村内每天进行一次消杀，保证安全。隔离解除以后，全体武汉返乡人员给新河村写了一封感谢信，并自发进行捐款。

**浙江之声提问：**

越城区在“五色图”当中是属于蓝区，也就是较低风险的一个区。请问你们对于复工复产有没有一些考虑和措施呢？谢谢。

**越城区副区长钟建荣：**

好的，谢谢您的提问。当前疫情防控进入关键时期，越城区将坚持“两手抓，两手硬”的要求，一手抓疫情防控工作，一手抓企业复工复产工作。在疫情防控方面，越城区将突出精准施策，以“三清一管好”为重点，持续做好重点人员的摸排和管控到位，同时加强物资的保障，确保防疫工作万无一失。

企业复工方面，越城区共有605家规上工业企业，到昨天为止，越城区共复工385家，复工率超过60%，刚才我介绍的新河村所在的孙端街道，23家规上工业企业全部复工。这段时间，越城区按照省委、省政府的决策部署，按照规上规下一起上、一二三产一起上、生产建设一起上、经济民生一起上“四个一起上”的要求，全面推进各行业、各领域的复工复产。在做好疫情防控的前提下，全力确保重点工业企业近期基本复工，城区大型商贸服务业企业在本周周末前基本复市。

为了加快推进企业复工复产工作，越城区明确了九项制度予以强有力的保障，力争率先走出疫情影响，率先恢复市民日常生产生活秩序。一是服务专班制。越城区区、镇街两级成立复工领导小组，实行“日会商”，及时解决企业碰到的问题。二是驻企指导制。实行“一企一员”专人指导。三是主体责任制。严格落实企业主体责任，对进出企业人员严格执行疫情防控的有关规定。四是网上备案制。简化审批流程，审核后即可复工复产。五是分类管控制。对不同区域人员实行不同的管控方法，同时建立企业员工“一人一档”。六是居住保障制。企业为员工提供相对集中的居住场所，企业不能解决的，由区里统筹解决。七是物流畅通制。发放企业货运物流运输车辆通行证，确保物流畅通有序。八是应急处置制。完善政企两级疫情防控和安全生产的应急预案，强化信息互通、双向联动，及时应对突发事件。九是责任豁免制。对单位和个人在复工中先行先试出现失误的，予以容错免责。

只要大家众志成城、同舟共济，把各项防控措施落实好，越城区一定会迎来阳光灿烂的日子，取得疫情防控的最终胜利。谢谢。

# 专　记

## 越城区助力四川马边彝族自治县精准脱贫奔小康记事

这里，孕育了风情万千的小凉山特色文化，既诞生了传统歌谣，也背负着历史沧桑，繁衍生息着15个民族。

这里，有国家级自然保护区大风顶，有养在深闺人未识的大王山，有全国唯一的彝族悬托石像群……素有“金山银水”的美誉。

这里，是四川省乐山市马边彝族自治县，位于四川盆地西南边缘小凉山区。但跟很多老少边穷地区一样，这片风景如画的“金山银水”因为位置偏远、交通不便等，长期处于贫困之中。

2017年3月，新一轮东西部扶贫协作启动，越城区与马边结对。三年来，越城区投入援助资金近1.4亿元，实施帮扶项目42个，互派干部人才342人次(其中绍兴派出干部人才121人次)，让东西部扶贫协作真正“扶在点子上，帮在关键处”，也让马边发生了翻天覆地的变化。

今年2月，马边经四川省人民政府批准退出贫困县序列。

### 产业合作 壮大特色经济

“晨越暮汉，嘉阳梦放翁，依稀沈园。蜀道逶迤疾行，青山争出，幽谷叠影，回望会稽遥千里。作揖别，暂将乡思，付与凉彝风语！华年志许马湖，闻边溪淙淙，珙桐花艳。忆昔铁衣远戍，豪情催汗。微霜何妨，春酒金卮醉楼兰。此身记，白发添许，三载岂为功名！”这是2018年5月，挂职马边彝族自治县，任县委常委、副县长的绍兴援川干部、越城区委常委寿建华，为纪念援派入川满月而填的一首《汉宫春》。

如何找准定位，长远有效地帮扶马边脱贫，一直是寿建华思考的问题。“其实马边拥有茶叶、竹笋、青梅三项名优产业和猕猴桃、优质畜禽、冷水鱼三大特色农业，还有跑山猪(鸡)、水(干)果、蔬菜、中药材、花卉等其他特色增收产业，越城区要做的就是转变思路，依托马边的这‘6+X’特色产业，发展壮大马边的特色经济。”

2018年，越城区投入680余万元，专门请来专家指导技术、嫁接新苗，帮助梅林镇梅子坝村村民新种植了4300亩青梅。如今，漫山的青梅已经是马边产业脱贫攻坚的“当家花旦”之一，全县种植面积约5.7万亩，效益良好。“家家种青梅，每户收入达到2万—3万元，感谢绍兴的干部们！”梅子坝村党支部书记啥妈拉格感叹道。

同时，越城区援马工作组牵线绍兴黄酒集团在马边开设一家青梅果酒加工厂，实现两地合作共赢。今年，黄酒集团保底收购了10吨马边青梅，第一批特色果酒将于年底上市。

除了青梅酒，在马边，还能看到绍兴另一特色产业的身影。

剪裁、修边、打线丁……位于雪口山镇的扶贫车间内，身穿彝族服装的工人们正在缝制T恤衫，一片忙碌。

作为东西部协作项目之一，由浙江绍兴勇大针纺工艺有限公司运营的雪口山镇扶贫车间，占地面积3000平方米，投入资金500万元，于去年10月正式投产，目前已招工85人，其中半数以上是贫困户。“这里离家近，收入也不错，还能照看家人。”羊店儿村的小伙吉石罗布说。

三年来，援马工作组以“越商走马 · 边货入城”为交流平台，先后牵线120多家东部企业到马边考察投资，促成服装工厂、石斛、抹茶、果酒等多个项目落户。打造“秀美马边”公共品牌，去年10月，在越城区建立“秀美马边”体验馆，开创了东西部协作消费扶贫新模式，至今销售已达800多万元。今年9月，“马边抄手”绍兴店也已正式营业。

## 聚焦项目 建设美好家园

保障和改善民生，项目建设是关键。越城区援马工作组认真贯彻浙川两省东西部扶贫协作相关要求，在充分走访调研基础上，坚持“当地所需”原则，科学筛选，统筹谋划，大力实施项目援建，不断夯实受援地经济社会发展基础。

扶贫服装工厂所在的雪口山镇黎明村，是2017年四川省最大的易地扶贫搬迁集中安置点，有近6000位村民，大多是从周围的大山里搬下来的，村里的基础设施十分落后，是有名的贫困村。

“3年前这里可以用穷山恶水来形容，没有产业，也缺乏基础设施，全村连家超市都没有。”雪口山镇党委书记包洪友告诉记者，是绍兴市越城区的一个个项目改变了这里，让“金山银水”一步步变为现实。

干净的溪流、成片的楼房、偌大的旅游广场，还有客运中心站、公共卫生服务中心、应急避难中心和黎明村党群服务中心，这些都是越

扶贫工厂（区发改局　提供）

越城区“秀美马边”体验馆（区发改局　提供）

城区援建的项目，总投资1300万元。两年来，随着基础设施的不断完善，黎明村已成为青山绿水相互交融的美丽社区。餐饮店、民宿客栈、快递站、杂货铺……一个个临街商铺逐渐红火，以前在县城经商的人都回来开店了。

“项目是助力精准脱贫的重要载体，要回应当地群众的所想、所盼、所愿，帮助贫困群众在‘吃饱’的基础上进一步‘过好’。”寿建华深有感触地说。今年，为满足黎明村教育需求，工作组又利用援助资金为该村援建了一所幼儿园。

以项目惠民生，以项目促发展。截至目前，越城区投入对口支援马边专项资金近1.4亿元，实施帮扶项目42个，惠及贫困人口13000余人。

值得一提的是，在实施东西部扶贫协作项目过程中，援马工作组按照精准、高效、安全、可控的总体要求，严格项目和资金管理，全程跟踪服务项目申报、立项、实施、验收等环节，确保资金规范安全使用。2017年、2018年，马边连续两年代表四川省接受国务院扶贫办组织的东西部扶贫协作省际交叉考核。2019年10月，马边还接受绍兴市委和乐山市委联合组织开展的东西部扶贫协作专项联动巡察，这在全国东西部扶贫协作中尚属首次。

## 智力扶持 打造教育品牌

东西部扶贫协作，扶的不仅是项目、产业，更是文化、理念。

“不必说碧绿的菜畦，光滑的石井栏，高大的皂荚树，紫红的桑椹……”百草园和三味书屋是绍兴有名的文化标志。如今，这趣味无穷的自然乐园和古香古色的私塾书屋，也跳出课本，来到了马边民建小学，走进了彝区孩子们的学习生活里。

微型百草园与三味书屋项目是东西部扶贫协作教育帮扶工作的一个衍生产品，由支教老师沈杰牵头主导。“我相信通过这样的教育，将来在马边孩子的身上，也能看到越马的情谊。”沈杰说。

三年来，越城区援马干部积极推动越城名校名班与马边合作办学，先后协调绍兴市鲁迅小学、元培中学、阳明中学、绍兴东风艺术幼托中心与马边当地学校结对并设立分校，创新开设了“鲁迅班”“元培班”“阳明班”“陆游班”，并选派8名名优骨干教师支教，使相关学校教育教学质量明显提高，同时也从教学理念、管理方式、教学方法等多方面“传帮带”了一批年轻教师。

不仅如此，援马干部又依托几个名人班分别建立了鲁迅讲堂、元培讲堂、阳明讲堂。还协调绍兴中专与马边碧桂园职高结对，两年来共组织25名马边贫困家庭学生到绍兴中专就读。目前，越马双方已构建起从幼儿园到高中（职高）全覆盖全方位教育扶贫帮扶体系。

2019年4月底，中央政治局委员、中央纪委副书记、国家监察委主任杨晓渡在马边调研时专门到“鲁迅班”调研并亲切看望越城支教老师，对越马教育扶贫协作工作给予充分肯定。

“要搞好一个地方的教育事业，光靠一方力量是远远不够的。”寿建华等援马干部动员绍兴联发化工有限公司捐赠200万元，用于修建民主镇小谷溪村小学。这所小学今年9月正式开学，为贫困地区彝族孩子们送去了一份浓浓的爱心。

如今，在马边，类似的捐建学校、医院、留守儿童之家已达12家，参与“万企帮万村”精准扶贫行动的绍兴爱心企业家，签订携手奔小康村企结对协议66个。2017年以来，绍兴市、越城区社会各界累计为受援地捐款、捐赠物资折价2872.5万元。

川越千里，携手小康。在援马工作组持续推动下，越马两地正在书写东西部扶贫协作和对口支援工作新篇章。（来源：《绍兴日报》2020年10月19日03版）

# 越城区党建“契约化”共建十周年记事

绍兴历史悠久，人文荟萃，是一个出“经验”的好地方。

如果说，享誉全国近一个甲子的“枫桥经验”，是我国化解农村基层矛盾纠纷的看家法宝，那么，10年前起源于越城区的社区党建“契约化”共建，则可以说是提升城市基层治理能力的创新之举。

早在2010年，国家领导人就作出重要批示，加强城市社区党建工作，需要社区党组织与驻社区单位党组织“共建共享”，浙江绍兴越城区实施社区党建“契约化”共建，是一个有益探索。

10年来，越城区一张蓝图绘到底，一任接着一任干，不断探索完善社区党建“契约化”共建，为提升我国基层现代治理能力探索和积累了宝贵经验。去年，越城区被民政部确认为全国社区治理和服务创新实验区。

10年来的实践还证明，社区党建“契约化”共建，通过社区党组织与驻社区单位党组织从分散到联合的共建，成为强化基层治理的一把“金钥匙”；通过从普签协议到项目化管理的共治，成为促进党群和谐的一座“连心桥”；通过从组织签约到人人签约的共享，成为了锤炼党性修养的一个“大熔炉”。

如今，在推动基层治理现代化、高水平全面建成小康社会的时代大背景下，社区党建“契约化”共建，正在为越城区打造绍兴首位度中心城区贡献更加强大的力量，也将为推进我省乃至全国基层治理体系和治理能力现代化提供更多的有益借鉴。

## 它，实现了社区与驻社区单位从分散到联合的共建——强化基层治理的“金钥匙”

这是一个不合理的现象。

城市基层党组织、党员数量众多，力量也最集中、最强大。

然而，条件如此优越的城市社区党建，却一直处于相当尴尬的境地：势单力薄、资源匮乏，心有余而力不足。

如何摆脱这种不应有的困境？如何补上基层治理的这块短板？2008年，社区党建“契约化”共建在越城区应运而生，迅速引起了全社会的关注。

“契约化”共建，也就是社区党组织和驻社区单位党组织在平等自愿的前提下签订契约，推动多元化协同参与基层治理，从而实现全时空守护平安、零距离服务群众，不断夯实基层治理现代化的基石。

这种做法，说起来似乎很简单，事实上却起到了四两拨千斤的效果。与此相配套的是，越城区探索创新出以“谈约、签约、亮约、履约、评约”为主要内容的“五约”流程，实行全流程、全透明的管理与督查，确保了共建的精准对接、高效推进，迅速营造了合力共建的良好氛围。

疫情期间，4家物业公司和乐苑社区签订契约书，轮流为社区提供免费的物业服务，加强防疫管控；越城区便民服务中心、财智博览物业有限公司、杭州通识有限公司等单位与云东社区达成共建，推进“潮汐式”停车模式，提高了闲置资源利用率，缓解小区居民停车难题。

…………

一个个原本近在咫尺却鲜有往来的单位与社区，成为互动频繁的好伙伴。

一个个理应邻里相亲却相知很少的单位与社区，成为和谐友善的一家人。

越城区委书记金晓明表示，十九届四中全会提出，坚持和完善“共建共治共享”的社会治理制度。“契约化”共建，正是在党建引领下，全面统筹整合各方资源，着力构建“共建共治共享”治理格局，使城市基层治理原先的短板，变成了现在可依赖的优势。

## 它，实现了从普签协议到项目化管理的共治——促进党群和谐的“连心桥”

这是一个奇特的场景。

几十家职能各不相同、业务没有交集的单位，却干起了同样的“分外事”。

他们经常济济一堂，一起商量着如何合力搞好社区建设，甚至抢着“竞标”，争着出钱出力。

“契约化”共建，项目化管理。随着签约双方的积极性不断提高，越城区又在实践中总结出了以项目化管理为主要特征的“契约化”共建2.0版本。具体做法是，由街道、社区将群众渴求的共建内容固化成一个个具体的项目，“发包”给有能力、有意愿的共建单位，双方合力推进项目落地。

缺什么，就补什么。项目化管理，使共建单位与社区的互动有了常态化、长效化的好载体，成为一座座促进党群和谐的“连心桥”。

10年来，一批又一批优质共建项目，在越城区落地开花。如“越酿工坊”与书圣故里社区共建“和美五邻”项目，通过成立“裕和堂”商户调解室、组建商户文明劝导队等措施，成为社区化解矛盾、促进和谐的重要平台。美东社区和稽山卫生服务中心共建“私人医生”进千家项目，社区居民从此有了私人定制的“健康管家”。

截至目前，越城区101个城市社区已与1148家单位签约共建，确定重点共建项目159个。项目化管理，也为共建单位之间的互动创造了机会、密切了关系。

不仅如此，越城区还积极推动“契约化”共建从城市向农村延伸，努力实现全域提升、城乡和谐。

去年，越城区委组织部与绍兴恒信农商银行签订了《深化“五星3A”乡村振兴党建联盟协议》，银行人员被任命为金融特派员、金融联络员，银行党组织与村(居)、企业、商会党组织建立党建联盟，构建起了金融资本助力乡村振兴的党建共建新模式。目前，绍兴恒信农商银行已对越城区16个镇(街)综合授信147亿元，有力推动了乡村建设，助力增收致富。

高校与村子签订党建共建协议、乡贤为家乡慷慨解囊…… “契约化”共建，在越城区农村也焕发出了蓬勃的生机与活力。在绍兴市“五星3A”创建工作中，越城区已有109个村实现五星达标，11个村实现了AAA示范，提前一年完成了创建目标。

## 它，实现了从组织签约到人人签约的共享——锤炼党性修养的“大熔炉”

这是一种奇妙的感觉。

一纸契约，原本意味着一种束缚，但“契约化”共建的这一纸契约，却使共建单位和党员有了前所未有的认同感与归属感，感受更多的是获得。

2018年，越城区在“契约化”共建中依托在职党员“两地报到”，开展“人人契约”行动，要求辖区机关党员前往单位和居住地报到，在社区提供的“菜单式”共建契约项目中选择两项以上提供服务。

很快，全区5万余名党员就完成报到，100%签订了个人共建契约。

人人契约，正是治理城市“陌生病”的一剂良药。每个党员干部根据自身能力与特长，积极参与社区治理和服务，认领群众“微心愿”，既锤炼了党员自身的党性修养，提高了为民服务的能力水平，又营造了“我为人人，人人为我”的良好氛围。

平日里，人人契约的作用看得见、摸得着。

在党建引领下，越城区所有社区组建起枢纽型社会组织交流互助平台“五邻社”组织，积极开展各类服务，帮助解决居民困难，“老吴热线”“360和事佬”等志愿服务子品牌深入人心。

危急关头，人人契约的力量用得上、靠得住。

在今年的新冠肺炎疫情防控中，越城区向广大党员发出招募令，组建“抗疫有我”党员增援队。全区还先后组织发动2.3万名党员“亮身份、履契约、抗疫情”，在一线防疫工作中发挥了重要的作用，而这些党员自身的党性修养也经受住了严峻考验，得到有效提升。

十九届四中全会指出，建设人人有责、人人尽责、人人享有的社会治理共同体。

“契约化”共建，从组织签约到人人签约的发展与延伸，及其在实践中展示出来的强大生命力和巨大影响力，印证的正是这种共建共治共享的现代治理理念。

很多专家不约而同地指出，越城区10年来的实践已经证明，“契约化”共建在参与治理和服务群众的各方面、全过程发挥着不可或缺的作用，已然成为城市基层治理最重要的服务平台和工作载体，为城市基层党建工作提供了重要指引，为实现共建共治共享目标搭建了有效平台，为高水平打造基层治理现代化奠定了扎实基础。

“契约化”共建这块金字招牌，完全可以也理应擦得更亮、叫得更响。

如今，越城区上下正在继续探索创新，把深化新时代“契约化”共建工作作为越城区基层党建首要品牌，作为越城区做优做强基层治理工作的首要抓手，着眼群众所需、治理所要，全方位提升服务和治理能力，努力为全省乃至全国基层治理提供更多越城元素、创造更多越城经验。（来源：《浙江日报》 2020年7月1日00020版）

# 区、县（市）委书记共话人才、共谋发展（越城区篇）

功以才成，业由才广。习近平总书记在科学家座谈会上强调，“人才是第一资源。国家科技创新力的根本源泉在于人”。越城区认真贯彻习近平总书记关于人才工作重要论述精神，紧紧抓住长三角一体化重大战略机遇期，深入贯彻落实省委十四届七次全会、市委八届八次全会关于人才工作重要部署，全面强化党管人才政治责任，坚持“人才问题就是发展问题，人才工作就是中心工作，人才环境就是最大的营商环境”理念，聚焦主导产业靶向发力，全力打造首位度中心城区人才高地，助推经济社会高质量发展。

## 强化平台能级　越城聚才纳才之基更坚实

越城是绍兴市中心城区，拥有袍江开发区、高新区、综合保税区等国家级平台和集成电路、高端生物医药两大省级“万亩千亿”新产业平台，与浙江省新区平台绍兴滨海新区一体发展。我们立足“产业＋平台＋政策”引才模式，以引进投产一批头部企业为基础，以建设发展镜湖、滨海、鉴湖三大科技城，中关村水木湾区、洋泾湖等四大科创园，集成电路、医疗器械、节能环保等五大创新服务综合体为支撑，以集成电路、生物医药等重点产业专项人才政策为保障，加快集聚海内外各类人才。今年以来，新引进院士5人、国家级领军人才15人，新增大学生16974人，落地高层次人才创新创业项目56个，人才集聚度不断提升。

## 深化产教融合　越城育才强才之路更宽广

越城是一座开放包容之城，也是一座改革创新之城，历来具有重视人才、尊重人才、用好人才、成就人才的优良传统。我们积极培育本地人才，以绍兴文理学院、绍兴技师学院扩容或增设集成电路产业学院及微电子学院，与浙江大学、温州医科大学等合作共建产业研究院为契机，推动校地、校企合作走深走实，着力培养集成电路和生物医药产业应用型人才。我们致力构建集成电路产业工程师协同创新中心等人才公共服务平台，谋划推进与清华大学、电子科技大学等知名高校建立产教融合基地，联合培养工程师、高技能人才。力争“十四五”期间集聚各类产业人才10万人以上，努力打造一支能够支撑起越城制造高质量发展的“越城工匠”队伍。

## 优化人才生态 越城留才敬才之举更精准

只有解除后顾之忧，人才才能安心创新创业，激发无穷活力。我们深化人才服务阵地创建，大湾区院士之家、国际人才交流中心、人才创新综合体成为城市“人才会客厅”。我们深入实施“最多跑一次”改革，运行人才服务专线，优化高新、袍江、江滨三个片区政务服务中心配置，设置人才服务专窗，推行人才数字化服务平台，建立人才政策主动推送和容缺受理机制，实现人才服务“掌上办”“码上办”。我们重视人才安居工程，以一线城市标准提升城市公共配套，加快建设一批国际学校、国际医院、国际社区，不断提升人才服务专业化、国际化水平。

区委书记金晓明为越城区招才引智代言（区宣传部 提供）

越城比以往任何时候更加渴求人才，也比以往任何时候更有条件成就人才。当前，越城正加快创建绍兴滨海新区人才管理改革试验区，按照“先行先试、重点突破、创新机制、特事特办”原则，着力推进产业链、人才链、金融链、创新链融合发展、协同发力，努力打造长三角人才集聚新高地。（来源：《绍兴日报》 2020年10月10日 第08版）

# 大事记

## 1月

22日,越城区召开区委常委会会议,研究部署新冠肺炎疫情防控工作,成立越城区新型冠状病毒感染肺炎疫情防控领导小组。

23日,越城区启动新冠肺炎疫情防控一级响应。

同日,越城区首例新冠肺炎确诊病例入院治疗。

26日,孙端街道新河村宣布整村隔离,系全省第一个整村居家隔离医学观察的行政村。到2月12日上午10时,该村正式解除隔离,转入正常防控。

27日,区新型冠状病毒感染肺炎疫情防控领导小组办公室发布《告全区人民书》,按照"镇街指导、社区自治、居家隔离、设卡登记、生活保障"原则,全力以赴抗击新冠肺炎疫情。

28日,区财政局紧急拨付新型冠状病毒疫情防控专项经费1100万元,用于购置疾控医疗药品、防护用品、应急车辆、专业检验仪器和后勤保障等。

29日,区疫情联防联控指挥部发出延迟企业复工和学校开学事项的通告。

## 2月

2日,区联防联控指挥部制定"早通知、建台账、快隔离、严审批、勤报告、强处置、优保障、常督查"节后返工疫情防控"八步法"。

5日,新华网以《浙江绍兴应急CT装置驰援武汉》为题,专题报道绍兴明峰医疗系统股份有限公司捐赠方舱式应急专用CT设备紧急驰援武汉协和医院,系国内首台用于新冠肺炎诊断的可移动式应急专用CT设备。

11日,越城区首个隔离点清空。至28日,全区最后一个集中隔离点清空。

12日,省委书记车俊到绍兴督查疫情防控和复工复产工作,实地考察杭绍台高速土建一标段大越路施工点现场、新河村等地。

同日,市委组织部集中选派201名机关党员干部下沉越城区开展驻企复工工作。13日,区委组织部选派驻企服务员深入企业生产经营一线开展服务。

14日,越城区孙端街道新河村集中隔离等防疫经验亮相浙江省新冠肺炎疫情防控工作第十九场新闻发布会。18日,新华社点赞新河村抗疫经验。25日,《浙江日报》头版报道越城区孙端街道"战"疫先进典型。

15 日，滨海新区 535 家规上工业企业全部复工，系浙江大湾区“四大新区”第一个全部复工的新区。

同日，越城区首批商场和餐饮企业恢复营业。

17 日，省委副书记、省长袁家军赴绍兴调研医疗物资供应保障和企业复工复产情况。其间，考察振德医疗用品股份有限公司，称赞该企业是战时状态的“兵工厂”。

同日，2019 年度省级企业研究院、高新技术企业研发中心名单公布，越城区浙江省金江汽车底盘部件系统研究院等 4 家企业研究院和联同电子物联网 MEMS 健康传感器省级高新技术企业研究开发中心等 10 家研发中心入选。

17 日起，越城辖区港口企业和涉水重点工程项目逐步恢复生产。

18 日，越城区公路客运恢复运营，开通班车为新昌、嵊州、诸暨等市内县际班车。

同日，首辆外地员工返岗包车抵达越城，接回由河南许昌返回振德医疗用品股份有限公司务工的 25 名外省员工。

19 日，绍兴撤除 101 个环绍公路卡口，并同步恢复 11 个临时封闭的高速出口。下午 2 时，杭甬高速绍兴出口、绍诸高速绍兴南出口等卡口的医护人员全部撤离。

21 日，首趟复工专列抵达越城区，搭载区内 21 家企业的 95 位四川务工人员。

22 日，绍兴滨海新区双成半导体设计产业平台项目正式签约。绍兴滨海新区与项目方以视频的形式“屏对屏”签订框架协议。

26 日，越城区、滨海新区出台《关于严格做好疫情防控、全力稳企业稳经济稳发展的若干政策》二十条。

28 日，越城区企业复工集中服务中心正式启用，建有临时集中安置用房 12 幢，总建筑面积 28262 平方米。

## 3 月

1 日，全市扩大有效投资重大项目集中开工活动暨越城区、滨海新区扩大有效投资重大项目集中开工活动仪式启动。区委书记、滨海新区党工委副书记、管委会副主任金晓明报告越城区、滨海新区开工情况并宣布重大项目开工。

同日，浙东运河文化园（浙东运河博物馆）项目举行开工仪式。

2 日，绍兴市人民医院临江院区收治的最后一例越城区新冠肺炎确诊患者治愈出院。至此，全区累计确诊的新冠肺炎病例实现清零。

同日，越城区新冠肺炎疫情防控应急响应等级从一级调整为二级。23 日，调整为三级。

7 日，越城区深化推进“两手硬、两战赢”担当作为大抓落实工作会议召开。

15 日，全国首趟接返在鄂员工“点对点”“就业大巴车”抵绍，搭载湖北潜江返越务工人员 15 名。

18 日，全国首趟湖北就业专列 D658 次（接返在鄂员工火车专列）抵绍，搭载湖北恩施籍返越务工人员 304 名。

27 日，越城区—马边彝族自治县 2020 年“越商走马”招商引资网络推介会召开。

同日，2020 年越城区老旧小区改造提升项目启动，共涉及 93 个小区，改造面积约 189 万平方米，惠及居民 23000 余户。

31 日，越城区、滨海新区召开制造业高质量发展推进大会。

3 月，人保财险绍兴市越城支公司向绍兴翔宇绿色包装有限公司支付理赔金 568 万元，系疫情发生以来越城区兑现的第一笔，也是金额最大的出口信用险理赔金。

## 4月

7日，袍江片东入曹娥江排涝工程一期工程马海闸站建成投运，系全市最大闸泵一体化排涝站，入选省“百项千亿”、市“双十”防洪排涝重点工程。

11日，区新冠病毒疫情防控工作领导小组办公室印发《关于做好越城区中小学（幼儿园）2020年春季学期开学工作的通知》，规定越城区初三年级于4月13日开学；初中一、二年级、小学高段（四至六年级）于4月20日开学；小学低段（一至三年级）于4月26日开学；幼儿园、育才学校于5月6日以后视情开学。

14日，全省建设平安浙江工作会议颁发首批一星平安金鼎，3个设区市、42个县（市、区）获此殊荣。越城区入选。

17日，越城区政府与融创中国、深融文旅签订绍兴黄酒小镇开发建设战略合作协议。

29日，团区委、区档案馆联合举办“不惧风雨 越城有我”纪念五四运动一百零一周年暨“口罩侠”主题报告会。

4月底，省文物考古研究所联合越城区文化广电旅游局，对常禧路南延段小亭山墓葬群遗址进行抢救性考古发掘。9月，勘探发现最完整、器物组合最完备的战国墓（M21墓），长约4.9米，宽约2.5米，高约1米。

## 5月

8日，越城区人民政府与中国移动绍兴分公司举行5G战略合作签约仪式。

同日，越城区召开“同心战疫 共克时艰”稳外贸专项服务推进会，发布《支持外贸企业应对全球疫情蔓延全力稳订单稳市场十大举措》。

9日，第三批省级食品安全县名单和2019年全省食品安全工作评议考核结果发布，越城区被评为第三批浙江省食品安全县（市、区）。

同日，越城区被评为2019年度全省扩大有效投资优秀单位，全年完成有效投资471.42亿元，同比增长13.1%，增速位列全市第一。

11日，越城区信访局与市第七医院签订《社会心理健康服务外包协议》，系全市首家邀请专业心理咨询师进驻的区级矛调中心。

12日，越城区“党的十九届四中全会精神轮训班”开班，600余名区管科级领导干部参加，为期一周。

17日，浙江省首次发布全省创造力企业百强，越城区企业浙江苏泊尔绍兴生活电器有限公司、浙江奇彩环境科技有限公司分别位列第31、70位。

18日，绍兴滨海新区与复旦科技园创新（浙江）有限公司就复旦科技园绍兴创新中心项目签订合作协议。

26日，越城区召开“三驻三服务”民（企）情协调会。

5月，浙江君泰生态环保科技有限公司研发的大口径排水管道机器人一站式清淤技术获中国地质学会非开挖技术专业委员会（CSTT）2019年度优秀技术奖，开创国内同行业封闭（半封闭）式大口径管道、污水池体（泵站）水下机器人清淤技术的先河，填补国内水务系统管网池有限空间污泥一站式处理成套设备系统的空白。

5—6月，越城区出台万企消费激发活动、越城直播季、“线上云促销”优惠活动、夜间美食文化节、2020绍兴汽车博览会、外贸精品展销会、游绍兴古城 品绍兴美食、首届住宅产品博览会、名品展销活动、诗词咏越，听游古活动等十大促消费系列活动。

## 6月

3日，长电集成电路（绍兴）有限公司300毫米集成电路中道先进封装生产线项目奠基开工。

9—12日，越城区赴马边彝族自治县开展2020年“越马情深 共拓明天”就业扶贫劳务协作系列活动。

11日，《浙江日报》报业集团县级融媒体中心共享联盟·绍融+越城工作站挂牌成立，由浙报集团绍兴分社与越城区融媒体中心签署“合作备忘录”，实行合作运营。

21日，2020十大制造业产业集群人才科技创业项目对接洽谈会之越城区集成电路产业集群专场举行。

22日，越城区人民政府与北京融创控股集团有限公司、深融文旅投资（深圳）有限公司签订绍兴黄酒小镇开发项目投资合作协议。

29日，区委党校举办“学习习近平总书记考察浙江重要讲话精神”主题展，分“亲临浙里，殷殷嘱托”“扛起使命担当，建设重要窗口”“提升首位度，贡献‘越’力量”3个篇章。

同日，袍江片东入曹娥江排涝一期工程通过通水及机组启动阶段验收。工程概算总投资约5.98亿元，以新建流量40立方米/秒的马海排涝闸为核心，结合马海中心河、七〇丘环塘河、萧绍海塘环塘河等河道综合整治，系绍虞平原“六横五纵”防洪排涝工程布局的重要组成部分和浙江省“百项千亿防洪排涝工程”重点工程。

## 7月

7日，绍兴港现代物流园入选浙江省物流园区提质增效试点园区。

8日，全国人大华侨委员会委员、省十二届人大常委会党组书记、副主任王辉忠到越城区调研，参观绍兴集成电路产业园展示中心和中芯集成电路制造（绍兴）有限公司，听取产业规划、项目推进、园区建设和人才政策等情况介绍。

10日，市与越城区事权承接动员部署会召开，标志着市、区新一轮事权调整工作正式启动，共涉及民政、市场监管、建设交通、农业农村、文广旅游、综合执法等6个部门共16项事权。

11日，“同心共治·百名党外人士助平安”越城区统一战线第四届社会服务专项行动启动。

13日，绍兴集成电路设计产业园（东园）开园，占地面积1.8万平方米，总建筑面积约2.6万平方米。

15日，“共享古城之美，共行古城保护”“7·15”古城保护日活动在绍兴博物馆（越王城广场）举行。市委副书记、市长盛阅春为古城保护志愿者队伍授旗。“绍兴古城”App首发上线。

22日，绍兴滨海新区管委会与浙江金融职业学院签订合作共建“浙江金融职业学院绍兴校区”框架协议。

29日，越城区四套班子、滨海新区领导集中调研全区重点项目建设情况，实地踏看绍兴水木湾区科学园、越城区人民医院建设工程、振德医疗功能性敷料及智能物流中心建设项目、长电科技300毫米集成电路中道先进封装生产线项目、中芯绍兴传感器即微机电系统（MEMS）和功率器件芯片制造及封装测试生产基地、绍兴集成电路设计产业园（东园）、生命健康科技产业园、三花新能源汽车部件产业园、知行药业年产2.6万吨兽药原料及制剂一体化项目、天际新能源汽车项目等10个重大项目，详细了解项目建设推进情况和未来发展规划，听取企业意见建议。

30日，越城区委九届十次全体（扩大）会议召开，听取和讨论区委常委会工作报告，审议通过《中共绍兴市越城区委关于深入学习贯彻习近平总书记考察浙江重要讲话精神，以实际行动展现“重要窗口”维护者建设者展示者的风采的决议》《中共绍兴市越城区委关于加快建设首位度中心城区人才高地，奋力打造高水平创新型强区的决定》。

## 8月

1日，越城区校企人才引培合作联盟第三届年会举行。

5—6日，区政府举办硕博人才访越城活动，近百名硕博研究生应邀参加。

10日，绍兴市越城区第二批历史建筑推荐名录公示，共计50处。

15日，2019年度美丽浙江建设（生态文明示范创建行动计划）工作考核优秀县（市、区）名单公布，越城区入选。

20日，越城区举办党建“契约化”共建项目发布暨府山街道项目拍卖活动。

29日，越城区人民政府与浙江省环境科学学会签署生态修复科技服务团服务越城绿色发展战略合作协议。

## 9月

5日，“魅力斗门”电视服务云平台上线，由501“斗门广电”电视频道和信息发布平台组成。

8日，越城区首批“三名工程”名优教师公布，其中，市级及以上名师（不含特级教师）134名、区级名班主任288名、区级名校长21名、区级名师200名。

9日，市委第一巡察组启动对越城区扶贫开发领域专项巡察。

11日，两岸集成电路创新产业园同芯成一期项目开工。

22日，浙江省公布第二批未来社区试点创建项目名单，越城薛渎社区入选改造更新类试点创建项目。

24日，越城区为第一批“诗画浙江，百县千碗”体验店（13家）、示范店（6家）、旗舰店（4家）授牌。

25日，越城区举行大数据时代的创新创业思维暨3W绍兴创新联盟启动仪式。

同日，越城区首个品牌指导服务站——绍兴越城集成电路产业品牌指导服务站在科创大厦启动运行。

27日，省民政厅发布关于第三批省级引领型农村社区候选名单的公示，越城区皋埠街道坝头山村、富盛镇倪家娄村、鉴湖街道坡塘村入选。

28日，省市场监督管理局确定大昌水产批发市场为2020年“浙江省食用农产品批发市场食品安全规范化建设单位”。至此，越城区范围内2家农批市场均已通过食品安全规范化建设省级评价验收。

30日，越城区向烈士敬献花篮仪式在吼山革命烈士纪念碑前广场举行。

## 10月

9日，越城区召开村（社区）组织换届工作会议。

同日，越城区委全面深化改革委员会出台《关于建立改革（营商环境）观察员制度的实施意见》。

10日，浙江新芯集成电路产业研究中心成立，发布“中国集成电路产业发展指数”，并宣布指数以绍兴为首发地，且发布地永久落户绍兴。

同日，华润置地以总价20亿元竞得越城区

八七一地块，成交楼面价 8762 元 / 平方米，规划建筑面积约 22.836 万平方米。

11 日，大湾区院士之家启用，系全省首家以“大湾区”命名的院士之家。

13 日，“2020 中国化学制药行业优秀企业和优秀产品品牌”榜发布。滨海新区企业歌礼药业（浙江）有限公司荣获 2020 中国化学制药行业创新药特设奖。

15 日，浙江最成半导体科技有限公司中日韩高端半导体材料产业园一期及二期项目开工奠基。

19 日，“科创中国”全国青年高端智力越城行活动举行，23 名浙江省青年高层次人才、长三角助力创新联盟专家走进越城。

20 日，“温润之州 山海有情”苍南—龙湾文旅产品（绍兴）推介会在越城区举行，系两地自 2007 年确定山海协作结对关系后首次携手推介山海文旅产品。

20—23 日，越城区举办“风起湾区 嗨翻越城”大型系列直播展示活动，以“醉香越城”“食味越城”“健康越城”“幸福越城”为主题开设 17 场直播。

21 日，安吉尔环境科技智慧园区在滨海新区开园。

25 日，国际生命健康产业新城项目签约仪式举行。滨海新区与北京天润凯旋投资有限公司现场签约，系滨海新区首个生命健康全产业链平台。

27 日，区教体局印发《关于新设教育集团和教育集团扩容的通知》，决定新设 13 个教育集团，原有 3 个教育集团各扩容一所学校。

29 日，2020 年越城区年轻干部政治特训营开班，36 名年轻干部参加培训。

30 日，区建设投资有限公司党支部与中铁四局浙东运河文化园项目党支部“契约化”共建站启动，系全区首次业主单位与工地项目部党组织开展党建共建活动。

同日，全省首个以“阳明文化”为主题的公益图书吧——“阳明书舍”开馆。

10 月，绍兴鲁迅故里步行街改造提升工程启动。

10 月底，胜利西路 111 号 12 幢 1 单元加装电梯进场施工，系全省体量最大的既有住宅加装电梯工程。

## 11 月

2 日，绍兴越城薛渎社区（棒球未来社区项目）实施方案发布。

5 日，绍兴越城科技创新平台联盟（越创盟）揭牌成立。

7 日，央视新闻客户端在越城区黄酒小镇直播，介绍绍兴的“冬酿”文化。

7—14 日，“2020 中国国际黄酒产业博览会暨第 26 届绍兴黄酒节”举办，系商务部批准的全国唯一单酒种国际性展会。

8 日，黄酒产业园项目启动建设。

13 日，全省抗击新冠肺炎疫情总结表彰大会召开。越城区 8 名个人、2 个集体荣获先进表彰，1 个基层党组织荣获省先进基层党组织。12 月 21 日，绍兴市抗击新冠肺炎疫情总结表彰大会举行，越城区 42 名个人、12 个集体荣获先进表彰。

17 日，越城区表彰首批 5 位基层宣讲“越城名嘴”，并为 20 位“台门汇宣讲团”讲师授聘书。

19 日，《少年师爷》第 15、16 部央视首播暨 IP 授权签约及特立宙动画新项目发布会举行。浙江特立宙动画影视有限公司向市文化广电旅游局、市历史文化名城保护办公室、斗门街道办事处授权《少年师爷》IP 版权形象“小师爷”“兰小白”。

19—22 日，第三届长三角国际文化产业博览会举办。伯府文创代表越城文化企业入驻浙江馆。

20 日，《绍兴滨海新区发展规划》出台。

22 日，“古越论剑”军事文化研讨会在越城区举行。

26 日，越城区首次文物安全工作会议召开。各镇街签署《越城区文物安全责任书》。

11 月下旬到 12 月中旬，越城区开展中共十九届五中全会精神青年微宣讲活动。

11 月，越城区首个采用不见面开标的招标项目——两湖西侧小学新建工程施工项目在市公共资源交易中心越城区分中心开标。浙江精工钢结构集团有限公司成为中标候选人。

## 12 月

9 日，浙江省气象局首次公布浙江省“乡村氧吧”获评名单，越城区富盛镇诸葛仙山景区入选。

同日，全国社区治理能力现代化培训班学员到越城区考察学习。

10 日，全国城乡社区治理宣传工作暨社区治理能力现代化培训班在越城区召开经验交流会。

同日，中国城乡社区治理经验学术研讨会在越城区举行。东北大学与越城区签订辽宁社区干部学院长三角地区教学中心合作协议。长三角社会治理实践研究基地和辽宁社区干部学院长三角地区教学中心现场揭牌。

11 日，聚势赋能·智慧出海——越城区“2021 店开全球”启动大会召开。

14 日，2020 中德高端制造峰会在越城区举行，主题为“高端制造智联德国”。会上，越城区与德国石荷州经济技术促进中心签署战略合作协议，越城区（滨海新区）与天津大学机械工程学院签署共建浙江国际创新设计研究院合作意向协议。8 个德国项目在线签署意向协议书。

17 日，越城区举行党建契约数字赋能社会治理签约仪式。

20 日，越城区新时代文明实践云平台发布，实现与融媒体中心融通互通。全区 17 个镇街、300 个村居社区近 10 万名新时代文明实践志愿者在线提供服务。

21 日，东浦街道成功创建 2020 年度新时代美丽城镇建设省级样板。

12 月 23 日，绍兴 871LOOP 全新城市文旅综合体项目正式开工。

24 日，第四届浙江省基层党建论坛在越城区举办，主题为“共建共治共享——奋力打造城市基层党建‘重要窗口’”。

同日，全省新时代美丽城镇和特色小镇建设工作推进会举行，现场为首批美丽城镇省级样板和第四批省级特色小镇授牌。绍兴黄酒小镇入选第四批省级特色小镇。

26 日，越城区特邀律师调解工作会议召开，标志着越城区诉源治理工作从审判调解进入律师调解新范畴。

30 日，越城区委九届十二次全体（扩大）会议召开，听取和讨论区委常委会工作报告，审议通过《关于制定绍兴市越城区国民经济和社会发展第十四个五年规划和二〇三五年远景目标的建议》，动员全区上下忠实践行“八八战略”，奋力打造“重要窗口”，争当“四个率先”先行区，全力建设首位度中心城区，率先走出争创社会主义现代化先行省的区域发展之路，在绍兴率先走出争创社会主义现代化先行省的市域发展之路中发挥引领作用。

31 日，越城区举行 2020 年以来区政府任命的国家工作人员宪法宣誓仪式。

12 月，宋六陵考古遗址公园入选浙江省第三批省级考古遗址公园。

同月，越城区成功创建省标节水型社会。

# 区情概况

## 历史沿革和行政区划

越城区城墙始建于越王勾践七年(前490年)。因为范蠡所筑,故称“蠡城”,又称勾践小城、山阴城、子城。秦王政二十五年(前222年)至南朝梁太平元年(556年),属会稽郡的山阴县;南朝陈永定年间(557—559年)会稽郡析山阴置会稽县,分属山阴、会稽两郡;隋开皇九年(589年)废会稽郡,属吴州会稽县。隋大业元年(605年)属越州会稽县。大业三年(607年)属会稽郡会稽县。唐武德四年(621年)属越州会稽县;武德七年(624年)会稽立山阴县,分属越州会稽、山阴两县。南宋建炎四年(1130年)属绍兴府,置5个厢、96个坊。元至元十三年(1276年)属绍兴路,改厢为隅,设4个隅、137个坊,置录事司掌之。明洪武九年(1376年)属宁绍道,废录事司,4个隅划归山阴、会稽两县分掌之。清宣统三年(1911年)并山阴、会稽为绍兴县,仍设4隅,坊里数时有变化。民国28年(1939年),城内置昌福、汤公、长安、蕺望、孝义、南大、咸欢、辛植、美政、大善、秋瑾、水澄、越王、大云、锡麟、上大16个镇,后并为秋瑾、元培、汤公、成章、鲁迅、锡麟6个镇。民国35年(1946年)10月,合6个镇称越王镇,设90保、1228甲,有21382户、92455人。1949年5月,绍兴全境解放。1949年10月,以绍兴县越王镇,置绍兴市,隶绍兴专区。1950年5月,合绍兴县、市,称绍兴县,置城关区;9月,城关区复改绍兴市,隶绍兴专区。1952年撤销绍兴专区,改绍兴市为省辖,全市置府山、塔山、蕺山、北海4个区。1958年2月,划归宁波专区。1960年8月,改置绍兴市人民公社,辖府山、塔山、蕺山、北海4个大队,隶绍兴县。1962年1月,复置绍兴市,废市人民公社;12月废市,置城关镇,隶绍兴县。1963年1月,撤县级市建制,建绍兴县城关镇,辖4个街道。1964年,为绍兴专区区治。1979年9月,复置绍兴市(县级),辖4个公社、11个大队(国务院批准,浙江省委实际未设立)。1981年1月,撤销绍兴县,并入绍兴市(县级)。1983年7月,绍兴撤地建市,置越城区(县级),辖府山、塔山、蕺山、北海4个街道,禹陵、城东、梅山、灵芝、亭山5个乡和东湖镇。至此,绍兴市越城区正式建区。

1991年4月,亭山乡府山村划归府山街道管辖,灵芝乡塘南村划归北海街道管辖。1992年1月,设立昌安街道;8月,浙江省政府批准辖区内自环城东路、西平水江(今称东环城河)以东,东平水江以西,浙东运河以南,东西平水江交汇点以北地区成立绍兴经济开发区。1996年

**2020 年越城区乡镇(街道)基本情况表**

**表 2**

| 镇(乡、街道) | 行政村(个) | 社区(个) | 居委会(个) | 户籍人口(人) | 区域面积(平方千米) | 规模以上工业总产值(万元) |
|---|---|---|---|---|---|---|
| 塔山街道 | 1 | 10 | — | 69287 | 4.3 | — |
| 府山街道 | — | 10 | — | 72862 | 4.79 | 2193246 |
| 北海街道 | 1 | 17 | — | 73805 | 17.1 | 28967 |
| 稽山街道 | — | 14 | — | 39418 | 18.7 | 335663 |
| 城南街道 | 13 | 11 | 5(翻牌居) | 52151 | 14.91 | 141159 |
| 迪荡街道 | 2 | 10 | 1 | 37944 | 9.3 | 182310 |
| 东湖街道 | 13 | — | 7(含翻牌居 5 个) | 43178 | 30.5 | 335283 |
| 灵芝街道 | 22 | 12 | 12(含翻牌居 11 个) | 61840 | 42.8 | 317155 |
| 东浦街道 | 20 | 2 | 2(含翻牌居 1 个) | 45135 | 30.78 | 127136 |
| 鉴湖街道 | 11 | 2 | — | 27067 | 50.3 | 74088 |
| 斗门街道 | 9 | 10 | 10(含翻牌居 9 个) | 57607 | 42 | 5608096 |
| 皋埠街道 | 26 | 4 | — | 53160 | 59 | 1074261 |
| 陶堰街道 | 11 | — | 1 | 23637 | 25.11 | 356642 |
| 马山街道 | 20 | 6 | 1 | 53188 | 44.5 | 1597208 |
| 孙端街道 | 16 | — | 1 | 38764 | 31.28 | 204790 |
| 富盛镇 | 14 | — | 1 | 22650 | 73.9 | 78564 |

(区民政局 区统计局 提供)

10 月,亭山乡部分(马臻路以西、云栖大桥以东、云栖路以南、龙横江北岸以北)行政区域划归北海街道办事处管辖。1998 年 8 月,设立稽山街道,委托绍兴经济开发区管委会管辖。2000 年 6 月,经省政府批准,绍兴县斗门镇(不含新马山村、新合作村、新皇甫村、新孙端村、新豆姜村、新斗门村)、东浦镇、鉴湖镇、皋埠镇和马山镇划归越城区管辖,市区北部昌安门外设立袍江工业区;12 月,禹陵乡大众、新港 2 个村划归稽山街道管辖。2001 年 7 月,撤销城东乡建制,大部分并入东湖镇,撤销灵芝乡、梅山乡建制,原灵芝乡大部分和原梅山乡合并设灵芝镇,撤销亭山乡建制,并入府山街道,撤销禹陵乡建制,并入稽山街道,原城东乡部分和昌安街道合并为蕺山街道,原鉴湖镇部分(18 个村、8 个居民区)设立城南街道。调整后,越城区辖鉴湖、东湖、东浦、皋埠、斗门、马山、灵芝 7 个镇和府山、塔山、蕺山、北海、稽山、城南 6 个街道,建制区面积由 101 平方千米增至 336 平方千米。2002 年 6 月,绍兴县马鞍镇新马山村、新孙端村、新皇甫村、新豆姜村、新斗门村、新合作村划归越城区斗门镇管辖;12 月,辖区内绍兴古城北部,东至绍三线和外直江,西至绍齐公路,南至萧甬铁路,北至柯袍公路,即以灵芝镇、东浦镇境域为基础成立镜湖新区,灵芝、东浦两镇委托镜湖新区管委会管辖。2003 年 1 月,绍兴县齐贤镇七里江村、庄头村、林头村、五峰村、前王村、潞阳村、潞庄村、后渚村、湖村、山泉村、西山头村、青云村、立岱村、大庆寺村、嘉会村 15 个村划归越城区灵芝镇管辖。2007 年 6 月,迪荡街道设立,辖原蕺山街道的五门市社区、都泗社区2个社区和罗家庄村、沈家庄村、五云村、西金村4个村及原东湖镇瓦窑头居委会、革新村、塘湾村。2008年1月，皋埠镇、东湖镇行政区划调整，原皋埠镇104国道线以北的8个村划归东湖镇管辖；原东湖镇104国道线以南的12个村和东湖居民区划归皋埠镇管辖。2013年11月，根据省政府《关于调整绍兴市部分行政区划的通知》，镜湖新区并入越城区，设区镜湖管委会；灵芝镇、东浦镇归由越城区管辖；原绍兴县孙端镇、陶堰镇、富盛镇划归越城区管辖。调整后，越城区行政区域面积增至498平方千米，辖10个镇、7个街道。同月，越城区孙端镇委托袍江经济技术开发区管委会管辖，陶堰镇、富盛镇委托绍兴高新技术产业开发区管委会管辖。2016年3月，越城区与绍兴高新区合署办公，实行“两块牌子、一套班子”，不再保留镜湖新区党工委、管委会。绍兴高新技术产业开发区管委会托管的东湖镇、皋埠镇、陶堰镇、富盛镇、稽山街道、迪荡街道以及各乡镇（街道）所属事业单位归由越城区管理。调整后，越城区（高新区）实辖7个镇、7个街道，共218个村、88个社区、7个农村居委会，实辖区域面积调整至381.53平方千米。2017年10月，越城区（高新区）东湖镇、灵芝镇、东浦镇、鉴湖镇撤镇设街。至此，越城区（高新区）实辖皋埠镇、陶堰镇、富盛镇3个镇和东湖街道、灵芝街道、东浦街道、鉴湖街道、塔山街道、蕺山街道、北海街道、府山街道11个街道。2018年6月，越城区（高新区）与袍江开发区合署办公，袍江开发区托管的乡镇（街道）由越城区（高新区、袍江开发区）管理。调整后，越城区（高新区、袍江开发区）实辖皋埠镇、陶堰镇、富盛镇、马山镇、孙端镇和东湖街道、灵芝街道、东浦街道、鉴湖街道、斗门街道、塔山街道、蕺山街道、北海街道、府山街道、城南街道、稽山街道、迪荡街道17个镇街。

2019年1月11日，浙江省民政厅发布《2018年浙江省行政区划变更情况》，批复同意撤销蕺山街道，并调整塔山、府山、北海、稽山、迪荡5个街道的管辖范围。至此，越城区（高新区、袍江开发区）实辖皋埠镇、陶堰镇、富盛镇、马山镇、孙端镇、东湖街道、灵芝街道、东浦街道、鉴湖街道、斗门街道、塔山街道、府山街道、北海街道、城南街道、稽山街道、迪荡街道5个镇11个街道。11月8日，绍兴市区9个镇撤镇设街集中揭牌仪式举行。越城区皋埠镇、陶堰镇、马山镇、孙端镇撤销，改设皋埠街道、陶堰街道、马山街道、孙端街道办事处。至此，越城区实辖富盛镇、塔山街道、府山街道、北海街道、稽山街道、城南街道、迪荡街道、东湖街道、灵芝街道、东浦街道、鉴湖街道、斗门街道、皋埠街道、陶堰街道、马山街道、孙端街道1个镇15个街道。11月29日，滨海新区挂牌成立，托管越城区皋埠、马山、孙端、东湖、灵芝、东浦、斗门、稽山、迪荡和上虞区沥海等街道。区政府驻塔山街道延安路18号。（区档案馆　沈婷婷）

## 自然地理

**【地理位置】** 越城区位于北纬29°52'16" ~ 30°08'00"，东经120°29'49" ~ 120°46'42"。地处浙江省东部，钱塘江和杭州湾南岸，宁绍平原西部，会稽山北麓。辖区境域面积493平方千米，其中陆地面积414平方千米，水域面积79平方千米，东西最大距离27.2千米，南北最大距离29千米（以上数据为自然资源和规划分局统计口径）。东与上虞区的道墟街道、东关街道、长塘镇、汤浦镇相连，南、西、北与柯桥区的平水镇、兰亭街道、福全街道、柯岩街道、柯桥街道、齐贤街道、马鞍街道相接。

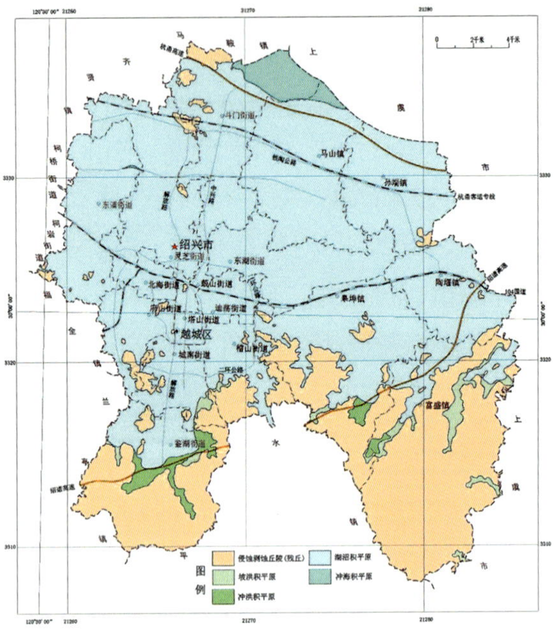


2020 年越城区地貌图

**【地形地貌】** 越城区处于钱塘江河口段南岸、宁绍平原西部，背靠会稽山余脉，是平原向低山丘陵的过渡地带，总体地势南高北低。北部、中部以平坦的湖海积平原为主，间有残丘突兀于平原之中，如鉴湖湿地公园的梅山，以及城区的塔山、府山等。南部以低山丘陵为主，地形坡度一般为 15° ~ 25°，局部 30° 以上，全区最高峰位于富盛镇西南的望海岗，海拔标高 567.7 米。根据地貌形态成因多级分类原则，越城区地貌类型有侵蚀剥蚀地貌(残丘)、坡洪积平原、冲洪积平原、湖沼积平原、冲海积平原五大类。（区自然资源和规划分局　李伟）

## 自然资源

**【土地资源】** 2020 年越城区土地变更调查总面积 493.24 平方千米，包括湿地、耕地、种植园用地、林地、建设用地等地类均有分布，主要土地类型：湿地 8.06 公顷，占全区土地总面积的 0.02%；耕地 10050.89 公顷，占全区土地总面积的 20.38%；林地 12790.60 公顷，占 25.93%；种植园用地及草地共计 1525.89 公顷，占 3.09%；城镇村及工矿用地 10503.05 公顷，占 21.29%；交通运输用地 3473.49 公顷，占 7.04%；水域及水利设施用地 8110.39 公顷，占 16.45%；公共管理与公共服务用地 1614.97 公顷，占 3.27%；商业服务业用地 870.58 公顷，占 1.77%；特殊用地 199.05 公顷，占 0.40%；其他土地 177.76 公顷，占 0.36%（以上数据为 2020 年末一上数据，最终数据以国家核实通过的下发数据为准）。

**【矿藏资源】** 截至 2020 年底，越城区已发现铜、金、多金属、石煤、泥炭、石英砂岩、普通建筑石料等 8 个矿种 25 处矿产地，除建筑石料及石英砂岩可供开发利用外，其他矿产资源一般不具工业价值。目前开发利用的矿种主要为普通建筑石料。（区自然资源和规划分局　李伟）

**【水资源】** 2020 年，越城区年总水资源量为 49659 万立方米，其中，年地表水资源量 43872 万立方米，地下水资源量 11951 万立方米，地表水地下水重复计算量 6164 万立方米。（区水利局　邢晓翰）

## 气　候

**【概况】** 2020 年，越城区年平均气温 18.3℃，年降水量 1690.8 毫米，降水日数略偏多，且时间分布上不均匀。年内主要天气气候事件有全年气温偏高、年初暖冬、春季强对流频发、超长梅汛期、强降水过程多、夏季持续高温、秋冬连旱、强寒潮等。

冬季(1—2 月)，气温较常年高 3.1℃，降水偏多六成以上，季内出现阴雨寡照天气。春季(3—5 月)平均气温较常年高，雨量接近常年略偏少，季内出现强对流、冰雹、冷空气、大风等气象灾害。夏季(6—8 月)平均气温较常年高，雨量较常年多三成，雨日较常年少。季内出现强

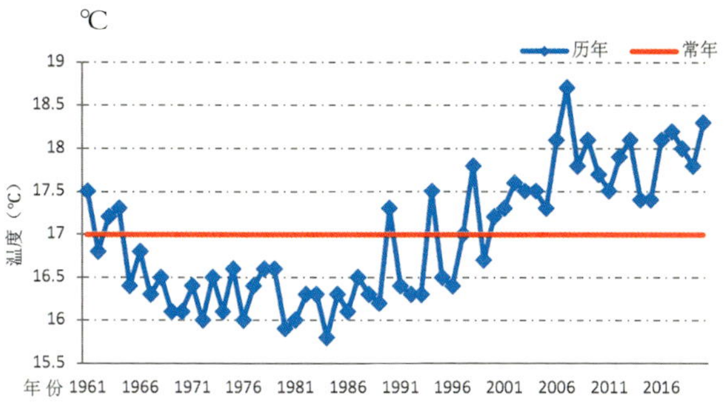


图 6　越城区历年年平均气温图

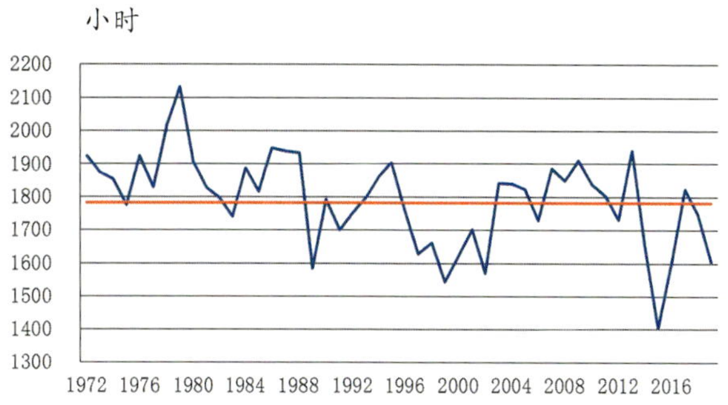


图 7　越城区历年年日照时数图

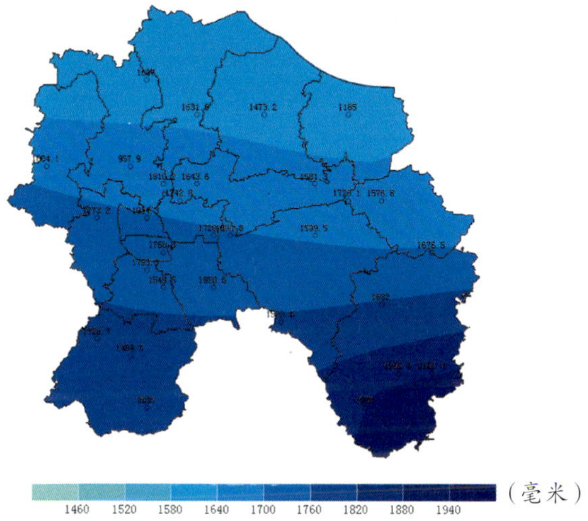


图 8　2020 年越城区年降雨量分布图

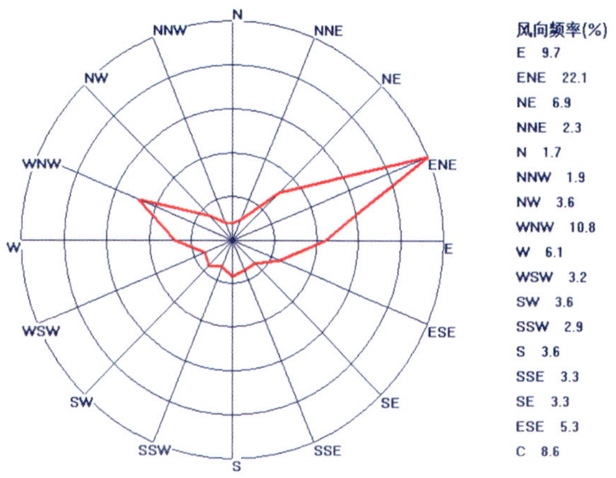


图 9　2020 年越城区风玫瑰图

对流、暴雨、持续高温等气象灾害。秋季(9—11 月)平均气温较常年高很多,雨量接近常年略偏少,雨日较常年多。季内出现干旱、寡照和冷空气等气象灾害。12 月平均气温较常年高,雨量为常年的 47.1%,少很多,雨日较常年少。

**【气温】** 2020 年,越城区年平均气温 18.3℃,较常年高 1.3℃,为历史第二高(第一为 2007 年),已连续 21 年偏暖。年极端最高气温为 38.9℃,出现时间为 8 月 14 日;年极端最低气温为 -5.0℃,出现时间为 12 月 31 日。年高温日数(日最高气温 ≥ 35.0℃)为 39 天,较常年多 14 天(常年 25 天)。年低温日数(日最低气温 <0℃)为 6 天,较常年少 17.5 天(常年 23.5 天)。其中,4 月平均气温较常年低一点,7 月较常年低很多,其余各月平均气温均较常年高;1 月、2 月、3 月、5 月、8 月、11 月平均气温较常年高很多,均超过 2.0℃,最高为 2 月,月平均气温 9.7℃,较常年高 3.3℃,为历史第二高。

**【降水】** 2020 年,越城区年降水量为 1690.8 毫米,较常年(1469.8 毫米)多 15.04%。降水时空分布不均匀,其中 12 月为全年降水最少月份,降水量为 27.7 毫米,仅占全年降水量的 1.6%,不足常年 5 成;4 月、8 月、10 月降水量也异常偏少。1 月和 6 月降水异常多,1 月降水量较常年多 1.3 倍;6 月降水量 400.8 毫米,较常年增多近一倍,为全年降水最多月份,占全年降水量的 23.7%;3 月、5 月、7 月、9 月降水量也显著偏多,分别为常年的 1.2 倍、1.3 倍、1.4 倍、1.4 倍。全年共出现 4 次暴雨日,日最大降水量为 68.7 毫米,出现在 6 月 19 日。全年雨日为 174 天,较常年偏多 15 天。除 4 月、8

月和10月雨日较常年少外，其余月份雨日均较常年多或接近常年。

**【日照】** 2020年，越城区平均年总日照时数为1603.7小时，较常年少一成。其中1月、2月、4月、6月和7月较常年少，9月较常年多，其余月份接近常年。

**【风】** 2020年，越城区年平均风速1.4米/秒。全区极大风速为22.1米/秒，出现在凤凰山站（3月4日）。以东湖站为例，全年平均风速1.4米/秒，最多盛行风向为东北偏东风。

**【霾】** 2020年，越城区年霾日数为44.4天，比2019年48天减少3.6天，以轻度霾为主。从时间分布来看，第四季度霾日数最多，达21.4天，第三季度霾日数最少，只有0.8天，第一季度与第二季度均较少，分布为11.8天和10.4天。

**【气象监测预报预警服务】** 2020年，越城区持续提高监测预警能力，有效应对梅汛期七轮暴雨过程，台汛期"黑格比""米娜"二次台风过程，春夏多次强对流天气、秋冬季连续少雨干旱天气及年初冬季连阴雨天气过程，全年启动应急响应12次，发送服务类短信85万人次，报送决策材料139期。

**2020年越城区主要天气气候事件一览表**

表3

| 序号 | 天气事件 | 具体表现 |
|---|---|---|
| 1 | 全年气温偏高 | 年平均气温18.3℃，为历史第二高（第一为2007年18.7℃），年极端最高气温为38.9℃ |
| 2 | 年初暖冬 | 1—2月平均气温为8.6℃，较常年（5.5℃）高3.1℃；创历史新高。1月极端最高气温25.9℃，出现在6日，为历史第二高 |
| 3 | 初春强对流频发，冰雹大风齐登场 | 3月21日、26日，受强对流云团影响，越城区出现强雷电、短时强降水、雷暴大风、冰雹等强对流天气。21日17时至18时，大部地区出现7～9级阵风，最大凤凰山11级（28.5米/秒），多地出现冰雹 |
| 4 | 4月上旬春寒，茶叶受灾损失严重 | 4月8日凌晨，受倒春寒影响，山区最低气温骤降至0℃附近，富盛、皋埠、鉴湖等地发生霜冻，造成大面积待采茶园严重冻害，部分茶园该批次茶叶绝收 |
| 5 | "暴力梅"超长待机，雨量破历史纪录 | 5月29日入梅，较常年（6月14日）早；7月18日出梅，较常年（7月7日）迟，梅期50天，较常年多20天，居1961年有气象记录以来首位。梅汛期总降水量635.4毫米，较常年（222.9毫米）多近两倍，居1961年来首位；梅汛期共有八轮强降水过程，其中6月19—21日、24—30日和7月3—4日、6—10日四次过程面雨量累计达464毫米，占梅汛期总量的75% |
| 6 | 大范围高温出现迟，高温日数偏多 | 夏季6—8月高温日数38天，较常年偏多，8月9—26日出现持续最高气温35℃以上的晴热高温天气，其中12—20日出现持续37℃以上的极端高温天气 |
| 7 | 有阶段性伏旱和秋旱，且秋旱重于伏旱 | 7月16日入伏，8月24日出伏，三伏期持续晴热高温，累计降水43.9毫米，较常年同期（187.9毫米）少很多。9月18日入秋，秋季降水也较常年少很多，其中10月20日至11月20日，一月内仅出现两天的小雨过程，旱情严重 |
| 8 | 重度寒露风发生早，连作晚稻生育期明显推迟 | 冷空气影响，9月18—19日连续两天平均气温在20℃，且后期气温回升慢，20日至26日平均气温均在22℃以下。寒露风发生偏早，导致晚稻生育期明显推迟 |
| 9 | 年底"世纪寒潮" | 12月29日下午起，受强寒潮影响，出现剧烈降温、大风、雨雪和严重冰冻天气，平均降温幅度达12℃，31日早晨最低气温普遍在−5℃左右，山区−7℃～−9℃，出现严重冰冻 |

【气象为农服务】 2020年，越城区完成浙江省农业气象基础信息数据库及应用模块的部署应用，建立完善本地农业气象指标体系、农业气象灾情数据库、农业产业信息数据库、农业服务对象数据库，并利用“3S”技术绘制农业产业现状分布图。年内，推进19个气象防灾减灾标准化村（社区）建设，建成2套农业小气候站，制成制作茶叶保险理赔气象指标风险区划图。面向全区80%以上的新型农业经营主体提供“直通式”服务，智慧农业气象服务手机客户端注册用户覆盖率60%以上。

【旅游气象预报】 2020年，越城区气象局和区文广旅游局立足“优势互补、共建共享、互促互进、服务地方”原则，建立长期合作协调机制，计划通过共享数据资源，将气象预报业务与景区游览相结合，共同开展气候适宜度评价和预报服务，提供景区花期预测服务，并合力共建生态旅游气象站。（区气象局　谢浩然）

## 人　口

【概况】 2020年末，越城区域总户数275639户，户籍人口771693人，其中城镇人口527487人，乡村人口244206人，分别占比68.35%和31.65%。全年出生人口5123人，死亡人口3801人，人口自然增长5123人，自然增长率为1.72‰；迁入人口24197人，迁出人口22883人，人口机械增长24197人，净迁移率为3.3‰；人口净增2636人，年人口增长率为3.4‰。年内，登记男性376522人，女性395171人，男女性别比为95.28（女=100，下同）；登记出生男性2648人，出生女性2475人，出生性别比为107；登记死亡男性2133人，死亡女性1668人，死亡性别比为127.9。（区公安分局　赵梦莎）

## 八大历史街区

【概况】 绍兴是1982年国务院首批公布的历史文化名城，历史悠久、人文荟萃、文化底蕴深厚。2001年12月，经浙江省政府批准通过的《绍兴历史文化名城保护规划》，在8.32平方千米的老城区范围内划定越子城、鲁迅故里、八字桥、蕺山街、西小河五大片和新河弄、石门槛两小片历史文化街区。2011年7月，市人民政府在《规划》修编中增加前观巷历史文化街区，总用地面积达到170.10万平方米。2012年11月26日，《规划》经国务院批复同意。

【越子城历史文化街区】 越子城历史文化街区位于古城内西部，北至胜利路，南至环城南路、司狱使前，东临仓桥直街，西靠府山西路、环城西路，总面积63.92万平方米，是以古越文化为核心，宫殿衙署、名胜古迹较为集中，传统民居参错其间内涵丰富的历史文化街区。街区内有市级文保单位8处，市级文保点12处。仓桥直街位于该街区内，全长1.5千米，建筑面积5万平方米，为城内典型的“一河五街”格局。2003年，仓桥直街获“联合国亚太地区遗产保护奖”，被赞誉为“中国遗产活生生的展示地”。

【鲁迅故里历史文化街区】 鲁迅故里历史文化街区位于古城内中部，东起中兴路，西靠解放路，北至咸欢河以北的观音弄，南到鲁迅路以南，总面积25.02万平方米，是反映清末民初时期坊里概貌和鲁迅笔下风土人情的历史文化街区。街区内有鲁迅祖居、鲁迅故居、百草园、三味书屋等带有鲁迅标志的建筑，以及朱家台门、陈家台门、余家花园等极具特色的台门文化。

【八字桥历史文化街区】 八字桥历史文化街区位于古城东部，东起环城东路，西至中兴中路，南至九节桥河沿、纺车桥，北至新三财殿前，总面积 16.40 万平方米，是展示珍稀古桥、碧水小街、枕河人家独特风采的历史文化街区。八字桥作为世界遗产大运河绍兴段的主要遗产点，是中国最早的立交桥，主桥架于南北流向主河，副桥架于两侧引桥下。广宁桥与八字桥一纵一横，形成“三桥跨三河通三街”的水陆通路。

**【蕺山街历史文化街区】** 蕺山街历史文化街区位于古城内东北部，北至环城北路，南临萧山街河，东起中兴北路，西至局弄、石家池河沿，总面积 35.51 万平方米，是展示绍兴名人文化、反映绍兴典型民居风采的历史文化街区。街区内有书圣故里、蔡元培故居、题扇桥、躲婆弄、戒珠寺、墨池等历史文化胜地。

**【西小河历史文化街区】** 西小河历史文化街区位于古城内西北部，北至环城北路、上大路河，南临胜利西路，东至王衙弄、铁甲营，西靠北海花园，遵循“一河一街，街河并行”格局，总面积 17.74 万平方米，是展现绍兴小桥流水人家江南水乡风貌的历史文化街区。古越藏书楼建于清光绪二十八年（1902 年），为中国最早的公共图书馆，系省级文物保护单位；另有王衙池明代民居、王阳明故居、观象台等遗址。

**【新河弄历史文化街区】** 新河弄历史文化街区位于古城中心偏北，紧靠吕府，东起华侨饭店，西到区教师进修学校、北海小学，南临营桥河沿，北至上大路，总面积 3.10 万平方米。唐朝孟简任越州刺史兼御史中丞、浙东观察使期间，曾在此开凿河道，命名新河。街区内保存着现存规模最大的明代台门建筑——吕府。由明朝内阁大臣吕本建造，占地 3.2 万平方米。府第三面环水，坐北朝南，共有厅堂 13 座，是全国重点文物保护单位。

**【石门槛历史文化街区】** 石门槛历史文化街区位于古城中心，东靠鲁迅小学，南依人民路，西傍仓桥直街，北至越都商城，总面积 4.36 万平方米。石门槛为古时官员往返道台衙门途中为安置马车、牛车而设，从清朝沿袭至民国初年，现已拆除。

**【前观巷历史文化街区】** 前观巷历史文化街区位于古城中心处，东至解放路沿街商业建筑，南至鲁迅西路、前观巷，西临仓桥直街，北至人民西路沿街商业建筑，以国家级文保单位青藤书屋为中心，总面积 4.05 万平方米。街区内前观巷、后观巷为两条前后平行的道路，均为一河一路格局。（市名城办　裘裕新）

## 国民经济和社会发展

**【概况】** 2020 年，越城区实现地区生产总值 1008.53 亿元，按可比价增长 4.2%，其中第一产业增加值 13.09 亿元，同比增长 2.0%；第二产业增加值 360.91 亿元，同比增长 2.9%；第三产业增加值 634.53 亿元，同比增长 5.1%。三次产业结构 1.3∶35.8∶62.9。全区财政总收入 121.87 亿元，同比增长 7.2%；一般公共预算收入 72.69 亿元，同比增长 4.1%，占财政总收入的 59.6%；税收收入 65.45 亿元，同比增长 6.8%，占一般公共预算收入的 90.0%；一般公共预算支出 78.65 亿元，同比增长 12.3%。（统计口径参照《2020 年越城区国民经济和社会发展统计公报》，下同）

**【农业和农村建设】** 2020 年，越城区农业总产值 21.3 亿元，同比增长 2.2%，其中，农业产值 11.86 亿元，同比增长 3.1%；林业产值 0.85 亿元，同比下降 5.0%；畜牧业产值 2.78 亿元，同比增长 7.8%；渔业产值 5.43 亿元，同比下降 1.5%；农林牧渔服务业产值 0.38 亿元，同比增长 11.5%。农林牧渔业增加值 13.29 亿元，按可比价同比增长 2.2%。全区粮食播种面积 14.73 万公顷，粮食单产 6884 千克 / 公顷，粮食总产量 6.76 万吨。

**【工业和建筑业】** 截至2020年底，越城区共有规上工业企业546家。全年实现规上工业增加值229.87亿元，同比增长4.7%；完成规上工业总产值1266.46亿元，同比下降1.0%。产值排名前五位的行业分别为电力、热力生产和供应业（占比15.2%）、纺织业（占比13.5%）、化学纤维制造业（占比11.2%）、化学原料和化学制品制造业（占比9.7%）、电气机械和器材制造业（占比7.5%）。全区建筑业资质等级企业159家，完成建筑业总产值688.14亿元，同比增长2.8%；主营业务收入581.33亿元，同比增长2.3%；利润12.19亿元，同比下降14.1%。

**【国内贸易和对外经济】** 2020年，越城区实现第三产业增加值634.53亿元，按可比价增长5.1%，第三产业增加值占GDP比重为62.9%。全区规模以上服务业企业897家（含贸易，不含电信邮政），营业收入达959.53亿元，同比增长2.3%。其中，限上批发零售业法人单位648家，限上住宿餐饮业法人单位83家，其他166家。全区实现社会消费品零售总额620.52亿元，同比下降0.2%，其中限上社会消费品零售额264.27亿元，同比下降7.8%；限上批发业销售额754.20亿元，同比增长5.5%；限上零售业销售额320.48亿元，同比增长10.3%；限上住宿业营业额7.54亿元，同比下降8.9%；限上餐饮业营业额11.72亿元，同比增长12.6%。全年实现进出口总额614.50亿元，同比增长12.9%，其中自营出口额568.26亿元，同比增长18.0%；进口额46.24亿元，同比下降25.9%。

**【固定资产投资和房地产业】** 2020年，越城区完成固定资产投资同比增长18.7%，分产业看，第二产业投资同比增长20.9%，第三产业投资同比增长18.5%，房地产投资同比增长8.2%，生态环保和公共设施投资同比增长26.5%，高新技术产业投资同比增长26.8%，民间投资同比增长6.7%，交通投资同比增长56.3%。全年新引进亿元以上产业项目39个，总投资970亿元；入选第一批实施类省重大产业项目11个，总投资317亿元，用地4097公顷；市县长项目工程开工建设8个，落地率达100%；重点项目开工率90.7%；累计利用外资8.4亿美元，引进内资300亿元。

**【教育和科学技术】** 截至2020年底，越城区共有幼儿园124所，在幼儿园31648人；小学47所，在校学生56298人；初中18所，在校学生23339人；特殊教育1所，在校学生192人。年内，完成全区66所中小学2230间教室照明改造，100%实现教室灯光标准化，购置手摇升降课桌2万套，实现60%教室课桌升降半自动化。全区一般公共预算支出中用于科学技术支出3.21亿元。高新技术产业投资额增速26.8%，规上工业实现高新技术产业增加值增速10.1%。新增高新技术企业139家（含重新认定51家）、省科技型中小企业187家；培育市级研发中心22家、省级研发中心10家、省级研究院5家；入选省级海外工程师4人，柔性引进海外工程师45人。

**【文化、体育和卫生】** 2020年，越城区举办新春送戏下乡活动7场、新春送福送春联活动12场，举行敬老院慰问巡演20场、文化走亲活动8场，“送群文演出进基层”百场。重点举办第12个全民健身日系列活动和第十届越城文体节，成功举办浙江省第三届女子体育节乌篷船、气排球项目比赛，承办2020年“绍兴有戏”非遗兴乡大巡游（首站越城）暨鲁迅外婆家中秋夜市等各类活动。区图书馆新增图书6万册，藏书量达54.9万册，服务读者41万人次，图书流通64.7万册次。年内，绍兴市智慧医保信息系统正式上线，实现越城参保人市内医保转移“零跑腿”、医疗救助跨县(市、区)一站式结算、生育医疗费用直接刷卡结算。新增30家定点医疗机构接入跨省异地就医平台。特殊病种(规定病种)省内就医实现直接刷卡结算。多项医保业务下沉、前沿至镇街、基层医疗机构、绍兴银行等170多个网点,基层医疗机构有序推进“越美医保”专窗建设。

**【人民生活和社会保障】** 2020年末,越城区城镇常住居民人均可支配收入为61861元,同比增长4.1%;农村常住居民人均可支配收入为38633元,同比增长7.2%。城镇常住居民人均生活消费支出35084元,同比增长3.9%;农村常住居民人均生活消费支出23577元,同比增长5.9%。全年新增就业4.12万人,失业人员再就业26313人,就业困难人员就业6431人,新增就业大学生27369人,新晋升高级职称378人,完成职业技能培训3.56万人。全区户籍人员624650人参加职工基本养老保险或城乡居民基本养老保险,参保率99.9%;企业退休(退职)职工、城乡居民及机关事业单位养老保险待遇总支出为747226万元。

**【资源、环境保护和社会安全】** 2020年,越城区森林覆盖率达27.2%,活立木总蓄积量76.55万立方米,林地保有量1.36万公顷。全年完成造林更新1212公顷(平原绿化1212公顷)、森林抚育825公顷,新植珍贵树6.1万株,清除病枯死松木27.08万千克,除治面积0.24万公顷。全区空气质量指数(AQI)优良率升至90.7%,同比增加6.9%,PM2.5浓度年平均值降至28微克/立方米。5个镇街成功创建省级“污水零直排区”,37个市级考核断面功能区达标率100%。新增“美丽河湖”3条,河湖长履职得分、巡河完成率均列全市第一。城乡生活垃圾分类覆盖率分别提高到98.2%、96.7%,创建省级高标准生活垃圾分类示范小区(村)13个,资源化利用率和无害化处理率基本达到100%。全年安全生产事故起数、死亡人数同比均下降20.0%。年内,越城区成功创建省级食品安全区,连续15年被省委、省政府命名为平安县(市、区),获得首批平安考核一星平安金鼎。

# 中共越城区委员会

## 重要会议

**【概况】** 2020年，越城区共召开区委全体（扩大）会议3次、区委常委会会议29次。

**【区委九届十次全体（扩大）会议】** 2020年7月30日，越城区委召开九届十次全体（扩大）会议。全会高举习近平新时代中国特色社会主义思想伟大旗帜，全面贯彻中共十九大和十九届二中、三中、四中全会精神，深入学习贯彻习近平总书记考察浙江重要讲话精神，按照省委十四届七次全会、市委八届八次全会重大决策部署，系统研究为我省建设新时代全面展示中国特色社会主义制度优越性的重要窗口做出更大越城贡献、展示更多越城风采的思路举措，进一步动员全区各级党组织和广大党员干部以实际行动展现“重要窗口”维护者建设者展示者的风采。

会议听取和讨论区委书记金晓明代表区委常委会所作报告，审议通过《中共绍兴市越城区委关于深入学习贯彻习近平总书记考察浙江重要讲话精神，以实际行动展现“重要窗口”维护者建设者展示者的风采的决议》和《中共绍兴市越城区委关于加快建设首位度中心城区人才高地，奋力打造高水平创新型强区的决定》。区委副书记、区长袁建部署工作，区委书记金晓明就落实全会精神讲话。

全会指出，在统筹推进疫情防控和经济社会发展的特殊时期，习近平总书记到浙江考察调研并发表重要讲话，赋予浙江“努力成为新时代全面展示中国特色社会主义制度优越性的重要窗口”的新目标新定位。全体干部要学深悟透习近平总书记考察浙江重要讲话精神，坚定不移沿着“八八战略”指引的路子走下去；要奋力打造全市首位度中心城区，全面提升“产业、城市、文化、生态”四大首位度；要加快推进区域治理现代化，坚持以“最多跑一地”改革为牵引，深入探索社会治理新路径；要全面加强领导班子政治建设，为建设“重要窗口”提供强有力的政治保证和组织领导保证。

全会强调，要在建设“重要窗口”的新征程上继续走在前列，推动首位度中心城区建设，就必须把人才强区、创新强区作为重要工作；要加快建设具有影响力、吸引力的人才高地，加大国内外人才、高层次人才、高素质青年人才、创新型越商人才、新时代工匠人才队伍建设；要加快建设具有核心竞争力的技术创新和产业创新体系，大力培育创新主体，强化创新链产业链精准对接，推进智慧城市建设；要构建高水平现代化的创新空间格局和产业平台体系，实施创新能力提升工程；要加快建设人尽其才才尽其用的最优人才生态环境，加强和改善党的领导，推动“最多跑一次”改革，优化创新创业服务，加大政策支持，大力营造尊重知识、礼敬人才、崇尚创新的浓厚氛围。

全会充分肯定2020年以来区委常委会所做工作。全会认为，区委常委会认真贯彻落实中央、省市各项决策部署，坚持“两手硬、两战赢”，积极应对经济下行和疫情冲击双重压力，扎实做好“六稳”工作，全面落实“六保”任务，加速恢复经济社会秩序，最大限度地降低疫情带来的负面影响，经济社会保持稳中向好态势。上半年，全区地区生产总值增长1.7%，13项主要经济指标位居全市前列，上榜第一批省重大产业项目12个，项目数量、投资、用地均超全市的60%。

全会认为把贯彻落实习近平总书记考察浙江重要讲话精神落实在行动上，重点是做好以下八个方面工作：一是持续深入学习贯彻习近平总书记考察浙江重要讲话精神，坚决扛起建设“重要窗口”的政治责任和使命担当。二是全面夯实“六稳”“六保”基础，强化底线思维，坚持稳中求进总基调，以更大的政策力度对冲疫情影响，促进全区经济社会持续健康发展。三是全力以赴抓好重大项目建设，深入实施项目攻坚年行动，深化“六个一批”项目工程，进一步做强、做深、做实产业链。四是深化改革促进高质量发展，进一步创新体制机制、释放政策红利，推动越城区和滨海新区双向赋能。五是提升区域治理能力和治理水平，坚持发展新时代“枫桥经验”，以“最多跑一地”改革为引领，大力建设平安浙江示范区。六是大力优化营商环境，持续深化“三驻三服务”活动，落实分级、分类服务企业制度，增强企业的归属感、满意度。七是加快打造人才强区、创新强区，大力引育各类人才，加快形成以企业为主体、产学研深度融合的技术创新和产业创新体系。八是加强干部队伍建设，坚持正确的用人导向，提高选人用人的科学性，从严落实干部的监督管理。

全会强调，要坚持把党的政治建设放在首位，加强思想政治建设，切实做到“两个维护”；要全面夯实基层基础，筑牢坚强有力的战斗堡垒；要全面加强阵地管理，严格落实意识形态工作责任制，牢牢掌握意识形态工作领导权；要持之以恒正风肃纪，严格执行中央八项规定，营造风清气正的政治生态。

全会从对标对表查补短板、争先创优；精准精密防控疫情、稳企促保；聚焦聚力项目推进、投资服务；担当担责攻克难点、开创新局；尽心尽力改善民生、守护平安五个方面对下半年工作进行部署。

全会强调，要牢牢把握当下越城高质量发展的关键期，合力营造崇尚真抓实干、勇于攻坚克难的发展氛围；要在努力保持良好发展势头的基础上，自找问题，全力补齐短板迎头赶上；要通过持续改革和干部能力建设打造一流的营商环境，全力提升招引项目和服务项目的能力。

全会号召，全体干部紧密团结在以习近平同志为核心的党中央周围，以“重要窗口”的意识、“重要窗口”的标准、“重要窗口”的担当，凝心聚力、真抓实干，奋力打造全市首位度中心城区，奋力夺取全年红，为建设“重要窗口”贡献越城力量、展现越城风采。

**【区委九届十一次全体(扩大)会议】** 2020年8月31日，越城区委召开九届十一次全体会议。专题研究沥海街道行政区划调整工作。区委书记金晓明讲话。

会议听取并审议通过区民政局关于《越城区部分行政区划调整组织实施总体方案》。

会议要求，要统一思想认识，沥海街道成建制划转越城区管辖，是市委、市政府“拥抱大湾区、发展大绍兴”重大战略部署的一部分。将沥海街道划转至越城区，将理顺和优化滨海新区管理体制机制，最大限度发挥新区统一指挥、协同配合、优势互补的功能，将更加有利于集中力量、集聚资源、集成政策，优化产业、城市和生态布局，实现滨海新区目标定位，优化中心城市区块功能，推动绍兴实现高质量发展，同时，也有利于越城区打造首位度的中心城市，要在思想上引起高度重视，把这次行政区划调整工作作为当前一项重要的政治任务来完成。

会议要求，要加强沟通协调。区领导小组要承担起总体协调责任，及时全面了解掌握进展情况，相关部门要承担起具体沟通协调指导责任，各司其职，做好工作，全力把这件大事、要事、好事办好。

会议要求，要确保稳定有序。要进行正面引导，大力宣传行政区划调整的重要意义和作用，营造良好氛围，取得党员干部和人民群众的理解和支持。要加强信息预警，努力拓宽信息收集渠道，加强信息共享，发挥联动作用，及时掌握一些苗头性的问题。要完善应急处置，对已经预见的重大不稳定因素要高度关注，一旦出现苗头性问题，要立即采取措施，把问题控制在起步之初、扼杀在摇篮之中。要重视群众信访，要热情接待群众来信来访。多做解释和说服工作，耐心开导群众质疑，积极引导群众，维护社会稳定。

**【区委九届十二次全体(扩大)会议】** 2020年12月30日，越城区委召开九届十二次全体会议。全会以习近平新时代中国特色社会主义思想为指导，深入学习贯彻中共十九届五中全会精神，深入贯彻习近平总书记考察浙江重要讲话精神，贯彻落实省委十四届八次全会和市委八届九次全会决策部署，听取和讨论金晓明受区委常委会委托作的工作报告，审议通过《关于制定绍兴市越城区国民经济和社会发展第十四个五年规划和二〇三五年远景目标的建议》，进一步动员全区上下忠实践行“八八战略”，奋力打造“重要窗口”，争当“四个率先”先行区，全力建设首位度中心城区，率先走出争创社会主义现代化先行省的区域发展之路，在绍兴率先走出争创社会主义现代化先行省的市域发展之路中发挥引领作用。区委书记金晓明就《建议(讨论稿)》向全会作了说明。

全会充分肯定2020年区委常委会的工作。全会认为，一年来，区委常委会全面落实中央和省市决策部署，坚持“两手硬、两战赢”，深化“三个年”行动，扎实做好“六稳”工作，全面落实“六保”任务，全力推进首位度中心城区建设，交出了一份经济社会发展的高分报表。主要体现在旗帜鲜明讲政治，党的政治建设取得新成果；统筹推进疫情防控和复工复产，“两手硬、两战赢”取得决定性胜利；争先创优谋新篇，产业发展迈上新台阶；改革开放谋发展，体制机制调整取得新突破；科技创新添动力，人才强区创新强区建设实现新成就；守正创新展成效，宣传思想文化工作开创新局面；城乡统筹惠民生，城市能级和品质取得新跨越；维护稳定促和谐，平安建设取得新提升；严管厚爱强作风，干部队伍建设取得新进展。

全会指出，中共十九届五中全会是在我国将进入新发展阶段、实现中华民族伟大复兴正处在关键时期召开的一次具有里程碑意义的重要会议。省委十四届八次全会提出新发展阶段浙江的历史使命，明确争创社会主义现代化先行省的目标任务，谋划一批战略抓手，为全省上下高水平推进社会主义现代化建设提供行动指南。市委八届九次全会提出新

2020 年 12 月 30 日，越城区委九届十二次全体（扩大）会议召开（区委宣传部　提供）

发展阶段推动绍兴发展的五大战略基点和五项战术原则，明确要牢牢聚焦“四个率先”目标，谋划十大工作重点，为全市上下走好社会主义现代化建设的新征程指明前进方向。市委“十四五”规划建议明确指出，支持越城区、滨海新区发挥大湾区新区引领作用，打造全市首位度中心城区，坚定越城区上下抢抓发展风口、加快首位崛起的信心和决心。全区各级党组织和广大党员干部要深入学习贯彻中央、省、市全会精神，锚定现代化建设的新目标、新使命，找准越城所处历史方位，牢牢把握越城发展的历史性“窗口期”，奋力打造全市首位度中心城区，推动各项工作实现新跨越、再创新辉煌。

全会指出，“十四五”时期越城经济社会发展指导思想是忠实践行“八八战略”、奋力打造“重要窗口”，统筹推进“五位一体”总体布局，协调推进“四个全面”战略布局，统筹发展和安全，全方位、各领域、高质量打造全市首位度中心城区，在“重要窗口”建设中展示亮丽“越城风景”。为此，必须牢牢把握以党建为统领、以改革为动力、以创新为核心、以系统方法为指引、以整体智治为保障的原则。

全会强调，“十四五”时期越城经济社会发展战略目标是争当“率先走出腾笼换鸟、凤凰涅槃的智造强市之路”先行区，争当“率先走出面向全国、走向全球的高效循环之路”先行区，争当“率先走出人文为魂、生态塑韵的城市发展之路”先行区，争当“率先走出全域覆盖、上下贯通的整体智治之路”先行区。主要目标是：聚力聚焦“四个率先”先行区，实现产业发展、城市功能、文化魅力、生态环境、动力活力、治理效能、生活品质全面跃升，确保进入全省区、县（市）“第一方阵”。到 2035 年，越城将全面建成全市首位度中心城区，率先建成社会主义现代化强区。

全会指出，要紧紧围绕打造全市首位度中心城区的战略目标，深入贯彻落实区委

“十四五”规划《建议》提出的各项举措，坚持唯实惟先、善作善成，统筹提升“八大首位度”。要提升产业首位度，锚定全球先进制造业基地目标，坚定不移走制造强区之路，深入实施“1234”先进制造业高质量发展行动计划，全力构建具有国际竞争力的现代产业体系。要提升城市首位度，牢固树立“人民城市”理念，加快“融杭联甬接沪”步伐，推动城市综合能级和功能品质实现跨越式提升。要提升文化首位度，坚持文化守正创新、传承发展，主动融入“一廊三带”建设，以更高品质塑造越城文化体系，全面打造长三角最具文化标识度城市。要提升生态首位度，坚持“绿水青山就是金山银山”理念，持续刷新“稽山鉴水”颜值气质，打造“三生三宜”城市大花园，加快创建省级生态文明示范区。要提升创新首位度，坚持创新核心地位，主动融入绍兴科创大走廊建设，加快构建“产学研用金、才政介美云”创新生态体系，打造人才高地和高水平创新型强区。要提升开放首位度，率先走出面向长三角、面向全国、面向全球开放之路，努力在服务构建新发展格局上争当重要节点。要提升营商环境首位度，对照世界银行标准，以“最多跑一次”改革为牵引，深入实施《建设全市首位度营商环境实施意见》30条，全力打造全覆盖、全天候、无差别、数字化、低成本的营商环境。要提升基层治理首位度，以数字化改革为总抓手，对区域治理的体制机制、组织架构、方式流程、手段工具进行全方位、系统性改革提升，构建党建统领的整体智治体系。

全会强调，认真落实新时代党的建设总要求，是打造首位度中心城区的坚强保障。要强化政治引领，扎实开展学习轮训，持续加强理论武装，抓好领导干部政治把关和政治素质考察，不断提升干部队伍政治能力。要建强基层堡垒，做精做优五星系列“升级版”，以“契约化”共建示范社区、乡村振兴先行村、“红色物业”等载体，全面加强各领域党的建设，织密建强上下贯通、执行有力的组织体系。要坚持实干导向，突出实践标准、实绩依据，深化干部制度改革，完善政绩考核评价体系，强化能者上、优者奖、庸者下、劣者汰的正确选人用人机制，充分激发干部干事创业的激情活力。要全面从严治党，坚持作风建设常态化、长效化，持之以恒深化落实中央八项规定精神，严加整治形式主义、官僚主义等问题，坚决防止“四风”变种反弹回潮，营造全社会崇清尚廉的浓厚氛围。

全会号召，全体干部更加紧密地团结在以习近平同志为核心的党中央周围，高举习近平新时代中国特色社会主义思想伟大旗帜，忠实践行“八八战略”，奋力打造“重要窗口”，加快建设全市首位度中心城区，为全省、全市现代化建设作出更大贡献。

**【区委常委会会议】** 2020年1月19日，越城区委召开九届九十二次常委会会议。会议听取关于区纪委九届五次全体（扩大）会议方案、报告起草情况汇报。

1月22日，区委召开九届九十二次常委会会议。会议传达学习习近平总书记在十九届中央政治局第十九次集体学习时发表的重要讲话精神及省、市领导有关批示精神、习近平总书记在中央统战工作会议上的讲话精神以及全省统战部长会议精神、《浙江信息》专报第81期关于“绍兴市培育发展集成电路产业的做法与成效”和专报第88期关于越城区探索信访代办制架起干群“连心桥”有关精神及省委领导的批示精神、全国宣传部部长会议和全省宣传思想工作会议精神；听取关于全区新型冠状病毒感染的肺炎疫情防控工作情况汇报；听取关于全区“担当作为、大抓落实”会议暨

“三个年”行动推进大会方案的汇报；听取关于2019年度镇街、区级部门（单位）岗位目标责任制考核情况的汇报；听取关于越城区2019年度“高质量发展贡献奖”表彰奖励项目推荐情况的汇报；听取关于2019年度开展农村党风廉政建设“评星晋级”活动情况的汇报；传达学习当前全市意识形态领域情况的通报有关精神，听取关于当前全区意识形态领域情况的通报；听取关于浙江绍兴苏泊尔生活电器有限公司2018年度“一企一策”有关政策兑现的情况汇报；听取关于生猪增产保供工供的情况汇报；听取关于2019年度全区“群众满意度十佳”基层站所（科室）、“群众满意度十差”基层站所（科室）行风效能评议结果情况的汇报；讨论审议有关人事事项。

1月27日，区委召开九届九十四次常委会会议。会议讨论审议有关人事任免事项。

2月7日，区委召开九届九十五次常委会会议。会议传达学习《中国共产党党内法规制定条例》《中国共产党党内法规和规范性文件备案审查规定》《中国共产党党内法规执行责任制规定（试行）》有关精神，2019年修订的《中国共产党问责条例》有关精神，《中国共产党浙江省委员会领导网络安全和信息化工作规定》有关精神，车俊在全省“不忘初心、牢记使命”主题教育总结大会上的讲话精神；听取关于省委巡视组巡视反馈意见整改落实情况的汇报；听取关于落实省委选人用人专项检查反馈意见的整改落实情况汇报；听取关于省委意识形态工作责任制落实情况专项检查反馈意见的整改落实情况汇报；听取关于区委巡察工作专项检查整改情况的汇报；听取《关于加强新时代越城公安工作的实施意见》的汇报。

2月28日，区委召开九届九十六次常委会会议。会议传达学习中共中央办公厅国务院办公厅印发《关于防范化解和妥善处置群体性事件的意见》有关精神，习近平、赵乐际在第十九届中央纪律检查委员会第四次全体会议上的讲话和报告，以及车俊在省纪委十四届五次全会上的讲话精神，陈希在全国组织部部长会议上的讲话精神，中共浙江省委浙江省人民政府浙江省军区印发《关于加强我省新时代退役军人工作的若干意见》有关精神；听取关于《区委意识形态工作联席会议制度》起草情况的汇报；听取关于《2020年区委理论学习中心组学习计划》起草情况的汇报；听取关于市委第四巡察组巡察反馈意见整改落实情况的汇报；听取《关于加快推进5G网络规划建设的实施意见》《绍兴市越城区5G通信基站专项规划（2019—2025年）》起草情况的汇报；听取关于袍江电力局整体置换处置方案的情况汇报；听取《关于高水平推进越城区美丽城镇建设的实施意见》起草情况的汇报；听取关于授予孙端街道新河村党委、绍兴振德医用敷料有限公司党支部为绍兴市越城区抗“疫”先进基层党组织的情况汇报；讨论审议有关人事事项。

3月2日，区委召开九届九十七次常委会会议。会议传达学习中共中央政治局常委会、省委常委会和市委常委会会议精神；听取和研究区新冠肺炎疫情防控工作领导小组关于全区疫情防控工作和企业复工复产有关情况及下阶段工作建议。

3月19日，区委召开九届九十八次常委会会议。会议传达学习中央政治局常务委员会会议、省委常委会会议和市委常委会会议精神，习近平总书记、李克强总理关于“三农”工作的重要指示批示和胡春华总理在全国春季农业生产工作电视电话会议上的讲话精神，省委书记车俊在全省制造业高质量发展大会上的讲话精神，全省、全市组织部部长会议精神；听取关于全区防控境外疫情输入工作情况及下阶段工作建议的汇报；听取关于全区疫情防控期间安全生产工作情况及下阶段工作建议的汇报；听取关于全区疫情防控工作和下阶段工作建议的汇报；听取关于2019年度区级文明单位(村镇)创建工作情况的汇报；听取关于《关于深化“三服务”，建立重点工作(项目、工程)专班工作机制的实施意见(试行)》和《越城区专班干部管理考核办法(试行)》起草情况的汇报；讨论审议有关人事事项。

3月23日，区委召开九届九十九次常委会会议。会议传达学习中央政治局常务委员会会议、省委常委会会议、市委常委会会议精神；听取和研究全区疫情防控工作有关情况及下阶段工作建议。

3月31日，区委召开九届一百次常委会会议。会议传达学习中办秘书局《信息综合专报》第2期“2019年全国生产安全事故主要特点和突出问题”主要精神以及习近平总书记等中央领导、省委领导、市委主要领导的批示精神，《中共浙江省委贯彻〈中国共产党宣传工作条例〉实施办法》有关精神，《关于深入学习习近平总书记重要指示批示精神传承弘扬驻村指导员、民情日记、社区党建“契约化”共建等制度高质量深化“三服务”的意见》有关精神，马卫光在市纪委八届五次全会上的讲话和陈灿在全会上的工作报告等有关精神；听取关于2019年度市对区岗位目标责任制考核情况的汇报；听取关于《2020年度镇街、部门岗位目标责任制考核办法》起草情况的汇报；听取关于《越城区重大决策社会风险评估实施细则》和《越城区重大决策社会风险评估责任追究办法(试行)》起草情况的汇报；听取关于全区2019年安全生产工作情况及2020年工作打算的汇报；听取关于《2020年度越城区拆改工作实施方案》起草情况的汇报；听取关于绍兴黄酒小镇建设管理有限公司相关遗留问题处置工作的情况汇报；听取关于将区消防救援大队相关经费纳入区财政预算的情况汇报；听取关于越城区专班组长副组长建议名单的情况汇报。

4月3日，区委召开九届一百零一次常委会会议。会议传达学习习近平总书记在浙江考察时的重要讲话精神，研究部署全区贯彻落实习近平总书记在浙江考察时的重要讲话、中央政治局会议精神、省委常委会扩大会议、省委常委会和市委常委会会议精神工作，听取全区疫情防控、有序复学和复工复产情况及下阶段工作建议的汇报；讨论审议有关人事事项。

4月9日，区委召开九届一百零二次常委会会议。会议传达学习全市宣传思想工作会议有关精神；听取关于越城区、滨海新区2020年基础设施重点项目(政府投资及国有企业投资项目)计划情况的汇报；听取关于《越城区2020年度东西部扶贫协作重点工作清单》和《越城区2020年度山海协作工程重点工作清单》的情况汇报；听取关于《越城区社区规模优化工作方案》起草情况的汇报；听取关于信访工作有关情况的汇报；讨论审议有关人事事项。

4月27日，区委召开九届一百零三次常委会会议。会议专题研究有关会风会纪问题。

4月30日，区委召开九届一百零四次常委会会议。会议传达学习中央政治局常务委员会会议、省委常委会会议、市委常委会会议，传达学习中共中央政治局会议、省委常委会会议、市委常委会会议及市委常委会扩大会议精神，传达学习省委书记车俊在绍调研时的讲话精神，传达学习车俊在省委理论学习中心组“深入学习贯彻习近平总书记在浙江考察时的重要讲话精神”专题学习会上的讲话精神，传达学习市“两会”精神，传达学习全市统战工作会议有关精神，传达学习

《关于进一步强化五一期间正风肃纪工作的电话通知稿》有关精神；听取关于2019年工作情况及2020年重点工作安排的汇报；听取关于《越城区关于开展“治理提升年”五大专项行动的实施方案》起草情况汇报；听取关于2019年度部门与镇街岗位目标责任制考核奖兑现方案的汇报；听取关于签订领蔚生命健康综合体项目补充落户协议的情况汇报；听取关于《绍兴市越城区限额以下公共资源交易管理办法（试行）》修订情况的汇报；听取关于《越城区农村产权交易管理办法（试行）》修订情况的汇报；听取关于2019年度区管科级领导干部年度考核结果的情况汇报；讨论审议有关人事事项。

5月14日，区委召开九届一百零五次常委会会议。会议传达学习《中共中央印发〈关于在全党开展“不忘初心、牢记使命”主题教育总结报告〉的通知》有关精神、传达学习车俊书记在全省开发区（园区）改革提升推进会上的讲话精神，传达学习车俊在全省建设平安浙江工作会议上的讲话精神，传达学习车俊、袁家军在全省制造业高质量发展大会上的讲话精神，传达学习许罗德在十四届省委第九轮巡视工作动员会上的讲话摘要精神；听取关于《落实市委主体责任检查反馈意见整改责任分工方案》的有关情况汇报；听取关于消除经济薄弱村和低收入农户增收工作的情况汇报；听取关于全区粮食生产情况的汇报；听取关于《越城区2020年打赢蓝天保卫战攻坚行动实施方案》起草情况的汇报；听取关于《越城区2020年“五水共治”（河湖长制）工作实施方案》起草情况的汇报；听取关于“8·26”专案涉案资产处置工作的情况汇报；讨论审议有关人事事项。

6月18日，区委召开九届一百零六次常委会会议。会议传达学习中央政治局常务委员会会议、省委常委会会议精神，传达学习习近平总书记在决战决胜脱贫攻坚座谈会上的重要讲话精神，传达学习许罗德在全省“开展扶贫开发和扶贫协作专项监督”和“强化清廉村居建设有力推动基层治理”工作推进会上的讲话精神，传达学习许罗德在4月28日扶贫工作调研督导座谈会上的讲话精神，传达学习全国、全省、全市反恐怖工作会议主要精神及听取全区贯彻落实意见的汇报，传达学习全市打击治理电信网络新型违法犯罪工作部署会主要精神及听取全区贯彻落实意见的汇报；听取2019年度落实全面从严治党主体责任工作汇报；听取关于区管领导干部案件审查的有关情况汇报；听取《关于报告领导干部配偶、子女及其配偶工作调整情况的实施办法》起草情况的汇报；讨论审议有关人事事项。

7月1日，区委召开九届一百零七次常委会会议。会议传达学习习近平总书记在十九届中央政治局第二十次集体学习时发表的重要讲话精神，传达学习中共中央、国务院《关于加快推进社会治理现代化开创平安中国建设新局面的意见》主要精神，传达学习中共中央办公厅、国务院办公厅《关于做好当前信访工作的通知》主要精神，传达学习中共浙江省委《关于加强各级领导班子政治建设的若干意见》主要精神，传达学习车俊在省委统一战线工作领导小组会议上的讲话精神，传达学习朱国贤在全省新时代文明实践中心暨农村文化礼堂建设工作推进会上的讲话精神；听取关于半年度全区信访工作情况的汇报；听取关于推动越城区交通管理融入社会治理工作的情况汇报；听取关于《越城区、滨海新区关于深化新时代党建“契约化”共建深入推进“三服务”活动的实施意见》起草情况的汇报。

7月10日，区委召开九届一百零八次常委会会议。会议专题研究文明城市迎检相关工作事宜。

7月22日，区委召开九届一百零九次常委会会议。会议传达学习习近平总书记在十九届中央政治局第二十一次集体学习时发表的重要讲话精神，传达学习赵乐际和杨晓渡在全国巡视工作会议暨十九届中央第五轮巡视动员部署会上的讲话精神，传达学习《中共中央办公厅关于印发党委（党组）意识形态工作责任制实施办法的通知》（2020年修订）主要精神，传达学习车俊在领导干部会议传达全国“两会”精神时的讲话精神，传达学习马卫光专题调研绍兴集成电路产业园时的讲话精神，传达学习《关于2019年度全市各级党委（党组）落实意识形态工作责任制综合情况的通报》有关精神，传达学习关于近期省、市有关领导对统计工作的批示精神；传达全市乡镇社会矛盾纠纷调处化解中心建设现场推进会有关精神，听取关于全区贯彻落实建议及《越城区社会矛盾纠纷调处化解三级体系建设实施意见（试行）》起草情况的汇报；听取关于半年度重点工作推进情况的汇报；听取关于2020年区“两会”建议、提案有关情况汇报；听取关于评选疫情防控和复工复产一线表现突出的优秀共产党员和先进基层党组织的情况汇报；听取关于村（社区）组织换届准备工作的情况汇报；听取关于《市委对区委2019年度意识形态工作责任制落实情况重点检查的反馈意见的整改方案》起草情况的汇报；听取关于上半年全区意识形态工作责任制落实情况的汇报。

7月28日，区委召开九届一百一十次常委会会议。会议传达学习车俊在省委十四届七次全体（扩大）会议上的报告摘要有关精神，传达学习《中共浙江省委关于深入学习贯彻习近平总书记考察浙江重要讲话精神努力建设新时代全面展示中国特色社会主义制度优越性重要窗口的决议》和《中共浙江省委关于建设高素质强大人才队伍打造高水平创新型省份的决定》主要精神，传达学习黄建发在绍兴市村社组织换届座谈会上讲话精神；听取关于区委九届十次全体（扩大）会议方案、报告和《中共绍兴市越城区委关于深入学习贯彻习近平总书记考察浙江重要讲话精神，以实际行动展现“重要窗口”维护者建设者展示者的风采的决议（送审稿）》起草情况的汇报；听取关于《中共绍兴市越城区委关于加快建设首位度中心城区人才高地，奋力打造高水平创新型强区的决定（送审稿）》起草情况的汇报。

8月7日，区委召开九届一百十一次常委会会议。会议传达学习《关于嵊州市、桐乡市、乐清市、临海市有关领导干部在防范统计造假工作中失职失责问题的通报》有关精神，传达学习车俊在省管领导班子政治建设座谈会上的讲话精神，传达学习车俊在省委常委会上半年度形势分析会上的讲话精神，传达学习马卫光在市委八届八次全体（扩大）会议上的报告和在全会结束时的讲话等有关精神；听取关于《进一步加

2020年8月7日，越城区召开区委常委会扩大会议，传达学习省委重要会议精神（区委宣传部　提供）

强检察机关法律监督工作的实施意见》起草情况的汇报；听取关于半年度全区党风廉政建设和反腐败工作以及党风廉政建设主体责任落实检查情况的汇报；听取关于2020年上半年安全生产和自然灾害情况的汇报；听取关于《绍兴市越城区安全生产委员会专业安全生产委员会运行管理办法》《绍兴市越城区安全生产委员会组织结构设置及工作规则与组成人员》起草情况的汇报；听取关于中央、省生态环境保护督察问题整改工作的情况汇报；讨论审议有关人事事项。

8月26日，区委召开九届一百十二次常委会会议。会议传达学习全省各级人大常委会主任学习会有关精神，传达学习车俊在省委理论学习中心组召开《习近平谈治国理政》（第三卷）专题学习会上的讲话精神，传达学习《中共浙江省委办公厅浙江省人民政府办公厅印发〈关于发挥新乡贤在助推乡村振兴战略中积极作用的指导意见〉的通知》有关精神，传达学习《中共浙江省委办公厅印发〈关于加强新时代浙江民营经济统战工作的实施意见〉的通知》有关精神，传达学习《中国共产党党和国家机关基层组织工作条例》《中共浙江省委关于贯彻〈中国共产党党和国家机关基层组织工作条例〉的实施意见》和《中共绍兴市委组织部中共绍兴市委直属机关工作委员会关于贯彻〈中国共产党党和国家机关基层组织工作条例〉的实施办法》有关精神；听取《关于进一步调整完善市与越城区相关事权的实施方案》和《关于进一步调整完善市与越城区相关事权的工作推进方案》起草情况汇报；听取关于要求兑现浙江绍兴苏泊尔生活电器有限公司2019年度“一企一策”有关政策的情况汇报；听取《关于推进新时代民政事业高质量发展的实施意见》起草情况汇报；听取关于会稽山旅游度假区望仙桥A1地块国有出让土地（包括附属物）回收的情况汇报；听取关于绍兴871LOOP全新城市文旅综合体项目有关情况的汇报。

8月31日，区委召开九届一百十三次常委会会议。会议听取关于《越城区部分行政区域界线变更组织实施总体方案》有关情况汇报；听取关于迎接第二轮中央生态环境保护督察有关工作落实情况的汇报；听取关于“8·26”专案涉案资产处置及后续接收管理工作的情况汇报。

9月17日，区委召开九届一百十四次常委会会议。会议传达学习《中华人民共和国档案法》及《中共浙江省委办公厅关于认真学习宣传贯彻〈中华人民共和国档案法〉的通知》有关精神，传达国务院联防联控机制严防聚集性疫情做好秋冬季防控工作电视电话会议和省委常委会、市委常委会会议精神及听取全区贯彻落实意见的汇报，传达学习中共浙江省委书记袁家军在省委党校2020年秋季学期开学典礼上的讲话精神，传达学习中央第三生态环境保护督察组组长耿惠昌、中央第三生态环境保护督察组副组长、生态环境部副部长翟青、中共浙江省委书记袁家军在中央第三生态环境保护督察组督察浙江省动员会上的讲话精神，传达学习《中共浙江省委办公厅浙江省人民政府办公厅转发省发展改革委〈关于我省上半年经济形势与下半年经济工作的建议〉的通知》有关精神，传达省委党校学习培训有关情况；听取关于区委议事协调机构清理情况的汇报；听取关于村（社区）组织换届试点工作的情况汇报；听取关于《越城区、滨海新区建设全市首位度营商环境的实施意见》起草情况及越城区、滨海新区建设全市首位度营商环境大会筹备情况的汇报；听取《关于建立改革（营商环境）观察员制度的实施意见》起草情况的汇报；听取关于全区扶贫开发工作情况的汇报。

10月23日，区委召开九届一百十五次常委会会议。会议传达学习习近平总书记在企业家座谈会上的讲话、习近平总书记对制止餐饮浪费行为作出的重要指示、习近平总书记在扎实推进长三角一体化发展座谈会上的讲话、习近平总书记在经济社会领域专家座谈会上的讲话、习近平总书记在全国抗击新冠肺炎疫情表彰大会上的讲话、习近平总书记在科学家座谈会上的讲话、习近平总书记在基层代表座谈会上的讲话、习近平总书记在中央党校（国家行政学院）中青年干部培训班开班式上发表的重要讲话等精神、习近平总书记在十九届中央政治局第二十二次集体学习时发表的重要讲话精神；传达学习习近平总书记对新时代民营经济统战工作的重要指示精神、全国民营经济统战工作会议精神和《中共中央办公厅印发关于加强新时代民营经济统战工作的意见》的有关精神；听取关于十九届中央第六轮巡视工作动员部署会、中央第四巡视组巡视浙江省工作动员会、巡视指导督导工作专题培训会精神及全区贯彻落实意见的汇报；传达学习袁家军在浙江文化研究院工程实施十五周年座谈会暨省文化研究工程指导委员会会议上的讲话精神；传达学习全省统一战线暑期读书会会议精神；传达学习陈希在深入学习贯彻习近平总书记重要讲话精神贯彻落实新时代党的组织路线电视电话会议上的讲话精神以及省委、市委主要领导有关批示精神；传达学习《中共浙江省委关于加强新时代党的群团工作的意见》有关精神；听取关于9月赴省访有关情况的汇报；听取《关于高质量做好村（社区）组织换届选举工作的实施办法》起草情况的汇报；听取关于2020“同心·越城”大会筹备工作方案的汇报；听取关于习近平总书记对绍兴工作重要指示批示精神“四张清单”贯彻落实情况的汇报；听取关于绍兴熊出没乐园项目及熊出没水世界项目落户方案的情况汇报；讨论审议有关人事事项。

11月4日，区委召开九届一百十六次常委会会议。会议传达学习习近平总书记在十九届中央政治局第二十三次集体学习时发表的重要讲话精神；传达学习习近平总书记在十九届中央政治局第二十四次集体学习时发表的重要讲话精神；传达学习习近平总书记在深圳经济特区建立40周年庆祝大会上的讲话；传达学习许罗德在十四届省委第十一轮巡视工作动员部署会上的讲话精神；听取关于第二轮中央生态环境保护督察整改落实情况的汇报；讨论审议有关人事事项。

11月19日，区委召开九届一百十七次常委会会议。会议传达学习习近平总书记在浦东开发开放30周年庆祝大会上的讲话精神；传达学习赵乐际书记在浙江考察调研时的讲话精神和省委常委会会议、省纪委常委扩大会议精神；传达学习中共中央办公厅国务院办公厅印发《关于加快推进媒体深度融合发展的意见》有关精神；传达学习中共浙江省委办公厅关于印发《浙江省党委（党组）意识形态工作责任制问责实施办法（试行）》有关精神；传达学习省委常委、秘书长陈金彪来越城区调研时的讲话精神；讨论审议有关人事事项。

12月12日，区委召开九届一百十八次常委会会议。会议传达学习贯彻习近平总书记在中央全面依法治国工作会议上的重要讲话精神；传达学习陈金彪在学习贯彻总体国家安全观专题研讨班结业式上的讲话精神；集中观看警示片，听取关于推动长江经济带发展领导小组会议、省委常委会会议精神及全区贯彻落实意见的汇报；听取关于2020年第三届中德高端制造峰会筹备工作的情况汇报；听取关于绍兴黄酒小镇（东浦）项目合作开发情况的汇报。

12月18日，区委召开九届一百十九次常委会会议。会议传达学习习近平总书记在十九届中央政治局第二十五次集体学习时发表的重要讲话精神；传达学习习近平总书记在全国劳动模范和先进工作者表彰大会上的重要讲话精神；听取关于省委常委会会议、市委常委会会议精神及全区冬春季疫情防控工作情况的汇报；传达学习马卫光在市委八届九次全体（扩大）会议上所作的报告和在全会结束时的讲话等有关精神；传达学习《中共绍兴市委关于制定绍兴市国民经济和社会发展第十四个五年规划和二〇三五年远景目标的建议》有关精神；听取关于省、市规范企业职工养老保险省级统筹专题部署会议精神及全区贯彻落实意见的汇报；听取《关于进一步加强新乡贤工作助推首位度中心城区建设的实施意见》起草情况的汇报；听取关于《贯彻落实〈关于加强新时代浙江民营经济统战工作的实施意见〉责任分工》起草情况的汇报；听取《关于构建社会矛盾纠纷"大调解"工作体系的若干意见》起草情况的汇报；听取11月赴省访有关情况的汇报。

12月29日，区委召开九届一百二十次常委会会议。会议传达学习中央经济工作会议、省委经济工作会议有关精神；传达学习习近平总书记在十九届中央政治局第二十六次集体学习时发表的重要讲话精神；传达学习贯彻省委书记袁家军在省管领导干部学习贯彻中共十九届五中全会精神集中轮训班开班式上的讲话精神；听取关于区委九届十二次全体（扩大）会议方案和报告的起草情况汇报；听取关于区委《关于制定绍兴市越城区国民经济和社会发展第十四个五年规划和二〇三五年远景目标的建议》起草情况的汇报；传达学习《中共绍兴市委办公室印发〈关于当前我市意识形态领域形势的通报〉的通知》有关精神，听取关于全区当前意识形态领域情况的汇报；听取《转发中共浙江省委办公厅关于印发〈浙江省党委（党组）意识形态工作责任制问责实施办法（试行）〉的通知》有关情况汇报；听取关于修订《越城区党委（党组、工委）意识形态工作责任制实施意见》的情况汇报；讨论审议有关人事事项。（区委办　毛彩霞）

## 全面深化改革

**【概况】** 2020年，越城区扎实推进"改革创新年"行动，实施省部级重大改革试点6项，"两区"体制改革创新等一批重大改革项目有效落地，5G基站建设审批"一件事"改革等一批改革试点在省市推广，为打造全市首位度中心城区提供强大动力和体制机制保障。

**【打造越城改革"金名片"】** 2020年，越城区按照"擦亮现有改革'金名片'、打造更多改革'金名片'"的总体思路，积极打造具有越城特色的

**2020年越城区实施重大改革试点工作情况表**

表4

| | |
|---|---|
| 省部级改革试点 | 1. 全国社区治理和服务创新实验区 |
| | 2. 医保基金监管信用体系建设试点 |
| | 3. 国家湿地公园试点（浙江绍兴鉴湖湿地公园） |
| | 4. 钢结构装配式住宅建设试点 |
| | 5. 开发区整合提升试点（绍兴袍江经济技术开发区） |
| | 6. 第三批传统制造业改造提升分行业省级试点 |

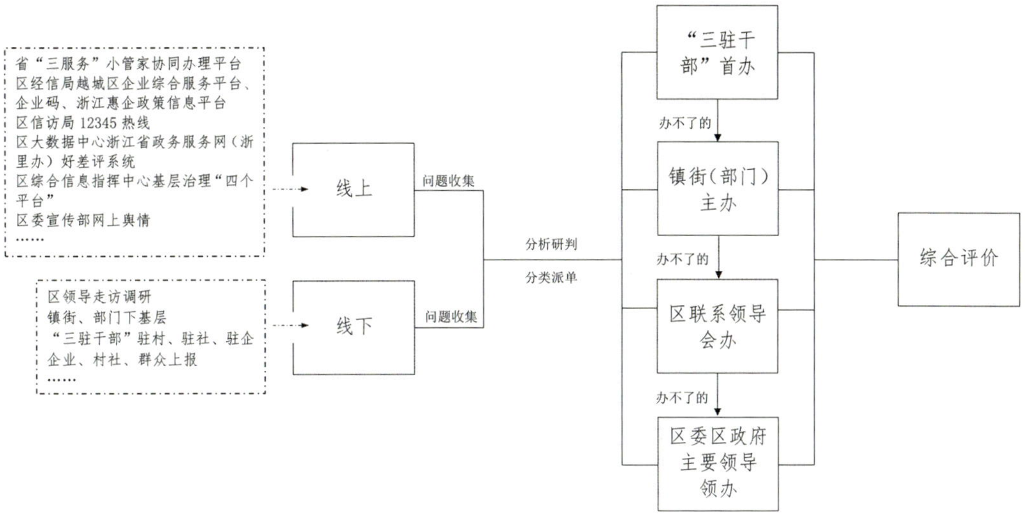


越城区、滨海新区解决“三服务”问题流程图

改革品牌。先后承办全国城乡社区治理专题现场会和第四届全省基层党建论坛，成立全省首个党建契约数字赋能社会治理共建基地，成功获评全国社会治理创新典范区。探索推进督考融合改革入选省委改革办《竞跑者》，《高效推进5G基站建设“一件事”集成改革》在全省推广并入选市“领跑者”，《实施千年古城振兴行动打造世界级古城活化典范》等2个案例被评为全市改革创新实践“十佳”案例。

**【“最多跑一次”改革】** 2020年，越城区“最多跑一次”改革实现“政务服务”向“事务服务”、“服务企业群众”向“部门间办事改革”、“大厅办事为主”向“网上办、掌上办”、“办事多层级”向“服务扁平化”、“事前审批”向“承诺备案”升级。2164项政务服务事项全部实现“网上办事”，进“中心”事项“掌上办事”实现率96.26%，首批47个长三角政务服务“一网通办”事项上线试运行；形成290项部门间“最多跑一次”办事事项目录，精简办事材料28.6%，压缩办事时间69.3%；116个事项实现“县域内通办”。依托“标准地+承诺制”、“最多80天”等改革举措，长电科技项目从拿地到开工仅用时22天。建立政务服务2.0“好差评”闭环处置机制和“最多跑一次”改革第三方评估机制，差评件按期整改率100%，全区改革自评满意度达95.8%。

**【打造“三服务”工作体系】** 2020年，越城区制定出台《关于深化新时代党建“契约化”共建深入推进“三服务”活动的实施意见》，构建“联、走、记、答、评、合”“六位一体”工作机制，绘制“三服务”问题闭环管理流程图，着力打造具有越城标识度的“三服务”工作体系。全年共受理调处“三服务”小管家平台承办件26984件，《“三助联动”推进因案致贫司法救助》做法入选省“三服务”活动月度十个好典型。创新出台基层减负“九个不得”规定（不得超计划碎片化发文；不得拔规格扩规模召开会议；不得违规设置考核和评比创建项目；不得以工作留痕评价绩效；不得随意增设议事协调机构；不得无限扩大“属地责任”；不得层层陪同扎堆调研；不得考核化强制推广App；不得无具体任务陪班陪勤），相关做法被学习强国、浙江新闻客户端、《绍兴日报》等主流媒体刊载报道。（区委改革办　陈浙闽）

# 组织工作

【概况】 2020年,越城区以习近平新时代中国特色社会主义思想为引领,紧扣忠实践行"八八战略"、奋力打造"重要窗口"主题主线,深入践行新时代党的组织路线,坚持高质量服务中心大局,高水平推动干部干事激情持续增强、基层基础不断夯实、人才创新集聚裂变,为建设"重要窗口",提升中心城区首位度提供坚强组织保障。

【任用调整干部308人次】 2020年,越城区共调整任用干部308人次,其中,提拔正科级干部10人、副科级干部28人、进一步使用8人、平职转岗交流107人、免职38人、招录公务员4人、选调生5人、西藏生1人。

【干部严管厚爱】 2020年,越城区以推进巡视整改为契机,动真碰硬"三超两乱"(超职数配备干部、超机构规格提拔干部、超审批权限设置机构,擅自提高干部职级待遇、擅自设置职务名称)。贯彻执行《关于进一步规范国家工作人员因私出国(境)管理的通知》,对116名科级干部进行查核比对,形成"人人有备案、出境有审批、证件有管理、归国有报告"的管理工作闭环。围绕"1+X"容错纠错机制,出台《关于鼓励改革创新实行容错免责实施办法(试行)》《越城区信访维稳、拆迁征收工作领域容错纠错专项清单》等系列文件制度,为7名干部澄清正名。建立区委组织部干部周二夜谈制度,常态化开展"向组织说说心里话"。制定《全区科级干部职级晋升工作方案》,平稳有序完成234名科级领导干部职级晋升。年内,推荐省级担当作为好干部1名、市级4名,市级"五强"好班子1个。连续第3年组织"群众满意度十佳、十差"基层站所(科室)评比,倒逼干部"跑起来",提高服务质效。

【深化"奔跑计划"】 2020年,越城区建立年轻干部库,举办年轻干部政治特训营,探索"集中+分散""学习+实践""交流+展示"结合的周末班形式,全面提升"七种能力"(政治能力、调查研究能力、科学决策能力、改革攻坚能力、应急处突能力、群众工作能力、抓落实能力)。选派20余名年轻干部到市区两级重点工作岗位压担历练,实施"90后"副科级干部课题项目领办制,推行优秀年轻干部导师制,常态举行学习圆桌会,相关做法在全市培养选拔年轻干部工作推进会上作交流发言。

【建立工作专班机制】 2020年,越城区制定实施《关于深化"三服务"、建立重点工作(项目、工程)专班工作机制的实施意见》,设立7个专班〔深化"契约化"党建工作专班、万亩千亿平台(生物医药)工作推进专班、"871"项目推进专班、古城商贸服务推进专班、生态环境治理推进专班、美丽城镇提升推进专班、营商环境工作专班〕,通过"组织点将+部门推荐+个人报名"开放形式选派干部43名,在加快项目建设、创新服务举措、加强政策供给中锻炼提升干部工作能力。

【搭建"悦学堂"平台】 2020年,越城区搭建干部教育培训"悦学堂"平台,结合越城发展实际

2020年11月16日,越城干部"悦学堂"第二期中,中国人民大学经济学院黄卫平教授线为学员线上授课(区委党校 提供)

2020年7月9日，越城区、滨海新区深化新时代党建“契约化”共建深入推进“三服务”活动推进会（区委宣传部　提供）

以及干部队伍知识结构，立足产业、管理、城市、文化、金融作为五大主导培训主题，与人民大学、同济大学、中组部浙江大学培训基地以及新加坡新华教育集团、深圳经理学院等国内知名高校院所、培训机构建立长期合作，实现在全国范围内配置导入优质教育资源。先后举办集成电路产业链发展、“打造优质营商环境、提升专业服务水平”等专题辅导班14次，培训各类党员领导干部8000余人次，致力培养懂产业、懂管理、懂城市、懂文化、懂金融的现代化越城“五懂”干部。

**【总结“契约化”共建十周年】** 2020年，越城区以习近平总书记批示肯定越城区社区党建“契约化”共建十周年为契机，根据全区现场会精神，制定实施“契约化”共建“十个一”工作举措（建立一套运行机制，提炼一组“契约化”共建核心词，实施一批重大共建项目，抓好一项重点工作，试点一项社区减负改革，组建一个“契约化”党建联盟共同体，开发一个“越城有约”小程序，策划一场系列专题报道，开展一次高水平的专题研讨会，组织一场高层次的专题调研会），建成投用党建“契约化”共建示范区，开发上线“共建有约”微信小程序，延伸拓展“人人契约”活动，精细化管理重点项目，形成“一镇街一品牌”。7月1日，《浙江日报》以《基层现代治理的越城实践共治篇》为题用8个版面集中报道越城党建“契约化”共建经验做法。

**【第四届浙江省基层党建论坛】** 2020年12月24日，第四届浙江省基层党建论坛在越城区举办。100多位代表、嘉宾围绕“共建共治共享——奋力打造城市基层党建‘重要窗口’”开展研讨交流，共同探讨新时代城市基层党建发展方向。全国党建研究会副会长高世琦作点评和总结讲话，越城区委书记金晓明作主旨发言。

**【“三驻三服务”】** 2020年，越城区深化实践驻村指导员、民情日记、社区党建“契约化”共建等制度，贯彻“每个村社、规上企业都派驻1名以上指导员（服务员）”标准，通过按需选派、点

**2020 年越城区获市“五星系列”创建表彰一览表**

表 5

| | | | |
|---|---|---|---|
| 3A 示范村 | 皋埠街道坝头山村<br>富盛镇倪家溇村<br>鉴湖街道坡塘村 | 和美家园社区 | 府山街道西小路社区 |
| 五星达标村 | 沥海街道南桥村<br>沥海街道联邵村<br>沥海街道舜海村 | | |
| 五星达标社区 | 灵芝街道天和社区<br>东浦街道镜水社区<br>斗门街道昌明社区<br>府山街道八字桥社区<br>府山街道下大路社区<br>北海街道快阁苑社区<br>稽山街道秀水社区<br>迪荡街道乐苑社区 | “五星双强”两新组织 | 浙江环宇建设集团有限公司<br>绍兴安盛爆破工程有限公司<br>浙江虬晟光电技术有限公司<br>绍兴沈园堂健康文化传播有限公司<br>绍兴凤登环保有限公司<br>浙江德凡律师事务所(社会组织)<br>绍兴中科通信设备有限公司<br>绍兴市越城区学智教育培训学校(社会组织)<br>浙江康思特动力机械有限公司 |

单选派、组团选派等形式选派驻村指导员 281 名、驻社指导员 203 名、驻企服务员 431 人,累计解决各类问题需求 23810 个,记录民(企)情日记 27967 篇。

**【完成 352 个村社组织换届】** 2020 年,越城区紧扣“五好两确保”目标,以“干中换、换中干”标准,推动换届与发展一体抓、选人与干事一体抓,平稳完成 352 个村(社区)组织换届工作,有序推进选后“第一访、第一课、第一诺”和“1+X”领办项目落地落实。其中,村社干部管理服务系统“云联审”平台助力资格联审“全线上”“跑零次”相关做法被市换届办肯定,并在全市推广。

**【“五星系列”创建】** 2020 年,越城区深入实施农村基层组织建设“大聚焦大提升”双月攻坚行动,持续做好前两轮创建对象长效动态管理,第三批成功创建“AAA 示范”村 3 个、“和美家园”社区 1 个、“五星双强”单位 9 家。截至年底,成功创建“AAA 示范”村 14 个、“五星达标”村 86 个、“和美家园”社区 6 个、“五星达标”社区 57 个、“五星双强”两新组织 37 个。(区组织部　金迪宇)

## 宣传工作

**【概况】** 2020 年,越城区牢牢把握“重要窗口”新定位新目标,进一步围绕中心、服务大局,为深化打造全市首位度中心城区,奋力谱写“三个越城”美好蓝图提供思想保证、精神支撑、文化引领。年内,培育新时代文明实践示范所、站(点)27 家,入驻区级志愿服务项目 23 个、镇街志愿服务项目 49 个、村社志愿服务项目 147 个,文明实践“四单模式”初步实现。高标准完成 34 个农村文化礼堂、9 个社区文化家园、3 家企业文化俱乐部建设。年内,入选中国好人 2 例、浙江好人 7 例、绍兴好人 15 例、“诚信浙江人”1 例、“浙江孝贤”1 例,市级以上好人入选人数全市第一;入选省“最美家庭”4 户、省“新时代好少年”1 名,市“新时代好少年”2 名、提名奖 2 名,新增中央专项彩票公益金支持乡村学校少年宫项目学校 1 所。试点开展“明德修身”道德实践行动,以“阳明文化”助力基层社会治理经验做法获得省委宣传部领导批示肯定。

2020年，越城区挖掘选聘优秀讲师，培育创建“台门汇”基层理论宣讲品牌，图为越城区“台门汇”宣讲团讲师受聘仪式成员合影（区委宣传部　提供）

2020年，越城区选拔培育首批“越城名嘴”，图为基层宣讲“越城名嘴”表彰大会成员合影（区委宣传部　提供）

**【理论学习和宣传】** 2020年，越城区进一步加强和规范党委（党组、工委）理论学习中心组学习，区委理论学习中心组组织专题学习11期，其中交流研讨4期。培育创建“台门汇”基层理论宣讲品牌，以学习宣传贯彻习近平总书记在浙江考察时的重要讲话精神和省委全会精神为重点，组织开展“台门汇”基层巡讲56场，该创新做法被学习强国、新华网、浙江日报等媒体推广点赞。另选拔培育首批“越城名嘴”5名，集中培训100余名基层理论宣讲员，组织开展“奋进越城·圆梦小康”微党课大赛和《习近平谈治国理政》（第三卷）“我最喜爱的习总书记的一句话”青年微宣讲活动。全年线下累计开展各类主题宣讲活动4400余场，覆盖党员群众超10万人次，基层理论宣讲“响亮指数”位列六区（县、市）第一。

**【创设“台门·云讲堂”线上宣讲平台】** 2020年，“台门汇”宣讲团被评为省基层理论宣讲成绩突出集体、省社科普及创新示范推介项目。越城区立足“台门党校”微宣讲阵地，创设“台门·云讲堂”线上宣讲平台，创作各类宣讲短视频200余个，各平台累计播放量超500万人次。强化“学习强国”学习平台宣传推广，全年累计供稿800余篇，录用334篇，创历史新高。

**【网上群众路线工作】** 2020年，越城区制定党委（党组）网络安全工作责任制重点责任清单，建立网上群众诉求闭环处置机制，将舆情处置纳入区综合信息指挥中心统一派单，并探索建设网络问政互动平台。深化网络综合治理体系建设，成立越城区互联网行业党委，创建基层网信特色品牌，评选第一批互联网特色品牌企业10家。

**【志愿服务365天“不打烊”】** 2020年，越城区举办新时代文明实践“雷锋广场”活动24场、“雷锋驿站”活动50多场，组织开展新时代文明实践“厉行节约、反对浪费”等系列活动近千场。“15分钟志愿服务圈”亮点做法得到省委宣传部领导批示肯定，实现全区志愿服务365天“不打烊”。

**越城区第一批互联网特色品牌企业一览表**

表 6

| | | |
|---|---|---|
| 生活服务类 | 绍兴市 96345 | 府山街道 |
| 民情互动类 | 绍兴 E 网 | 迪荡街道 |
| 网络餐饮类 | 越淘网 | 稽山街道 |
| 网络科技类 | 智神科技 | 府山街道 |
| | 中科通信 | 斗门街道 |
| 人工智能类 | 浙江非线 | 灵芝街道 |
| 数据分析类 | 图胜科技 | 东浦街道 |
| 网络传播类 | 绍兴头条 | 迪荡街道 |
| | 搜狐焦点网绍兴站 | 东浦街道 |
| 内容生产类 | 特立宙动漫 | 斗门街道 |

（区委宣传部　冯芳）

## 统战工作

**【概况】** 2020 年，越城区委统战部强化统一战线思想政治引领，发挥多党合作制度效能，民主党派、无党派代表人士 51 人受聘担任越城区 17 个政府部门和司法机关的特约人员。深耕同心·越城品牌，成功举办 2020 "同心·越城" 大会，实施越城区统一战线第四届社会服务专项行动，指导镇街示范商会建设，助推民营经济高质量发展。将新乡贤工作纳入基层统战工作重要范畴，建立越城重要乡贤、战略合作伙伴数据库，实现全区镇街新乡贤联谊组织全覆盖。全区各宗教场所全面推行标准化管理。

据不完全统计，疫情期间统战领域合计捐款 1014.8 万元，捐赠物资折合人民币 4549.56 万元。摸排申报并组建海外留学生微信群，发放 "爱心健康包" 500 份。各民主党派基层组织向上级报送抗疫情意见建议 41 篇，省级以上录用 9 篇。商会会长企业振德医疗被省主要领导称赞为战时状态的 "兵工厂" 并荣获全国抗击新冠肺炎疫情先进集体。

**【发挥多党合作制度效能】** 2020 年，越城区组织各民主党派、无党派代表人士开展 "两地报到、契约履职" 活动，签订志愿服务项目清单，以各镇街 "党派综合服务站" 为平台，扎实开展 "四个一"（一问、一访、一送、一联）活动，发动党外人士争当信访代办员、矛盾调解员，助力越城区域治理现代化。推进各民主党派基层组织标准化建设，高质量建成全区党派服务中心，打造多党合作传统教育基地。民建越城区基层委被民建中央授予 "全国先进集体" 称号，农工党越城区基层委被评为 2020 年度省级先进基层组织。

**【商会建设】** 2020 年，越城区推进皋埠、北海、孙端、马山等 4 个商会开展 "四个有"（有一个好的商务领导班子、有一个专门商会工作场所、有一批专职商会工作人员、有一个资金保障渠道）建设，创建镇街示范商会。深化外地商会警务联络室、法庭商会工作室、政协委员工作室 "三室" 格局，新建南京商会警务室 1 个，商会工作室参与法院调解 20 余起。袍江法庭商会工作室和打造金融服务平台两个案例被省工商联评为服务 "两个健康" 优秀案例。区工商联被省工商联评为浙江省工商联系统先进集体、浙江省五优县级工商联。

**【17 家民族团结创建重点培育单位】** 2020 年，越城区确定各级民族团结进步创建重点培育单位 17 家，其中市级及以上的示范单位 6 家。截

至12月，顺利完成3年目标任务。组建石榴籽文艺队、石榴籽宣讲队、石榴籽志愿服务队、石榴籽调解队4支民族特色队伍，深入镇街、村居参与基层治理。开展“万人互助”行动计划，做好对少数民族困难群众的精准帮扶。

2020年4月22日，越城区召开“亲清直通车 政企面对面”恳谈会（区委统战部 提供）

**【“亲清直通车·政企面对面”恳谈会】** 2020年，越城区制定《“亲清直通车 政企面对面”恳谈会制度（试行）》，开展“亲清直通车·政企恳谈会”专题恳谈活动3场，收集企业反映问题困难35项，其中通过恳谈现场解决28项，领衔督办5项。

**【新乡贤工作】** 2020年，越城区建立健全越城重要乡贤、战略合作伙伴数据库，入库乡贤4009人。以镇街为主体培育成立新乡贤联谊组织，实现全区镇街新乡贤联谊组织全覆盖，107个村（社区）建立新乡贤联谊、参事组织。万向钱潮汽车零部件智慧园等乡贤回归项目总投资超100亿元。越城乡贤、浙江理工大学校长陈文兴与浙江古纤道绿色纤维有限公司签约成立“陈文兴院士工作站”。

**【2020“同心·越城”大会】** 2020年10月24日，“风起大湾区 云聚新越城”2020“同心·越城”大会举行，海内外1000多名行业领军人物、知名专家学者、企业家和杰出乡贤与会，并收到5个海内外越城同乡会、7个国内重点城市越城商会嘉宾代表线上祝贺。25个产业投资项目集中签约，总投资额超288亿元，其中，10个重大产业项目进行现场签约，内容涵盖集成电路、生物医药、文创旅游、智能制造以及现代服务业等领域。20—23日，推出“醉香越城”“食味越城”“健康越城”“幸福越城”主题推介，为大会造势，单日点击量最高达58.6万次。

**【越城区统一战线第四届社会服务专项行动】** 2020年7月11日，“同心共治·百名党外人士助平安”越城区统一战线第四届社会服务专项行动启动，排定20名信访代办员、20名人民调解员、20名同心微课讲师、20名结对帮扶“爱心使者”、20名健康顾问共100名党外人士，投身“基层治理年”五大专项行动。

**【区民主党派服务中心暨统一战线之家揭牌成立】** 2020年9月9日，越城区举行民主党派服务中心暨统一战线之家揭牌仪式。服务中心一层为统战工作展厅，分风雨同舟、和睦同行、携手同创、寻根同源、四海同心五大展区，分别展陈多党合作、民族宗教、非公经济、乡贤文化及港澳台侨务工作；二层为各民主党派、统战社团办公室，提供配套的专业服务。省民宗委党组成员、副主任陈振华，市委常委、统战部部长叶卫红为中心揭牌。（区委统战部 顾敏）

# 机构编制

**【概况】** 2020年，越城区结合党政机构改革，同步谋划事业单位改革方案，推进事业单位清理规范整合。年内，推进五大领域综合行政执法体制改革，完善机构设置，完成机构挂牌、人员转隶等工作。全年共召开编委会5次，审议同意议案25个大项350余个小项；办理事业单位设立登记15家、变更登记217家、注销登记5家；办理人员进编手续886人次，出编手续777人次；办理事业单位法人年度报告公示251家，合格率100%；已注册中文域名361个，注册率达100%，党政机关、事业单位申报网站数分别为39家、48家，挂标率100%。

**【完成事业单位改革】** 2020年，越城区事业单位改革与党政机构改革统筹考虑、整体推进，实现机构精简和职能优化"两促进"。截至年底，全区共有事业单位126家（清理规范统计口径），较改革前精简28%，超额完成省定精简比例要求。针对性开展事业单位改革"后半篇"文章推进工作情况专项督查，解决具体问题71项。

**【新一轮事权承接】** 2020年，越城区根据市委、市政府《关于进一步调整完善市与越城区相关事权的实施意见》，推动民政、市场监管、建设交通、农业农村、文广旅游、综合执法等6个部门共16项划转事权职能平稳落地、有序运行，并督促开展职责调整、编制划转、人员转隶、权责清单更新等其他配套工作。年内，区委编办聚焦"承接事项的运行情况""配套事项的落实情况""存在问题""意见建议"四个重点，对17年事权承接、18年涉及袍江范围内事权承接和个别部门单独的承接情况进行全面检查，形成"回头看"情况汇报，供区委区政府领导决策参考。

**【推动部门间"最多跑一次"改革】** 2020年，越城区以机关内部"最多跑一次"改革为抓手，打好"深入梳理办事事项，全面优化办事流程，大力推行网上办理，建立完善督查考核机制"的组合拳，着力破解机关内部多次跑、多头跑、时间长、环节多等问题。改革后，形成全区41家单位305项部门间"最多跑一次"办事事项目录和办事指南体系，实现党委、政府、群团组织的全面覆盖，累计精简办事材料38.6%，优化办事环节45.1%，缩减办事时间69.3%，100%的事项实现网上办理。

**【"属地管理"事项责任清单编制】** 2020年，越城区根据省、市关于"县乡一体、条抓块统"改革有关要求，进一步厘清部门与镇（街道）的责任边界，做好"属地管理"事项责任清单编制工作，梳理出涉及17个部门的69条"属地管理"责任事项，推动构建权责清晰、条块协同、运行顺畅的县乡工作体系。

**【五大领域综合行政执法体制改革】** 2020年，越城区按照"市里设执法层级，区里设派出机构"的思路，统筹推进五大领域综合行政执法体制改革。设定5支队伍内设机构和中层领导职数，核定编制148名，转隶工作人员142人（其中包括139人在职，3人退休），对照省、市、县三级目录库确定执法队伍职责权限。

**【机构编制精细化管理】** 2020年，越城区机构编制实现由单向管控向"资源统筹+高效供给"的转变。利用工作清单、负面清单、问题清单3张清单，对机构设置、职数配备、编制使用、编外用工管理等方面强化全流程管理。按照"控制总量、盘活存量、优化结构、增减平衡"的原则，建立健全编制周转管理制度，核定一定数量的编制到所需单位用于补充引进高层次技术人才，供阶段性使用，达到编制核定数额时及时收回，并实行单列管理。另探索"专班制"建设，构建决策、执行、监督"三位一体"的高效运行体系。（区委编办　陈芳）

# 机关党建

**【概况】** 2020年,越城区继续以“五星示范、双优引领”为主要抓手,统筹推进机关党的建设各项工作。年内,21个部门(单位)机关党组织完成换届工作,2.5万余人次党员干部下沉一线助力村(社区)抗击新冠肺炎疫情,32名年轻干部组建“奔跑突击队”参与疫情防控,468名驻企服务员驻点企业复工复产。另承办全市机关“双优促3A”党员教育活动现场推进会,组织开展学习习近平语录“五个一”系列活动、机关党建“双优三促”主题活动、庆祝中国共产党建党99周年暨先进表彰会等活动。

**【党员干部助力“两战双赢”】** 2020年,越城区组织开展“亮身份、履契约、抗疫情”“抗疫有我”等活动,推动4800余名党员干部和2000余名非机关单位党员下沉增援一线,累计下沉2.5万余人次;动员32名年轻干部组建“奔跑突击队”,先后赴绍兴、绍兴南高速口和高铁北站参与疫情防控;选派468名驻企服务员开展“一促二助三看”活动,覆盖1355家企业和重点项目,帮助解决问题3384个。

**【“三个最佳”评选活动】** 2020年10月27—29日,越城区开展“最佳服务举措”“最佳制度创新”“最佳项目推进”评选活动,推出近40个项目进行线上投票展示。最终评选出“最佳服务举措”6项、“最佳制度创新”6项、“最佳项目推进”3项,“优秀服务举措”3项、“优秀制度创新”3项、“优秀项目推进”2项。其中,区审计局“全省首创基层村社干部‘经济离任清单’助推基层组织高质量换届”、区商务局“实施‘三快三转’,开展精准服务保订单稳外贸”入选《绍兴市直机关党建服务品牌优秀案例汇编》。

**【召开庆祝中国共产党建党99周年暨先进表彰会】** 2020年6月30日,越城区召开庆祝中国共产党建党99周年暨先进表彰会。会议表彰在疫情防控、复工复产和“六稳六保”工作中表现突出的机关优秀党员以及三等功公务员,优秀共产党员代表报告先进事迹,优秀公务员、老党员、新党员代表作交流发言,并举行机关新老党员结对仪式。20名新党员在会上宣誓入党。

**【习近平语录“五个一”系列活动】** 2020年9—10月,越城区号召全区青年党员干部开展学习习语习典“五个一”系列活动,并组织研讨交流、专题学习、线上答题、录制学习感悟、绘制创意海报等,2000余名党员干部参加活动。区级部门24个青年理论学习小组专题组织学习活动,交流分享学习心得和工作经验。

2020年度越城区“三个最佳”评选结果一览表

表7

| | |
|---|---|
| **最佳服务举措** | |
| 区人社局 | “四个率先”助企复工复产 |
| 区商务局 | 实现“三快三转”,开展精准服务保订单稳外贸 |
| 区医保分局 | “越美医保”医保经办15分钟服务圈 |
| 区政务服务办 | 中考优待一件事,实现最多跑一次 |
| 区教体局 | 以传帮带机制协力马边教育脱贫 |
| 区总工会 | 职工服务中心“5+X”举措 便利服务广大职工群众 |
| **最佳制度创新** | |
| 区法院 | 皋埠法庭参与基层治理“服务三色地,行走水云间” |

续表 7

| | |
|---|---|
| 区财政局 | 财政电子票据改革 |
| 区委编办 | 深化部门间“最多跑一次”改革 |
| 区审计局 | 全省首创基层村社干部“经济离任清单”助推基层组织高质量换届 |
| 区自然资源和规划分局 | 永久基本农田保护“田长制”工作 |
| 区文广旅游局 | 推进智慧阅读“零次跑” |
| **最佳项目推进** | |
| 区气象局 | 气象服务新时代美丽乡村示范点建设 |
| 区生态环境分局 | 环境污染责任险(固废)试点项目 |
| 市名城办 | 中国气象博物馆项目 |
| **优秀服务举措:** | |
| 区应急管理局 | “三场所三企业”专业化安全服务 |
| 区农业农村局 | 念好“三字诀”纵深推进“三联三送三落实” |
| 区统计局 | 投资统计创新推出“3V”服务 |
| **优秀制度创新** | |
| 区民政局 | “一约一社一体”构建基层社会治理新格局 |
| 区机关服务中心 | “无废机关”创建 |
| 区信访局 | 区社会矛盾纠纷调处化解中心建设 |
| **优秀项目推进** | |
| 区房征办 | 启动安置房代建开发新模式 提升人民群众幸福感 |
| 区水利局 | 浙东运河文化园(浙东运河博物馆) |

(区委组织部　罗冰洁)

## 人才工作

**【概况】** 2020年,越城区深入实施人才强区首位战略,统筹推进“三高”人才队伍集聚,人才与产业融合发展效能不断显现。全年新引进和培育高层次人才102人,其中,入选国家“万人计划”人才2人、省钱江人才计划人才1人、绍兴“海内外英才计划”人才项目28个、市级重点创新团队19个、市级重点科技创新团队3个,新增大学生超2.7万人,培育高技能人才8292人,多项指标位列全市前列。

**【人才引育提升行动】** 2020年,越城区超常规改革人才评价体系,打破人才认定的“四唯”标准,实施集成电路产业专项人才政策,完成138名认定,落实政策资金近9千万元。发布32个4.87亿元投资额的“揭榜挂帅”项目需求,其中3个项目通过专家评审并予以立项。全市首建职业技能线上培训平台、市外(东北)工匠培育“飞地”,推动“越城工匠”提质发展。

**【人才集聚工程】** 2020年,越城区组织外专引才机构越城行活动,新建海内外引才工作站3家;新建高校院所实习就业基地33个、市外高校引才基地4个。以“一县一品”集成电路产业人才集聚工程为抓手,成功举办第二届全球数字经济大赛等活动,全年累计举办线上招聘会129场,简历投递数、完成数等多项指标位列全市第一,越城区“云招聘”工作代表全市在全省人才工作推进会上作交流发言。区委书记金晓明亲自为招才引智代言。

**【人才服务】** 2020年,越城区健全重大产业项目人才服务,人才部门事前介入产业项目洽谈,事中保障项目建设期间人才引进,事后推动人才政策落实落地,着力优化人才落户管理,解决人才安居、子女就学、医疗保障等难题,实现政策兑现无纸化操作、“不见面”审批。全年累计兑现各类人才资金超2亿元。年内,新建人才公寓4000余套,启动虹桥国际学校等一批国际化服务平台建设;协调8名海外人才回国,43名人才子女择校就学。“子女先入学、人才再就业”的招引服务模式获《浙江日报》头版报道。

**【人才发展平台】** 2020年,越城区深度参与科创大走廊建设,加快滨海科技城、复旦科技园绍兴创新中心规划建设。发挥中关村·绍兴水木湾区科学园、集成电路设计产业园、生命健康科技产业园、医疗器械产业园等人才创业发展主阵地作用,落地高层次人才项目53个。浙大、浙工大、浙理工等校地共建平台启动发力,在人才引进、科技项目申报等方面作用明显。

**【人才成果转化】** 2020年,梅建明创办的德琪医药在港交所上市,成为全区第2家人才创业的上市企业。张震华、王苗庆等一批人才创办的企业进入“亿元销售俱乐部”。吴传勇获中国医疗器械创新创业大赛全国一等奖等。(区委组织部　茹佳佳)

## 党　校

**【概况】** 2020年,越城区委党校坚持政治学校政治机关建设方向,把旗帜鲜明讲政治作为党员干部教育培训的首要标准,统筹使用网络直播、现场教学、专题党课、专家授课、理论测试等形式抓好办学主业。年内,区委党校完成事业单位法人登记和独立预算单位设立,先后成立机关党组织、工会组织,并选聘兼职教师28人(区管领导干部、高学历机关干部、企业家、基层党组书记等);投入200万元优化过渡办学期间校园环境,改造形成常规教室、研讨室、大型教室、报告厅、报名大厅、图书馆、学校主入口大厅及场外等基础配套。

**【干部培训37期】** 2020年,越城区委党校践行“培训党的各级领导干部的主渠道”功能,举办各类培训37期,其中,主体班次15期,配合各局办、镇街开展培训活动22期,参训人员达到8070余人次。将意识形态教育纳入主体班次培训课程,党性教育、理论教育占比达到70.7%。另围绕越城产业特色,举办集成电路产业链发展、打造优质营商环境等专题班。

**【“学习习近平总书记考察浙江重要讲话精神”主题展】** 2020年,越城区党员干部党性教育基地策划并推出“学习习近平总书记到浙江考察重要讲话精神”主题展,展厅面积约350平方米,分《亲临浙里,殷殷嘱托》《扛起使命担当,展示重要窗口》《提升首位度,贡献“越”力量》三大篇章,集中展示习近平总书记执政浙江、亲临浙江考察期间的重要讲话精神。截至年底,累计接待来自市、区等各级各单位65家,共计2805余名党员干部参观学习。

**【拓展办学模式】** 2020年,越城区委党校创新采用线上线下相结合的办学模式,协调引进国内高端优质教学资源,与中国人民大学经济改革与发展研究院(汇贤学堂)及中国人民大学继续教育学院深度合作,谋划推进云上课堂、专家学者面对面、领导干部上讲台等精品课程,成功举办干部周末“悦学堂”两期11次课程。

**【教研成果】** 2020年,越城区委党校实现科研零基础的突破。年内,在市委党校主办的“高水平全面建成小康社会”理论研讨会论文征集活动中获奖1篇;在第七届绍兴社科智库论坛暨第三届协商民主与基层治理学术研讨会”论文征集活动中获奖2篇；申报省委党校系统论文征文活动和“乡风文明论坛”征文各2篇。另配合市委党校《建设新的伟大工程之绍兴实践》约稿工作，以“契约化”共建为研究方向启动课题调研。（区委党校　郑智昊）

## 信访工作

**【概况】** 2020年，越城区信访工作坚持以“最多跑一地”改革为牵引，聚焦越级访稳控、积案化解、矛调中心迭代升级等工作重点，切实解决群众合理合法诉求。全年共办理信、访、网9370批（件）10260人次，承办政务热线73868件，完成全国两会等10余场重大会议信访维稳。全年信访工作实现“双降三个零”，即到京、赴省越级访分别同比下降78.5%和30.1%，重点节会实现北京“零清查、零登记、零扰序”；首次成功创建省级“无积案县（市、区）”；信访代办工作得到省信访局领导的高度肯定。

**【机制建设体系化推进】** 2020年，越城区常态化落实领导接访、主官办信、信访代办等机制，区领导带头下沉区、镇两级矛调中心接访，共接待群众来访500余人次，解决信访问题200余起；区主要领导批示初信件数46件，占初信比重为47.37%。在全省率先提出“三帮一办”代办机制、“五办四不办”工作范围、自上而下代办路径和“1+X”全员代办模式和科学考核奖惩体系，村社信访代办点覆盖全区。全年共完成代办件649件，按期办结率100%。全面深化“2211”工作机制，提高初次信访事项化解率。出台关于进一步健全依法打击信访活动中违法犯罪行为工作机制，依法打击9名缠访、闹访人员，信访秩序得到进一步规范。

**【矛调中心建设】** 2020年，越城区矛调中心实行扩容建设、迭代升级，完成机构“三定”方案编制，并建立“即接即办、教育疏导、协调办事、会商研判、公开监督、考核管理”六大机制，在组织领导体系、整体功能布局、信访代办机制、多元调解体系等方面全省领先。相关做法得到中央政法委及省、市委领导充分肯定，荣获2020年区优秀制度创新奖。年内，17个镇街矛调中心和331个村级矛调中心均已挂牌成立，镇、村二级矛调中心整体框架全部建成。2020年，区矛调中心（信访超市）共受理群众来访2599件，按期办结率100%。

**【信访“百日攻坚”专项行动】** 2020年，越城区聚焦越级访稳控、积案化解两大重点任务，实行“一周一通报、一月一说明、一季一述职、一年一考核”的“四个一”动态推进机制，扭转

**“三帮一办”：**

帮思想引导、帮政策解读、帮困难解决、全域代办

**“五办”：**

1. 镇街、村社干部在走访过程中，主动发现的可代办信访事项；
2. 初次走访信访事项（尤其是转访件）；
3. 信访积案（含四类重点件）中符合信访代办的事项；
4. 上级交办或区代办中心甄别的认为可信访代办的事项（主要为“两跨两分离”以上案件）；
5. 依法应当或者已经通过诉讼、仲裁、行政复议等法定途径解决的投诉请求，由本人提出申请，可陪同协助办理。

**“四不办”：**

1. 已经依法终结的信访事项；
2. 依法应当或者已经通过诉讼、仲裁、行政复议等法定途径解决的投诉请求（本人提出申请除外）；
3. 涉纪类信访投诉事项；
4. 应由群众自行承办的事项（特殊服务对象除外）。

**“2211”工作机制：**

信访事项交办办结“两签”制
信访事项办理过程“两办”制
信访事项办理结论“一件一回访”制
信访问题主要领导“一周一会商”制

信访严峻形势。2020 年下半年，进京赴省访合计 117 人次，下降幅度全市最大，连续 57 个月保持“零扰序”；积案化解 89 件，化解件数全市最多；政务热线服务指数连续 4 个月跻身全市前列。

**【省级“无积案县（市、区）”创建】** 2020 年，越城区全力推进省级“无积案县（市、区）”创建。截至年底，国家级积案化解率为 89.5%，省级积案化解率为 66.7%，市级积案化解率为 82.4%，区级积案化解率达 100.0%，历史积案化解率为 90.3%，成功创建省级“无积案县（市、区）”，塔山、府山、稽山、城南、东湖、灵芝、东浦、鉴湖、陶堰、马山、富盛、沥海共 12 个镇街成功创建“无信访积案乡镇（街道）”，并在全省率先 100% 完成农村建房信访问题化解。（区信访局　谢伟根）

## 史志编研

**【概况】** 2020 年，越城区党史地方志工作委员会成立，进一步拓展深化史志编研工作。年内，参与市委党史研究室“党史党建案例”调研，撰写《越城区在社区党建“契约化”共建中的探索》，为市领导决策提供参考；专报《关于对我区邵力子遗迹保护利用的建议》获区长袁建批示。

**【越城区党史地方志工作委员会成立】** 2020 年，越城区成立区党史地方志工作委员会。区委书记金晓明任顾问，区委副书记、区长袁建任主任，另设副主任 4 人、委员 35 人。办公室设在区档案馆，董湘颐任办公室主任。

**【《越城年鉴（2020）》出版】** 2020 年 12 月，《越城年鉴 2020》正式出版。全书共 37 个类目、240 个分目、1200 余个条目，共计 67.7 万字。收录滨海新区建立、机构改革、“三服务”活动、集成电路产业平台建设、区域治理综合体建设、“五邻社”社区治理和服务等 6 篇专记，排布“不忘初心、牢记使命”主题教育总结、“同心·越城”大会主旨演讲、深化“契约化”党建提升城市基层治理水平全国城市基层党建创新典型案例等 3 篇特载，着重反映 2019 年越城发展新成就、新变化、新经验。整体工作进度在各县（市、区）排名前列。

**【编印《中共绍兴市越城区委重要文件选编（1983—2017）（一）》】** 2020 年，越城区完成《中共绍兴市越城区委重要文件选编（1983—2017）（一）》编印，择要收录 1983 年越城区建区至中共十八大以前区委（办）历年重要发文文件 70 余个，总字数约 45 万字，进一步为地方党史编研积累参考资料。

**【编撰 2019 年度区级大事记】** 2020 年，越城区整理撰写《改革创新 项目攻坚 治理提升 奋力打造全市首位度中心城区——2019 年区委、区政府科学决策、推进发展纪事》，以大事记的形式，收录上年度全区经济社会发展纪实 235 条，包括省委巡视、主题教育、“三服务”工作、项目建设、科研创新、招商引才、构建区域治理共同体、庆祝中华人民共和国成立 70 周年、古城保护利用等大事要事。

**【口述历史专项编研】** 2020 年，越城区持续推进“口述历史”整理，完成马民等 4 名老领导的视频录制和文字编辑工作，编辑叶新法、陈金夫等 2 期《党史研究参阅》。截至年底，已完成包括原区委书记、首任区长等在内 10 余名老干部的口述视频录制和文字编辑工作，内容

风起越城——越城区发展口述史（沈婷婷　摄）

囊括改革开放以来"吨粮田工程"建设、"一优两高"农业发展、"企业改制"和城中村改造、经济开发区建设、教育现代化等越城发展的关键环节和"高光时刻",并组稿形成《风起越城——口述历史》一书。

**【专报《关于对我区邵力子遗迹保护利用的建议》获区长批示】** 2020年,越城区档案馆就邵力子遗迹保护利用编撰专报,说明邵力子故居现状,分析指出基础设置、史迹陈列等两个方面存在的问题,针对性提出修缮邵力子故居、兴建邵力子纪念馆、优化陈列布局规范开放和发展红色旅游振兴乡村经济等4条建议。专报获区委副书记、区长袁建批示。(区档案馆 沈婷婷)

## 涉台事务

**【概况】** 2020年,越城区接待台胞4批50余人次,走访台胞、台商和台属230余人次,健全台企台商、台胞台属档案,妥善协调处理各类涉台求助事件。年内,绍兴市台湾同胞投资企业协会越城联谊会、越城区台胞台属联谊会先后成立,15名学生被台湾各类大学录取,均为硕士。

**【重要对台交流活动4次】** 2020年2月,越城区接待省台办方颖、杨宗道调研考察。5月,接待全国台企联青委会一行7人,南宁台协一行4人。同月,接待宁波市台商代表参访团一行40人。9月,接待台湾视华光学林杰生一行2人。(区委办 杨晓烨)

## 档案事业

**【概况】** 2020年,越城区坚持以"档案工作走向依法管理、走向开放、走向现代化"为根本遵循,树牢局馆"一盘棋"思想,成功申报"档案工作服务农村基层社会治理"省级试点。年内,完成63家立档单位2019年度0.15万卷2.4万件档案归档,检查并接收书圣故里工程档案51卷,收集整理重大公务活动音像档案资料29卷共2021张照片,指导、挂接、备份60家立档单位2018年度数字化成果,累计挂接档案条目157.58万条,原文94.96万件。全面检查已备份数据10.59太字节,覆盖区级各镇街部门、袍江管委会、高新区管委会等72个全宗单位。备份文书档案、业务档案、照片档案共3.59太字节至广东省佛山市档案馆。截至年底,馆藏档案1.18万卷13.9万件,照片档案6380张,各类资料1410册。全年档案安全"零事故"。

**【承接省级档案服务农村基层社会治理试点】** 2020年,越城区成功申报"档案工作服务农村基层社会治理"省级试点,下发《越城区档案服务基层社会治理试点工作实施意见》,建立三级档案员管理网络和管理制度,根据各村社特点分类制定建设标准和实施方案,夯实基层档案工作基础,服务乡村振兴。年内,基本完成全区209个行政村档案规范化建设和1.12万户村民"一户一档"建档工作,串联覆盖全域档案管理网络。

**【村社基层组织档案规范化建设】** 2020年,越城区全面开展村社档案数字化工作,整合426个行政村、社区档案信息数据1.4太字节。规范村(社区)组织换届档案移交流程、监管机制,建立"届前统计、届中抽检、届后通报"督导体系,指导完成市级试点鉴湖街道所属11个行政村2个社区综合档案室8145卷8857件档案的移交。提前介入社区规模优化调整工作,将社区优化档案工作列入街道年度考核。

**【年接待查档1.27万人次】** 2020年,越城区统筹出生医学证明、学籍、工龄认定、婚姻、离

城南街道凤凰村“兰台印迹”橱窗展板（区档案馆　提供）

退休、殡葬等各门类民生档案，充实档案资源库。档案查询利用事项覆盖17个镇街便民服务平台，档案远程利用查阅点由16个增至19个，民生档案查档范围延展至长三角和贵州地区。档案窗口全年累计接待查档群众12682人次，与2019年同期持平。其中，受理异地查档1572人次，浙江档案服务网查档122人次，接收浙江政务服务网行政审批电子档案15948件，为房屋拆迁、不动产交易、机关稽查核查等提供档案利用。（区档案馆　冯玲玲）

# 越城区人民代表大会

## 重要会议

【概况】 2020年，绍兴市越城区人民代表大会常务委员会依法召开常委会会议10次、主任会议12次，听取工作汇报27项，听取审议工作报告18项，作出决议、决定5项，开展调研、视察26次，任免国家机关工作人员137人次。

【区九届人大四次会议】 2020年1月7日至10日，绍兴市越城区第九届人民代表大会第四次会议在绍兴大剧院举行。会议应到区人大代表285名，列席人员198名。会议听取和审议区长袁建所作的政府工作报告、区人大常委会主任章烽所作的绍兴市越城区人民代表大会常务委员会工作报告、区人民法院院长王骏所作的绍兴市越城区人民法院工作报告、区人民检

2020年1月7—10日，绍兴市越城区第九届人民代表大会第四次会议在绍兴大剧院举行（区人大常委会办公室　提供）

2020 年 1 月 7—10 日，越城区九届人大四次会议期间，区人大代表参观越城区发展成就展（区委宣传部　提供）

察院代理检察长周江所作的绍兴市越城区人民检察院工作报告；审议发展和改革局提交的关于绍兴市越城区 2019 年国民经济和社会发展计划执行情况与 2020 年国民经济和社会发展计划（草案）的报告、区财政局提交的关于绍兴市越城区 2019 年预算执行情况及 2020 年预算（草案）的报告、区人民政府提交的关于区政府 2019 年民生实事项目完成情况和 2020 年民生实事候选项目情况的报告，并通过相应决议，开展满意度测评。

会议期间，举行预备会议 1 次，全体会议 4 次，主席团会议 5 次。会议共收到人大代表 10 人以上联名提出的议案 15 件，经大会主席团讨论决定，均改作代表建议、意见处理。另收到其他建议、意见 141 件，共 156 件。

**【区人大常委会会议】** 2020 年 3 月 20 日，越城区第九届人大常委会召开第三十次会议。会议听取和审议 15 个人大街道工委工作报告，作出关于人大街道工委工作报告的决议。会议根据区人民政府区长袁建提出的有关人事任免议案，进行人事任免。会议决定，任命胡旭东为绍兴市越城区人民政府副区长、绍兴市公安局越城区分局局长。

4 月 23 日，区第九届人大常委会召开第三十一次会议。会议听取常务副区长何浩挺代表区政府所作的关于统筹推进疫情防控和经济社会发展情况的报告，听取和审议区生态环境分局受区政府委托所作的关于 2019 年度环境状况和环境保护目标完成情况的报告、绍兴市公安局越城区分局关于提请许可对越城区九届人大代表沈来江采取行政拘留措施的报告，作出关于许可对越城区九届人大代表沈来江采取行政拘留措施的决定。会议根据区人大常委会主任会议、区人民政府区长袁建、区法院院长王骏提出的有关人事任免议案，进行人事任免。

6 月 29 日，区第九届人大常委会召开第三十二次会议。会议听取和审议区科技局受区政府委托所作的关于科创大走廊建设情况的报告及区治水办、区建设交通局受区政府委托所作的关于“污水零直排区”建设及管网设施运维管理情况的报告，对部分法官、检察官履职情况听取报告、开展评议。会议根据区人大常委会主任会议、区人民政府区长袁建、区法院院长王骏、区检察院检察长周江提出的有关人事任免议案，进行人事任免。会议审议并表决通过高张龙要求辞去越城区九届人大常委会委员职务的请求，作出关于接受高张龙辞去越城区九届人大常委会委员职务的决定。

7 月 28 日，区第九届人大常委会召开第三十三次会议。区委书记金晓明在会上作报告。

会议听取区应急管理局工作报告,对全区应急管理工作开展评议。

8月28日,区第九届人大常委会召开第三十四次会议。会议听取和审议区发改局受区政府委托所作的关于2020年上半年国民经济和社会发展计划执行及重点项目进展情况的报告、区财政局受区政府委托所作的关于2019年度财政决算和2020年上半年财政预算执行情况的报告、区审计局受区政府委托所作的2019年度审计情况报告、区法院关于行政审判工作情况的报告,作出关于批准绍兴市越城区2019年财政决算的决议。会议根据区人民政府区长袁建、区法院院长王骏、区检察院检察长周江提出的有关人事任免议案,进行人事任免。会议决定,任命王媛媛为绍兴市越城区人民政府副区长(挂职,时间1年半)。

9月4日,区第九届人大常委会召开第三十五次会议。会议听取和审议区民政局受区政府委托所作的关于提请审议部分行政区域界线变更的议案及相关情况说明,作出关于越城区部分行政区域界线变更方案的决议。会议强调,区人民政府及有关部门要严格按照法律法规和有关政策的规定,切实加强领导,精心组织实施,确保行政区域界线变更工作依法有序顺利进行。

10月22日,区第九届人大常委会召开第三十六次会议。会议听取和审议区府办受区政府委托所作的关于代表建议、批评和意见办理工作情况的报告、区公安分局受区政府委托所作的关于扫黑除恶专项斗争工作情况的报告、区文广旅游局区政府委托所作的关于城市书房建设工作情况的报告、区应急管理局所作的关于区应急管理局工作评议问题整改落实情况的报告。会议根据区法院院长王骏、区检察院检察长周江提出的有关人事任免议案,进行人事任免。

11月23日,区第九届人大常委会召开第三十七次会议。会议审议并表决通过章烽要求辞去越城区九届人大常委会主任职务的请求,作出关于接受章烽辞去越城区九届人大常委会主任职务的决定。

12月10日,区第九届人大常委会召开第三十八次会议。会议举办《重大行政决策程序暂行条例》法制讲座,听取和审议市名城办受区政府委托所作的关于绍兴古城保护利用工作情况的报告,听取和审查区财政局受区政府委托所作的关于调整2020年度区级财政预算情况的报告及绍兴市越城区2020年地方政府债务限额的报告,作出关于批准区政府要求调整2020年度区级财政预算报告的决议、关于批准绍兴市越城区2020年地方政府债务限额的决议和关于召开区九届人大五次会议的决定。

12月17日,区第九届人大常委会召开第三十九次会议。会议听取袁建区长所作的关于越城区"十四五"规划编制情况的报告。

## 视察调研

**【概况】** 2020年,越城区人大常委会共组织开展调研、视察26次,就深化街道人大工作和建设、发展山区旅游等14个课题深入调研形成报告,为区委决策提供参考,其中《尺度与把握:浅论地方人大司法监督中的几对关系》在省人大理论研讨会上获奖。

**【视察工作】** 2020年4月2日,越城区人大常委会组织视察全区生态环境状况和2019年度环境保护目标完成情况。常委会组成人员和部分区人大代表实地踏看中海九樾施工防尘现场、洋渎、小观拆迁地块污染土壤异地修复中心(大庆寺)、冠友众谷青创文化社区和东山路垃圾中转站,并提出意见建议。

2020年10月19日，越城区人大常委会主任章烽（左三）一行视察数字经济建设情况（区人大常委会办公室　提供）

5月26日，区人大常委会组织视察科创大走廊建设情况。常委会组成人员和部分区人大代表实地踏看中芯集成电路制造（绍兴）有限公司、绍兴越城医疗器械产业创新服务综合体（展示厅、领蔚生物、嘉佑医疗）和洋泾湖科创园（浙江工业大学绍兴研究院、绍兴中芬设计园）运行情况，并提出意见建议。

6月12日，区人大常委会组织视察全区重大水利工程建设情况。常委会组成人员和部分区人大代表实地踏看浙东运河文化园（浙东运河博物馆）、新三江闸排涝配套河道拓浚工程（越城片）和袍江东入曹娥江排涝工程建设情况，并提出意见建议。

6月17日，区人大常委会组织视察全区拆迁和推地工作情况。常委会组成人员和部分区人大代表实地踏看则水牌7号地块和雄盛地块做地情况以及灵芝街道前王村、五峰村、北海街道871厂宿舍房屋征迁情况，并提出意见建议。

7月14日，区人大常委会组织视察全国社区治理和服务创新实验区建设情况。常委会组成人员和部分区人大代表实地踏看东浦街道镜水社区"五邻社"、城南街道高立社区"五邻社"和叶家堡"五邻社"总会运行情况，并提出意见建议。

7月22日，区人大常委会组织视察国民经济和社会发展及重点项目进展情况。常委会组成人员和部分区人大代表结合"三服务"走访滨海企业，实地踏看则水牌路新建工程、绍兴市越城区人民医院建设工程、300毫米集成电路中道先进封装生产线项目、天际新能源汽车项目和兴湾精准医学产业园项目建设情况，并提出意见建议。

7月27日，区人大常委会组织视察全区农村人居环境提升工作情况。常委会组成人员和部分区人大代表实地踏看皋埠街道坝头山村（AAA示范村）、陶堰街道泾口村（美丽乡村精品村）和鉴湖街道坡塘村（AAA示范村）农村人居环境状况，并提出意见建议。

8月25日，区人大常委会组织视察全区老旧小区改造工作情况。常委会组成人员和部分区人大代表实地踏看辕门北区、胜利西路111号、越厦花园、桂园新村老旧小区改造和加装电梯情况，并提出意见建议。

9月28日，区人大常委会组织视察全区城市书房建设情况。常委会组成人员和部分区人大代表实地踏看迪荡街道图书分馆（综合文化服务中心）、王家葑村树兰书屋和越都社区树兰书房建设情况，并提出意见建议。

10月19日，区人大常委会组织视察全区数字经济建设情况。常委会组成人员和部分区人大代表实地踏看振德医疗用品股份有限公司、浙江最成半导体科技有限公司和浙江航芯科技有限公司数字化运行情况，并提出意见建议。

10月30日，区人大常委会组织视察全区退役军人服务保障工作推进情况，常委会组成人员和部分区人大代表实地踏看府山街道退役军人服务站、区退役军人服务中心运行情况，听取区退役军人事务局有关工作情况汇报，并提出意见建议。

## 执法检查

**【概况】** 2020年,越城区人大常委会共组织专题执法检查3次,形成《关于开展动物防疫、野生动物保护"两法两条例两决定"贯彻执行情况调研监督的报告》《关于公共文化服务保障"一法一条例"执法检查情况的报告》《关于〈浙江省华侨权益保护条例〉执法检查情况的报告》,并提出意见建议,推动法律法规贯彻落实。

**【动物防疫、野生动物保护"两法两条例两决定"执法检查】** 2020年5月,越城区人大常委会在全区范围内开展《中华人民共和国动物防疫法》《中华人民共和国野生动物保护法》《浙江省动物防疫条例》《浙江省陆生野生动物保护条例》《全国人民代表大会常务委员会关于全面禁止非法野生动物交易、革除滥食野生动物陋习、切实保障人民群众生命健康安全的决定》《浙江省人民代表大会常务委员会关于全面禁止非法交易和滥食野生动物的决定》(简称"两法两条例两决定")贯彻落实情况检查监督,成立执法检查组,实地调研绍兴市辉达生态养殖有限公司和大同昌金刚鹦鹉养殖场,听取有关部门工作情况汇报,形成《关于开展动物防疫、野生动物保护"两法两条例两决定"贯彻执行情况调研监督的报告》,提出意见建议,推动"两法两条例两决定"的贯彻落实。

**【公共文化服务保障"一法一条例"执法检查】** 2020年7—12月,越城区人大常委会开展《中华人民共和国公共文化服务保障法》《浙江省公共文化服务保障条例》贯彻落实情况检查监督,成立执法检查组,实地调研走访西湖社区树兰书房、越都社区树兰书房、王家葑农村书屋以及灵芝、府山、鉴湖、迪荡4个街道图书分馆,听取相关部门工作情况汇报,征求各镇街意见,累计收集到意见建议近30条,形成《关于公共文化服务保障"一法一条例"执法检查情况的报告》和执法检查整改问题清单,推动公共文化服务保障"一法一条例"的贯彻落实。

**【《浙江省华侨权益保护条例》执法检查】** 2020年7—12月,越城区人大常委会开展《浙江省华侨权益保护条例》贯彻落实情况检查监督,成立执法检查组,实地调研走访鉴湖街道秦望村侨文化展示馆和康知生物、众谷创业园区等侨资企业,听取基层为侨服务和企业发展情况汇报,形成《关于〈浙江省华侨权益保护条例〉执法检查情况的报告》,提出意见建议,推动《浙江省华侨权益保护条例》的贯彻落实。

## 专题询问和工作评议

**【概况】** 2020年,越城区人大常委会围绕行政执法规范化建设和城乡生活垃圾分类工作,组织召开专题询问会2次。先后对区应急管理局部门工作、区人民法院部分法官和区人民检察院部分检察官履职情况开展工作评议,推动相关工作效能提升。

**【专题询问】** 2020年9月3日,越城区人大常委会举行行政执法规范化建设专题询问会。区司法局介绍越城区行政执法规范化建设情况,常委会组成人员和区人大代表根据前期调研情况,对镇街行政执法体制改革、法治化营商环境营造、行政处罚自由裁量权使用、重大行政执法记录制度实施等问题进行询问,区政府及相关部门负责人现场作答,推动行政执法规范化建设。

9月22日,越城区人大常委会举行城乡生活垃圾分类工作专题询问会。区综合行政执法局介绍越城区城乡生活垃圾分类工作情况,常委会组成人员和区人大代表根据前期调研情况,对定时定点分类投放、大件生活垃圾和装修垃圾终端处置、塑料袋限制使用监管、再生资源回收体系建设等问题进行询问，区政府及相关部门负责人现场作答，城建环保工委前期走访基层群众拍摄视频短片《垃圾分类——来自基层的声音》，共同推动生活垃圾分类突出问题的解决。

**【工作评议】** 2020年5—7月，越城区人大常委会对区应急管理局的部门工作开展评议，内容包括区应急管理局近两年来依法履行职能职责情况、贯彻执行上级决策部署和区人大及其常委会决议决定情况等六个方面。运用“五听五看三评”方法（听工作情况介绍、听政府领导评价、听服务对象意见、听人大代表反映、听部门镇街建议；看现场管理、看工作机制、看会议记录、看干部状态、看执法数据；人大代表评、企业代表评、人大常委会评），先后召开评议会19次，组织人大代表视察企业安全生产工作18次，视察企业42家，458名人大代表和企业代表参加测评，收集意见建议149条。

6月，越城区人大常委会开展对区人民法院部分法官和区人民检察院部分检察官履职情况评议，内容包括政治和业务学习情况、依法履职情况和司法实效等四个方面。常委会领导和相关工委通过开展走访调查、案卷评阅和意见征求，全面调查了解评议对象各方面履职情，并通过媒体向社会发布公告，接受社会监督。6月29日，区九届人大常委会第三十二次会议听取和审议被评议法官、检察官履职情况报告和区人大常委会《关于对区人民法院部分法官和区人民检察院部分检察官履职情况的评议报告》，进行履职满意度测评。

2020年12月，鉴湖街道人大代表联络站一景（鉴湖街道 提供）

## 人大代表工作

**【概况】** 2020年，越城区人大常委会充分尊重代表主体地位，提升代表履职服务水平。依托常委会领导和专职委员走访联系代表、代表列席常委会会议等制度，深化重点督办、跟踪督办、满意度测评等代表建议办理机制，总结提升“约见九步法”，提高建议办理质量和建议问题解决率。

**【建议意见办理】** 2020年，越城区九届人大四次会议及闭会期间，共收到涉及全区事权的代表建议153件。区人大常委会通过健全机制、领导重点督办、各工委（室）归口督办、代表约见、满意度测评等方式，督促区政府及相关部门进一步规范完善办理程序，全部建议均在法定期限内办理并答复代表。已经解决或基本解决的共105件，占总数的68.6%；正在解决或列入计划解决的共47件，占总数的30.7%；因职能、政策或客观条件所限暂时不能解决，已向代表解释清楚的共1件，占总数的0.7%。

**【代表联络站整体优化提升行动】** 2020年，越城区人大常委会实施代表联络站整体优化提升行动，实施建一批五星联络站，设一批基层分站，创一批特色站点“三个一批”工作，整体推进全区联络站建设水平。截至年底，全区共有“五星级”联络站12个，占镇街人大代表联络站的70.6%。（区人大常委会办公室　张科清）

# 越城区人民政府

## 重要会议

**【概况】** 2020年，越城区政府召开2次全体扩大会议，即区政府九届七次全体(扩大)会议、区政府九届八次全体会议；召开15次区政府常务会议，即九届越城区政府第三十八次至第四十九次常务会议。会议均由区委副书记、区长袁建主持。

**【区政府九届七次全体(扩大)会议】** 2020年1月15日，越城区政府九届七次全体(扩大)会议召开。会议梳理总结2019年工作成果，细化明确2020年具体工作任务和推进落实机制。区委副书记、区长袁建作重要讲话，区委常委、常务副区长何浩挺部署各分管线2020年清单工作，相关单位作表态发言。会议要求全区上下奋发进取、奋力突破，切实提高善作善成的能力水平。会议强调要改进方法，狠抓落实，坚持以上率下与以干促上相统一、目标管理与节点管控相统一、突出重点与把握全局相统一、担当担责与干净干事相统一，确保高水平全面建成小康社会和“十三五”规划收官，推动首位度中心城区建设迈上新台阶。

**【区政府九届八次全体会议】** 2020年8月7日，越城区政府九届八次全体会议召开。会议贯彻落实中央、省、市有关会议和区委九届十次全体会议精神，回顾上半年政府工作，研究分析当前形势，部署下半年重点工作。区委副书记、区长袁建作工作报告。

会议充分肯定全区上半年经济社会发展成绩，梳理总结上半年工作主要特点，直指越城高质量发展面临的风险和挑战。会议要求下半年重点抓好八方面工作：着力推进疫情防控再巩固，着力推进营商环境再优化，着力推进创新开放再发力，着力推进产业转型再加速，着力推进城市品质再升级，着力推进生态本底再增色，着力推进民生保障再落实，着力推进治理能力再提档。会议号召，在上级党委政府和区委的坚强领导下，大抓落实、大干实事，奋力完成全年各项目标任务，为打造“重要窗口”贡献越城力量、展现越城风采。

**【区政府常务会议】** 2020年1月20日，九届越城区政府第五十次常务会议召开。会议传达学习习近平总书记在中央政治局第十九次集体学习时的重要讲话精神和全国安全生产电视电话会议精神、省长袁家军在绍兴调研时的有关讲话精神；听取区建设和交通运输局关于袍江电力分局整体置换处置方案的情况汇报、关于袍中路南延工程(越城段)工程联系单的情况汇报，听取区应急管理局关于2019年度全区安全

2020 年 8 月 7 日，越城区政府九届八次全体会议召开（区委宣传部　提供）

生产（消防）工作情况的汇报，听取区农业农村局关于生猪增产保供情况及《关于进一步促进生猪产业高质量发展的意见》的汇报，听取区公安分局关于《关于加强新时代公安工作的实施意见》的汇报，听取区府办关于 2019 年度高质量发展奖推荐评选工作的情况汇报，听取区人武部关于发放 2019 年入伍大学生一次性奖励金的情况汇报，听取区财政局关于 2019 年 7—12 月资金追加情况的汇报。

2 月 28 日，九届区政府第五十一次常务会议召开。会议听取区府办关于全区新冠肺炎防疫工作和企业复工复产工作的汇报，听取区发改局关于《关于严格做好疫情防控全力稳企业稳经济稳发展的若干政策》的汇报，听取区经信局关于《关于应对疫情影响支持企业复工复产的政策意见》《关于加强口罩、防护服等防疫应急物资生产奖励扶持的意见》的汇报，听取区委人才办关于《关于支持高层次人才企业抗疫情促发展的实施意见》的汇报，听取区生态环境分局关于《绍兴市越城区畜禽养殖禁养区划分调整方案》《越城区“无废城市”建设试点工作实施方案》的汇报，听取黄酒小镇管委会关于绍兴黄酒小镇建设管理有限公司相关遗留问题处置工作的情况汇报，听取区消防救援大队关于将区消防救援大队相关经费纳入区财政预算的情况汇报。

3 月 26 日，九届区政府第五十二次常务会议召开。会议听取区府办关于 2019 年市政道路景观提升工程相关巡视反馈问题核实整改情况的汇报，听取区行政服务中心关于修订《绍兴市越城区限额以下公共资源交易管理办法（试行）》《越城区农村产权交易管理办法（试行）》的汇报，听取区建设和交通运输局关于设置老旧小区改造提升工程优选设计单位库的情况汇报，听取区人民政府关于《越城区社区规模优化工作方案》的汇报，听取区发改局关于《越城区、滨海新区 2020 年基础设施重点项目（政府投资及国有企业投资项目）计划》《越城区——马边县东西部扶贫协作 2019 年工作情况及 2020 年工作计划》《越城区 2020 年度东西部扶贫协作重点工作清单》《越城区 2020 年度山海协作工程重点工作清单》的汇报，听取区房征办关于《2020年度越城区拆改工作实施方案》的汇报，听取区科技局关于签订领蔚生命健康综合体项目补充落户协议的情况汇报。

4月24日，九届区政府第五十三次常务会议召开。会议集体学习《浙江省行政程序办法》，听取区发改局关于一季度全区经济运行情况的汇报，听取区商务局关于《支持外贸企业应对全球疫情蔓延全力稳订单稳市场十大举措》的汇报，听取区建设和交通运输局关于《2020年越城区城乡道路平安畅通提升行动方案》的汇报，听取区治水办关于《越城区2020年“五水共治”（河湖长制）工作实施方案》的汇报，听取区生态环境分局关于《越城区2020年打赢蓝天保卫战攻坚行动实施方案》的汇报，听取区农业农村局关于消除经济薄弱村和低收入农户增收工作、关于《2020年粮食生产扶持政策》和全区粮食生产情况的汇报，听取皋埠街道关于绍兴喜来登酒店综合体项目落户方案的汇报，听取绍兴集成电路管委会关于中芯绍兴配套地（中芯花园项目）要求减免城市基础设施配套费的情况汇报，听取区统计局关于落实越城区第七次全国人口普查工作专项经费预算等事项的情况汇报。

6月19日，九届区政府第五十四次常务会议召开。会议听取区房征办关于越城区征收拆迁纠错工作的情况汇报，听取区委政法委关于推动越城区交通管理融入社会治理工作的情况汇报，听取区人民政府关于社区规模优化工作的情况汇报。

6月24日，九届区政府第五十五次常务会议召开。会议听取区应急管理局关于《绍兴市越城区安全生产委员会专业安全生产委员会运行管理办法》《绍兴市越城区安全生产委员会组织结构设置及工作规则与组成人员》的汇报，听取区自然资源和规划分局关于《关于公布越城区征地片区综合地价的通知》的汇报，听取区经信局关于《越城区困难企业帮扶工作实施办法》、区政策性融资担保公司组建申报工作的情况汇报，听取区建设和交通运输局关于越城区老旧小区综合改造提升工程相关事宜、《关于对重点产业项目减免城市基础设施配套费的实施意见》《越城区政府（国有）投资建设项目工程总承包管理办法（试行）》的汇报，听取北海街道关于北海片区19号地块（八七一厂宿舍）项目国有土地上房屋征收发布征收决定的情况汇报，听取区发改局关于越城区储备成品粮增储实施方案的情况汇报，听取区府办关于2020年区“两会”建议、提案有关情况的汇报，听取区商务局关于对喜临门家具股份有限公司设立供应链公司给予扶持奖励政策、对大宗商品交易园区培育给予扶持奖励政策、《关于鼓励促进汽车消费的政策意见》的情况汇报，听取区医保分局关于增加机关（参公事业）单位医保缴费预算资金的情况汇报。

8月5日，九届区政府第五十六次常务会议召开。会议听取区统计局关于近期省、市有关领导对统计工作的批示精神及越城区有关贯彻落实情况的汇报，听取区司法局关于《越城区重大行政执法决定法制审核办法》、2020年上半年行政复议与应诉工作情况的汇报，听取区应急管理局关于2020年上半年安全生产和自然灾害情况、《越城区突发事件总体应急预案》、《越城区第二轮安全生产综合治理三年行动计划》相关事项、《越城区第二轮安全生产综合治理三年行动计划组织领导框架图和工作任务责任分工及进度控制表》的汇报，听取区生态环境分局关于越城区中央、省生态环境保护督察问题整改工作的情况汇报，听取去房征办关于《绍兴市越城区拆迁安置房代建开发实施办法(试行)》的情况汇报,听取区民政局关于镜湖新区“村改社”工作及部分行政村规模调整工作情况、《关于推进新时代民政事业高质量发展的实施意见》的汇报,听取塔山街道关于塔山片区19号地块(青藤书屋周边综合保护)项目国有土地上房屋征收发布征收决定的情况汇报,听取区委编办《关于进一步调整完善市与越城区相关事权的实施方案》《关于进一步调整完善市与越城区相关事权的工作推进方案》的情况汇报,听取区府办关于区政府九届八次全体会议方案及报告起草情况的汇报。

8月14日,九届区政府第五十七次常务会议召开。会议集体学习《中华人民共和国预算法》,听取稽山街道关于会稽山旅游度假区望仙桥A1地块国有出让土地(包括附属物)回收的情况汇报,听取区生态环境分局关于《越城区创建全省全域“无废城市”建设试点实施方案(送审稿)》的情况汇报,听取区财政局关于2020年1—6月资金追加情况的汇报,审议关于区政府(党组)班子成员半年度党风廉政建设责任制落实情况的汇报。

8月26日,九届区政府第五十八次常务会议召开。会议集体学习《中华人民共和国突发事件应对法》,听取区生态环境分局关于迎接第二轮中央生态环境保护督察工作落实情况的汇报,听取区自然资源和规划分局《关于公布越城区征收集体土地上青苗及附属物补偿标准的通知》的汇报,听取区经信局关于要求兑现浙江绍兴苏泊尔生活电器有限公司2019年度“一企一策”有关政策的情况汇报,听取滨海新区招商服务二局关于871LOOP全新城市文旅综合体项目情况汇报。

9月3日,九届区政府第五十九次常务会议召开。会议听取区民政局关于越城区部分行政区域界线变更工作的情况汇报,听取区农业农村局关于2020年扶贫开发工作的情况汇报。

9月29日,九届区政府第六十次常务会议召开。会议听取滨海新区招商二局关于绍兴熊出没乐园项目及水世界项目落户方案情况汇报。

10月22日,九届区政府第六十一次常务会议召开。会议集体学习《中华人民共和国消防法》,听取区生态环境分局关于第二轮中央生态环境保护督察整改落实情况及秋冬季空气质量“攻坚季”工作情况的汇报,听取区综合执法局《关于综合行政执法调整划转行政处罚事项的通告》的汇报,听取区应急管理局关于市安委会对越城区安全生产巡查工作情况通报及2020年前三季度全区安全生产工作情况的汇报,听取区农业农村局《关于高质量推进乡村振兴确保农村同步高水平全面建成小康社会的实施方案》、全区农村人居环境建设情况的汇报,听取区水利局关于《越城区节水行动实施方案》的汇报,听取区委统战部关于2020“同心·越城”大会筹备工作方案的情况汇报,听取区大数据发展管理中心关于《绍兴市越城区党政机关电子公文系统安全可靠应用全面替代工作实施方案》的汇报。

11月18日,九届区政府第六十二次常务会议召开。会议听取东浦街道关于东浦古镇改造(修缮)和环境提升工程(一期)项目国有土地上房屋征收发布征收决定的情况汇报。

12月3日,九届区政府第六十三次常务会议召开。会议集体学习物业管理相关法规、《中华人民共和国行政处罚法》,听取区生态环境分局关于全市秋冬季大气污染防治工作视频会议精神传达及越城区贯彻落实会议精神的汇报，听取区司法局关于《关于构建社会矛盾纠纷“大调解”工作体系的若干意见》的汇报，听取区农业农村局关于《越城区农村宅基地制度改革试点实施方案》的汇报，听取区卫生健康局关于《关于改革完善医疗卫生行业综合监管制度的实施意见》的汇报，听取区经信局关于2020年第三届中德高端制造峰会筹备工作的情况汇报，听取绍兴黄酒小镇管委会关于绍兴黄酒小镇（东浦）项目合作开发情况的汇报，听取东湖街道关于则水牌1号地块工程建设相关的情况汇报。

12月11日，九届区政府第六十四次常务会议召开。会议集体观看《长江经济带生态环境警示片》，听取区发改局关于传达学习推动长江经济带发展领导小组会议、省委、市政府会议精神及越城区贯彻落实工作的情况汇报。

12月16日，九届区政府第六十五次常务会议召开。会议听取区人社局关于省、市规范企业职工养老保险省级统筹专题部署会议精神和越城区贯彻落实意见情况的汇报，听取区市场监管局关于2020年度越城区区长质量奖评审工作情况的汇报。

**2020年越城区民生实事完成情况一览表**

**表8**

| 序号 | 民生实事项目 | 目标任务 | 完成情况 |
|---|---|---|---|
| 1 | 儿童青少年“明眸亮睛”工程 | 开展6周岁及以上在校学生视力健康1年2次普查和建档率100%，对全区约9万名儿童青少年开展视力监测检查及视力异常预警干预；完成区属公办学校全部教室照明改造工作，实现教室灯光标准化配备率和合格率100%，普通教室可调节桌椅配备率100%；公办学校视觉健康专兼职人员配备率和培训率100%；公办医院、镇街医院社区卫生服务中心近视防控服务点设立率100%；全区青少年儿童近视率在2019年的基础上下降1个百分点 | 已完成视力健康普查170296人次，并完成建档、视力监测检查及异常预警干预工作；安装区属公办学校教室灯具2.3万余套，实现教室灯光标准化配备率和合格率100%；普通教室可调节桌椅配备率已达100%；公办学校视觉健康专兼职人员配备率和培训率已达100%；公办医院、镇街医院（社区卫生服务中心）近视防控服务点设置工作已全面完成；全区青少年儿童近视率下降1.35个百分点 |
| 2 | 教育资源布局优化工程 | 新梅山小学完成建设，浙化联区块配套小学、育才学校、迪荡中学、柯灵小学百盛校区4所学校建设工程完成主体结构施工，启动稽山初级中学、两湖西侧小学、柯灵幼儿园百盛园区3所学校新建工程 | 已完成新梅山小学建设工程建设；浙化联区块配套小学、育才学校、迪荡中学、柯灵小学百盛校区4所学校建设工程完成主体结构施工；启动稽山初级中学、两湖西侧小学、柯灵幼儿园百盛园区3所学校新建工程建设 |
| 3 | 老旧小区改造提升工程 | 启动实施93个区块改造工程，全年完成50个老旧小区改造工作（包含25个示范小区） | 已启动实施94个区块改造工程，完成老旧小区改造50个（包含25个示范小区） |
| 4 | 既有住宅加装电梯工作 | 完成60台加装电梯任务 | 已完工60台，在建9台 |
| 5 | 养老服务深化提升行动 | 建设稽山、城南、东湖、鉴湖等4个街道级示范型居家养老中心；探索建立特殊困难老年人探访慰问制度，开展定期探访慰问 | 稽山、城南、东湖、鉴湖街道示范型居家养老中心已全部运营，已实现全区镇街示范型居家养老中心全覆盖；已拟制越城区特殊困难老年人探访关爱实施方案，在塔山、府山、富盛3个镇街试点基础上，目前全区已全面推进 |

续表 8

| 序号 | 民生实事项目 | 目标任务 | 完成情况 |
|---|---|---|---|
| 6 | 推进“无废城市”创建工作 | 全面推进固体废物污染源头减量和资源化利用，确保全区企业危废处置率达 90% 以上、秸秆综合利用率 96% 以上、畜禽养殖场废弃物资源化利用率保持在 90% 以上；建设区建筑装修材料再生资源利用中心；加强生活垃圾源头分类工作，实现总量负增长、无害化处置率 100%，省级生活垃圾分类高标准示范小区、村分别累计达到 29 个、8 个 | 全区企业危废处置率达 96.6%、秸秆综合利用率达 96.4%、畜禽养殖场废弃物资源化利用率达 90% 以上；已完成区建筑装修材料再生资源利用中心选址，落实功能性用房；生活垃圾总量较上年同期下降 9.5%，无害化处置率 100%，累计创建省级高标准示范小区 29 个、示范村 10 个 |
| 7 | 重点人群免费接种流感疫苗 | 对 65 周岁以上越城区户籍人群开展流感疫苗自愿免费接种 | 已完成 65 周岁以上越城区户籍人群流感疫苗免费接种任务，共接种 42100 人 |
| 8 | 15 分钟应急救援圈建设 | 完成鉴湖、马山综合应急消防救援站建设，完成皋埠、马海消防救援中队建设及东湖、斗门、富盛消防专职队规范化建设，培育 1～2 支社会化救援队伍，提升各类基层应急救援队伍“救早救小”能力 | 已完成鉴湖、马山综合应急消防救援站建设；完成皋埠、马海消防救援中队及东湖、斗门、富盛消防专职队规范化建设任务；培育提升社会化救援队伍 1 支 |
| 9 | 公共体育服务设施改造提升 | 启动区体育中心体育场、体育馆、游泳馆提升改造工程建设，优化体育中心运营管理，打造“体育＋公园”建设工程，完成社区多功能运动场等 26 个省级基层体育场地设施新建（改造）任务 | 已完成区体育中心体育场、体育馆、游泳馆提升改造工程；完成 15 个百姓健身房、16 个小康体育村、5 个多功能运动场地、5 个足球场、2 个游泳池、3 个体育公园、11 个体育设施进公园等省级基层体育场地设施新建（改造）项目建设 |
| 10 | 优化交通设施服务 | 抓好公交设施建设，新建公交首末站（枢纽站）2 个，新建（改建）公交候车亭 50 个；淘汰老旧营运货车 339 辆；推进交通治堵工作，配建停车位 3000 个，推广“共享车位”工作，试点迪荡新城停车生态圈；合理施划错峰停车位，整合停车位资源，缓解停车难问题 | 已完成新建公交首末站（枢纽站）2 个、新建（改建）公交候车亭 56 个、淘汰老旧营运货车 358 辆、配建停车位 3000 个，“共享车位”相关软件已正常运营，迪荡区域内新增共享车位 150 余个，已推出错峰停车位 496 个 |

## 政务信息

**【概况】** 2020 年，越城区编报《越城信息》（每日动态）249 期，上报市政府办公室 460 条（篇）、省政府办公厅信息 158 条（篇），被市级录用 231 条（篇）、省级录用 29 条（篇）、国办录用 98 条（篇），另得到国务院、省、市领导批示 26 条次。

**【领导批示】** 2020 年，越城区编报政务信息获省国务院领导批示 12 次、领导批示 13 次、市领导批示 1 次。其中，3 月 20 日，副省长高兴夫在《浙江政务信息（专报）》第 116 期上批示：“越城区在推动医疗器械产业高质量发展上举措实、成效好，在本次防疫战中振德、明峰、金阳、福清、海圣、同创、迅敏等医疗企业在医疗物资保障上做出了积极贡献。望抢抓机遇、加力发展，合力打造我省生命健康科创和产业高地。”4 月 3 日，副市长陈德洪在《绍兴政务信息（专报）》第 7 期上批示：“越城区城南街道党政班子领导有方、措施有力、行动迅速，成效显著，体现了担当

**2020年越城区政务信息获国务院领导批示情况**

表9

| 序号 | 信息刊物 | 政务信息内容 |
|---|---|---|
| 1 | 《专报国办信息》第76期 | 《浙江省双创市场主体面临的问题及建议》 |
| 2 | 《专报国办信息》第91期 | 《基层反映近期米价有所上涨或影响群众生产生活》 |
| 3 | 《专报国办信息》第100期 | 《基层反映药品集中带量采购落地存在阻力》 |
| 4 | 《专报国办信息》第104期 | 《浙江省对1万亿元抗疫特别国债发行环节的建议》 |
| 5 | 《专报国办信息》第114期 | 《创业投资面临的困难问题》 |
| 6 | 《专报国办信息》第156期 | 《浙江省反映留抵退税存在的主要问题及建议》 |
| 7 | 《专报国办信息》第159期 | 《浙江省关于外商投资法及实施条例落实情况、困难问题和诉求建议》 |
| 8 | 《专报国办信息》第165期 | 《浙江省当前企业注销、破产制度存在的突出问题及相关建议》 |
| 9 | 《专报国办信息》第184期 | 《浙江省反映医联体建设的进展情况、存在问题及相关建议》 |
| 10 | 《专报国办信息》第214期 | 《浙江省稳企业金融支持落实情况》 |
| 11 | 《专报国办信息》第216期 | 《从浙江省外贸企业订单情况看明年初的外贸形势》 |
| 12 | 被《专报国办信息》220期 | 《浙江省关于跨境电子商务综合试验区建设成效、存在的困难及建议》 |

和责任，予以肯定。希再接再厉，精心做好后续工作。”5月27日，副省长高兴夫在《浙江政务信息（专报）》第252期上批示：“强前端保中端抓终端成效明显，请结合专班综合组征集各地好经验好做法并即时推广，请产业链组、企服组、市场组、资源保障组阅研借鉴。”8月1日，副省长高兴夫在《浙江政务信息（专报）》第388期上批示：“越城区医疗产业集群特色鲜明、富有成效。望进一步坚持创新引领，形成集聚效应，成为我省打造生命健康科创高地和生物医药产业高质量发展的重要平台。”8月17日，副省长高兴夫在《浙江政务信息（专报）》第455期上批示：“绍兴越城区高效推进5G基站建设的做法值得借鉴。请省经信厅、通管局、铁塔公司、电信、移动、联通公司阅研。进一步合力高效推进建设。”11月2日，省长郑栅洁《浙江政务信息（每日要情）》第179期上批示：“此事涉安全隐患问题，需重视并应以政府有为市场有效的办法解决。”

## 建议、提案办理

**【概况】** 2020年，越城区政府共收到涉及越城区、滨海新区事权的代表建议153件，其中涉及政治、法律方面14件，占总数的9.15%；财政、经济方面18件，占总数的11.76%；城建、环保方面78件，占总数的50.98%；劳动、民政方面15件，占总数的9.80%；教科文卫方面28件，占总数的18.30%。委员提案154件，其中围绕构建现代产业体系的35件，占总数的22.73%；围绕打造现代城市体系的32件，占总数的20.78%；围绕重塑城市文化体系的16件，占总数的10.39%；围绕优化自然生态体系的7件，占总数的4.55%；围绕共建共享美好生活的64件，占总数的41.56%。截至年底，所有建议、提案均已按规定书面答复代表，面商率、办结率达到100%。代表对办理态度的满意率为99.3%，对办理结果的满意率为96.7%，委员对办理态度和办理结果均为100%。（区府办　叶敏）

## 应急管理

**【概况】** 2020年，越城区共发生各类生产安全事故12起，死亡12人，同比下降20%，其中，工矿商贸事故8起，死亡8人；生产经营性道路交通事故4起，死亡4人。全年共发生火灾204起，无人员伤亡，直接经济损失425.49万元，同比2019年火灾起数下降10.91%。全年无自然灾害事故发生，且未发生较大及以上事故。

**【创新危化品领域监管】** 2020年，越城区在全市首创《绍兴市越城区危险化学品经营企业安全风险评估分级办法》，对辖区内取得危险化学品经营许可证的6家带储存经营危化品企业实施“一方法、两张表、三步走、四色图”管控体系。根据办法，企业对照危险化学品经营企业安全风险隐患排查检查表和企业“两重点一重大”客观情况打分表，参照相关危化品安全管理的法律、法规、文件等，梳理、编制自评报告，按照危险程度由低到高依次分为A（90分以上）、B（75～89分）、C（60～74分）、D（60分以下）四级，按照压缩淘汰D级、重点整治C级、强化提升B级、巩固完善A级实行分级监督管理。

**【安全隐患排查整治】** 2020年，越城区着力推进第二轮安全生产综合治理行动，组建综合治理三年行动专班，制定学习宣传贯彻习近平总书记关于安全生产重要论述专题、安全生产风险防控和应急救援数字化建设专题和落实企业安全生产主体责任专题3个专题以及危险化学品安全、加工制造类小微企业和矿山安全、消防安全道路交通安全专项整治、渔业船舶安全生产、城市建设安全、工业园区等功能区安全、危险废物等安全、特种设备安全专和交通运输安全10个专项整治方案共558项任务清单，并实行“挂图作战”和“红、绿”两色进度管理。全年共完成年度任务清单133项，完成率100%。年内，开展“三场所三企业”（涉爆粉尘作业场所、喷涂作业场所、有限空间作业场所；金属冶炼企业、涉氨制冷企业和船舶修造企业）专项整治，查出隐患1865处，完成整改1816处，整改率97%，识别出一级风险点136处。实施小微企业安全生产（消防安全）专项整治，查出隐患5630处，整改4489处，关停淘汰企业131家。对疫情防控关键场所和连续生产企业、复工复产企业进行专项督查，发现安全隐患1865个并全部完成整改。完成3人以下管控涉爆车间共48个，完成率100%。

2020年7月6日，绍兴市首轮安全生产巡查动员会在越城区召开（区委宣传部　提供）

**【打通“消防生命通道”】** 2020年，越城区召开全区打通消防生命通道推进会暨物业服务企业消防安全标准化管理工作部署会，将消防通道集中治理行动纳入全区“治理提升年”五大专项行动统筹推进，将老旧小区消防车道标线标识施划工作一并纳入老旧小区综合改造。全年完成368个住宅小区消防车通道标线标识施划工作。

**【重大火灾隐患单位整治】** 2020年，政府挂牌督办市级重大火灾隐患单位区域4家，区级重大火灾隐患单位区域4家，并对2019年未完成整改的市级重大火灾隐患唯美花园小区进行再督促。截至年底，政府挂牌督办重大火灾隐患单位市级5家、区级4家，均已完成整改顺利摘牌。

**【15分钟综合应急消防救援圈建设】** 2020年，越城区推进15分钟综合应急消防救援圈建设，马海消防站开始内部装修，皋埠消防站开工建设，马山应急消防救援站已建成投入使用，鉴湖应急消防救援站除人员为派出所辅警兼职外、硬件也落实到位。

**【智慧消防建设】** 2020年，建成区消防智联全息感知平台，依托区综合信息指挥中心，实现部门间数据互联互通，共享共用。继续在历史街区推进智慧消防建设，提升古城智能防控水平。

**【应急救援】** 2020年，越城区确定“总体+专项”(1+57)应急预案体系，修编《突发事件总体应急预案》，57个专项预案发文40个，走发文程序17个。全面推进应急管理综合指挥平台建设，实现可视化视频调度系统、应急管理虚拟专网等省、市、县(区)三级连通，可在30分钟内响应省厅调度连线。年内建成马山、东湖、斗门、富盛综合救援站，皋埠、马海消防站完成年度建设目标。重点培育绍兴市民间公益救护协会(绍兴九龙救援队)，给予补助省财政专项资金20万元，九龙队在2020年绍兴市首届社会应急力量技能竞赛中荣获团体第一名。

**【安全生产行政许可和处罚】** 2020年，越城区完成安全生产行政许可证办件145件，其中，延期换证42件、重新办理31件、变更内容47件、首次办理22件、注销许可证3件，办理投资项目条件审查和设施设计22件，办理烟花爆竹零售换证23件、批发换证1件，另完成应急预案备案100件、剧毒化学品储存单位备案2件、重大危险源备案5件、安全评价报告备案34件。全年共下发各类行政处罚文书443份，责令停产停业整顿6家，立案查处70起，罚款431.31万元，受理投诉举报咨询件59起，移送司法部门追究刑事责任2人。

**【安全生产宣传培训】** 2020年，越城区完成省定2万人企业员工安全培训任务，推广安全知识宣传进企业、进农村、进社区、进学校、进家庭，培育自主培训企业2个，推广特种作业人员申领安全码12652人。累计发放安全生产宣传资料3000余份，张贴宣传画10000余份，悬挂宣传标语、横幅2000余份。(区应急管理局　高楠；区消防救援大队　娄莹)

## 政府数字化转型

**【概况】** 2020年，越城区深入贯彻落实省、市推进政府数字化转型工作部署，以“最多跑一次”改革为牵引，统筹推进多业务协同数字化应用，深化“互联网+政务服务”“互联网+协同办公”“互联网+监管”和数字化技术支撑体系建设，积极打造“整体智治”现代政府。年内，市名城办的“古城保护利用信息管理系统”入选浙江省“观星台”〔“观星台”为基于场景的多业务协同应用(明星应用)展示平台，是省政府推进数字化转型的重要平台〕优秀应用。

**【“互联网+政务服务”】** 2020年，越城区深化“浙里办”越城专区和浙江政务服务网越城站点建设，规范网上办事流程，升级打造“智办工程”。截至年底，全区政务服务收件总量2657972件。1446项政务服务事项实现网上办，

2020 年 12 月 2 日,越城区委召开网络安全和信息化委员会第二次会议(区委宣传部　提供)

掌上办比例 96.7%,跑零次比例 96.8%,即办率 83.3%,办理时限压缩比 94.4%。99.1% 事项完成与政务服务 2.0 的对接改造,实现无差别受理、同标准办理、全过程监控、“好差评”闭环。在“浙里办”越城专区创新推出“越好停”“越方便”“越舒心”等便民惠企“越”字微应用,着力打造“越改越好”品牌。

**【“互联网 + 协同办公”】** 2020 年,越城区推动各类政务办公业务、内部审批业务、多部门协同业务与“浙政钉”2.0 深度融合,完善协同办公系统办文、办会和“浙政钉”审批、签到等应用,推广电子签章运用,实现 90% 以上部门政务协同业务接入“浙政钉”个人计算机端和移动端办理。机关内部“最多跑一次”非涉密事项网上办比例达 90% 以上,全年累计办件 65335 件。推进公务员职业生涯周期管理、退伍军人等“一件事”改革,加快多部门联办“一件事”网上办、掌上办。

**【“互联网 + 监管”】** 2020 年,越城区围绕国办“互联网 + 监管”第三方能力评估,全力提升双随机事项覆盖率、任务完成率、信用规则应用率、联合监管率等核心指标,打造“智管工程”。结合“双随机、一公开”监管,采取差异化监管措施,实现监管信用全闭环。推广应用省统一行政处罚办案系统,形成从行政检查到行政强制、行政处罚的监管联通,并推进简易处罚的掌上办理端应用。截至年底,全区行政执法平台国库监管事项认领率 85.8%,行政检查主项覆盖率 81.4%,省库监管事项认领率 81.8%,通过平台开展执法检查 13619 户次,设置双随机任务 475 条,其中跨部门任务 153 条,完成双随机检查 5707 户次,掌上执法检查率 99.9%,信用规则应用率 81%,联合监管率 32.2%。

**【数字化技术支撑体系建设】** 2020 年,越城区深化数字化技术支撑体系建设,打造“智数工程”。推进“无证明城市”“无证件城市”创建,强化数据归集共享开放应用,实现数据实时采集、跨网传输、流式加工。截至年底,累计登记信息系统 48 套,编制公共数据目录 84 个,归集数据量 193 万余条,调用公共数据 8251 余万次;2 个项目入围全市数据开放大赛。

**【“雪亮工程”平台建设】** 2020 年,越城区完成区“雪亮工程”总平台和前置汇聚平台建设,共汇集 25 个区级部门(行业)的二、三类点位的接入及公安视频对接,向市总平台推送视频资源,与区综合信息指挥平台实现同步对接和视频资源大屏展示。

**【电子政务建设项目管理】** 2020 年,越城区依据《越城区电子政务项目管理办法》组织开展 2021 年度电子政务建设项目申报,对 19 个部门(单位)总申报金额为 8239.40 万元的 110 个电子政务项目开展评审,审定金额 7687.46 万元,核减金额 551.94 万元,核减比例达 6.7%。(区大数据发展管理中心　谢婷婷)

## 政务服务

**【概况】** 2020年，越城区政务服务办公室以“一窗办、全城办、一证办、移动办”改革为总抓手，以智慧政务服务为目标，加快推行办事数字化、服务标准化、大厅管理精细化，全力打造政务服务“越满意”品牌。

**【政务服务一体化】** 截至2020年底，越城区已完成74个电子证照归集工作，实现90%民生事项“一证办”，其中，237项“一证办”事项已能在24小时综合自助机办理，实现政务服务“不打烊”。116个事项实现“县域内通办”，首批47个长三角政务服务“一网通办”事项上线运行。累计完成进中心事项1532项，其中无差别受理事项1392项，无差别受理率达90.86%。推动浙江政务服务网与“浙里办”App的双向融合，100%开通“网上办”“掌上办”办事渠道，日均办件量约3700件。

**【打造“15分钟政务服务圈”】** 2020年，越城区抓实区、镇（街）、村（社区）三级联动的便民服务体系建设，通过加强代办、兜底办、自助办等多种办事模式，打造“15分钟政务服务圈”。全区共设立代办点374个，明确代办员1164名，其中红色代办员794名，实现“红色代办”全覆盖。代办点年均代办件数8万余件。村、社区实现“一窗办理、全科服务”的兜底办服务工作模式，村级办理事项达50项+X，社区事项为133项+X，村、社区级年均代办件数近6万件。全区17个镇街实现“政务服务网”和24小时自助终端机全覆盖。截至年底，全区共建成示范型村（社区）便民服务中心132个，占比36.7%；标准型161个，占比44.7%；简朴型67个，占比18.6%，基本实现政务服务事项和公共服务事项“本地可办”。

**【项目审批实现全流程网上办理】** 2020年，越城区所有投资项目统一通过投资在线3.0平台进行网上申报和收件，实现100%全流程网上办，企业投资项目“最多80天”改革实现率达100%。区政务服务办为企业投资项目审批提供咨询协调、代办帮办、验收踏勘等服务，并建立项目审批代办帮办制度，提高投资项目审批时效。年内，选定五类中介服务共14家中介机构，为18个承诺制改革项目提供中介评估服务，完成25个项目联合验收。

**【启用不动产登记电子证明】** 2020年，越城区为全市不动产登记电子证书（证明）试点。9月30日，区不动产登记服务中心正式启用不动产登记电子证明，为中国农业银行绍兴越城支行颁发全市首张以“总对总”方式办理的不动产登记电子证明，加盖电子印章的不动产登记电子证明与纸质不动产登记证明具有同等法律效力。（区政务服务办　沈宇）

## 机关事务管理

**【概况】** 2020年，越城区机关事务管理服务中心统筹保障疫情防控、复工复产和党政机关高效运转，全年共保障各类会议1982场次，其中，视频会议273场次；接待公务考察团、招商考察团146批，共1521人；提供保障服务4762车次，安全行驶里程约30万千米。疫情一级响应期间，共派车1500余车次，配送盒饭34531份，自制盒饭3万余份，保障会议288次。

**【办公用房管理】** 2020年，越城区完成延安东路481号主楼装修及场外工程、行政中心部分楼层办公室装修工程、鞋子畈房屋屋面及厕所维修工程、党派服务中心一体化项目、北海所办税大厅装修工程、矛调中心提升工程，完成区委组织部、宣传部、统战部等20个部门的办公用房分配和调整，涉及面积约 19901 平方米。

**【节能创建】** 2020 年，越城区创建节约型示范单位 3 家（国家级示范单位 1 家、省级节约型示范单位 2 家），节水型单位 14 家，通过垃圾分类示范单位验收 18 家，确定绿色数据认证单位 1 家，完成能源审计单位 2 家，建设新能源充电桩 2 个，节能灶具改造食堂 1 个，3 个大院申报完成无废型机关创建，另启动节约型机关创建工作。

**【物业管理】** 2020 年，越城区完善机关大院派驻制管理，推进平安大院建设。全年共举办消防、反恐演练 3 次，提醒车辆车窗未关 50 余起，处置未熄火人员离车 10 余起，为外来人员遗失物品保管 15 起，处理 20 人以上集体上访 15 次、10 人以上上访 20 次、小规模上访 80 余次，在各大院设立超市、小卖部、干洗柜，提升行政中心健身房场地条件更新健身设备设施 5 台。

**【采购管理】** 2020 年，越城区将民主党派服务中心一体化采购、2019 年度越城区高质量发展奖金质奖牌采购、办税大厅办公楼采购、大院物业和食堂劳务外包等重点项目纳入采购平台。全年使用政府采购管理系统和政采云平台采购设备和服务 89 批次，使用资金 6012 万元。加强固定资产登记管理，实现“划出一批、报废一批”；明确专职资产仓库保管员，对固定资产实施动态管理，并开展固定资产清查盘点，处置闲置资产 3 批次，回收资金 18.6 万元；调拨划出资产 57 件，减少固定资产原值 23.2 万元。（区机关事务管理服务中心　单清旸）

## 外事管理

**【概况】** 2020 年，越城区完善党管外事工作体制，制定《区委外事工作委员会规则》《区委外事工作委员会办公室工作细则》，出台《关于加强国家工作人员因公出国（境）管理的若干意见》，明确县处级以下国家工作人员因公出国（境）的工作规章；制定《越城区涉外突发事件应急预案》，推进应急工作科学化、规范化、法治化。年内，邀请澳大利亚图文巴市参加中国绍兴第三届国际友城大会，并进行现场视频连线。塔山中心小学和新西兰陶波小学签订姊妹学校合作协议，文理学院附中已申报市“千校结好”特色学校。

**【涉外疫情防控】** 2020 年，越城区摸排境外涉越人员信息、入境计划、返浙意愿等情况，结合劝侨安侨工作，开展涉外疫情防控。累计申报境外涉越人员健康信息 14744 条，其中申报来越意向信息 2984 条。统筹协调接机组从杭州萧山机场、嘉兴大云中转站“点对点”接转入境人员来越隔离观察 505 人，累计纳入管控 652 人，完成社区健康报备 1066 人，仍在外地隔离人员 62 人。年内，为从事重要文化、商务、科技、物流、生产和技术服务及其他领域的必要、紧缺人员，以及重要产业链和高新科技项目复工复产人员来华提供签证协助和入境便利，向上级提交“快捷通道”申请 29 人。（区府办　裘楚尔）

# 政协越城区委员会

## 重要会议

**【概况】** 2020年，政协越城区委员会召开全体会议1次，即区政协五届四次会议；另召开区政协五届十四次至十七次常委会会议，区政协五届三十七次至四十七次主席会议。

**【区政协五届四次会议】** 2020年1月7—9日，中国人民政治协商会议绍兴市越城区第五届委员会第四次会议召开。会议审议通过金百富代表越城区政协第五届委员会常务委员会所作的工作报告、王柏振代表越城区政协第五届委员会常务委员会所作的提案工作情况报告，审议通过政协绍兴市越城区第五届委员会第四次会议提案审查情况的报告和政协绍兴市越城区第五届委员会第四次会议决议。

会议认为，2019年，越城区政协坚持以习近平新时代中国特色社会主义思想为指导，全面贯彻中共越城区委的决策部署，从建言资政和凝聚共识两方面双向发力，着力加强政协系统

2020年1月7—9日，中国人民政治协商会议绍兴市越城区第五届委员会第四次会议召开（区政协办公室　提供）

党的建设，精心组织协商议政，广泛汇聚发展合力，展现新时代人民政协的新样子。

会议强调，越城正处于转型发展“窗口”期，面临重大机遇和挑战，人民政协作为国家治理体系的重要组成部分，肩负重大政治责任。区政协要在中共越城区委的领导下，坚持把习近平新时代中国特色社会主义思想作为统揽各项工作的总纲，把服务区委、区政府“改革创新年、项目攻坚年、治理提升年”行动作为工作主线，把加强思想政治引领、广泛凝聚共识作为中心环节，发挥专门协商机构作用，坚持凝心聚力，助推融合发展，努力在建设首位度中心城区中更好地体现政协作为。

会议号召，区政协各参加单位和全体政协委员要更加紧密地团结在以习近平同志为核心的党中央周围，全面贯彻落实区委政协工作会议精神，同心同德、奋发进取，不断开创新时代政协事业新局面。

**【区政协五届十四次至十七次常委会会议】**

2020 年 1 月 8 日，越城区政协召开五届十四次常委会会议。会议听取区政协五届四次会议分组、联组讨论情况的汇报，审议通过区政协五届四次会议《选举办法》草案、提案审查情况报告草案、决议草案和选举总监票人、监票人建议名单草案，审议通过区政协五届委员会增补常务委员候选人名单。驻区政协机关纪检监察组有关负责人等列席会议。

7 月 21 日，区政协召开五届十五次常委会会议。会议听取区法院、区检察院半年度工作情况通报，专题协商“优化营商环境”课题，审议通过有关制度和人事事项。区政府副区长汤栃钧，区法院、区检察院负责人及有关课题组成员应邀参加会议，驻区政协机关纪检监察组有关负责人等列席会议。

9 月 5 日，区政协召开五届十六次常委会会议。会议专题协商部分行政区划调整工作事宜和加强城市社区治理课题，审议通过有关人事事项。区政府副区长钟建荣、区民政局负责人及有关课题组成员应邀参加会议，驻区政协机关纪检监察组有关负责人等列席会议。

12 月 28 日，区政协召开五届十七次常委会会议。会议听取区政府关于区政协五届四次会议以来提案办理情况的通报，书面听取区政协各专委会 2020 年度工作述职，审议通过区政协五届常委会工作报告、提案工作情况报告和区政协五届五次会议议程草案、日程草案及有关人事事项。会议决定区政协五届五次会议于 2021 年 1 月 12—14 日召开。会议授权区政协主席会议审议区政协五届十七次常委会会议未尽事宜。区府办负责人应邀参加会议，驻区政协机关纪检监察组有关负责人等列席会议。

## 课题调研

**【概况】** 2020 年，越城区政协围绕“进一步优化越城区营商环境”“加强城市社区治理”组织常委会调研课题 2 个，形成课题调研报告 2 篇。调研成果经多层次、多方面讨论协商，为区委、区政府决策提供参考。

**【“进一步优化越城区营商环境”课题】** 2020 年，越城区政协组建由文化文史和港澳台侨委员会牵头、区发改局等 20 余个部门（单位）参加的课题调研组，收集 19 个相关部门的一手资料、148 家企业参与的问卷调查，实地走访 22 家不同类别企业，面向企业负责人、镇街经济分管领导、镇街和部门负责人召开 5 次座谈会，并赴柯桥、上虞、温州等地学习借鉴。历时 3 个多月，形成《关于进一步优化越城区营商环境的建议》课题调研报告，为区委、区政府决策提供参考。

**【"加强城市社区治理"课题】** 2020年,越城区政协组建由社法民宗委牵头,区相关部门、市委党校和绍兴文理学院部分专家等12个单位和个人参加的课题调研组,通过实地走访和外出考察等方式,深入人民法庭、枫桥式派出所、矛盾调解中心和部分街道、社区了解情况,收集意见建议。历时3个多月,形成《加强城市社区治理的几点建议》课题调研报告,为区委、区政府决策提供参考。

## 专题协商

**【概况】** 2020年,越城区政协围绕"落实全民健身战略""进一步加快发展我区生物医药产业""古三江闸和狭猱湖避塘保护和利用""稽山鉴水旅游资源挖掘""进一步提高行政效能""推进'最多跑一地'改革"等主题,邀请委员、议政专家、市民代表等与相关职能部门面对面进行协商。全年共组织开展"请你来协商"活动6次。

**【举办6次"请你来协商"座谈会】** 2020年4月29日,越城区政协召开第6次"请你来协商"座谈会,主题为"落实全民健身战略"。9名区政协委员、镇街分管领导代表等在座谈会上发表意见建议。副区长盛卓异应邀到会听取意见,区委宣传部、区发改局、区教体局、区财政局、区建设和交通运输局、区综合行政执法局、区自然资源和规划分局负责人应邀参加协商。

6月24日,区政协召开第7次"请你来协商"座谈会,主题为"进一步加快发展我区生物医药产业"。12名区政协委员、智库专家、生物医药企业代表在座谈会上发表意见建议。区委常委,滨海新区党工委委员、管委会副主任郑华应邀与会听取意见。万亩千亿平台(生物医药)工作推进专班、区科技局、区人社局、区卫生健康局、区应急管理局、区生态环境分局、滨海新区规划建设局负责人应邀参加协商。

7月23日,区政协召开第8次"请你来协商"座谈会,主题为"古三江闸和狭猱湖避塘保护和利用"。8名区政协委员、专家代表在座谈会上发表意见建议。区委常委、宣传部部长茹福军应邀与会听取意见。区委宣传部、区委编办、区教体局、区财政局、区建设和交通运输局、区水利局、区文广旅游局、区自然资源和规划分局及镜湖开发办负责人应邀参加协商。

8月7日,区政协召开第9次"请你来协商"座谈会,主题为"稽山鉴水旅游资源挖掘"。与会区政协委员和智库专家在座谈会上发表意见建议。区委常委、宣传部部长茹福军应邀与会听取意见。相关镇、街,区级部门分管负责人应邀参加协商。

10月29日,区政协召开第10次"请你来协商"座谈会,主题为"进一步提高行政效能"。8名区政协委员和智库专家在座谈会上发表意见建

2020年4月29日,越城区政协召开"落实全民健身战略 完善健身载体及设施协商会"(区政协办公室 提供)

议。区委副书记、区长袁建应邀与会听取意见。区政府 14 个相关部门主要负责人应邀参加协商。

11 月 25 日，区政协召开第 11 次“请你来协商”座谈会，主题为“推进‘最多跑一地’改革”。9 名区政协委员、镇街分管领导、村社负责人在座谈会上发表意见建议。区委副书记钱林江应邀与会听取意见。区委政法委、区信访局、区法院、区司法局、区公安分局、区人力社保局、区大数据中心负责人应邀参加协商。

## 民主监督

**【概况】** 2020 年，越城区政协围绕“城乡垃圾分类”“发挥县乡社会矛盾纠纷调处化解中心作用”“重点区域大气污染防治”“助力提升城市首位度”等主题，开展 4 次民主监督活动。年内，区政协先后组织对杭绍台高速（越城区段）建设情况、全区体育中心利用情况、人民法院人民法庭工作、公共卫生工作、重点投资项目、美丽乡村建设情况、省级高品质步行街试点街区创建情况、区公安分局重点工作等开展视察。

**【开展 3 次专项集体民主监督】** 2020 年，越城区政协组织 200 余名委员围绕“城乡生活垃圾分类处理”开展专项集体民主监督，共发现问题 49 个，提出意见建议 57 条；围绕“发挥县乡社会矛盾纠纷调处化解中心作用”开展专项集体民主监督，发现 3 个方面问题，针对性提出 4 项意见建议；组织 153 名委员围绕“重点区域大气污染防治”开展专项集体民主监督，共视察工地 16 个、村社 18 个、垃圾处理场所 6 个、餐饮街区 2 条，提出意见建议 26 条。

2020 年 12 月 11 日，越城区政协主席金百富及部分委员一行对区公安分局重点工作开展视察（区政协办公室　提供）

**【“助力提升城市首位度”界别活动月】** 2020 年 10 月，越城区政协开展“助力提升城市首位度”界别活动月活动。围绕城市基础设施建设管理、持续推动古城有机更新、探索创新更加智慧的城市管理模式、提升城市生活品质、加强城市社会治理等 5 个方面的内容，组织 171 名委员参加各类视察、调研等活动，提出各类意见建议 24 条。

## 提案及社情民意信息工作

**【概况】** 2020 年，越城区政协立足区委、区政府中心工作和人民群众关注的焦点问题建言献策。全年共立提案 154 件，所有提案均在规定时间内完成办理，另报送社情民意信息《越城民情》79 期。

**【提案工作】** 2020 年，越城区政协共收到提案形式提出意见、建议 164 件，经审查，立案 154 件，转社情民意和委员来信等方式处理的 10 件。其中，集体提案和委员联名提案 76 件，占总数的 49.35%；委员个人提案 78 件，占 50.65%。经分类统计，有关构建现代产业体系方面的提案 35 件，占总数的 22.73%；有关打造现代城市体系方面的提案 32 件，占 20.78%；有关重塑城市文化体系方面的提案 16 件，占 10.39%；有关优化自然生态体系方面的提案 7 件，占 4.55%；有关共建共享美好生活方面的提案 64 件，占 41.56%。所有提案均在规定时间内完成办理。截至年底，已办理落实97件，占提案总数的62.99%；正在办理或列入计划逐步解决的47件，占30.52%；因条件限制或与现行规定不符，需创造条件解决的10件，占6.49%。提案者对提案办理态度表示满意的152件，基本满意的2件；办理结果满意的146件，可以理解的8件。

**【社情民意信息工作】** 2020年，越城区政协编辑报送《越城民情》79期（篇）、《越城信息·社情民意专辑》4期（篇），内容涉及产业发展、文化旅游、教育体育、环境保护等多个方面。其中，市政协录用19期（篇），市领导批示1期（篇）。

**2020年度越城区政协优秀提案一览表**

表10

| 序号 | 提案名 | 提案人 |
|---|---|---|
| 1 | 《关于以有效投资促进越城工业经济高质量发展的若干建议》 | 经济界别一组 |
| 2 | 《唤醒沉睡的山水打开农村产业升级的快速通道——关于乡村振兴背景下推进全域旅游的建议》 | 朱志冬 |
| 3 | 《关于促进我区医疗器械产业创新发展的建议》 | 无党派界别组 |
| 4 | 《关于加大对本土集成电路中小企业扶持的几点建议》 | 民进越城区基层委 |
| 5 | 《关于进一步优化我区营商环境的几点建议》 | 工商联界别组 |
| 6 | 《关于培育我区高新科技独角兽企业的建议》 | 章　琦　马　亮　成　琴 |
| 7 | 《关于优化营商环境助推我区民营经济发展的建议》 | 谢　燚　祝张法　梁狄浩　陈乃伟 |
| 8 | 《关于改进我区中小学校教室照明环境的建议》 | 赵　越 |
| 9 | 《关于将城南打造成绍兴都市南闲后花园的建议》 | 民建越城区基层委 |
| 10 | 《关于各方合力多措并举打造越城书法教育金名片的建议》 | 金妙红 |
| 11 | 《关于老旧小区整治改造提升做到"治""改""补""特"的相关建议》 | 金雨亭　沈彩娟　应爱萍　王文海　陆志坚 |
| 12 | 《建议在越城区人民医院挂牌成立区儿童青少年防近防控指导中心》 | 陈海虹 |
| 13 | 《关于提升我区住宅小区品质方面的建议》 | 特邀界别二组 |
| 14 | 《靠前谋划提升拆迁安置工作群众满意度的建议》 | 李月红 |
| 15 | 《关于加快推进区疾控中心能力建设提高我区防病控病能力的建议》 | 农工民主党越城区支部 |

**2020年度越城区政协社情民意信息精选一览表**

表11

| 序号 | 社情民意信息 |
|---|---|
| 1 | 防控疫情亦需保护个人隐私 |
| 2 | 关于强化新冠肺炎疫情心理危机干预联防联控工作机制的建议 |
| 3 | 关于党政媒体应加强背景广告筛选的建议 |
| 4 | 关于切实加强实验室危化品安全管理的建议 |
| 5 | 关于在医疗机构出入口投放自助口罩售卖机的建议 |
| 6 | 关于完善我市建设工程招投标评标办法的建议 |
| 7 | 建议浙江省药械采购平台下调"谷维素片"药品采购价格 |

（区政协办公室　牛慷慷）

# 中共越城区纪律检查委员会（越城区监察委员会）

## 综　述

【概况】 2020年，越城区委落实全面从严治党政治责任，扎实推进清廉越城建设，巩固发展反腐败斗争压倒性胜利，着力打造政治生态的绿水青山。年内，区纪委区监委持续推进“五张清单一张网”（主要领导责任清单、班子成员责任清单、处室主要负责人责任清单、机关纪委责任清单、机关干部责任清单，形成一张严密的责任网），加强政治纪律和政治规矩执行情况的监督检查，动态开展政治生态评估，完善主体责任报告评议。纪检监察干部全部实行“3+5”考核体系［“3+5”考核体系：镇街纪（工）委监察办、派驻机构、委机关3支队伍的岗位目标考核办法及5个单项考核办法］。全年立案审查违反政治纪律案件3件，党纪政务处分3人。

【区纪委九届五次全体会议】 2020年1月21日，越城区纪委召开第九届纪律检查委员会第五次全体会议，深入学习贯彻习近平新时代中国特色社会主义思想，全面贯彻落实中共十九大和十九届二中、三中、四中全会精神，按照

2020年1月21日，中国共产党越城区第九届纪律检查委员会第五次全体会议召开（区纪委区监委　提供）

2020年9月1日，越城区纪委常委（扩大）会议暨扶贫开发领域监督工作专题会议召开，会议学习贯彻习近平总书记关于脱贫攻坚的重要讲话精神，通报近三年扶贫开发领域监督工作开展情况，研究部署下阶段工作（区纪委区监委　提供）

十九届中央纪委四次全会、省纪委十四届五次全会、市纪委八届五次全会和市委八届七次全会、区委九届九次全会的部署，回顾总结全区2019年纪检监察工作，部署2020年任务。会议审议通过盛学东代表区纪委常委会所作的《坚定不移推动纪检监察工作高质量发展，为更高水平推进区域治理现代化提供坚强保障》的工作报告。出席委员21人，列席215人。

## 党风和政风监督

**【概况】** 2020年，越城区纪委区监委认真贯彻习近平总书记重要批示精神，紧盯重要节点、重点问题，深化“1+X”专项督查，深挖细查顶风违纪、隐形变异问题。聚焦区委“改革创新、项目攻坚、治理提升”三个年行动，重点整治形式主义、官僚主义问题以及“推、拖、躲、怕、差”五种不良风气。全年查处违反中央八项规定精神问题32起，处理党员干部45人，党纪政务处分13人，问责追责党员干部98人；查处涉黑涉恶腐败和“保护伞”问题5起19人，其中党纪政务处分10人，完成“扫黑除恶”专项斗争决胜之年、收官之年任务。

**【作风建设监督整治】** 2020年，越城区纪委区监委深化形式主义、官僚主义整治，查处形式主义、官僚主义问题13个，处理18人，其中党纪政务处分8人。开展违规收受礼品礼金、“烟票”背后的“四风”问题等专项整治，查处享乐主义奢靡之风问题35个，问责追责党员干部105人。推进公共资源中私人会所整治“回头看”，在巩固兰亭书会、永和塔院等老会所整治基础上，摸排全区风景区、历史建筑和国有产权物业5281个，发现12个问题并全部督促整改到位。另对环境违法、统计数字造假、冒名顶替上大学、农村乱占耕地建房等问题开展监督治理。

**【基层涉纪信访化解】** 2020年，越城区纪委区监委开展信访举报“三清三提升”活动，持续推动基层涉纪信访化解。纪检监察来访接待入驻“矛调中心”，检举控告量下降59.04%，下降幅度全市最大。33件“三多”信访件化解28件，化解率84.84%。

## 纪律审查和监察调查

**【概况】** 2020年，越城区纪委区监委聚焦“三不”（不敢腐、不能腐、不想腐）机制，运用监督执纪“四种形态”，综合运用谈话函询、组织处理、纪律处分等方式分类处置问题线索。全区纪检监察组织共发出纪检监察建议书10份，处置问题线索576件，运用“四种形态”处理561人次，“四种形态”分别占比61.5%、20.3%、8.2%、10%。立案219件，涉及科级干部16人，采取留置措施7人，移送检察机关7人，严肃查处鉴湖街道办事处副主任严某某等一批腐败案件。成功追回中央挂牌督办的潜逃近20年的原浙江石油总公司绍兴分公司平水加油站站长单某。

**【区委巡察工作】** 2020年,越城区纪委区监委制定完善《越城区巡察工作约谈办法(试行)》等10余项制度文件,对21个镇街、部门党组织开展区委四轮巡察,完成162个村(社区)党组织巡察,累计覆盖率85.37%、问题整改率96%。通过面上督查,立案14人,“第一种形态”处理34人,巡视组交办信访件全部办结。

## 宣传教育

**【概况】** 2020年,越城区纪委区监委融合省、市、区各级各类媒体力量,打响清廉越城品牌。全年在各级纪检监察媒体及主流媒体刊发报道399篇,其中,省纪委网站、微信刊发报道80篇,同比增长281%;单篇63篇,同比增长687.5%。清廉越城发布推文93期116篇,平均阅读量1042人次。《精准监督助力企业复工复产》在浙江电视台《反腐前线》栏目播出,系历史首次。

**【廉政教育】** 2020年,越城区组织开展《政务处分法》巡回宣讲,受众3500余人;制作《越城区村社区干部村、社区干部警示教育专题片》,组织全区新一届352名村社“一把手”集中观看;开展原渔港居村干部职务犯罪案、马山中学原教师职务犯罪案庭审警示教育,相关剖析材料在省、市纪委同步发布,阅读量超4万人次。

**【清廉文化建设】** 2020年,越城区纪委区监委举办“寻找家文化,传递好家风”书画比赛,开发清廉明信片线上自制程序和清廉书画卷线上程序。鉴湖坡塘村新建莲花落展厅,云松村打造“茶廉”文化,金子定故居成为红廉教育基地;乌石村新建廉政公园,皋埠坝头山村建成陆游家风村,富盛上旺村接待游客1.5万人次。制作动漫微视频《师爷断案》、警示教育微电影《干部》,获省纪委肯定推介,阳明小学《吾心光明》节目登上市纪委清廉雅集舞台。(区纪委区监委　潘韬)

2021年,鉴湖街道坡塘村新建莲花落展厅(区纪委区监委　提供)

2021年,皋埠街道坝头山村建成陆游家风馆(区纪委区监委　提供)

# 民主党派　工商联

## 民革越城区基层委员会

**【概况】** 2020年，民革越城区基层委贯彻落实民主集中制原则，坚持各项会议和议事制度，以标准化建设和示范支部创建为抓手，先后制定并实施《民革越城区基层委全体会议议事规则》《民革越城区基层委民主生活会制度》《民革越城区基层委参政议政社情民意信息奖励办法》《民革越城区基层委支部经费管理和使用办法》《民革越城区基层委党费收缴办法》等5项制度。11月28日，民革越城区基层委召开换届大会，选举产生新一届基层委员7人，基层委下设3个支部，共有党员70人，其中，人大代表3人、政协委员6人。

**【社会服务】** 2020年，民革越城区基层委依托位于迪荡街道红立方的社会服务基地，打造党派服务基层金名片。截至年底，累计组织关爱帮扶送温暖、法律咨询、知识讲座、公益活动进社区等活动20多场次，服务群众5000多人次。

**2020年民革越城区基层委员会参政议政工作情况表**

表12

| | 序号 | 名称 | 姓　名 |
|---|---|---|---|
| 提案\议案 | 1 | 关于重新认定刘宗周故居和加以保护利用的建议 | 俞谢家 |
| | 2 | 关于部分街道区划调整后基层医疗服务站点合理布局的建议 | 边丹红 |
| | 3 | 电动自行车充电桩设施列入新建住宅小区建设与验收工作的建议 | 钱晓明 |
| | 4 | 合理配置社区医疗资源，加快完善老城区社区医院布局建设的建议 | 刘　蕾 |
| | 5 | 文物保护安全形势严峻　健全机构机制刻不容缓 | 张　钦 |
| 社情民意 | 1 | 关于要求将府山街道社区卫生服务中心规划建设为越城区中医院的建议 | — |
| | 2 | 疫情下关于城市“群租”顽疾的现状分析与建议 | 张飞娟<br>陈毓新 |
| | 3 | 关于要求征用周边用房扩建城南街道社区卫生服务中心的建议 | 高学文 |
| | 4 | 关于强化基层医疗机构人员编制保障的建议 | 高学文 |
| | 5 | 关于加强中小学教育中学生心理素质课程内容的建议 | — |
| | 6 | 关于消除越城区在建、在修道路交通安全等隐患的建议 | — |
| | 7 | 关于在滨海新区建设围垦纪念馆的建议 | 吴国伟<br>陈毓新 |
| | 8 | 关于进一步做好瓶装燃气销售实名制工作的建议 | 钱晓明 |

续表 12

| | 序号 | 名称 | 姓　名 |
|---|---|---|---|
| 社情民意 | 9 | 村级组织换届中外出务工村民选举权易被虚化建议利用互联网技术保障其选举权 | 孙奇伟 |
| | 10 | 建议将电动自行车充电桩设施列入新建住宅小区建设和验收项目 | 钱晓明 |
| | 11 | 建议对鲜食大豆鲜食玉米按区域主要用途 实行非主要农作物品种登记 | 马添相<br>缪添惠 |
| | 12 | 关于复学后中小学心理健康教育合理化的建议 | 钱雨欣 |
| | 13 | 加强个人防护用品政府统筹和引导,避免人为聚集加大疫情风险 | 陈毓新<br>徐天寅 |
| | 14 | 关于开通包含城南至城东公交车线路的建议 | 陈毓新 |
| | 15 | 关于强化新冠肺炎疫情心理危机干预联防联控工作机制的建议 | 边丹红 |
| | 16 | 关于疫情下筑牢未成年人心理“防疫墙”——促进心理健康发展的建议 | 边丹红 |
| | 17 | 关于开展绍兴市青少年模拟政协活动的建议 | 边丹红 |
| | 18 | 关于加大医养融合政策支持,促进养老服务高质量发展的建议 | 秦师余 |
| | 19 | 关于切实加强实验室危化品安全管理的建议 | 秦师余 |
| | 20 | 疫情防控常态化下进一步发挥社区在基层治理中作用的建议 | 秦师余 |
| | 21 | 以御茶村为例简析茶企在疫情中影响与对策 | 高伟伟 |
| | 22 | 关于疫情防控期间我区餐饮市场逐步恢复正常营业秩序的建议 | 陶佳梁 |
| | 23 | 建议社区恢复儿童疫苗接种工作 | 钱雨欣 |
| | 24 | 关于近期频发气象灾害应对策略的一些浅见 | 钱雨欣 |
| | 25 | 关于为农村地区初中生配发安全帽的建议 | 孙奇伟 |
| | 26 | 关于公务员招考的几点建议 | 陈毓新 |
| | 27 | 就中小企业对企业货物及仓库保险事宜民情调查报告 | 文松卉 |
| 调研课题 | 1 | 发挥文化建设在实施乡村振兴中的作用——以绍兴市柯桥区齐贤街道光明居为例 | 孙奇伟 |
| | 2 | 关于着力提升越城区城市能级和品质的建议 | 陈明军 |

（陈明军）

## 民盟越城区基层委员会

**【概况】** 2020年,民盟越城区基层委员会共有盟员85人(包含年内发展3人,从盟市委机关支部划入2人,划转到盟市委机关支部1人,去世2人),其中有省政协委员1人、市人大代表1人、市政协委员3人、区人大代表2人、区政协委员10人。基层委被盟省委评为“抗击新冠肺炎疫情”先进集体,盟员刘伟获民盟中央“民盟脱贫攻坚先进个人”及四川省委、省政府“四川省脱贫攻坚先进个人”称号,汪建松获“全国无偿献血促进奖个人奖”荣誉称号,陶娟获省委、省政府“浙江省抗击新冠肺炎疫情先进个人”称号,章彪获省委、省政府“小城镇环境整治行动先进个人”称号,唐虹获省委、省政府、省军区“全省国防教育工作成绩突出先进个人”称号。

**【参政议政】** 2020年,民盟越城区基层委共提交提案建议15件(包含集体提案2件),内容涉及扶贫协作、医疗健康、文化建设、社会治理等方面。基层委《关于进一步加快生命大健康产业发展的建议》及钱伟平等委员的《关于加大会稽山麓传统书画特色村落建设的建议》《关于加强文学创作队伍建设,提升越城文学首位度的建议》《关于老社区绿化维护的建议》被列为区政协五届四次会议重点提案“百案督办”

提案。全年上报录用社情民意信息12篇，被盟省委录用8篇、市政协1篇、区委统战部3篇；录用宣传信息9篇；撰写调研报告6篇。

**【民主监督】** 2020年11月，民盟越城区基层委围绕加快社会治理现代化制度体系建设开展专项民主监督调研，形成调研报告2份。另有盟员汤晓幸、张荣利、沈黎松、张雪芳、车军妍、何建祥、金锦林、汪建松等被区有关部门聘为特约人员，通过参与聘任单位的有关活动发挥监督、咨询和联络作用。

**【社会服务】** 2020年，民盟越城区基层委盟员、长三角名校长盟员周菊芳建立“周菊芳名校长工作室”，邀请12名中小学校长成为工作室成员，共同服务学生社区教育。省女书协理事、市女书家委员会副主任沈宏炎盟员举办的“芃芃实践基地”入选绍兴市关工委实践基地。盟员王一杰老师赴马边一中开展学习交流活动。浙江盛洋科技股份有限公司法定代表人徐凤娟盟员捐款10万元助力疫情防控。盟员张美仙、王一杰被任命为盟省委社会服务委员会委员。

2020年，民盟越城区基层委参与开展“同心共治 百名党外人士助平安”越城区第四届社会服务专项行动（民盟越城区基层委 提供）

**2020年民盟越城区基层委员会参政议政工作情况表**

表13

| | 序号 | 名称 | 姓名 |
|---|---|---|---|
| 提案议案 | 1 | 关于进一步加快生命大健康产业发展的建议 | 基层委 |
| | 2 | 关于拓宽渠道促进越马东西协作消费扶贫的建议 | 基层委 |
| | 3 | 关于修复古城古迹开启古城申遗的建议 | 钱伟平 |
| | 4 | 关于加大会稽山麓传统书画特色村落建设力的建议 | 钱伟平 |
| | 5 | 关于加强文学创作队伍建议，提升越城文学首位度的建议 | 钱伟平 |
| | 6 | 关于深化全省县域医疗共同体建设的几点建议 | 汤晓幸 |
| | 7 | 关于进一步增强政校行企联动机制，为学校开展应用型人才培养搭建更多合作平台建议 | 汤晓幸 |
| | 8 | 关于加强基层公共卫生防疫体系建设的建议 | 金　健 |
| | 9 | 关于进一步加强绍兴方言保护的建议 | 沈宏炎 |
| | 10 | 关于老社区绿化维护的建议 | 徐凤娟 |
| | 11 | 关于城郊接合部学校周边交通安全现状及整改措施的几点建议 | 徐凤娟 |
| | 12 | 关于加快推进我区未来社区建设的建议 | 徐凤娟等 |
| | 13 | 关于提升越城区中小学生午餐标准的建议 | 张荣利等 |
| | 14 | 关于在全区加快推进枫桥经验进村入户的建议 | 张雪芳 |
| | 15 | 关于落实和扩建袍江中学足球训练场地的建议 | 鲁　波<br>董越标 |
| 社情民意 | 1 | 关于红十字会在新时代提升发展的建议 | 张荣利 |
| | 2 | 我省故意毁坏财物罪定罪量刑标准中数额巨大标准较低问题亟须引起重视 | 潘文婷 |
| | 3 | 进口药品价格大幅下降致国产药受到严重挤压 | 汪建松<br>朱燕飞 |

续表 13

| | 序号 | 名称 | 姓名 |
|---|---|---|---|
| 社情 | 4 | 加强中小学生国防教育，筑牢国防安全长城基础 | 唐 虹 |
| | 5 | 基层建议从源头和末端双向发力解决农膜污染 | 章 彪 |
| | 6 | 关于建立信息化统建项目生态实施机制的建议 | 何建祥 |
| | 7 | 关于村委换届选举流程中的一些建议 | 章 彪 |
| | 8 | 需关注新经济业态下零工劳动者职业伤害保障问题 | 王 昆 |
| | 9 | 基层反映应及时解决农村无权证建筑的产权问题 | 章 彪 |
| | 10 | 关于加强会稽山国家森林公园建设的建议 | 潘文婷 |
| | 11 | 关于加强鉴湖国家湿地公园建设的建议 | 潘文婷 |
| | 12 | 零工劳动者职业伤害保障存在的问题和建议 | 王 昆 |
| 调研课题 | 1 | 关于加强我市基层法治政府建设要素保障的建议 | 董越标 |
| | 2 | 关于深化红十字会参与社会救助工作的思考 | 张荣利 |
| | 3 | 优化教育集团管理凸现名校引领辐射 | 汤晓幸 |
| | 4 | 关于印染化工企业搬迁后袍江接轨镜湖新区开发建设的调研报告 | 金锦林 |
| | 5 | 关于越城区三级矛调中心运行的调研报告 | 颜 丰 |
| | 6 | 基层治理中如何发挥党建引领作用 | 潘文婷 |

（董越标）

## 民建越城区基层委员会

**【概况】** 2020年，民建越城区基层委员会下设3个支部，共有会员76名。其中，各级人大代表、政协委员7人。年内，民建越城区基层委被民建中央授予“全国先进集体”称号。会员冯晓燕获评民建浙江省先进会员，基层委一支部获评民建浙江省先进基层组织，秦伟荣获绍兴市抗击疫情先进个人称号。

**【抗疫主题社情民意】** 2020年疫情期间，民建越城区基层委员会会员撰写抗疫主题社情民意文章81篇，其中《当前流感疫苗“产不足、供不畅、求无序”问题亟待关注》被全国政协办公厅《每日社情》录用，《新冠疫情下建议及时修订住房公积金管理条例》《建议三方面举措提升教师身体素质保障教师职业健康合法权益》等4篇文章被民建中央录用，《应对推迟开学完善之江汇教育广场线上教学平台的建议》《关于在全省率先推行幼儿园、中小学电子校园卡并普及“健康码”使用的建议》等3篇文章被省委统战部和省委会录用，《关于做好疫后学生循环课本消毒工作的建议》等多篇文章被市政协录用或转办。

**【打造“汀咖啡”民建驿站】** 2020年，“汀咖啡”民建驿站利用位于全国AAAAA景区——鲁迅故里的地理优势，致力于将其打造成民建人社情民意、参政议政信息、工作生活的交流平台，驿站为开放式，服务造访鲁迅故里的全国民建人，并免费提供咖啡、雨具及交通指南等微小贴心服务。

**【民建越城思源慈善基金运作】** 2020年，民建越城基层委进一步提高民建越城思源慈善基金运作效率，新增筹资23.2万元用于帮困助学，其中，会员孙越峰捐赠马边彝族自治县民族小学10万元善款，定向用于装配师生直饮水机和设立奖学金。据不完全统计，2020年疫情期间，累计捐款

8.18 万元，捐赠口罩 8.5 万个，捐赠医疗物资及相关器械、原料等折合人民币约 18.6 万元。

**【开展“拥抱大湾区 发展大绍兴”名企学习行活动】** 2020 年，民建越城基层委持续开展“拥抱大湾区 发展大绍兴”名企学习行活动，先后组织会员前往西溪湿地管委会、绍兴贡帝托斯卡纳城堡酒店、绍兴白塔酿酒有限公司等地考察学习，并开展“更高水平推进区域治理现代化，助力‘重要窗口’建设”专项民主监督工作，围绕“发展高质量现代产业制度体系”调研课题，赴区科技局、斗门街道、湖州长兴县等地考察调研。

2020 年 12 月 14 日，省政协副主席、省委会主委陈小平（前排左三）到民建越城区基层委调研（周高阳 摄）

**2020 年民建越城区基层委员会参政议政工作情况表**

**表 14**

| | 序号 | 内容 | 作者 |
|---|---|---|---|
| 提案议案 | 1 | 对古城保护整体规划的蕺山中心小学校园建筑改造的建议 | 诸常青 |
| | 2 | 关于加强中小学校园高空坠物预防措施的建议 | 周　江 |
| | 3 | 关于加快推进老旧小区电梯加装的建议 | 诸常青 |
| | 4 | 关注教师健康，为教育护航——为教师配购职业特色保险的建议 | 诸常青 |
| | 5 | 关于加强人才培育和引进的建议 | 刘伯福 |
| | 6 | 关于划框停车位分类收费的建议 | 刘伯福 |
| | 7 | 关于公办学校恢复学生课外培训建议 | 屠建国 |
| 社情民意 | 1 | 警惕牙周炎隐形危害　提升口腔健康 | 董　芳 |
| | 2 | 关于全面禁止校外培训机构提早开课的建议 | 董　芳 |
| | 3 | 关于在环城河步道设置非机动车禁行标志的建议 | 董　芳 |
| | 4 | 关于利用之江汇教育广场开展线上教学中存在问题及改进措施的建议 | 何勇伟 |
| | 5 | 关于尽快解决农村住房实际困难的建议 | 王小燕 |
| | 6 | 关于实施直乐施“厂中村”改造的建议 | 王小燕 |
| | 7 | 关于异地重建马山卫生院的建议 | 王小燕 |
| | 8 | 关于公用健身器材安全维护的建议 | 俞　超<br>黄绍云 |
| | 9 | 关于利用“大数据”缓解城市停车难的建议 | 俞　超 |
| | 10 | 关于统一教师工作装的建议 | 俞　超 |
| | 11 | 杨江路提档升级 | 何伟锋 |
| | 12 | 因地制宜在中小学开展社区“共享食堂”助餐服务解决社区老年人吃饭难问题的建议 | 何勇伟 |
| | 13 | 关于对当前中小学火爆的线上教学“降降温”的建议 | 何勇伟 |
| | 14 | 关于在全省中小学配备校医应对新型冠状病毒感染性肺炎卫生防疫工作的建议 | 何勇伟 |
| | 15 | 关于对美食、烹饪类节目中崇尚食用野味导致健康风险现象加强监管的建议 | 何勇伟 |
| | 16 | 在中小学电子校园卡中引入健康二维码应对长期疫情的建议 | 何勇伟 |
| | 17 | 以新冠疫情为契机打造中小学非接触数字图书馆集群 | 何勇伟 |

续表 14

| | 序号 | 内容 | 作者 |
|---|---|---|---|
| 社情民意 | 18 | 关于做好疫后学生循环课本消毒工作的建议 | 何勇伟 |
| | 19 | 关于在广大中小学教师中倡导健康生活方式守护职业健康的建议 | 何勇伟 |
| | 20 | 关于三方面加强近视防控应对近期中小学视力下降的建议 | 何勇伟 |
| | 21 | 建议三方面举措提升教师身体素质保障教师职业健康合法权益 | 何勇伟 |
| | 22 | 目前中小学存在的问题与建议 | 何勇伟 |
| | 23 | 应对推迟开学完善之江汇教育广场线上教学平台的建议 | 何勇伟 |
| | 24 | 关于编制和完善疫情和突发公共卫生事件应急预案的建议 | 王熠明 |
| | 25 | 用“举重式”考核替代“摊派式”考核的建议 | 王熠明 |
| | 26 | 关于加强对陆生动物的疾病研究和成果转化以减少疫病发生的建议 | 王熠明 |
| | 27 | 关于杭州湾环线南线沽渚枢纽指路标志台州方向增加“绍兴南”式样的建议 | 王熠明 |
| | 28 | 进一步完善无信号灯控制的斑马线设置的建议 | 王熠明 |
| | 29 | 关于在新冠肺炎疫情中政府部门限制口罩涨价的反思 | 王熠明 |
| | 30 | 关于在重大突发公共卫生事件Ⅰ级响应期间做好谣言管控的建议 | 王熠明 |
| | 31 | 基层反映关于编制和完善重大突发公共卫生事件应急预案的建议 | 王熠明 |
| | 32 | 新冠疫情下建议及时修订住房公积金管理条例 | 冯晓燕 |
| | 33 | 为帮助企业全面复工复产　用工荒问题政府应积极担责 | 冯晓燕 |
| | 34 | 关于遏止生命通道受阻现象发生及严惩责任者的建议 | 徐　妍 |
| | 35 | 关于有效杜绝网络传播谣言的建议 | 徐　妍 |
| | 36 | 关于流感疫苗“产不足、供不畅、求无序”问题亟待解决的建议 | 秦　伟 |
| | 37 | 公交司机的“健康及心理关爱”亟待关注 | 秦　伟 |
| | 38 | 疫情当前 金融助力企业复工复产 | 吴东冬 |
| | 39 | 关于推进“最多跑一次”，助力金融行业资料便利化改革的建议 | 吴东冬 |
| | 40 | 关于助力金融行业资料便利化改革的建议 | 吴东冬 |
| | 41 | 城市建设虽好 但更应呵护学校教育 | 吴东冬 |
| | 42 | 关于后疫情时代　金融业助力企业复工复产的建议 | 吴东冬 |
| | 42 | 关于加强“健康码”应用管理的建议 | 梁永青 |
| | 43 | 关于做好学生循环课本消毒工作的建议 | 周　江 |
| | 44 | 以新冠疫情为契机打造中小学非接触数字图书馆集群 | 周　江 |
| | 45 | 在中小学电子校园卡中引入健康二维码应对长期疫情的建议 | 周　江 |
| | 46 | 呼吁重视公勺公筷的使用 | 周　江 |
| | 47 | 建议机关学校等仍然用 OA 系统发布工作任务 | 周　江 |
| | 48 | 中小学生返校后心理健康应当重视 | 周　江 |
| | 49 | 关于依法查处各种冒用律师名义执业的违法违规行为的建议 | 周高阳 |
| | 50 | 关于以政府补贴的形式推进市区餐饮业的油烟排放设备进行升级换代改造的建议 | 梁永青 |
| | 51 | 关于机关单位内的法制法规部门更名为法治部门的建议 | 梁永青 |
| | 52 | 夜经济 | 应　晓 |
| 调研课题 | 1 | 发展高质量现代产业制度体系调研报告 | 王熠明 |
| | 2 | 越城区农村文化礼堂建设的实践与思考 | 王熠明 |

（周高阳）

# 民进越城区基层委员会

**【概况】** 2020年，民进越城区基层委新增6名新会员。年内，会员沈耀获民进全国履职能力建设先进个人、民进中央参政议政成果三等奖；毛龙飞民进全省“开明先锋”称号。

**【参政议政】** 2020年，民进越城区基层委共上报社情民意信息近70篇，其中，被全国政协录用并转送有关部委2篇，民进中央录用11篇，省市有关部门录用15篇，市委会录用7篇。会员周玲玲撰写的《关于加快谋划推进国有平台公司上市融资的建议》、周凌的《关于暂缓实施〈绍兴市越城区限额以下公共资源交易管理办法〉中“产权类资产处置”措施的建议》入选区委统战部直通车。

**【“开明教育”系列活动】** 2020年，民进越城区基层委持续开展“开明教育”系列活动。年内，会员马国萍在区图书馆做《好习惯成就孩子未来》新年第一讲，塔山学区支部开展线上国际象棋公益课堂，北海学区支部组织开展心理健康教育专题活动。

2020年8—9月，民进越城区基层委员会会员作为东西部扶贫协作专技人才到马边彝族自治县开展为期一个月的科技扶贫（民进越城区基层委　提供）

**【推动科技扶贫】** 2020年，民进越城区基层委员会崔继平、谢卫先后作为东西扶贫协作专技人才到马边彝族自治县开展1个月科技扶贫。其间，崔继平出资1.1万元，建成马边首套教室电影院。谢卫作“模仿行走的机器人”专题讲座，崔继平作“科技改变未来——计算机基础知识讲座”。

**2020年民进越城区基层委员会参政议政工作情况表**

表15

| | 序号 | 名　称 | 姓名 |
|---|---|---|---|
| 提案议案 | 1 | 握湾区时代脉搏 实施人口人才集聚战略 | 集　体 |
| | 2 | 加大对本土集成电路中小企业扶持的几点建议 | 集　体 |
| | 3 | 建议卫生监督所对我区校外培训机构开展一次教室采光度专项督查行动 | 集　体 |
| | 4 | 关于依法加强对犬只管理的建议 | 集　体 |
| | 5 | 各方合力 多措并举 打造越城书法教育金名片 | 金妙红 |
| | 6 | 统一制作规范特色的标识标牌，提升越城文化首位度 | 金妙红 |
| | 7 | 关于增设内审员培训的建议 | 陈桂琴 |
| | 8 | 对科学安排洒水车作业的建议 | 陈桂琴 |
| | 9 | 关于加大医保政策扶持促进家庭医生签约的建议 | 寿　瑢 |
| | 10 | 关于加强小学写字教学的建议 | 周　凌 |
| | 11 | 关于引虎弄昌安实验学校路段道路拓宽改造的建议 | 周　凌 |
| | 12 | 关于加大会稽山麓传统书画特色村落建设力度的建议 | 周　凌 |
| | 13 | 建议在越城区人民医院挂牌成立区儿童青少年防近防控指导中心 | 陈海虹 |
| | 14 | 关于建造越城区老年大学的建议 | 马国萍 |
| | 15 | 关于在区中小学校设立春秋假的建议 | 黄柏芳 |

续表 15

| | 序号 | 名　称 | 姓名 |
|---|---|---|---|
| 社情民意 | 1 | 基层建议春季开学前通过政府调配适当增加儿童口罩产能保障学生必须 | 沈　耀 |
| | 2 | 线上广交会举办在即基层反映参展企业仍有三重担忧 | 沈　耀 |
| | 3 | 部分农民对粮食作物存在“不想种、不能种、不敢种”顾虑亟须关注 | 沈　耀<br>胡金晶 |
| | 4 | 法国石油巨擘道达尔拒绝我不可抗力通知或引发“蝴蝶效应”需提前应对 | 沈　耀 |
| | 5 | 须警惕 ** 勾结 ** 变“避险输入”为“主动输入”引发疫情逆回潮 | 沈　耀 |
| | 6 | 湿地公园管理体系存在短板“地球之肾”功效难以完全发挥 | 沈　耀 |
| | 7 | 穆斯林斋月期间一些防控问题亟须引起重视 | 沈　耀 |
| | 8 | 部分本地户籍老年人受遗弃成为城市新流浪群体 | 沈　耀 |
| | 9 | 中小学循环教材消毒难 不同学生频繁接触存防疫隐患 | 沈　耀 |
| | 10 | 疫情下外贸企业出口转内销亟需打通三重梗阻 | 沈　耀<br>胡金晶 |
| | 11 | 建议央视新闻媒体规范使用汉语标点符号 | 陈海虹<br>丁宝祥 |
| | 12 | 疫情防控中医疗物资生产企业面临的困境及建议 | 沈　耀 |
| | 13 | 《新闻联播》5 秒报时广告商业味过浓广遭诟病　建议打造成民族品牌集中展示窗口 | 沈　耀 |
| | 14 | 疫情发展后期基层三种意识形态风险值得注意 | 沈　耀<br>胡金晶 |
| | 15 | 基层建议疫情期间针对网约车行业出台相关扶持政策 | 沈　耀 |
| | 16 | 疫情背景下原材料生产企业“复产又停产”现象亟待关注 | 沈　耀 |
| | 17 | 亟需针对旅日回国人员出台相应管控措施 | 沈　耀 |
| | 18 | 华商华侨成境外赌场“围猎”目标对我造成多重负面影响亟待重拳出击 | 沈　耀 |
| | 19 | 警惕“伪北斗”误导公众借机牟利 | 沈　耀 |
| | 20 | “网红”审核把关不严致丑恶文化在网络蔓延需关注 | 沈　耀 |
| | 21 | 我省“海外侨胞回国健康信息预申报平台”推广应用存在一些问题亟须完善 | 沈　耀 |
| | 22 | 新冠病毒核酸检测推广带来的三个问题亟待关注 | 毛龙飞 |
| | 23 | “经营贷”脱实向虚流入楼市或助推楼市虚火上升亟待关注 | 沈　耀 |
| | 24 | 大量基层医护人员反映抗疫补助发放标准过于苛刻打击工作积极性 | 沈　耀 |
| | 25 | 高考临近部分竞赛生及家长不满“强基计划”欲串联维权存重大涉稳隐患 | 沈　耀 |
| | 26 | 我商业银行存在“三大”风控隐患需谨防系统性金融风险发生 | 沈　耀 |
| 课题调研 | 1 | 实施院士经济发展工程，提升制造业集群创新能力 | 周玲玲 |
| | 2 | 把握湾区时代脉搏，实施人才口集聚战略 | 周玲玲 |
| | 3 | 高水平高质量构建我区基层治理新格局 | 集　体 |
| | 4 | 重塑高品位城市文化制度体系的几点思考 | 集　体 |

（颜倩）

## 农工党越城区基层委员会

**【概况】** 2020年8月，农工党越城区基层委成立，下设分别为综合支部、医卫支部、文教支部3个支部，共有党员46人，其中，市人大代表1人、市政协委员2人、区政协委员3人。全年发展新党员2人，新增预备党员4人。年内，农工党越城区基层委获农工党浙江省社会服务工作先进基层委组织，农工党越城区医卫支部获农工党浙江省社会服务工作先进基层组织。党员赵礼君被农工党省委会评为社会服务工作先进个人，张飞娟被省计生协会评为2020年度“十佳最美协会人物”，许风被评为浙江省消除集体经济薄弱村工作成绩突出个人，娄菊花被评为绍兴市抗击新冠肺炎疫情先进个人。

**【参政议政】** 2020年，农工党越城区基层委共提交提案议案12件，其中集体提案3件，大会发言1次；上报市委会、区委统战部、区政协等社情民意信息15篇，其中4篇被省级录用，1篇被全国录用；另组织民主监督调研活动并形成调研报告1篇。集体提案《关于加快推进区疾控中心能力建设提高我区防病控病能力的建议》被区政协评为优秀提案。

**【社会服务】** 2020年，农工党越城区基层委发挥医卫界别优势，投身抗击疫情防疫一线工作。深耕特色品牌，着力抓好“健康促进行动暨计生特殊家庭帮扶项目”，联合东浦街道开展“健康过大年”关怀关爱孤寡老人、失独家庭活动，并开展健康知识讲座；联合卫健局慰问“抗疫·最美医师”，积极参与“健康顾问进社区”义诊活动。

2020年8月，中国农工民主党绍兴市越城区第一次党员大会暨越城区基层委员会成立大会召开(马亮　摄)

**2020年农工党越城区基层委参政议政工作情况表**

表16

| | 序号 | 名　称 | 姓名 |
|---|---|---|---|
| 提案议案 | 1 | 关于加快推进区疾控中心能力建设提高我区防病控病能力的建议 | 集　体 |
| | 2 | 关于加强我区产科医生人才培训体系建设，提高优生优育和母婴健康水平的建议 | 集　体 |
| | 3 | 关于加强我区儿童流感疫苗接种工作的建议 | 集　体 |
| | 4 | 多措并举有效落实公共卫生安全应急预案 | 马　亮 |
| | 5 | 打造特色古城，选用地标式卡通形象为古城代言 | 袁文娟 |
| | 6 | 关于将强居民区的餐饮饭店厨房安全管理的建议 | 袁文娟 |
| | 7 | 关于城区老旧小区改造存在的问题及对策建议 | 袁文娟 |
| | 8 | 关于加大政企财政投入，提升我市职业健康监督执法工作的建议 | 袁文娟 |
| | 9 | 切实保护好古城文化生态，维护好古城人文根脉 | 袁文娟 |

续表 16

| | 序号 | 名　称 | 姓名 |
|---|---|---|---|
| 提案议案 | 10 | 助力"重要窗口"建设,筹建"现代教育及教师博物馆"的建议 | 袁文娟 |
| | 11 | 关于夯实基础,推进基层疾控队伍建设的建议 | 沈小芳 |
| | 12 | 疫情下,关于城市"群租"顽疾的现状分析与建议 | 张飞娟 |
| 社情民意 | 1 | 后疫情时期经济社会领域有关风险隐患 | 张洲益 |
| | 2 | 利用科技手段提升抗疫工作的安全性和便捷性 | 马　亮 |
| | 3 | 受疫情影响医学高级职称考试延后引发基层医务人员担忧 | 孙　静 |
| | 4 | 疫情期间"药品集中采购"工作给基层医疗机构带来困扰 | 王建枋 |
| | 5 | 在城市化进程中安置小区文化建设存在问题 | 张飞娟 |
| | 6 | 关于对闹市区交通执勤人员的建议 | 朱美华 |
| | 7 | 分批、分层推进多元化的全民健身活动("十四五"规划稿) | 朱美华 |
| | 8 | 关于修改细化《国家教育考试违法违规处理办法》的建议 | 袁文娟 |
| | 9 | 落实古城保护法,保护仅存的江南民居生活图 | 袁文娟 |
| | 10 | 新型肺炎诊治定点医院医用防护用品储备短缺严重亟待解决 | 陈　康 |
| | 11 | 防控疫情亦需保护个人隐私 | 陈　康 |
| | 12 | 关于对口罩等防疫物资出口加强管理的建议 | 陈　康 |
| | 13 | 关于集中清理库存捐赠防疫物资的建议 | 陈　康 |
| | 14 | 关于规范管理无人销售药品医疗器械的建议 | 陈　康 |
| 调研课题 | 1 | 加强我区公共卫生建设,保障区域治理民生安全 | 集　体 |

(陈康)

## 九三学社越城区基层委员会

**【概况】** 2020年,九三学社越城区基层委增补委员1名,新发展社员4名,吸纳划转社员1名。截至年底,共有正式社员37名、发展对象1名,其中,省政协委员2人、市政协委员3人、市人大代表1人、区政协委员6人、区人大代表3人。年内,社员潘华素被社中央评为九三学社抗击新冠肺炎疫情先进个人。

**【参政议政】** 2020年,九三学社越城区基层委社员着眼大数据和人工智能人才供需问题、再生资源回收与互联网+、旧厂房二次利用规范化管理、居家养老服务中心建设运行、完善因病致贫家庭民生保障等方面,报送提案建议9条。聚焦重点关注新时代工匠培育工作,形成《越城区企业技能人才队伍建设现状与思考》研究报告。

**【社会服务】** 2020年,九三学社越城区基层委连续第五年为2名结对学生开展爱心捐赠;社员、明峰医疗系统股份有限公司董事长潘华素先后向防疫重地捐赠通用CT设备和应急专用CT装置20余台;社员颜建华参与组织华中科技大学浙江校友会绍兴分会募捐,向绍兴文理学院附属医院捐赠护目镜700套;社员韩秀山创作并发表抗击冠状病毒主题诗歌《天使的翅膀》《武汉在痊愈》。

| 2020 年九三学社越城区基层委参政议政工作情况表 | | | |
|---|---|---|---|
| 表 17 | | | |
| 类别 | 序号 | 名称 | 姓名 |
| 提案议案 | 1 | 大数据和人工智能相关人才供需不匹配和短缺 | 颜建华 |
| | 2 | 探索新时代园区版的枫桥经验——加强旧厂房转型升级，二次利用规范化管理的建议 | 丁　淼 |
| | 3 | 关于合理增设社区卫生服务站的建议 | 周玲芬 |
| | 4 | 关于要求房产公司履行质量保修义务的建议 | 俞　玲 |
| | 5 | 关于尽快给我区再生资源回收站点插上“互联网 +”的翅膀的建议 | 俞　玲 |
| | 6 | 关于建设区老年大学的建议 | 周姣娥 |
| | 7 | 关于如何建设和运行城乡社区居家养老服务照料中心的建议 | 边　悦 |
| | 8 | 关于加强小区物业管理的若干意见 | 王　凯 |
| | 9 | 关于完善因病致贫家庭民生保障的建议 | 徐亦芝 |

（朱轶尔）

## 越城区工商业联合会（总商会）

**【概况】** 2020 年，越城区新成立越城东阳商会、义乌越城商会、贵阳越城商会 3 家异地商会，累计已成立商会 28 家，其中：乡镇商会 16 家，在外异地商会 9 家，本地异地商会 3 家，商会会员总数 6000 余家，基本涵盖越城区主要非公企业。进一步完善“三室”服务体系，外地商会警务联络室新增 1 个、法庭商会工作室运行更规范、政协委员工作室搭建政企沟通新平台。越城区工商业联合会被评为 2019—2020 年度浙江省“五优”县级工商联。

**【构建“亲清”新型政商关系】** 2020 年 2 月，建立“周走访、月交流、季小结、年评议”的分片联系走访机制。全年走访企业 160 余家，提出政企对接的意见建议 10 余条，帮助企业面对面解决防疫资源紧张、货物运输不畅、用工难等问题 40 余个。疫情期间，开展以助推民营企业发展为核心的线上调研活动 6 次，参与企业 200 余家，收集相关问题意见 30 余个。

**【恳谈常态化】** 2020 年，越城区起草出台《越城区“亲清直通车 · 政企面对面”恳谈会制度（试行）》，实现恳谈常态化。4—8 月，举办 3 场专题恳谈活动，收集企业反映问题困难 35 个，其中通过恳谈现场解决的 28 个。另借势 2020“同心 · 越城”大会，利用 7 个区外越城商会分会场平台开展在外企业家回乡投资意向征求、招商推介等活动，参与在外越商达 350 余人。

2020 年 7 月 15 日，越城区工商联（总商会）带队企业家赴四川马边开展结对扶贫工作（区工商联　提供）

**【村企结对扶贫】** 2020 年 7 月，越城区新老两代企业家赴四川马边参与村企结对和项目考察，完成对口区“村企结对”26 家，累计结对近 80 家，捐资捐物约 350 万元。推动中成集团、勇大针织、喜临门等 7 家会员企业参与四川对口地区投资建厂、产业扶贫项目，涉及投资金额近 3 亿元。（沈英）

# 群众团体

## 越城区总工会

**【概况】** 2020年，越城区共有基层工会组织1153家，其中，单建工会813家，联合工会340家，职工总数13.65万人，工会会员总数近12万人。年内，新建百人以上企业工会10家，新增工会会员1600余名。推进17个镇街网上工会线上运行和工会实名制会员119875人。“‘法院＋工会’诉调对接的深化劳动争议案件调解机制”入选“市域社会治理现代化·创建有我”主题活动优秀案例，“工会参与法院劳动争议案件调解”被省总工会确定为工会改革创新重点项目。

**【“产业工人队伍建设改革年”活动】** 2020年，越城区制订出台《新时代越城产业工人队伍建设改革重点工作清单》《推进新时代越城产业工人队伍建设改革工作协调小组工作规则》，举办焊工、育婴员、电梯安装维修等区级技能竞赛10场，300余家企业参赛；组织开展“百课线上培训学技能”活动，7000余名职工参加；指导镇街、系统工会开展劳动技能竞赛400余场次，参与人数达2万余人次；推选中芯集成电路制造（绍兴）有限公司为省级重点工程立功竞赛示范项目企业。

**【劳模先进】** 2020年，越城区总工会选树“越城工匠”10名，推荐“绍兴工匠”4名、全国劳动模范1名，推选市“五一劳动奖章”3名、“五一劳动奖状”2个、市工人先锋号8家，创建区级劳模创新工作室6家，组织13名劳模工匠参加市“百名工匠人才展绝技”活动。

**【越城区职工服务中心运行】** 2020年，越城区职工服务中心完成建设并推行“5+X”工作模式，即信访接待、医疗互助、困难救助、法律援助、就业服务等5项基本服务和X项拓展工作内容。年内，中心为全区在职职工、下岗失业

浙江省绍兴市越城区总工会赴河南省鄢陵县招工并召开劳务协助座谈会，图为劳务协作座谈会暨签约授牌仪式现场合影（区总工会　提供）

**2020 年度获市、区两级劳动关系和谐企业一览表**

表 18

| | | |
|---|---|---|
| 市级 | 浙江优特格尔医疗用品有限公司 | 浙江佳人新材料有限公司 |
| | 浙江仁本物业管理有限公司 | 浙江旗滨节能玻璃有限公司 |
| | 绍兴三川机械有限公司 | 绍兴市德伊轻质建材有限公司 |
| 区级 | 浙江伟业房产集团有限公司 | 浙江优特格尔医疗用品有限公司 |
| | 浙江新景市政园林有限公司 | 浙江仁本物业管理有限公司 |
| | 绍兴市悦达泳装服饰有限公司 | 浙江佳人新材料有限公司 |
| | 浙江庆茂纺织印染有限公司 | 浙江物产元通国际汽车广场有限公司 |
| | 浙江泰达作物科技有限公司 | 浙江旗滨节能玻璃有限公司 |
| | 浙江中成控股集团有限公司 | 浙江港龙织造科技有限公司 |
| | 鲁易建设集团有限公司 | 绍兴市德伊轻质建材有限公司 |
| | 浙江医药股份有限公司 | 浙江创新生物有限公司 |
| | 浙江昌海制药有限公司 | 浙江锦盛新材料股份有限公司 |

人员、困难职工、外来务工人员提供工作岗位500余个；处理信访案件15件，回访满意度达100%；通过职工维权热线“12351”全年接待劳动法律咨询40人次，提供法律咨询、调解劳动争议64人次。“5+X”举措被评为2020年度越城区“最佳服务举措”。

**【推进职工实事工程】** 2020年，越城区总工会扎实开展“春送岗位”“夏送清凉”“金秋助学”“冬送温暖”“妈咪暖心小屋”等工会品牌活动，全年发放疫情防控一线职工、防疫物资生产企业慰问金233.14万元；走访慰问辖区内各级劳模321位，慰问金额40.3万元；走访慰问困难职工55名，慰问金额30.62万元；开展困难职工“疫情”慰问43人，慰问金额6.68万元；“夏送清凉”活动慰问职工1800余人，发放高温慰问用品金额逾9万元；“金秋助学”慰问困难职工13人，慰问金额8.51万元。年内，新命名越城区职工疗休养基地36家，组织区内14475名职工参加区内疗休养活动；创建市级妈咪暖心小屋示范点11家。截至年底，全区职工医疗互助保障参保单位466家，参保人数49786人，参保金额298.71万元，理赔职工2397人次，理赔金额416.76万元。

**【劳动法律服务】** 2020年，越城区袍江法庭“工会工作室”处理各类劳资纠纷94件，涉案标的947万元，其中，调解撤诉结案42件，调撤率达44.68%，为劳动者实现权益金额224.05万元。年内，表彰区级劳动关系和谐企业6家、市级和谐劳动关系企业18家。全年共开展“遵法守法·携手筑梦”农民工公益法律服务活动8场，组织开展工会劳动法律监督员培训2场，75人获得劳动法律监督员资格证。10月22日，全市“法院+工会”劳动争议多元化解工作现场会在越城区召开。

**【职工文体活动】** 2020年，越城区总工会组织开展书画、摄影比赛、送春联进企业等文体活动十余场，辐射企业百余家，近万名职工参与；开展“越城职工大讲堂”活动32场，覆盖人次逾千名；举办“众志成城抗疫情·凝心聚力稳复工”越城区庆祝“五一”国际劳动节暨抗疫复工系列活动，征集抗疫图片110张，制成“众志成城抗疫情，凝心聚力稳复工”抗议复工宣传片及“越动不凡，致敬劳动者”电子图册，通过平台进行线上宣传。

**【户外职工爱心驿站】** 2020年，越城区新建“户外职工爱心驿站”28家，以环卫、市政、交通管理、快递外卖行业等从业人员为主要服务对象，依托银行、超市卖场、企业、职工服务中心、镇街党群服务中心等户外职工工作相对集聚区域设置，解决户外职工工作时的饮水供给、避暑取暖、手机充电、休息等实际问题。

**【工会经费和资产管理】** 2020年，越城区修改制定《软件资产管理制度》《固定资产管理制度》，以及工会行政事业资产管理办法，安装使用工会云财务平台160家，实现行政、事业及国有企业工会全覆盖。按照5万元的标准，对回拨金额不足5万元的镇街实行回拨补助。对58家单位开展工会经费和资产审计，对2019年度帮扶资金、送温暖资金分配、管理和使用情况进行专项审计，并积极参与区纪委牵头的“1+X”专项督查工作。（区总工会　谢竞　赵岚）

## 共青团越城区委员会

**【概况】** 2020年，共青团越城区委以“让青年遇见更好的共青团”为目标，以两个省级试点为抓手，以共青团改革为发力点，不断开创工作新局面。截至年底，全区共有团组织1191个，其中团的领导机关1个，团委41个，团工委4个，团总支13个，团支部1132个，团员总数21190名。年内，开展全市首个面向全社会各领域的疫情防控先进评选活动，点击量404万余次，获赞48.04万个，网络直播在线人数16万人。《用心！24幅手绘加原创音乐纪念战疫24天》《加油中国，加油武汉！》获新华网发布，《我们是新绍兴人，也是战疫一线志愿者》获人民网转载。

**【青年志愿者服务社区专项行动省级试点】** 2020年，共青团越城区委依托青年志愿者服务社区专项行动省级试点（全市唯一），创新丰富“契约化”共建内涵，构建以“青春契约”为特色品牌的青年参与基层社会治理新模式。截至年底，69个青年组织、6个在越高校与18个社区

2020年4月29日，共青团越城区委、越城区档案馆联合举办“不惧风雨 越城有我”纪念五四运动一百零一周年暨“口罩侠”主题报告会（团区委　提供）

签订“青春契约”，10 名在校大学生常态化入驻社区，开展志愿活动 288 场。试点经验连续 3 个季度在全省现场会上作交流发言，并刊登《中国共青团》杂志。

**【未成年人检查工作社会支撑体系建设省级试点】** 2020 年，共青团越城区委联合区检察院出台《关于开展未成年人检察工作社会支持体系建设实施方案》，挂牌成立区未成年人司法社会服务中心，抽调专人成立工作专班，组建越城青年心理志愿服务队，实施指派合适成年人参与诉讼、涉罪未成年人观护帮教、设立未成年人观护教育基地、未成年人法治教育四大工作举措。先后共 10 人参与检察院、公安执法办案；对 28 名犯罪未成年人实行帮教，累计服务 250 余小时；开展“开学法治教育第一课”活动 48 场，覆盖学生 6 万余名。试点经验在《法制日报》刊登。

**【“古城青春季”系列活动】** 2020 年，共青团越城区委联合市名城办、区文明办在仓桥直街开展“古城青春季”系列活动，推出花满仓桥、活力仓桥、和谐仓桥三大活动，并对仓桥直街部分区域进行提档升级，探索构建人人有责、人人尽责、人人享有的历史街区治理共同体仓桥样板，相关成果得到区委主要领导高度肯定。

**【成立“台门汇·青年说”讲师团】** 2020 年，越城区成立“台门汇·青年说”讲师团，获省委宣传部表彰 2020 年浙江省基层理论宣讲成绩突出集体。年内，举办“我最喜爱的习总书记的一句话”青年微宣讲比赛，组建青年宣讲队伍 52 支，深入实施宣讲“六进”行动，累计开展青年理论宣讲 2152 场次，覆盖人群 16 万余人，“响亮指数”在全市理论宣讲平台中位居第一。另有 46.2 万人次青年参加“青年大学习”网上主题团课。

**【纪念五四一百零一周年暨“口罩侠”主题报告会】** 2020 年 4 月 29 日，共青团越城区委、越城区档案馆联合举办“不惧风雨 越城有我”纪念五四运动一百零一周年暨“口罩侠”主题报告会，邀请不同行业领域的 7 名青年代表分享抗疫事迹。现场公布“谢谢你，口罩侠——寻访战疫中感动我们的你”征集评选结果，并授予 10 名个人、20 个团体“口罩侠”荣誉称号。

2020 年，共青团越城区委联合市名城办、区文明办在仓桥直街开展“古城青春季”系列活动（团区委　提供）

**【承办“致敬抗疫先锋绘写最美逆行”主题黑板报总结展示】** 2020 年 12 月 3 日，浙江省中学团支部“致敬抗疫先锋绘写最美逆行”主题黑板报总结展示活动在绍兴市第一初级中学教育集团镜湖校区举行。共青团越城区委参与承办。活动分“舍生忘死”“奋斗实干”“万众一心”3 个篇章，通过获奖团支部讲述创作历程、思政微课巡讲、抗疫先锋访谈等形式，展现疫情“大考”面前举国上下万众一心所创造的英雄壮举。活动共选拔优秀作品 100 件，设一等奖 10 个、二等奖 21 个、三等奖 69 个，优秀指导教师 10 名。越城区获一等奖 4 个。

**【抗疫青年志愿者】** 2020 年，共青团越城区委向社会招募防疫志愿者 86 批次 2600 余人，合计开展志愿时长 8.6 万小时，完成三江高速道口、鉴湖高速道口、集中隔离点、境外返浙人员的志愿守护工作。王佳桐等 10 名青年志愿者被授予“全区新冠肺炎疫情防控阻击战先进个人”称号。（团区委　胡牡丹）

## 越城区残疾人联合会

**【概况】** 2020年，越城区围绕“全面建成小康社会，残疾人一个也不能少”目标，全面推进残疾人生活保障、教育就业、预防康复、组织宣传、权益维护等工作。全年共发放“两项补贴”2540.65万元，惠及残疾人12988人次；发放助学补贴110余万元，惠及残疾学生及残疾人家庭子女143人次；发放残疾人灵活就业人员社会保险补贴465.63万元，惠及1105人；为孙端街道、陶堰街道、富盛镇残疾人实施重度非贫困残疾人惠民医疗政策，共减免医疗费用52余万元，惠及4339人次。对马边彝族自治县实施扶贫帮扶项目，划拨90万元支持当地千余名困难残疾人开展麻鸡养殖，助力脱贫增收。年内，12月，区级首家重度残疾人托养中心挂牌成立。

**【“两问两送”专项活动】** 2020年，越城区残联按照“越是非常时期越要服务好残疾人”工作理念，组织开展疫情期间“两问两送”（问健康、问需求，送温暖、送服务）专项行动，全面摸排、掌握1.6万名持证残疾人新冠肺炎感染情况，指导镇街“残疾人之家”开展体温测量、消毒、分餐等防护措施，落实对困难残疾人、残疾儿童等特殊群体及“残疾人之家”的专项纾困举措。

**【省级无障碍社区创建】** 2020年，越城区残联选定北海街道西湖社区进行第三批省级无障碍社区创建，共改造社区内公共场所无障碍坡道7处，并在社区党群服务中心、居家养老服务中心等公共服务机构的厕所内安装低位小便池、无障碍坐便器、扶手等无障碍设施，在社区图书室增设无障碍阅览专座、盲文书籍，对社区内2户残疾人家庭进行无障碍改造，新增2个无障碍停车位，并设立残疾人无障碍代办点。

**【镇街“残疾人之家”星级提升】** 2020年，越城区残联联合区财政局出台《越城区镇街“残疾人之家”星级提升奖励办法》《越城区镇街“残疾人之家”考核管理实施办法》，全面推开“残疾人之家”星级提升工作。斗门街道、稽山街道、马山街道、城南街道4家“残疾人之家”提升为三星级，北海街道、皋埠街道2家“残疾人之家”提升为四星级。截至年底，全区共有五星级“残疾人之家”1家、四星级4家、三星级6家。越城区“残疾人之家”工作经验被《浙江残疾人工作》刊载。

**【困难残疾人家庭无障碍改造】** 2020年，越城区残联按照“因需导向、量体裁衣、一户一策”原则，为260户困难残疾人家庭实施无障碍改造，主要涉及地面平整及坡化、卫生间改造、厨房改造、门房通道改造、照明路线改造、净居亮居改造和无障碍辅具配发等，改善困难残疾人家庭居家生活环境。

**【全区高等教育阶段残疾人助学政策统一】** 2020年1月，越城区残联联合区教体局、区财政局出台《关于进一步做好残疾学生和残疾人家庭子

2020年10月14日国际盲人节，越城区残联组织盲人协会开展“传承文化，共享小康”活动（胡晓瑾　摄）

女高等教育助学工作的通知》,破解因体制机制调整,原绍兴县三镇高等教育阶段助学政策与越城区原政策不一致的历史遗留问题。年内,依托绍兴市文理学院志愿者队伍,创新推出线上“爱心家教”项目,为20名残疾学生及残疾人家庭子女提供课外辅导服务。

**【启动第三代智能化残疾人证换发试点】** 2020年10月,越城区启动第三代智能化残疾人证换发工作,内置集成电路芯片,具有身份识别、残疾人基本服务和需求状况信息查询等功能,并预留有社会公共服务等多种应用功能接口。可直接根据身份信息自动比对人口库相关数据及照片,替代上门拍照换证。

**【就业指导】** 2020年,越城区残联实施残疾人灵活就业人员社保补贴政策,按照50%标准,全年共补助1060余人,发放金额400余万元。区本级及各镇街残联开展残疾人职业技能培训316人次。结合“四访四助”专项行动,为2名残疾人应届毕业生提供就业指导、岗位推介、政策讲解等援助服务。截至年底,2人均已就业。全年新增残疾人就业149人。

**【康复服务】** 2020年,越城区残联施行0～6周岁残疾儿童康复服务制度,向169名残疾儿童提供基本康复训练补助、辅助器具适配、人工耳蜗植入、肢体矫治手术补助和困难家庭残疾儿童康复生活补贴等救助,金额累计达230余万元。组织开展残疾人基本型辅助器具适配工作,为60余名残疾人适配轮椅、护理床、盲人智能眼镜、助听器、矫形器等辅具,补偿残疾人身体功能。延续落实原绍兴县三镇非贫困重度残疾人惠民医疗政策,为4339人次残疾人减免医疗费用约52万元。

**【文体活动】** 2020年,越城区残联联合区聋人协会在全国助残日举办“疫情后期心理压力管理”心理健康知识讲座。在国际盲人节,以“传承文化、共享小康”为主题,组织30名盲人游览绍兴博物馆。在全国残疾预防日,围绕“孤独症的早期筛查”主题,邀请市妇保院专家举办线上公益讲座,341人次参与。在华东地区残疾人文创作品大赛上,越城区残疾人艺术家、文创作者获一等奖2项、二等奖1项、三等奖2项、优秀奖2项。(区残联　章叶楠)

## 越城区妇女联合会

**【概况】** 2020年,越城区妇联践行“引领、联系、服务”妇女的初心使命,打造优质妇联服务全品牌“越姐姐”,在建设“重要窗口”、展示“绍兴风景”中发挥巾帼力量。年内,区妇联荣获省巾帼建功先进集体,沈振芳被评为抗击新冠疫情全国三八红旗手,徐爱娟家庭被评为全国五好家庭,塔山中心小学被评为全国家庭工作先进集体,绍兴银泰城妇委会被评为省级示范新领域妇联组织,“越姐姐·金钻就业微家”被评为省级示范妇女微家。

**【“战疫”最美评选】** 2020年,越城区妇联发动基层妇联组织、妇联干部、广大女性和家庭积极投身疫情防控工作。3月,通过挖掘、选树在“战疫”过程中涌现出的巾帼榜样,推出“三八”国际妇女节110周年纪念暨“战疫”表彰特别节目。

越姐姐卡通形象(区妇联　提供)

**“战疫·最美白衣天使”**：黄小伟、沈丽燕、徐映、史苏英、潘美月、金越平、胡鸿枫、祝国英、王卫英、鲁英

**“战疫·最美敬业女性”**：葛迎锋、王丽娜、黄烨琳、陈燕、任怡、叶春花、茹佳佳、王雪丹、汤丽英、孙海红

**“战疫·最美公益女性”**：鲁志英、高凤美、陈文香、陈秋美、陈建芳、韩秀琴、梁伟英、徐凤娟、陈艳、冯轶君

**“战疫·最美妇联主席”**：谢慧、干美仙、陈芳芳、陈爱芳、沈芳芳、陶小娟、张红萍、鲁玲娟、汪惠英、朱苹

**“战疫·最美家庭”**：蒋珊珊（家庭，下同）、周良、任乐、卢瑾琼、傅佳娜、傅建英、郭毅、周亚卿、宋海芳、王锐勋、卢昌龙、宣灵敏、唐梅香、夏建、王佳桐、冯明兴、汤士伟、陆素娥、冯振宇、徐爱娟

**【“越姐姐邀您游古城”旅游路线】** 2020年4月，越城区妇联推出“越姐姐邀您游古城”旅游线路，涵盖秋瑾故居、书圣故里、上旺村、诸葛仙山、抹茶小镇等景点，联通反家暴示范基地、巾帼红色教育基地、青少年安防教育基地、示范性“越姐姐·妇女微家”等阵地，打造一条兼顾游、学、吃、住、购为一体的文旅专线。拍摄旅游线路专题宣传片，在抖音等五大平台启动“越姐姐邀您游古城”线上系列直播，以巾帼志愿者担任主播，推介农村旅游特色项目，首次直播一小时内观看量达到1.5万余人次。

**【“越姐姐幸福家”系列活动】** 2020年5月，越城区妇联启动“越姐姐幸福家”系列主题活动，围绕“家·爱”“家·美”“家·教”“家·暖”“家·安”五大主题，开展系列主题活动11场，组织亲子阅读活动179场、家长学校培训班2200人次。年内，举办“树家风 传家训 促和谐”家庭教育公益大讲堂，累计宣讲42场，其中，线上讲堂3场，参与人数3.15万人次，服务1.1万户家庭。家庭工作经验被登载在全国级妇联媒体《中国妇女》。

2020年，越城区妇联组织医护家庭参加“越姐姐幸福家主题宣传月”之“礼遇最美”系列活动（区妇联 提供）

**【“越姐姐·红心讲团”】** 2020年，越城区妇联以“越姐姐·红心讲团”为阵地，举办全国两会精神、省委十四届七次全会精神、民法典、美丽庭院、垃圾分类、公筷公勺等线上、线下宣讲活动130余场。年内，在富盛镇上旺村打造省级女性红色教育基地，集中展示红色上旺精神，特别是被毛泽东主席誉为“飒爽英姿五尺枪”的2支巾帼队伍——女子民兵队和女子宣传队的故事。

**【中国妇女社会地位调查】** 2020年7月，第四期中国妇女社会地位调查的入户调查和社区调查启动，越城区成为全市唯一全国级样本区县，塔山街道滨河社区、城南街道长城社区、迪荡街道鞋子畈社区、东浦街道行宫山村、马山街道群贤社区5个村、社区入选国家级样本点，调查内容涵盖教育、经济、社会保障、政治参与、婚姻家庭、健康、生活方式、法律认知与人权、性别观念与态度9个方面。

**【妇儿维权网络】** 2020年，越城区妇联开展"深化'三服务'越姐姐在基层"妇联执委走亲联心行动，累计服务妇女群众和家庭1296户，深入摸排登记重点妇女儿童家庭481户。年内，"越姐姐家事调解中心"入驻区矛调中心，聘任法律志愿者、优秀巾帼调解员、心理咨询志愿者预约式服务妇女来访接待；启动"越姐姐幸福家"金牌调解室打造计划，联合区法院举办"婚姻家庭学校"，开展婚姻家庭学校·微课堂、"倾听·同行"在线法律咨询直播、婚姻家庭学校·进社区、"文明家风 美德家庭"大讲堂等主题活动113场。

**【启动"灯塔计划"女童关爱项目】** 2020年，越城区妇联启动"灯塔计划"女童关爱项目，重点关注未成年人特别是女童权益受侵害事件。通过妇联与法检系统联动，主动参与未成年人涉诉案件、家事案件等，形成妇联与法检有效联动、积极介入、充分关爱、分级回访的司法关爱模式。12月，项目被列入2021年度省妇儿发展示范项目。

**【美丽庭院建设】** 2020年，越城区妇联发动广大家庭、妇女参与美丽庭院建设和农村人居环境整治，在北海街道、城南街道、东湖街道、灵芝街道、东浦街道、鉴湖街道、斗门街道、皋埠街道、陶堰街道、马山街道、孙端街道、沥海街道、富盛镇13个涉农镇街 继续推进美丽庭院建设。年内，开展2期"我为农村人居环境提升添光彩"暨美丽庭院擂台赛，累计点赞数达到60万人次。

**【参与服务企业】** 2020年，越城区妇联开展2期"春风送岗位"女性专场空中"云"招聘会，推出

越城区市级及以上巾帼文明岗一览表(截至2020年底)

表19

| 类别 | 岗位名称 | |
|---|---|---|
| 全国岗 | 国家税务总局绍兴市越城区税务局办税服务厅 | |
| | 越都社区 | |
| | 越城区机关会计核算中心 | |
| 省级岗 | 越城区春晖幼儿园 | 越城区蕺山街道书圣故里社区 |
| | 绍兴市蕺山学区工会巾帼文明示范岗 | 浙江绍兴恒信农村合作银行营业部储蓄结算岗 |
| | 越城区法院书记员管理科 | 绍兴市鲁迅小学教育集团英语教研组(英语组) |
| | 绍兴市越城区皋埠镇中心卫生院护理组(人民医院护理组) | 中国移动通信集团浙江有限公司绍兴分公司剡溪路营业厅 |
| | 越城区计划生育宣传技术指导站 | 浙江希望包装有限公司财务部 |
| | 袍江小学高段语文教研组 | 浙江绍兴恒信农村合作银行皋埠支行龙山分理处内勤班组 |
| | 鹤池苑小学语文教研大组 | 绍兴市成章小学语文教研组 |
| | 绍兴市北海小学体育组 | 中国移动绍兴分公司越城解放南路城南营业厅 |
| | 越城区疾病预防控制中心检验科(卫生监督所) | 绍兴市越城区城南街道中成社区便民服务中心 |
| | 北海街道火车站社区"巾帼爱心服务岗" | 绍兴市越城区城南街道育才社区居家养老中心 |
| | 城南街道南门社区服务中心 | 绍兴市"96345"社会公共(便民)服务中心接线部 |
| | 府山街道水沟营社区办公室 | 越城区府山街道社区卫生服务中心公共卫生科 |
| | 富盛镇卫生院 | 越城区城南街道华侨社区姐妹DIY作坊 |
| | 绍兴市越城区府山幼儿园教师岗 | 越城区审计局越城区内部审计指导中心 |
| | 绍兴市越城区皋埠镇便民服务中心 | 中国移动通信集团浙江有限公司绍兴皋埠营业厅 |

续表 19

| 类别 | 岗位名称 | |
| --- | --- | --- |
| 市级岗 | 越城区青藤社区居委会 | 越城区塔山街道行政服务中心 |
| | 越城区城南人民医院挂号收费室 | 越城区审计局内部审计指导服务中心 |
| | 城南街道中成社区爱心奉献岗 | 绍兴市 96345 便民服务中心接线部 |
| | 城南街道华侨社区姐妹作坊加工点 | 中国移动越城分公司皋埠营业厅 |
| | 城南街道育才社区巾帼文明居家养老岗 | 越城区府山街道社区卫生服务中心公共卫生科 |
| | 城南街道长城社区文化管理服务岗 | 鲁迅小学教育集团教导处 |
| | 北海街道辕门社区计生服务岗 | 灵芝街道中心幼儿园课程组 |
| | 越城区马山镇中学英语组(英语教研组) | 稽山街道稽山渡东社区 |
| | 绍兴市行知小学教师岗 | 越城区图书馆少儿部 |
| | 北海街道铁甲营社区“手拉手”互助岗 | 中国移动通信集团浙江有限公司绍兴分公司袍江世纪街营业厅 |
| | 绍兴市越城区人民检察院民事行政检察科 | 府山街道西园社区巾帼便民服务文明岗 |
| | 秀水社区 | 城南街道城南社区便民服务中心 |
| | 森海社区 | 城南街道高立社区便民服务中心 |
| | 越城区环卫处清运汽修公司垃圾中转站管理班组(班组) | 绍兴市越城区北海街道社区卫生服务中心预防接种门诊 |
| | 越城区流动人口服务中心 | 越城区档案馆文档中心 |
| | 浙江绍兴恒信农村合作银行皋埠支行龙山分理处 | 越城区灵芝街道社区卫生服务中心输液室护理组 |
| | 中国移动通信集团浙江有限公司绍兴分公司城南营业厅 | 越城区睿和培训学校(天才宝贝)教研部 |
| | 浙江希望包装有限公司财务部 | |

27 家企业、1000 个以上岗位。全年累计为辖区企业输送城乡女工 200 余人,为 125 名低保女性开展健康投保。年内,通过“越生活·创意联盟”平台,推动小微企业创业女性在疫情和复工复产中相互合作、开拓市场;举办深化“三服务”探讨交流会暨越生活创意联盟成立一周年活动,围绕疫情形势下现代企业如何传承发展进行研讨。(区妇联　龚森杰)

## 越城区科学技术协会

**【概况】** 2020 年,越城区科学技术协会围绕“服务创新驱动发展”主题,依靠智库、学术、科普“三轮驱动”,不断创新服务发展模式、提高服务发展能力。全年新柔性引进院士 2 名、进家院士 12 名,新建市级院士工作站 1 家、专家工作站 2 家。年内,新增省级学会服务站 2 家、园区科协 1 家和科普馆、科普基地 8 家,开展各类学术研讨、科技创新活动 5 场,举办各类科普活动 50 余场。2020 年越城区公民科学素质比例为 14.9%,保持全市第一。越城区科协被评为 2020 年全国科普日活动优秀组织单位。

**【大湾区院士之家揭牌】** 2020 年,越城区科协聚焦中国科协“科创中国”服务品牌和省委、省政府“大湾区”谋划部署,立足大湾区电子信息、现代医药、新材料、高端装备四大新兴产业和未来产业发展和政策导向，打造大湾区院士之家。10月10日，大湾区院士之家揭牌成立。

**【院士专家工作站建设】** 2020年，越城区新建浙江古纤道绿色纤维有限公司院士工作站、浙江普施康生物科技有限公司专家工作站、浙江工业大学绍兴研究院专家工作站，柔性引进陈文兴、任其龙2名院士，段学欣、刘维屏2名专家。另完成16家院士工作站2019年度绩效考评。

2020年7月13日，“追逐科技前沿，普及人工智能”2020年越城区第17届科普夏令营活动现场(区科协　提供)

**【学协会协同工作】** 2020年，越城区科协围绕集成电路领域，与浙江省电子学会签约建立越城服务站，联合区电子信息协会举办越城区集成电路产业发展研讨会；围绕节能环保领域，新建浙江省环境科学学会越城服务站，与绍兴文理学院联合承办中国环境科学学会挥发性有机物污染防治专委会第八届学术年会；围绕现代医疗领域，新成立越城医疗器械产业创新服务综合体园区科协，吸纳海内外高层次人才、医疗器械企业负责人、文理学院教授专家等30余人加入园区科协组织。另推荐综合体科协加盟长三角创新助力联盟，申报中国科协科技经济融合发展试点。

**【荣誉推荐评选】** 2020年，越城区科协大力举荐优秀创新人才和科技企业，推荐1名高层次科技人才加入省青年高层次人才协会、2家科技企业参加市“科技先锋岗”评选、2名科技精英参与省“科技追梦人”评选、4名科技工作者参加市“青年科技英才”评选、5名优秀科技工作者角逐市级先进。其中，肖景平、钱小萍入选2020年度绍兴市优秀科技工作者先进典型，推荐喜临门家具股份有限公司、浙江德创环保科技股份有限公司、谢如堂、章慧兰、丁芳伟、叶伟钟入选省科协“百佳企业科协、百佳企业科协工作者、百佳企业科技工作者”(简称“三百”)。

**【科普阵地建设】** 2020年，越城区新建书圣社区蕺山科普基地、绍兴市少儿科技学校人工智能科普馆、马山街道中心小学(袍江小学)“心晴药坊”科普图书馆、绍兴文理学院化学与新材料科普基地和医学实验中心科普馆、鉴湖街道坡塘村科普基地、昌安实验学校“健智”创客科普教育馆、天池社区科普文化长廊，推荐申报市级基层特色科普馆3家、农村科普示范基地2家、科技示范户1户，落实全区78处科普画廊长效管理，并顺利举办第17届越城区科普夏令营。

**【主题科普宣传】** 2020年，越城区科协与绍兴市质量技术监督检测院、绍兴文理学院化工学院、越城区文明办、科普示范社区等单位联合开展以化妆品安全、食药安全、趣味化学实验、防疫、环保等为主题的科普宣传实践活动15场。与绍兴文理学院化学化工学院联合制作原创抗疫漫画作品，入选浙江省科协“抗疫勇士”优秀作品。与中国铁塔绍兴分公司合作，联合推出5G系列宣传。与区教体局联合推出以“童心大作战·暑期科普行”为主题的科普宣传和实践竞赛活动，吸引1608组中小学生小队报名，收到参赛稿件1500余篇。

**【科普抗疫】** 2020年，越城区科协编印分发抗疫科普简报5000份，“科普越城”微信公众号、科普e站、科普公园电子屏每日推送科普知识，指导群众科学抗疫。年内，与越城区心理咨询师协会联合开通公益心理干预热线“88680000”，组织“疫路同行、众志成城”疫后青少年心理健康辅导走进15个社区，累计举办公益讲座5场、免费心理测试和心理咨询8场。（区科协　陈波）

## 越城区归国华侨联合会

**【概况】** 2020年，越城区侨联坚持党建带侨建，围绕党委政府的中心任务和侨界群众的迫切需求，在抗击新冠疫情、服务侨资企业、夯实组织基础、加强联络联谊、强化对外交流等方面积极开展工作。年内，开展“助企抗疫情·联企复生产”专项行动和“侨资企业服务年”活动，承办绍兴市基层侨联组织建设现场推进会。12月18日，俄罗斯绍兴越城同乡会成立。

**【海外华侨华人疫情防控】** 2020年，越城区侨联运用网格化管理体系全面摸排申报境外人员，梳理汇总有效信息1.3万余条。开通18条区及镇街侨联防疫服务热线，组建美国、加拿大、日本、新西兰4个海外留学生抗疫群，24小时接受海外侨胞及留学人员咨询，并提供服务。年内，全区各级侨联组织接受海外侨胞、海内外侨团、涉侨企业各类防疫物资折合人民币300余万元。

**【基层镇街侨联组织全覆盖】** 2020年8月31日，沥海街道召开第一次归侨侨眷代表大会，街道党工委、区侨联相关领导和沥海街道50余名归侨侨眷代表出席会议。标志着越城区率先成为全市首个基层镇街侨联组织全覆盖的县（市、区）。（区委统战部　徐烨）

## 越城区红十字会

**【概况】** 2020年，越城区红十字会接收捐款842.73万元，支出794.86万元，其中新冠肺炎疫情防控捐款收支255.34万元，收支物资77批价值286.09万元，捐赠款物项目执行率100%。开展志愿服务活动共40场，受惠1万余人次。年内，实现造血干细胞捐献1例、遗体捐献5例、眼角膜捐献1例，救护员取证培训1343人，普及培训1.38万人次。1个基层组织荣获2020年省突出贡献红十字基层组织，3人荣获省突出贡献会员和志愿者，4家单位获省突出贡献捐赠单位，2人被评为2020年度全省五星级红十字志愿者。

**【疫情专项捐款捐赠】** 2020年，越城区红十字会接受并使用疫情专项捐款共255.34万元，协同镇街共收支物资77批价值286.09万元，捐赠款物项目执行率100%。其间，组织慰问活动，向区属四所学校捐赠防疫急救箱94个，另向100多名残疾人捐赠防疫物资。

**【全市村（社区）红十字会规范化建设试点】** 2020年10月，越城区鉴湖街道坡塘村红十字会作为全市红十字会基层组织规范化建设试点单位，召开第一次会员大会，选举产生第一届理事会理事3名、监事1名。年内，坡塘村试点经验以《村（社区）红十字会组织建设指导手册》形式在全市6个区、县（市）全面推行。

**【创建4个村（社区）红十字博爱家园】** 2020年，越城区制定博爱家园建设实施方案，创建王家葑村、坡塘村、荷湖村和群贤社区4个博爱家园。年内，在4个创建村（社区）建成AAA级景

2020年，喜临门家具股份有限公司为武汉大学生捐赠抗菌床垫和床品套装2000套助力复学(区红十字会　提供)

区救护站2个、红十字文化广场3个、互助金3个，登记会员96名；成立志愿者队伍4支，开展急救培训2876人次，发放衣物、互助器材等爱心捐赠物资近10万元，接受爱心企业捐赠2000套新衣。6月，在鉴湖街道王家葑村开展"博爱一日捐"10周年活动，筹集爱心款9.89万元。

**【新增11处公共场所AED配置】** 2020年，越城区红十字会投入21.48万元在越城区委党校、公安分局、法院、人民医院、名人广场、八佰伴购物中心、袍江大润发、马山中学、越都社区、鉴湖街道坡塘村和群贤社区共11个公共场所投放自动体外除颤器(AED)，举办AED救护员专项培训共11期，284人考取红十字救护员证。

**【"三献"工作】** 2020年，越城区完成造血干细胞捐献登记85人，实现捐献1例；人体器官(遗体、角膜)捐献登记502人，实现遗体捐献5例、角膜捐献1人，登记数、捐献数均创历年新高，其中，遗体捐献率位居全市第一。于6月14日世界献血者日招募22位造血干细胞志愿者登记入库，献血量达10万毫升。

**【救护培训】** 2020年，越城区开展救护知识普及和取证培训126场共计15109人次；新建区工会救护培训基地，举办职工大讲堂培训10场；开展暑期青少年生命安全教育课堂20期，培训学生700余人次；另面向30个区级机关单位的70余名机关干部开展AED救护培训，55名学员取证。

**【专项基金项目】** 2020年，越城区累计使用红十字专项基金24.72万元。其中，"越师情"项目收到71所学校捐款共计47万余元，春节及和教师节两度慰问困难教职工47人次，支出12万余元；"爱警基金"项目支出3.40万元，慰问因公负伤民警、协警25人次；"博爱助学"项目支出2.64万元，慰问困难中小学生27名。全年共接待市"炉峰慈联"大病救助困难群众30余人次，核准上报6例；核准上报"小天使"基金2例。

**【公益扶贫助困】** 2020年，越城区通过"博爱送万家"活动，向100户困难家庭及24位麻风病人发放爱心款共计8.48万元。9月，接收喜临门捐赠价值219.80万元的抗菌床垫和床品套装2000套，助力武汉数所高校学子复学；依托对口西部扶贫活动，向马边彝族雪口山乡联合小学捐赠校服400套价值3万元，另筹资3.50万元购买学生恒温饮水饮用设备和红领巾广播系统。(区红十字会　潘美娜)

# 军　事

## 综　述

**【概况】** 2020年，越城区人武部聚焦“能打仗、打胜仗”要求，坚持一手抓疫情防控，一手抓练兵备战，人武部机关规范化和基层武装规范化建设水平全面提高，党管武装考核名列全市第二，征兵“五率”（报名率、上站率、合格率、择优率、退兵率）居全市第一。越城区被省表彰为“征兵工作先进单位”，区人武部被省军区表彰为“安全管理先进单位”。

**【党管武装】** 2020年1月6日，越城区委召开常委议军会议，专题研究武装工作，研究通过增加武装工作经费等事宜，以及为人武部招录工作人员等议题，审议通过《越城区专职人民武装干部队伍建设实施意见》。

**【民兵参与疫情防控相关做法获市委书记批示肯定】** 2020年，越城区人武部在实现军队“零接触、零感染”的同时，第一时间投入疫情防控，是全区最早投入一线的防控力量之一。自1月25日起，组织16个镇（街）基干民兵完成孙端街道2个重点村连续19天的疫情封控任务。另组织普通民兵参与执勤、卡点、排查等社会面上封控任务。组织民兵参与疫情防控的做法被市委马卫光书记“批示肯定并转发全市，经验做法在浙江省”军区要讯上刊发。

**【军事训练】** 2020年，越城区人武部压茬推进年度军事训练，落实训练时长。5月，遴选专武干部参加全市专武干部集训，1人取得5个单项科目考核中的2个第一、1个第三，个人综合排名全市第四。11月底，组织护路分队代表军分区参加全省第三届“民兵岗位练兵比武”钢桥架设专业比武。全年先后选派专业分队民兵参加区内协作训练和全省民兵跨区联训，完成浙北地区民兵情报信息专业干部骨干区内联训任务。

**【应急应战】** 2020年，越城区人武部先后组织反恐维稳、防汛抗洪、应急连全要素全过程拉动等各类演练；单独或与区应急管理局联合组织民兵应急分队防汛抗洪实案化演练。清明期间，每天出动民兵组织防火巡查。11月26日，组织斗门、陶堰、灵芝等街道基干民兵分队，完成全市保交护路科目演练。

**【国防教育】** 2020年，越城区大力加强国防教育硬件建设。周恩来纪念馆被评为省国防教育基地，伟丰文化产业园红色展馆被评为市级国防教育示范单位。区4所中小学在全市中小学优质国防教育课评选中获奖，获奖数量全市最多。9月，组织开展全民国防教育日活动，在市区主要户外媒体和中小学校播放国防教育宣传片和宣传标语。

**【举办古越军事文化研讨会】** 2020年11月21—22日，越城区举办绍兴市首届“古越论剑”军事文化研讨会，30余名军队和地方高校专家、学者，20余家中央、省、市、区新闻媒体记者和市、区两级文化宣传部门领导，130余人参会。新华社、解放军报、中新网、凤凰网等50余家军地媒体关注报道，发布新闻50余条，转发30多条，掀起研究古越军事文化的热潮。区委金晓明书记在市委常委议军会上作专题经验介绍。

## 兵役　民兵

**【概况】** 2020年，越城区征兵由一年两征调整为一年一征，全年完成适龄青年网上兵役登记工作，兵役登记率100%。完成新兵征集任务，超额完成市征兵办下达的指标任务，征兵“五率”考核全市第一。

**【深化民兵调整改革】** 2020年，越城区完成基干民兵出入队编组、体格检查、政治考核、骨干任命和预建党组织。组织镇街和企事业单位、高校等编兵单位开展民兵集中点验，迎接省军区和军分区的检查考评，承担军分区民兵思想政治教育软件试点。府山街道先行试点思想政治教育“智慧民兵”软件推广应用。（区人武部　安丰达　赖巧晶）

## 人民防空

**【概况】** 2020年，越城区顺利承接人防事权下放，完成人防指挥部组成人员调整。承接分解推进会，顺利承接市级部门划转的人防警报设施设备、人防疏散基地、人防疏散点、镇级及重要经济目标单位人防指挥平台、社区民防应急物资库和人防社区宣传窗。在初中、小学开展人防宣传教育，征订学生人防教材。

**【人防组织指挥】** 2020年，越城区首次召开区人防指挥部会议，启动越城区人防基本指挥所前期工作，并整组建设人防专业队、民防应急救援队，另组建中石化绍兴油库人防应急救援队伍。年内，配合完成全市“4·4”清明节、“5·12”全国防灾减灾日和“9·18”防空防灾警报试鸣。区人防指挥部首次组织参加“浙江金盾”系列演习，系越城区人民防空绍兴油库防护专项演习。（区建设和交通运输局　董绍梁）

# 法　治

## 政法委与综治

**【概况】** 2020年，越城区以“治理提升年”五大专项行动〔党建基础夯实行动、基层治理提升行动、源头化解促进行动、突出问题专项整治行动、清廉村(居)建设专项行动〕为载体，加快推进基层社会治理现代化，统筹推进三级矛调体系建设。年内，运行全省首个县级社会风险评估指导中心，顺利通过村(居)“三治”省级标准化项目验收，建立全省首个党建契约数字赋能社会治理共建基地，建成越城区社会治理矩阵式智治平台。荣膺全国“2020年社会治理创新典范区”称号，“契约化引领、矩阵式智治”入选“2020年社会治理典范”，数字赋能社会治理经验做法在全省推广。深化铁路和交警路地融合体制机制改革，推进交通管理融入社会治理工作，创新开展全区网格员菜单式巡查拉练活动2次，有效消除基层安全隐患问题，实现平安创建“十五连冠”，成为全省首批荣获平安一星金鼎的县(市、区)。全年未发生影响全省全市的涉安涉稳事件。

**【越城区社会治理矩阵式智治平台运行】** 2020年，越城区按照“党建契约、数字赋能”理念，对区综合信息指挥中心进行迭代升级，运用矩阵式管理方式，打造社会治理矩阵式智治平台。依托“契约化”实现社会治理、平安建设各部门数据统盘、统管、统用，通过“数字化”实现区、镇街、村社、群众上下贯通。19个部门共计230万余条数据全部归集到区中心，全年处置各类事件25万余起，荣膺全国“2020年社会治理创新典范区”称号。

**【全省首个党建契约数字赋能社会治理共建基地】** 2020年12月17日，越城区举行党建契约数字赋能社会治理签约仪式。区领导为基地授牌，区综合信息指挥中心党组与市名城办、市交管局、区委宣传部、区信访局等15个进驻单位党组织签订党建“契约化”共建协议。根据协议，各共建单位将通过契约方式，加快打通和整合部门壁垒，实现社会治理数据统盘、统管、统用，用数字赋能平安越城建设。

**【三级矛调体系建设】** 2020年，越城区按照“区级终点站、镇街主阵地、村级前哨所”的功能定位，整体推进三级矛调中心建设。区级中心结合省、市新要求，开展迭代升级、整合集成、深入挖潜；镇街、村居中心9月底完成挂牌，10月进入实质性运行，并建成“六个有”(有固定实体场所、有一窗受理窗口、有部门站所入驻、有多种调解组织参与、有会商研判机制、有特色亮点)标准示范型镇街中心5个、“五个有”(有接

2020年12月17日，越城区举行党建契约数字赋能社会治理签约仪式。区领导钱林江（右二）、应尧刚（右一）、王媛媛（左一）为越城区党建契约数字赋能社会治理共建基地授牌（区委政法委　提供）

2020年12月17日，区综合信息指挥中心党组与市名城办、市交管局、区委宣传部等15个进驻单位党组织签订党建“契约化”共建协议（区委政法委　提供）

待场所、有信息渠道、有专职人员、有登记台账、有驻村力量）标准示范型村居中心31个。截至年底，三级矛调中心共受理信访件1614件，已化解1469件，化解率91.02%。

**【全省首个县级社会风险评估指导中心建设】** 2020年，越城区入选县级社会风险评估指导中心全省试点。12月，成立全省首个县级社会风险评估指导中心，制定风险评估实施细则和责任追究办法，完成215件各类重大决策风险评估工作，评估数量全市第一。另按照“日报表、周研判、月例会、季评估、年考核”工作机制，规范运行体系，构筑起集“监测—预警—处置—反馈”为一体的风险闭环管控“防火墙”，有效破解决策主体在上级、项目落地在区里的风险隐患。全年主动获取不稳定因素142条，挂牌督办风险隐患39个，全部落实化解和稳控措施，全年未发生影响全省全市的涉安涉稳事件。

**【推动扫黑除恶常态化】** 2020年，越城区制定“办理涉黑涉恶案件协作配合规定”“打财断血”“两法衔接”“扫黄打非”“物业服务企业管理”“职业放贷人名录”“金融风险排查分级处置”“打击虚假诉讼”“保健食品监管”等13个专项斗争长效机制，推动专项斗争常态化。全年累计破获涉黑涉恶案893件，刑拘犯罪嫌疑人844人，摧毁黑恶势力集团、团伙76个，破获案件数、抓获犯罪嫌疑人数位于全市前列。“六清行动”任务全部高标准完成，其中，黑财清底数位列全省第一。

**【“枫桥式”村（社区）创建】** 2020年，越城区探索以“无邪、无访、无案、无讼、无毒”为标准的“枫桥式”村（社区）创建工作，确定“每年考核、三年周期、夺鼎争星”的创建模式，构建完善的指标体系和工作体系。年内，102个村（社区）创建成功。截至年底，到市赴省进京越级访下降57.3%，民商事诉讼数下降8.5%，发案数下降54.5%，新增吸毒人数下降74.2%。（区委政法委　章晟盛）

## 法治政府建设

**【概况】** 2020年，越城区坚持党对法治政府工作的领导，新收行政复议案件92件，受理85件，受理率92.4%；结案83件，通过复议机关复议，共纠错19件，纠错率为22.9%；一审行政诉讼案件收案301件，结案287件，败诉案件50件，败诉率17.42%；行政机关负责人出庭应诉率92.4%。政务服务事项网上办、掌上办、跑零次分别达到100%、96.7%、96.8%。取消410项证明材料，建立证明事项清单动态调整机制，在通信网络等公共事业领域全面推广“无证明化”改革。完成5G基站建设审批“一件事”集成改革省级试点，主城区5G信号全覆盖。遴选20名律师组建应诉专家团队，邀请12名委员建立行政复议咨询委员会，提升复议、应诉工作质量。法律顾问覆盖率达100%，全区共有134名专职律师担任366个行政村（社区）及企业的法律顾问。

**【推动科学民主决策】** 2020年，越城区出台《重大决策社会风险评估实施细则》，重大议题在提交区政府常务会议讨论前均进行了合法性审核。明确区政府行政规范性文件制定程序，全年审核行政规范性文件14件，备案率达100%。全年对100多件其他各类文件开展审查，提出合法性审查意见数十条，另开展与《中华人民共和国民法典》《优化营商环境条例》等不相符的行政规范性文件专项清理工作；审核区级各类文件100余件，出具合法性审核意见20余条；完成浙江省行政规范性文件备案系统部门、镇街的推广注册100%全覆盖。

**【镇街合法性审查】** 2020年，越城区出台《关于推进基层依法治理构建镇街合法性审查全覆盖的实施意见》，将合法性审查覆盖到镇街重大行政决策、规范性文件、行政合同等领域，以《中华人民共和国民法典》《中华人民共和国行政处罚法》《中华人民共和国行政强制法》《中华人民共和国行政复议法》《中国共产党党内法规和规范性文件备案审查规定》《浙江省行政规范性文件管理办法》等法律法规为审查依据，梳理清单，制定相关办理流程，推进实现乡镇、街道合法性审查100%全覆盖。

**【行政执法规范化建设】** 2020年，越城区通过专项监督、集中评查、座谈评议和专题质询等方式，进一步规范行政执法行为。审议通过《越城区重大行政执法决定法制审核办法》，明确“谁来审、审什么、怎么审”的问题。组织开展执法证培训考试445人，全区持证率超90%；清理执法证件300余本。全区“浙政钉·掌上执法App”使用率100%，“双随机、一公开”检查完成率100%。全省统一行政处罚办案系统提前一年完成省级

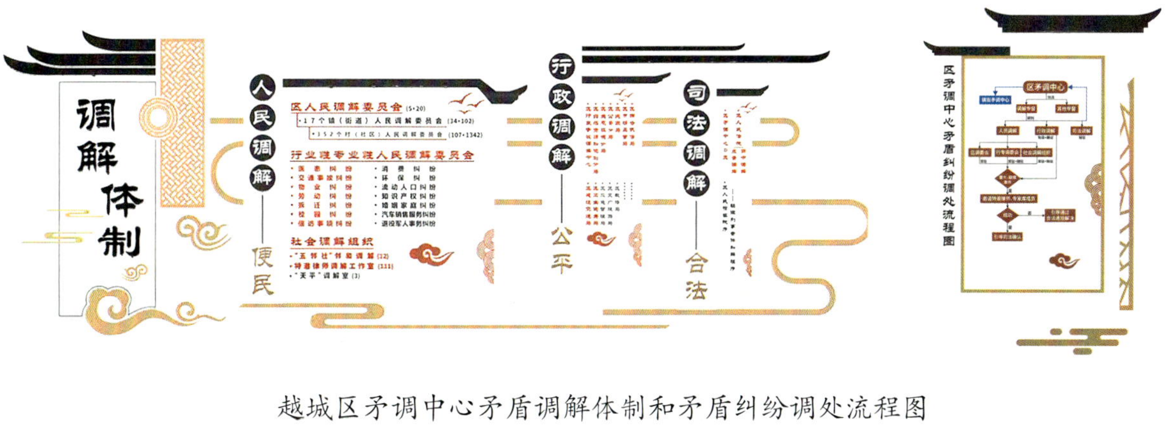


越城区矛调中心矛盾调解体制和矛盾纠纷调处流程图

**2020 年越城区示范型村居矛调中心名单一览表**

**表 20**

| 序号 | 属地镇街 | 村居名称 | 序号 | 属地镇街 | 村居名称 |
|---|---|---|---|---|---|
| 1 | 塔山街道 | 罗门社区 | 17 | 鉴湖街道 | 王家葑村 |
| 2 | | 水沟营社区 | 18 | 斗门街道 | 荷湖村 |
| 3 | 府山街道 | 书圣故里社区区 | 19 | | 玉山村 |
| 4 | | 越都社区 | 20 | 皋埠街道 | 坝头山村 |
| 5 | 北海街道 | 越西社区 | 21 | 陶堰街道 | 茅洋村 |
| 6 | | 西湖社区 | 22 | | 泾口村 |
| 7 | 稽山街道 | 浪港社区 | 23 | 马山街道 | 车家弄村 |
| 8 | 城南街道 | 南门社区 | 24 | | 洋泾湖村 |
| 9 | 迪荡街道 | 剡溪社区 | 25 | | 尚巷村村 |
| 10 | | 世禾社区 | 26 | 孙端街道 | 皇甫庄村 |
| 11 | 东湖街道 | 杨浜村 | 27 | | 村头村 |
| 12 | | 松陵村 | 28 | 富盛镇 | 乌石村 |
| 13 | 灵芝街道 | 外滩社区 | 29 | | 红山村 |
| 14 | 东浦街道 | 南村村 | 30 | 沥海街道 | 光荣村 |
| 15 | | 金家村 | 31 | | 郭渎村 |
| 16 | 鉴湖街道 | 秦望村 | | | |

要求，除自建系统外，其他单位使用率达 25%。

**【矛盾纠纷多元解决机制】** 2020 年，越城区深化访调、诉调、检调、警调、仲调等多调联动的矛盾纠纷多元解决机制，建成区级人民调委会、17 个镇（街道）人民调委会和 352 个村（社区）人民调委会，通过常驻、轮驻和随驻等形式入驻区级矛调中心。专业性行业性调委会实现应建尽建。诉前调解案件从法院剥离，引调至区矛调中心，由律师调解团队 111 人参与调解。区矛调中心全年共调解矛盾纠纷 1392 件，成功 1380 件，成功率 99.1%。

**【行政复议“凡议必调”】** 2020 年，越城区针对辖区范围产生的行政争议纠纷，通过人民调解组织疏导、说服、教育，推动行政争议纠纷向行政复议、行政诉讼转化。建立由区人民检察院专家、区公安分局和区市场监管局的法制机构主要负责人、绍兴市委党校、绍兴文理学院法学专家、知名律师等 12 人为委员的行政复议咨询委员会，组织协调全区 545 个人民调解委员会、所属镇街的 1843 名人民调解员以及 52 个专业性行业性调解委员会组建行政争议调解队伍。全年通过“凡议必调”成功化解 19 起，占总审结案件的 25.7%。

**【完成“七五”普法验收】** 2020 年，越城区围绕“法雨春风”、“《中华人民共和国民法典》宣传”、“村社换届选举”三项内容开展主题法治宣传活动，全年共举办宣讲活动 59 场次、其他各类活动 47 场次，为中小企业开展“法治体检”上百次，推出《师爷说法》4 期，制作各类普法视频 3 个。年内，创建市级民主法治村（社区）23 家（累计 169 家）、省级 11 家（累计 37 家）、国家级 2 家（累计 2 家），实现民主法治村全覆盖；培育法律明白人 1259 名，法治带头人 342 人，向省司法厅申报六优项目 5 个，其中《师爷说法》普法项目被评为“法润越城”十大优秀项目之一，顺利完成“七五”普法验收。

**【青少年法治教育基地启用】** 2020 年 12 月 4 日，越城区青少年法治教育基地在元培小学正式启用，内设法治陈列馆、青少年模拟法庭、法治雕塑等，可提供青少年法治体验场景、法治模拟故事、法治活动和法治微课程等法治文化项目。

| 2020年越城区省、市级民主法治村（社区）建设情况表 | | |
|---|---|---|
| 表21 | | |
| 省级民主法治村（社区）（8家） | 马山街道尚巷村 | 东浦街道杨川村 |
| | 稽山街道美东社区 | 迪荡街道云东社区 |
| | 孙端街道新河村 | 陶堰街道茅洋村 |
| | 孙端街道榆林村 | 城南街道翠苑社区 |
| 市级民主法治村（社区）（23家） | 马山街道徐谭村 | 北海街道西湖社区 |
| | 马山街道陆家埭村 | 北海街道越西社区 |
| | 马山街道马山居委会 | 城南街道温馨社区 |
| | 马山街道群贤社区 | 城南街道翠苑社区 |
| | 马山街道世纪街社区 | 迪荡街道都泗社区 |
| | 稽山街道天池社区 | 塔山街道花园社区 |
| | 孙端街道张家沥村 | 塔山街道望花社区 |
| | 鉴湖街道春风社区 | 陶堰街道张家岙村 |
| | 富盛镇凤旺村 | 东浦街道邵家村 |
| | 府山街道团结社区 | 皋埠街道皇埠村 |
| | 府山街道下大路社区 | 东湖街道五联村 |
| | 斗门街道昌明社区 | |

（区司法局　李菊花）

# 公　安

**【概况】** 2020年，越城区新增沥海派出所、园区派出所。累计共有直属机构21个、专业派出所1个、辖区派出所18个，实有民警714人。区公安分局围绕绍兴公安"1234567"的工作思路和"赶超发展"的总基调，以坚持发展新时代"枫桥经验"和"积极构建大数据驱动下的现代警务模式"为主线，聚焦"三张清单"，狠抓工作落地。全年累计接报处置各类警情99800起，其中刑事类警情3376起，治安类警情13968起，纠纷类警情16941起，举报类警情6021起，求助类警情51196起，其他警情8298起。全年立刑事案件4054起，其中命案立1起破1起，五类案件立15起破15起，"两抢"案件立4起破4起。移送起诉犯罪嫌疑人1958人；查处治安案件2285起，行政处罚4833人，其中行政拘留2167人；破获各类经济案件131起，移送起诉170人，为群众挽回经济损失1.86亿元。是年，分局被评为全市优秀公安局、全市现代警务模式组织体系改革优秀公安局、部级查处重大侵权盗版案件先进单位；智慧警务建设、督察工作考评成绩全市第一；在12月开展的第三方测评中，群众安全感满意度分别达到99.75%、99.42%，为全市第一。

**【服务疫情防控】** 2020年，越城区发挥"大数据+网格化+铁脚板"治理优势，研判涉疫大数据信息3000余条，梳理密切接触人员4000余人次。各卡点累计核查车辆6万余辆次、人员14万余人次，为企业复工办理车辆通行证、人员通行证11万余本，指导企业落实安全防控措施128家，在线咨询答疑616起，出具企业信用修复确认书62份。在国家重点项目中芯国际建立警企联络室，保障企业正常生产经营。孙端所被评为全国公安系统抗击新冠肺炎疫情先进集体，越城区公安分局被评为全市抗疫先进集体。

【**推动情指行一体化警务模式改革**】 2020年，越城区围绕全面构建现代警务模式工作主线，践行省公安厅“县域集成改革”，以“三合六全”情报指挥体系为核心目标，搭建“1+6+18+X”框架，作为全市唯一的县（市/区）局代表在全省情指行一体化改革推进现场会上介绍经验。该项改革依托“秒级响应”“镇街联动”“视频全覆盖”工作机制，组建技侦、网侦、图侦、大数据值班组，打造中心最小作战单元，全面适应大型专案攻坚、集中收网行动、临时合成作战等各类需求，最大限度发挥合成作战体系优势，实现“零延时”指挥调度。

【**执法规范化建设**】 2020年，越城区聚焦执法要素大整合、警务机制大改革、政法部门大协同目标，高标准建设运行执法办案管理中心，研发使用智慧执法监督管理平台、执法管理智能管家系统、阅卷精灵智能辅助三大平台，通过数字赋能，形成智慧闭环管理。常驻2名员额检察官、2名助理和1名员额法官、1名助理，成立公检法管理团队，实现简案快办、繁案精办。自9月投入运行至年底，共办理刑事案件295起，占比55%；移诉犯罪嫌疑人385人，占比60%；一体化协同率达100%。总体呈现“三降三升”效果（即执法问题发生率、案件退查率、案件下行率明显下降，执法效率、执法质量、执法能力明显提升）。

【**督察（民意感知）中心建成**】 2020年，越城区正式建成督察（民意感知）中心，依托智慧民意感知系统，开展网上督察、信访投诉、民意访评、分析研判、整改落地等工作。截至年底，中心共收集民意155条，发现问题21起，处置各类信访投诉（咨询）1270件，回访群众52055人次，群众工作满意率达96.87%。

【**“智安小区”全域覆盖**】 2020年，越城区委、区政府将“智安小区”建设纳入十大民生实事项目，划拨4400余万元建设经费，发动小区物业、企业、学校、医院等单位筹集资金400余万元。全面推进人脸、车脸抓拍识别系统、WiFi采集系统、视频监控等“标配”设备，在96个开放式小区周边开展“视频围墙”封闭建设工程，在重点区域部位选择性安装行为检测、消防烟感、消防水压感知、独居老人红外热感、一键报警等设备。截至年底，全部完成18个镇街441个“智安小区”建设，零发案或发案数下降的小区占比达87%；协助破获刑事案件80余起，抓获逃犯7名；协助处理矛盾纠纷、救助1070多起。

2020年11月30日，全省公安机关智慧民意感知体系建设现场推进会在绍兴召开。图为与会人员实地参观区公安分局督察（民意感知）中心（区公安分局　提供）

【**打造“邻舍警务”品牌**】 2020年，越城区全面推广“邻舍警务”模式，重点深化府山所“蕺山好邻舍”、城南所“老傅工作室”、斗门所“斗门红”、皋埠所“我帮您”为代表的警务品牌，配套推出“汽车警长”“饭堂警务”“三级五联三诊机制”等社区警务品牌。全年共组建"越城好邻舍"平安类社会组织308个共计5400余人，解决"警力不够民力补"问题，打造皋埠"七彩义警"、东湖派出所"市场好邻舍"队伍等优秀品牌。2个义警组织和9名义警个人在全市义警工作大会上受到表彰。

**【公安信访窗口入驻区矛调中心】** 2020年，越城区公安分局信访窗口成为全市首个入驻区矛盾纠纷调处化解中心的公安信访窗口，通过源头管控、部门联动，切实提高信访化解效能。全年化解积案24起，化解率75%；55起初信初访化解53起，化解率96.4%。

**【护航越商】** 2020年，越城区全面深化项目警官制、警企联络制、越商警务管家等服务机制，进一步简化涉企行政审批手续。深化越城区在外经商人员合法权益保护机制，与南京鼓楼、湖南耒阳、新疆伊宁等地公安机关开展深度警务协作，依法保护越城区在外经商人员的合法权益。（区公安分局　赵梦莎）

## 检　察

**【概况】** 2020年，越城区检察院依法打击各类刑事犯罪，办结审查逮捕案件487件800人，审查起诉案件1323件2344人，对自愿认罪、同意检察机关量刑建议并签署具结书的1929名犯罪嫌疑人适用认罪认罚从宽制度，占同期审结人数的90.14%，确定刑量刑建议采纳率99.70%。年内，越城区检察院集体和个人获得区级以上荣誉70余项，工作做法被最高检、省检察院转发17篇次，亮点工作获省、市检察院检察长、区委区政府主要领导批示肯定21次，办结案件被评为省级以上精品（典型）案件6件。10月，区检察院再次被最高人民检察院授予"全国先进基层检察院"称号。

**【刑事检察】** 2020年，越城区检察院加强刑事

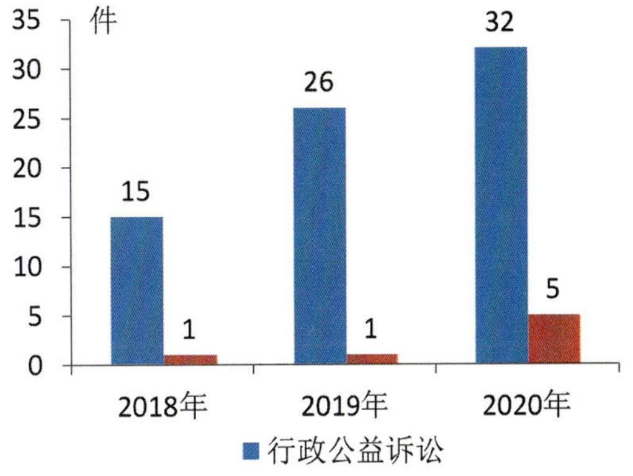


图10　越城区检察院三年来公益诉讼案件办结情况对比图

侦查监督、审判监督、执行监督。全年不捕326人，不起诉735人，监督立案21人，监督撤案14人，纠正漏捕30人，追诉漏罪漏犯44人；提出抗诉2件2人，发出再审检察建议3件3人，获法院改判7件15人（含积存）；就刑期计算错误、超期羁押、取保候审不当等发出检察建议，均获采纳。对1起犯罪嫌疑人藏匿涉案财物的盗窃案开展引导侦查，最终准确指控犯罪，该案例被央视《法治在线》节目报道。

**【民事检察】** 2020年，越城区检察院办结民事生效裁判监督案件103件，其中，提请抗诉5件，发出再审检察建议71件，16件（含积存）获法院审结改判。加强对审判活动、执行活动和审执人员的监督，发出检察建议6份。打击虚假诉讼，对受理的"套路贷"案件系统梳理，监督案件获法院再审改判13件（含积存）。

**【行政检察】** 2020年，越城区检察院实质性化解行政争议案件8件。联合法院、司法部门建立行政争议案件协作化解机制，以"监督＋支持"方式介入案件调解。通过《检察释明书》创新法律文书说理方式，引导申请人服判息诉。年内，出台全市首个《行政非诉执行监督案件办理规定》，办结监督案件63件。一起工伤认定行政争议案被高检院评为"加强行政检察监督，促进实质化解决行政争议典型案例"。

2020年，全国先进基层检察院跨地区学习考察暨"十四五"时期基层院建设行动规划专题调研会在越城区召开（区检察院　提供）

**【公益诉讼检察】** 2020年，越城区检察院围绕生态环境和资源保护、食品药品安全、国有土地使用权出让、国有财产保护等领域，办结行政公益诉讼磋商案件及诉前案件32件，到期回复整改率100%；办理民事公益诉讼案件5件，其中，诉请获法院判决支持3件，诉前赔偿并达成和解2件；办理涉及古桥、牌坊、台门等"古城保护"专项公益诉讼案件23件。出台全省首个《公益诉讼特邀检察官助理工作规定》，获新华社报道。

**【扫黑除恶"收官战"】** 2020年，越城区检察院开展"案件清洁"，共批捕涉黑恶案件犯罪嫌疑人19人，起诉137人，实现积存案件全部清零。移送黑恶势力背后的腐败问题和"保护伞"各类线索24条，引导追缴、查封、扣押、冻结涉黑恶案件财产13亿余元，办理章某某等14人组织、领导、参加黑社会性质组织案。

**【涉企案件检察】** 2020年，越城区检察院依法办理各类涉企案件，坚持"少捕慎诉"。与绍兴市黄酒行业协会签署《协同保护、发展绍兴黄酒备忘录》，加强打击假冒伪劣产品、净化市场环境、提升中小黄酒生产企业法治意识、维护绍兴黄酒品牌等领域的协作。全年共办理涉企案件130件300人，其中，相对不起诉84人，提出缓刑建议74人，均获法院采纳。

**【未成年人特殊司法保护】** 2020年，越城区检察院深化未成年人特殊司法保护，科学把握社会危险性、羁押必要性和帮教可行性，联合公安、法院、教育部门，建立在校从业人员入职查询和信息通报机制，构筑未成年人健康成长的"防火墙"。全年办理涉未刑事案件43件64人，相对不起诉16人，附条件不起诉24人，非羁押措施适用率达93.48%。

**【多元化司法救助获全省"三服务"活动典型】** 2020年，越城区检察院开展"司法救助＋社会救助、法律援助、心理抚慰、造血扶志"的"1+N"多元化司法救助，累计帮助26户救助对象争取到各类救助资金28.5万元，该项工作经验入选"全省'三服务'活动月度十个好典型"。其中，环卫工人司法救助案获评"全省控告申诉检察精品案件"。

**【"执法司法规范化水平提升年"活动】** 2020年，越城区检察院深入开展"执法司法规范化水平提升年"活动，共排查各类问题158个；统筹做好问题解决和建章立制，出台各类制度12项；走访人大、政协、法院、公安及律所等单位，

2020 年，省人民检察院党组书记、检察长贾宇（前排中）到越城区检察院调研指导（区检察院 提供）

收集意见建议 30 余条。对 22 件已办结涉检、涉民企、涉黑恶线索刑事案件开展检委会专项评查，通报违反办案期限、监督工作不到位等问题并督促整改。分别与公安、法院出台建立执法信息、案件信息共享机制，为法律监督工作提供信息数据支撑。

【参与社会治理】 2020 年，越城区检察院通过类案专项推动、指定员额检察官专人统筹、创设"社会治理专题检察官联席会议"群策群智、借助外部专业支持的"四专模式"推进检察环节社会治理工作，开展 8 个专项治理（非法捕捞水产品犯罪案件诉源治理和生态修复；公共企事业单位信息安全风险防范；涉黄酒企业犯罪风险防范；防范防疫物资法律风险专项社会治理；涉物业犯罪专项社会治理；轻微刑事案件赔偿保证金制度探索适用；相对不起诉"十件好事"帮教；深化认罪认罚从宽制度实施，加强量刑协商），帮助相关单位解决实际困难、封堵管理漏洞 10 余个。年内，"12309"检察服务中心入驻区矛盾纠纷调处化解中心，受理各类信访事项 456 件次，检察长接访 49 件，先后成功化解一起由故意伤害案引发的 20 年信访积案和一起由抵押借贷引发的信访 7 年的拒不执行判决裁定案。（区检察院 李晓兰）

## 法 院

【概况】 2020 年，越城区人民法院新收各类案件 22358 件，办结 23093 件（含旧存），未结案 2524 件，实现全年结案大于收案，收案数、未结案数同比分别下降 7.55% 和 22.55%，一线法官年人均结案 398.5 件，同比下降 10.05%。12 个月以上未结案下降至 2 件，18 个月以上未结案保持清零，主要质效指标持续在合理区间良性运行，为打造全市首位度中心城区提供了有力的司法服务和保障。

年内，越城区法院开展"办案质效大提升""司法能力大提升""严厉打击虚假诉讼""司法作风大提升"四大活动，通过领学促学督学机制，组织民法典、环资审判、执行实务、司法保障等各类培训 105 次，实现政治能力和业务水平双提升。全年获得各级表彰奖励 50 项，其中省级以上 10 项。《李兆军诉绍兴市上虞区环境保护局环保行政处罚案——对规范性文件的司法审查》获第四届全国环境资源审判优秀业务成果案例类一等奖，11 篇信息被中办、最高院、省委办录用，7 篇论文、案例被《中国审判》等国家级刊物录用，"越城区法院为一药企修复信用保障抗疫物资生产案"入选浙江法院服务保障疫情防控十大典型案例，助"菜篮子"企业渡过"担保劫"案入选浙江法院"战疫情、保民生、促发展"十佳执行典型案例。

【刑事审判】 2020 年，越城区法院审结刑事案件 925 件，判处罪犯 1903 人。重拳惩治涉众型经济犯罪，审结涉网络犯罪、集资诈骗、非法吸收公众存款等案件 51 件。保持反腐败高压态势，审结职务犯罪案件 7 件。

【民商事审判】 2020 年，越城区法院审结民商事案件 12367 件，向公安机关移送涉虚假诉讼、

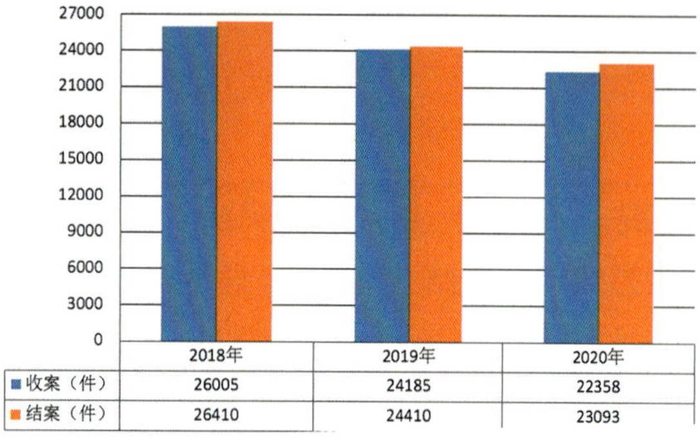


图 11 2018—2020 年越城区法院收结案对比图

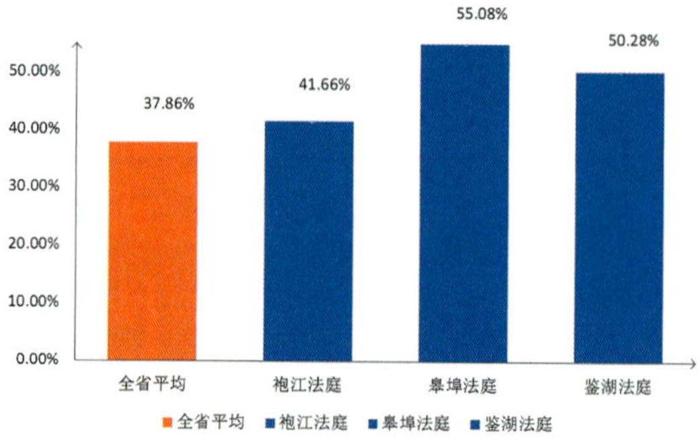


图 12 2020 年人民法庭诉前纠纷化解率对比图

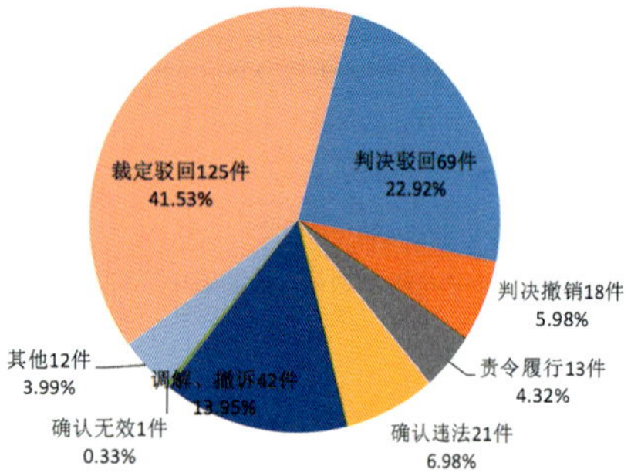


图 13 2020 年越城区法院行政诉讼案件结案方式分布图

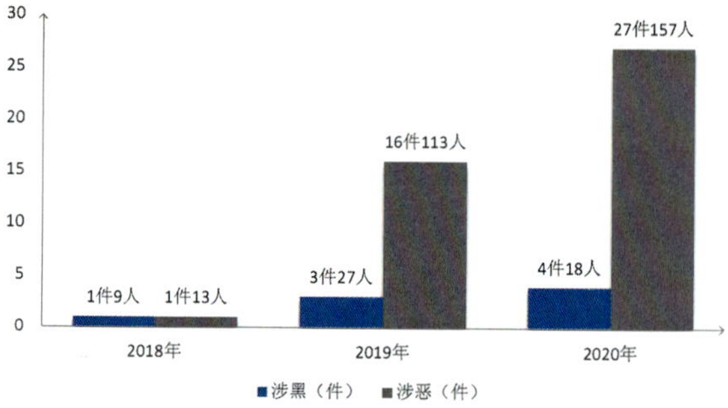


图 14 2018—2020 年越城区法院涉黑涉恶案件结案情况对比图

“套路贷”案件 13 件，审结破产案件 61 件。召开民间借贷协同治理新闻发布会，公布职业放贷人名录 7 批 257 人次，民间借贷收案同比下降 17.37%。建立大要案破产工作协调机制和破产重大事项常态化协调机制，发挥破产拯救与出清功能，华夏置业破产重整后已交付房产 250 套，取得良好社会效果。

**【行政审判】** 2020 年，越城区法院审结行政诉讼案件 301 件，同比下降 6.23%，判决行政机关败诉 53 件，稳妥处置灵芝街道征迁系列行政争议案件。联合区政府召开预防和化解行政争议工作会议，推进行政争议调解中心实体化运作，全年共调撤案件 42 件。建立出庭情况季通报和“双请假”制度，涉越城区行政机关负责人出庭应诉率达 100%。

**【决胜扫黑除恶专项斗争】** 2020 年，越城区法院紧扣扫黑除恶专项斗争三年总目标和年度“深挖整治”“长效常治”目标任务，成立扫黑除恶专项斗争审判执行攻坚指挥部，全力攻坚“案件清结”“黑财清底”。全年共审结黑恶案件 31 件 175 人，判处五年有期徒刑以上 60 人；通过“六清”行动、“伞网清除”移送涉黑恶犯罪及“关系网”“保护伞”线索 68 条。首创将涉案资产直接交付的执行方式，完成“8·26”全省涉案金额最大涉黑案件的财产刑执行，追缴、没收违法财产执行率 100%，执行到位金额 12.5 亿元，居全省第一，相关做法被《浙江新闻联播》报道。3 年内，累计受理并审结黑恶案件 52 件 337 人，其中省级挂牌督办 3 件 32 人，判处 5 年有期徒刑以上 116 人，没收个人全部财产 3 人。

**【推进诉源治理】** 2020 年，越城区法院主动融入党委政府大治理格局，诉讼收案数实现三年三连降，相关做法在全市坚持发展新时代“枫桥经验”工作交流会上作经验介绍。年内，区法院

2020年10月22日，越城区法院在全市“法院+工会”劳动争议多元化解工作现场会上做交流发言(区法院　提供)

成建制入驻区矛调中心，参与镇街、村(社区)矛调体系建设，提供调解指导、司法确认、简案速裁等司法服务。全年完成诉前调案件7371件，调解成功4149件，创新构建“立案预警+示范判决+示范调解”工作机制，妥善化解星尚悦湖小区、蓝堡健身等6批次500余人群体性纠纷，诉前纠纷化解率38.17%，同比上升51.29%。

**【“枫桥式”法庭建设】** 2020年，越城区揭牌启用鉴湖法庭，申报设立镜湖法庭。袍江法庭深化“三联三室一中心”(联合工会、商会、人大代表、工会工作室、商会工作室、代表联络室，商事纠纷化解中心)模式，通过商会工作室、工会工作室合力化解涉企纠纷128件；联合孙端街道健全“3+1”(民事纠纷化解“村人民调解委员会+镇人民调解委员会+外婆家调解室+诉讼服务站”)联动机制，属地纠纷诉前化解率98.65%。皋埠法庭完善“线下巡回审、线上微法院”新模式，巡回审判案件数量居全市首位。鉴湖法庭联合社区开展“契约化”庭社共建，围绕物业纠纷协同治理、法律志愿服务、党建争先创优等开展“契约化”共建活动，实现物业纠纷调撤率94.95%。年内，越城区承办全市“法院+工会”劳动争议多元化解工作现场会，工会参与劳动争议调解新模式在全市推广，并入选“市域治理现代化·创建有我”主题活动优秀案例。鉴湖法庭“携手庭社共建，推进诉源治理”项目入选2020年度越城区党建“契约化”共建“十佳”创优项目。

**【两个“一站式”建设】** 2020年，越城区法院推进现代化、智能化诉讼服务体系建设，在斗门街道开设全区第3个诉讼服务站，在塔山街道水沟营社区、富盛镇金溪村等5个村(社区)设立法庭驿站、法官工作室，配备移动微法院、ODR平台、庭审直播等信息化设备，为群众提供法治授课、网上立案、在线开庭、在线送达、裁判文书查询、指导调解等服务。

**【司法体制综合配套改革】** 2020年，越城区法院全面落实司法责任制综合配套改革。深入推进以审判为中心的刑事诉讼制度改革，认罪认罚从宽制度适用率达90.14%。对31名罪犯准予监外执行，10名罪犯撤销缓刑收监执行。完善“一室一团一校”三大平台，建立高效集约、便民利民的现代化家事纠纷诉讼服务体系。创新家事纠纷诉源治理工作方式，通过举办“微课堂”、在线法律咨询直播、《中华人民共和国民法典》讲座进社区等形式开展婚姻家庭学校活动，探索法检合作推进未成年子女保护。规范司法确认程序、小额诉讼程序和简易程序，推广简式裁判文书适用，通过全流程无纸化审结案件2564件，无纸化立案率、送达率等5个核心指标均达100%。

**【执行标的到位率居全省第四】** 2020年，越城区法院构建执行长效机制，执行收案8944件，同比下降1.94%；执行到位金额39.04亿元，执行标的到位率43.72%，居全省第四。联合税务机关建立良性互动机制，推进司法拍卖“一件事”改革，实现不动产查解封等事项“线上”办理。锚定争创全省一流执行工作品牌目标，部署开展“六稳”“六保”专项执行行动和“决胜2020”集中执行行动，参战“越剑雷霆”专项执行攻坚，全年罚款、拘留992人次，移送拒执罪51件63人，曝光“老赖”317人次，违法制裁率14.76%，继续保持全市第一；网拍成交额13.16亿元，居全省第五。（区法院　傅眉佳）

2020年12月26日，越城区举行特邀律师调解工作推进会（区司法局　提供）

## 司法行政

**【概况】** 2020年，越城区司法局正式入驻区社会矛盾纠纷调处化解中心，深化访调、诉调、检调、警调、仲调等“多调联动”矛盾纠纷多元解决机制，实现矛盾纠纷化解“最多跑一地”。截至年底，全区共有各级调解员1747个，其中专职调解员86人、调委会526个、行业性专业性调委会11个，共调解矛盾纠纷3703件，成功3656件，成功率98.7%，涉及金额39857.67万元。

**【构建社会矛盾纠纷“大调解”体系】** 2020年3月，越城区全面推进人民调解工作规范化，发挥非诉讼纠纷解决机制作用，推动交通事故纠纷、医患纠纷、劳动纠纷、物业纠纷、拆迁纠纷、校园纠纷等专业性调解组织和品牌调解室入驻区级矛调中心。完善镇（街道）矛盾纠纷化解平台，深化村（社区）基础性调解工作平台，完善“线上＋线下”“一窗口、一站式”受理模式。特聘111名律师加入特邀调解员队伍，组建基层社会治理专业指导中心、涉房地产纠纷调解组、涉公司金融纠纷调解组、涉婚姻家庭纠纷调解组、涉土地拆迁纠纷调解组、涉劳资纠纷调解组、涉物权保护纠纷调解组、涉合同债权纠纷调解组、涉侵权责任纠纷调解组等9个涉及全社区矛盾纠纷的专业律师调解团队。

**【首个社区矫正教育帮扶基地建立】** 2020年8月10日，越城区首个社区矫正教育帮扶基地、安置帮教基地在绍兴市职教中心挂牌，开设烹饪、计算机、数控、美术培训等课程。区司法局和绍兴市职业技能培训中心现场签订合作协议，充分贯彻7月1日正式实施的《中华人民共和国社区矫正法》，将矫正重心从重监管向重帮扶转变，进一步预防和减少社区矫正人员重新犯罪。

**【加强政法一体化办案】** 2020年，越城区依托政法一体化平台建设，完成与公、检、法系统24小时内的信息接收、审核、指派、反馈工作，公共法律服务系统承办各类网办案件532件，占总案件数的85.9%；接收法院的入矫推送案件191件，占总案件数的83.04%。一体化办案系统硬件采购基本到位并投入使用，居于全市系统中首位。

**【特殊人群管理】** 2020年，越城区在册社区矫正对象538人，其中缓刑471人、假释39人、暂予监外执行18人、管制对象10人。全年接收矫正人员339人，期满解矫282人，居住地变更23人，作出警告处罚37件次，收监执行14人，其中，撤销缓刑6人、撤销假释4人、暂予监外执行收监2人。疫情期间，对辖区内刑释人员、假释人员有家属或者工作人员开展必接必送14次，累计安排远程视频会见罪犯140人次，接待会见家属326人次。

**【服务疫情防控和复工复产】** 2002年，越城区下发《绍兴市企业应对疫情法务手册》1500册，整编《应对疫情企业复工复产法律操作指南》，微信公众号累计发布与疫情相关的普法文稿36篇。结合“春风法雨”专项行动，主动对200余家中小企业分六个方面65条进行“点对点”法治体检，组织村居法律顾问与人民调解员、网格员入户进企排查因企业复工复产、人员隔离管控、合同履行、房租减免、小区道路临时封闭、归国人员隔离等引发的矛盾纠纷，接到受理书775件，成功调解753起。（区司法局　李菊花）

## 法律服务

**【概况】** 2020年，越城区接收原市直律师事务所9家，实现市属所全部划归越城区管理。全区共有律师事务所36家，执业律师558名，担任企业法律顾问2594家，政府部门法律顾问50家，134名律师担任全区16个镇街366个行政村（社区）的法律顾问。全年办理各类案件11980件，律师收费业务额24145万元，同比增长118%。

截至年底，越城区共有基层法律服务工作者48名，建成基层法律服务所8家，办理各类案件1019件。36家律所单独设立党支部26个，拥有律师党员222名，占全区执业律师总数的40%。大公、泽大（绍兴）、越泽、中行、德凡、近远、点金党支部等7家入选市“五星双强”两新组织党支部，大公、中行、泽大（绍兴）、近远、越泽、秦国光所6家入选市律师行业“五星双强”示范律师事务所，和畅所入选2021年度第三批浙江法律援助志愿服务行动单位，全市唯一。

**【构建公共法律服务体系】** 2020年，越城区公共法律服务整体入驻越城区矛盾纠纷调解中心，实行“全部业务、一窗受理、容缺代办”。全年共承办法律援助案件804件，接待来访咨询1254人次，热线“12348”接待来电咨询4706人次，办理认罪认罚法律帮助1372件，办理公证2669件，接受鉴定咨询100人次，受理“最多跑一次”131件。

**【成立中共越城区律师行业委员会】** 2020年11月，中共绍兴市越城区律师行业委员会成立大会召开，选举冯坚为党委书记，徐荐土、何高峰为副书记，马海、汤雪明、余高明、周仙、周斌照、黄长江为党委委员。年内，完成绍兴市律师协会越城分会换届。全年共开展“缅怀革命先烈、担当正义使命”红色之旅、青年律师刑辩小讲堂、扶贫助困献爱心、疫情防控期间企业复工复产、“社保政策”直播带货等活动共100余次，74名律师党员开展普法宣传、法律讲座208场次。

2020年11月1日，中国共产党绍兴市越城区律师行业委员会成立大会召开（区司法局　提供）

【法律服务行业教育整治】 2020年，越城区司法局对全区600余名执业律师进行行业教育整顿，通过教育培训、纪律严查提升整体队伍建设。全年组织职业道德和执业纪律、解读新的《中华人民共和国民法典》、增强律师党性等专题培训7次。通过裁判文书网检索抽查律师案件3675件，累计电话回访955件，法院调阅案件918件，共发现线索94条，核实线索50条，确定问题4个，立整立改（如违规兼职）39条。共处理投诉案件律师及律所13起，给予党纪处分1人，警告处分1人，停止执业3个月1人，移送市局处理律师2人律所1家。（区司法局　李菊花）

## 公证服务

【概况】 2020年，越州公证处新购置自用办公大楼，实现整体按企业化经营，并修订完善《绍兴市越州公证处规章制度》，规范值班接待制度、考勤制度、加班制度、员工年休假制度，外出业务调查制度，薪酬激励制度等。截至年底，共有公证员5名、公证员助理6名，全年办理各类公证案件2669件，其中经济案件599件、民事案件1689件、涉港、澳、台及涉外案件381件，公证卷宗在全省公证质量检查抽查中全部合格。

【拆迁安置现场公证】 2020年，越州公证处在斗门、灵芝、东浦、北海、塔山、马山、孙端、城南等街道拆迁村累计现场咨询15次，接待群众约700人次，先后办理拆迁村村民评估机构选择的现场监督公证、房屋拆迁的招投标现场监督公证、继承公证、赡养协议公证、货币安置奖励权益的赠与公证、监护公证，房产现状保全证据公证、违章建筑房屋强制拆迁（安置补偿协议、告知书）送达公证、违章建筑房屋强制拆迁财产清点保全证据公证、安置择房抽签现场监督公证等十余项公证项目共计257件。

【“打造最佳营商环境”专项公证法律服务】 2020年，越州公证处依托区行政服务中心、袍江政务服务中心、区社会矛盾纠纷调处化解中心3个对外窗口办理“最多跑一次”服务事项610件，事务性委托案件实现即办即取，涉外公证3天出证。在合理、合规范围内为企业办理银行贷款合同、股权转让、股东会决议等公证，并提供免费上门、预约无休服务。与杭州剑证网络科技有限公司联合开发越州公证事务性委托公证服务平台，在线办理网上公证3起；利用互联网存证平台为中小企业办理专利、商标、专有技术、著作权、商业秘密保护的公证服务4起。（区司法局　李菊花）

# 农业　农村

## 综　述

**【概况】** 2020年，越城区坚持农业农村优先发展战略，实施乡村振兴战略，深化"五星达标3A争创"，建设品质农业和生态农业。实施农村改革，全面推进脱贫攻坚，推动新时代美丽乡村建设，提升农村人居环境。全年粮食播种面积15.35万亩，总产量7.11万吨；实现农林牧渔业总产值21.301亿元，增加值12.67亿元，同比增加2.2%，完成"六稳""六保"下达任务。年内，完成28个经济薄弱村转化，全面消除经营性收入低于30万元的行政村和年人均收入在9000元以下的低收入农户。全区农村居民人均可支配收入38633元，较2019年增幅7.2%。

**【推进脱贫攻坚】** 2020年，越城区深化经济薄弱村结对帮扶，落实829名干部帮扶结对低收入农户，实现低收入农户"一户一档、一户一卡、一户一册"。落实28名部门驻村指导员，制定"一村一策"，开展精准帮扶。今年累计走访慰问贫困户1.1万余次，并实现全区低收入农户全面参保。建立1家市级产业扶贫基地。截至年底，28个村经营性收入全部达到30万元以上。

## 农业现代化建设

**【概况】** 2020年，越城区加快推进农业供给侧结构性改革，提高农业生产的规模化、标准化、市场化水平和农民的组织化、信息化、市场化程度，壮大农业主导产业规模，实现产业项目落地集聚规模化发展，推动"三产融合、三生协调、五化联动"的现代都市农业发展。年内，重点推进田园综合体和特色园区创建两大主导产业。其中，孙端街道小库村田园综合体项目二期项目被列为年度"双十大"项目，主体童心岛建设部分作为现代农业公园示范被列入全市农业产业提升"2020"计划建设。贡帝·托斯卡纳一期正式开园，抹茶特色园三期项目完成市级验收，由由嘉园二期民宿项目完成征地。截至年底，全区共有200亩以上水稻种植大户227家、市级认定"菜篮子"蔬菜基地18家、30亩以上水果种植基地32家、10亩以上花卉基地9家、30亩以上水产养殖基地115家、畜禽养殖企业17家、茶叶基地2家、中药材基地2家、农业经营企业6家。

**【"城郊保障蔬菜"优势区建设】** 2020年，越城区重点提升改造城郊老蔬菜基地基础设施，整合高标农田建设项目资金，对斗门街道斗门村

陶堰街道现代农业综合服务中心（陶堰街道　提供）

等蔬菜基地开展道路硬化、修缮和沟渠新建、修复，另改造高效节水灌溉设施。项目涉及面积1041.23亩，其中，高效节水300亩，新建渠道20条1799米，机耕路硬化1390米，新建泵房5座。

**【美丽“五园一场”创建】** 2020年，越城区创建国家级畜禽养殖标准化示范场1家（绍兴市辉达生态养殖有限公司）、省级精品果园1家（绍兴市蓁茂果蔬有限公司）、省级放心菜园1家（浙江顺浩农业开发有限公司）、市级美丽果园1家（绍兴吼山生态农业发展有限公司）、省级水稻病虫害绿色防控示范区3个（富盛镇、陶堰街道、皋埠街道）。

**【田园综合体建设】** 2020年，越城区持续推进孙端街道悠库田园综合体、陶堰街道民乐田园综合体和富盛街道田园综合建设。孙端街道悠库田园综合体当年完成投资额2000万元，累计完成投资1.1亿元。年内，建成童心岛区域CKSB智慧农业馆、南瓜展示馆并举办南瓜节会，打造集果树采摘、休闲观光体验旅游为业态的现代农业基地。陶堰街道民乐田园综合体总规划面积1800亩，已形成1000亩的油菜观光区、平陶公路及百家湖周边300余亩的美丽田园以及部分教学和休观光区域。富盛镇以托斯卡纳风情园、由由嘉园及御茶村为核心辐射周边村落，已初步建成集设施农业、旅游观光、民宿休闲为一体的田园综合体。

**【3579亩高标准农田项目开工建设】** 2020年，越城区东湖街道、斗门街道、孙端街道3个高标准农田项目开工建设，涉及柏舍、浪头湖、朱尉、斗门、荷湖、林头、张家沥等7个行政村。工程建设面积3579亩，其中高效节水面积覆盖面积300亩，概算总投资777.95万元。

**【完成3个粮食生产功能区因缺补缺项目】** 2020年，越城区在皋埠、陶堰、东浦街道实施完成3个粮食生产功能区因缺补缺项目。其中，皋埠街道项目完成硬化机耕路面324.186米1606.24平方米；原计划D600型盖板沟125米经变更排水沟拆除及塘渣回填133.8米，安砌侧石662米，砌筑雨水井2座，HDPE315双壁波纹管23.5米、110聚氯乙烯（PVC）管5.9米；新建下田坡4个；陶堰街道项目完成2.5米宽砂石机耕路1020.2米，完成计划1000米的102%；东浦街道项目完成20厘米C30混凝土机耕路：4米宽290米，3.5米宽163.3米，4.5米宽15.8米，3.7米宽9.2米，合计478.3米；修复U90沟渠203.5米，铺设φ30厘米过路涵管3支。总投资100.15万元。

**【粮食生产功能区提标改造2066亩】** 2020年，越城区在陶堰街道金墅村、邵家溇村、张家岙村实施粮食生产功能区提标改造工程，完成机耕路硬化长2180米（7606.3平方米）；新建机耕路并硬化1333米（4636平方米）；新建泵房2座、U形渠道1684米；维修渠道4964米。实际总投资275.2811万元，完成提标改造面积2066亩。

## 种植业

**【概况】** 2020年底，越城区共有粮食生产功能区面积8.94万亩、种粮面积50亩以上的种粮大户428户，总承包面积6.07万亩，50亩以上粮食复种面积10.95万亩；市级认定"菜篮子"蔬菜基地18家，合计面积5950余亩，全年创建市、区级水稻高产百亩示范方13个，其中市级7个、区级6个。

**【优选产品（示范基地、示范方）】** 2020年，绍兴市民乐粮油专业合作社、绍兴市万国家庭农场有限公司等优质米种植基地获评区优质稻米生产示范基地，绍兴腾风农场有限公司优质米种植示范方获评区优质稻米生产示范方，绍兴市原明农业发展有限公司参加2020年浙江精品甜瓜评选并获得优质奖，绍兴市勾山茶业专业合作社创建2020年市级生态有机（"双零使用"）茶园。

**【开展特色农业政策性保险】** 2020年，越城区持续推广特色农业政策性保险，5家茶园参保茶叶低温气象指数保险。另开展市级"菜篮子"蔬菜基地叶菜成本价格保险，绍兴市越城区斗门街道三江村股份经济合作社、绍兴市越城区斗门街道荷湖村股份经济合作社、绍兴市越城区斗门街道璜山北村股份经济合作社、绍兴市越城区斗门街道斗门村股份经济合作社、绍兴绿油油蔬菜专业合作社、绍兴市丰绿蔬菜专业合作社、绍兴市百草园蔬菜专业合作社、绍兴锦绣农业开发有限公司等8家市级"菜篮子"基地参保。

## 畜牧业

**【概况】** 2020年，越城区坚持推进以标准化、绿色化、循环化、规模化、数字化、基地化"六化"引领的畜牧业高质量发展。全年肉类总产量8415.33吨，禽蛋产量638.67吨。生猪存栏6.34万头，其中能繁母猪0.6197万头，生猪出栏8.5万头；家禽存栏15.54万羽，出栏18.35万羽；羊存栏2.20万头，出栏量2.01万头；蜜蜂规模养殖存栏数715箱；绍兴市天天肉食品有限公司生猪屠宰检疫113770批次144357头、家禽屠宰检疫135277批次216万羽。截至年底，累计创建省级美丽牧场13家。

**【重大动植物疫病防控】** 2020年，越城区结合春季突击预防注射和秋季动物防疫行动计划，对全区畜禽实施强制免疫，规模养殖场的口蹄疫、猪瘟和高致病性禽流感的免疫密度达到100%，生猪、家禽散养户免疫密度在96%以上。全年猪接种免疫口蹄疫疫苗170688头次、猪瘟疫苗171815头次、高致病性猪蓝耳病疫苗78160头次、

一景生态牧场内景（沥海街道　提供）

耳标佩戴数9.96万头；羊免疫口蹄疫57228头次、小反刍兽疫51470头次；鸡免疫高致病性禽流感121713羽、鸭免疫高致病性禽流感115874羽、鹅禽流感免疫22974羽。存栏5000头以上生猪规模养殖企业全面建立非洲猪瘟病毒核酸PCR检测自检制度，生猪屠宰场严格履行动物防疫和产品质量安全主体责任，并实施非洲猪瘟自检。病死猪无害化处置12189头，处理率100%。全年备案活畜禽1519批次87373头1022155羽、食用动物产品3203批次1515吨，生猪运输车辆备案12辆，全年无重大动物疫情发生。

**【畜牧业绿色发展】** 2020年，对绍兴咸亨绍鸭育种有限公司和绍兴市辉达生态养殖有限公司完成无公害农产品换证，并开展绍鸭原种场畜禽遗传资源保种效果监测评估、北山实施家畜布鲁氏菌病净化场评估。年内，实施“百场引领、千场提升”行动，规模猪场细化“一场一策”改造提升项目，确保养殖生产“菜篮子”安全。顾家蜂场参加省一级种蜂场意蜂种蜂性能测定（全省参加6家）名列前茅。

## 渔　业

**【概况】** 2020年，越城区渔业主要养殖品种为四大家鱼等常规品种以及甲鱼、青虾、鳜鱼等名特优品种。全年增殖流放鱼苗1203.5万尾，其中夏花1190.6万尾、冬片12.9万尾。全年水产养殖面积53550亩，其中外荡养殖面积37950亩，池塘养殖面积2250亩，稻田养殖面积13350亩。水产品总产量19830吨，较上年增加2.59%。渔业总产值54262万元，较上年增长0.8%。休闲渔业经营主体全年共计接待游客6.5万人，产值855万元。

**【“平安渔业示范县”创建】** 2020年，越城区实施“白加黑、五加二”“错时执法”等执法巡查模式，确保全区水域巡查全覆盖。农业农村、公安、海事、市场监管等多部门密切配合，依法开展严厉打击“电、毒、炸”鱼等违法行为。全年组织执法检查389次，出动执法人员1219人次、执法车（船）394次，查获各类渔业违法案件112起，收缴行政罚款18.4万元，清缴各类非法渔具4239个（张）。对照“平安渔业示范县”创建活动要求，结合春雾季渔船安全执法检查和年度渔船检验工作，组织安全培训班2次，签订安全生产承诺书230余份。组织实施基层管理组织能力提升，落实落细定人联船、渔船编组生产、渔船动态点验制度，督促基层管理组织配足配强专职管理员，实现渔船纳入基层组织管理覆盖率100%。全年开展渔船安全执法103次，出动执法人员347人次，检查渔船197艘。

**【省级稻渔综合种养示范基地创建】** 2020年，

**2020年越城区建成省级水产健康养殖示范场一览表**

表22

| 序号 | 名称 |
|---|---|
| 1 | 绍兴市越城东浦光相特种水产养殖场 |
| 2 | 绍兴市越城区华根家庭农场 |
| 3 | 绍兴市越城区渔父农庄有限公司 |
| 4 | 绍兴市越城区陶和川家庭农场 |
| 5 | 绍兴市越城区老郑家庭农场 |
| 6 | 绍兴市万国家庭农场有限公司 |
| 7 | 绍兴市豆姜水产养殖有限公司 |
| 8 | 沈国龙养殖场 |

越城区全面推进稻渔综合种养及池塘生态循环养殖模式，创建1家省级稻渔综合种养示范基地（绍兴国明农场有限公司）和8家省级健康养殖示范场。绍兴国明农场有限公司的稻虾轮作、稻鳅共生模式有效解决了稳粮和增效的矛盾，同时依靠生态种养减少单一养殖带来的农业面源污染，推动综合种养业的全面发展和农作制度的创新，受到省级专家的肯定。

**【水产品质量安全监管】** 2020年，越城区累计开展初级水产品质量安全执法检查23次，检查企业60家；配合完成农业农村部渔业质量监督检测4批次，完成省级水产品质量安全监测132批次、市级监测27批次、区级监测40批次，涉及水产养殖企业55家，其中监督抽样138批次、例行监测50批次、专项风险监测15批次。（区农业农村局　吉佳红）

## 林　业

**【概况】** 截至2020年底，根据上一年度森林资源动态监测结果越城区共有林地面积20.4162万亩，森林面积20.0735万亩，森林覆盖率为27.19%。活立木总蓄积量76.5495万立方米，其中乔木林蓄积69.5915万立方米，占90.91%；散生木蓄积18403立方米，占2.4%；四旁树蓄积51177立方米，占6.69%；清除病枯死松木27.08万千克，除治面积0.24万亩。推进森林督查暨森林资源管理“一张图”工作，通过国家林草局上海专员办对32个省道旁12号图斑开展森林督查“回头看”工作。全年未发生森林火灾。

**【国土绿化】** 2020年，越城区深入践行“绿水青山就是金山银山”理念，组织实施百万亩国土绿化造林任务，推进大规模国土绿化美化五年行动，完成造林更新1212亩（平原绿化1212亩）、森林抚育825亩、新植珍贵树6.1万株。陶堰街道泾口村成功入选2020年省级生态文化基地。

**【“两公园”建设】** 2020年，越城区加快推进鉴湖国家湿地公园创建进度，提请区政府专题召开两公园建设推进工作会议，落实鉴湖国家湿地公园领导小组成员单位调整事宜，与陶堰街道、国家林草局华东院对接鉴湖国家湿地公园工程初步设计，协商会稽山国家森林公园红线与省级公益林小班界线衔接一致，加快森林公园总体规划报批工作。（区自然资源与规划分局　李伟）

鉴湖湿地公园（区自然资源与规划分局　提供）

# 农业服务与监管

**【概况】** 2020年，越城区完善区、镇街、基地三级农产品检测监管体系，推动各涉农镇街农产品检测站正常运行并免费开放。推广绿色防控技术面积14.52万亩、统防统治面积13.23万亩。年内，实施耕地安全利用和严格管控，完成农用地污染区块耕地现状划分及种植户现状详查并开展整治。实施化肥农药减量工程，实现不合理化肥减量91.47吨，农药减量9.39吨。

**【农产品质量安全】** 2020年，越城区全面开展农产品质量安全监测，监测品种覆盖种植业、水产品、畜禽等农产品，累计抽检区级农产品458批次，合格率98.03%；检测不合格的农产品处理率达100%。完善农产品质量安全可追溯体系，实现省、市、区农产品质量安全追溯平台信息对接并动态管理，全区已有追溯点160余家，其中3家被评为2020年市级农产品质量安全追溯规范点。

**【绿色优质农产品认证】** 2020年，越城区积极推进绿色优质农产品认证，开展蔬菜水果茶叶绿色生产标准化建设，标准化率已达到64.2%。建立健全绿色优质农产品质量安全认证与监管机制，全区主要食用农产品中绿色优质农产品比率为57.17%。

**【农产品质量安全专项整治"利剑"行动】** 2020年，越城区全面开展浙江省农产品质量安全专项整治"利剑"行动。"利剑"1号行动以蔬菜、水果为重点，全面排查各类种植主体，严厉打击违法违规使用禁用农药的行为，共检查生产经营主体90家，出动监管执法人员180人次，开展监督抽查样品10批。"利剑2号"行动以禽蛋(鸡蛋、鸭蛋、鸽子蛋)、猪肉、牛肉、羊肉为重点，严控违法使用禁用药物和非法添加物、兽药残留超标、非法屠宰等行为，检查生产经营主体26家，出动监管执法人员62人次，开展监督抽查样品34批。"利剑3号"行动以水产养殖场、养殖户为重点对象，以乌鳢、加州鲈鱼、黄颡鱼、鳊鱼、鲫鱼、中华鳖等养殖水产品为重点，严厉打击水产养殖过程中违法使用禁用药品及其他化合物、停用药物。检查生产经营主体45家，出动监管执法人员102人次，开展监督抽查样品60批。

**【农业"两区"土壤污染治理】** 截至2020年底，越城区建成土壤污染省级常规监测点6个(皋埠街道上蒋村、陶堰街道亭山村、鉴湖街道上谢墅村、灵芝街道西山头村、马山街道永兴村、孙端街道小库村)、综合监测点4个[东浦街道鲁东村粮食生产功能区、富盛镇乘凤畈省级粮食生产功能区、皋埠镇新桥(大湖沿畈)市级粮食生产功能区、孙端街道樊浦畈省级粮食生产功能区]，并完成监测点的土壤和农产品抽样。在陶堰街道张家岙村建立一个50亩以上市级农业两区土壤修复试点，委托市农科院开展"农业两区"土壤As、Pb复合污染治理并通过市级评估。

**【耕地安全利用和严格管控】** 2020年，越城区完成《耕地土壤环境质量类别划分》编制，并会同省农科院进行农用地污染区块耕地现状划分及种植户现状详查，推进耕地安全利用与严格管控。全区93363亩安全利用农田中，种植水稻39678亩，涉及12个镇街113个村；1708亩严格管控区域中，种植水稻等1323亩，涉及5个街道12个村。根据治理方案，采购钙镁磷肥、土壤调理剂、叶面阻控剂，土壤调理剂撒施到田实施区域总面积1393.3亩，钙镁磷肥实施区域总面积17708亩，叶面阻控剂实施面积1219亩。全区耕地可安全利用地块安全利用率达到92%以上。相关做法在全省现场会上作专题汇报介绍。

**【农业面源污染治理】** 2020年，越城区推广应用省补商品有机肥，推进化肥农药减量工程。建设10个化肥定额制配套技术示范方(其中晚稻8个、茶叶1个、葡萄1个)，委托第三方完成160个(含袍江、滨海)耕地土样检测。推广应用测土配方施肥技术39.18万亩次，测土配方施肥覆盖率达93.1%；推广农作物病虫害绿色防控应用面积15.72万亩次，减少不合理使用化肥60.1吨；商品有机肥推广应用0.707万吨，推广面积2.82万亩；水肥一体化技术推广面积0.3万亩，实现不合理化肥减量91.47吨，农药减量9.39吨。回收处置农药废弃包装物22.55吨，回收率101.12%，处置率100%。全区秸秆综合利用达96.4%以上。

**【开展农业执法巡查】** 2020年，越城区持续加强农业投入品监管，开展“绿剑”等各类专项检查，加强“双随机”执法检查，出动执法人员565人次，检查农资经营主体223家次，抽检农药、化肥、种子等农业投入品103批次。加强定屠执法监管，严禁进口冷链产品进入，加强非洲猪瘟防控，加大监管力度，抓好屠宰环节病害猪无害化处理监管，共出动执法人员90人次，开展屠宰企业检查43次，查处违法调运案件3起，罚没款金额0.36万元，查处未经检疫违法1起，罚没款金额0.03万元。开展日常定屠巡查，出动人员4000人次，与镇街联合执法10次，处理违法活禽598羽，全部无害化处理。

**【优质品牌农业展示展销】** 2020年，越城区推进优质品牌农业发展。年内，组织25家农业龙头企业参加绍兴市农业博览会，专题推介树童部落和万国农场“浙江好稻米”，并在区县成果展示区上集中展示全区乡村振兴及现代农业发展成果；组织30余家农业企业和种养大户参加全区优质农产品展示展销会；组织16家农业生产经营主体申请注册开通“网上农博”平台并进行线上展示展销、现场开展展示展销、网上直播推介等活动；组织富盛镇御茶村、皋埠儒林生物科技有限公司参加“西安 绍兴周”展会，单氏蜂业参加北京农博会。

孙端街道小库村(鲁人杰　摄)

## 美丽乡村建设

【概况】 2020 年，越城区继续开展“五星达标，3A 争创”创建工作。对 13 个涉农镇街 155 个行政村开展“一分两清三化”的农村人居环境整治常态化评估和整治提升，对 8 个镇街行政 34 个村开展农村“三线”整治，在 9 个镇街 54 个行政村开展实施规划非保留村农村生活污水治理设施运维管理。全年整治乱堆乱放 10556 处、拆除空倒房 4095.5 平方米、综合利用空倒房 1838 平方米、整改问题公厕 1015 座。成功创建省级美丽乡村示范乡镇 1 个、省级美丽乡村精品村 2 个、省级新时代美丽乡村达标村 32 个、市级美丽乡村示范乡镇 1 个、市级美丽乡村精品村 3 个。

【实施规划非保留村农村生活污水治理设施运维管理】 2020 年，越城区出台《越城区规划非保留村农村生活污水治理设施长效运维管理办法（试行）》，对全区 9 个镇街共 54 个行政村开展实施规划非保留村农村生活污水治理设施运维管理工作，共计受益农户 13987 户，区级补助资金 28.44 万元。

【“五星达标、3A 争创”】 2020 年，越城区对 2019 年 11 个村开展“五星达标、3A 争创”指导验收，其中沥海街道南桥村、舜海村、联邵村实现五星达标，鉴湖街道坡塘村、皋埠街道坝头山村、富盛镇倪家溇村达到 3A 村标准。截至年底，全区累计 122 个村创建为市五星达标村、14 个村成为 3A 示范村，“五星达标”覆盖率 79%。

【美丽乡村示范乡镇、精品村】 2020 年，越城区鉴湖街道创建省级美丽乡村示范乡镇，皋埠街道坝头山村、孙端街道安桥头村创建省级美丽乡村精品村。斗门街道创建市级美丽乡村示范乡镇，马山街道储墅村、富盛镇倪家溇村、沥海街道南桥村创建市级美丽乡村特色精品村。截至年底，累计创建省级美丽乡村示范乡镇 4 个、省级美丽乡村精品村 13 个、省级新时代美丽乡村达标村 91 个、省级历史文化一般村 5 个。

2020 年，央视农业农村频道《超级新农人》栏目组走进绍兴黄酒小镇（东浦）录制镜头（黄酒小镇管委会　提供）

## 农村经营管理

【概况】 2020 年，越城区村级集体经济组织共创总收入 9.33 亿元，农村居民人均可支配收入 38633 元，同比上年增幅均为 7.2%。全面消除经营性收入低于 30 万元的 28 个区级经济薄弱村和年人均收入在 9000 元以下的低收入农户。2020 年，越城区累计有注册家庭农场 176 家。截至年底，累计创建省级示范性家庭农场 11 家、绍兴市示范性家庭农场 12 家、市级示范性特色家庭农场 3 家。

**【激活利用闲置农房 267 幢】** 2020 年，越城区根据市“闲置农房激活计划”工作要求，在皋埠、陶堰、富盛、马山、孙端、鉴湖、斗门 7 个镇街开展闲置农房激活工作，激活利用闲置农房 267 幢（包括村集体闲置房屋利用），总投资 1.76 亿元。其中，富盛镇入选市农村闲置资源全域激活试点乡镇，斗门街道荷湖村入选市闲置农房激活示范村，马山街道师爷文化体验基地、陶堰街道陶所花庄 1 号、斗门街道荷湖农耕文化馆被评为市闲置农房激活优秀项目。

**【消除集体经济薄弱村】** 2020 年，越城区完成 28 个经济薄弱村转化，通过部门结对、派遣优秀驻村指导员、财政兜底保障、资源盘活利用等措施，全面消除经营性收入 30 万元以下的行政村。区财政为每个经济薄弱村提供 5 万元财政兜底资金，另安排 40 万元资金用于奖励村集体经济发展项目，区级部门给予结对经济薄弱村 3 万元帮扶资金，促进经济薄弱村摘“帽”。

**【完成“三资”去现金化管理改革】** 2020 年，越城区完成以村务卡、无现金缴存、村级资金支付网上审核、银联直付为内容的农村集体“三资”去现金化管理改革工作。全区 16 个镇街共 324 个经济合作社完成网上审核、银联直付系统安装、办理村务卡，累计完成线上支付 21524 笔，涉及金额 38875.5 万元。

**【低收入农户健康保险免费参保】** 2020 年，越城区完成浙江省扶贫数字化管理系统动态管理数据维护。截至年底，全区共有低收入农户 1918 户、2796 人，其中低保户 1617 户、2128 人，其他经济困难户 301 户、668 人。年内，所有低收入农户均纳入健康保险免费参保范畴，按照 150 元 / 人的标准，总投保金额 35.04 万元，由政府统一出资，为建档立卡的低收入农户投保健康商业补充保险。

**【“三位一体”农合联改革】** 2020 年，越城区推进三位一体农合联建设。筹备成立越城区粮油产业农合联，带动粮油产业规模化、市场化程度的快速提升。建设越城区陶堰现代农业综合服务中心，在中心设立农产品展示展销区、庄稼医院、实验室、农资商店等农业社会化服务区块，为农民合作社、家庭农场、农业企业、种植养殖大户等生产经营主体提供种子种苗、植保、农机、农产品销售、技术培训、金融服务等综合性“一体式”服务。（区农业农村局　吉佳红）

# 工 业

## 综 述

**【概况】** 2020年,越城区有规模以上工业企业598家。全年共实现规模以上工业总产值1372.9亿元,同比增长0.7%;工业增加值256.8亿元,同比增长5.3%;营业收入1101.9亿元,同比下降5.4%;利润总额83.2亿元,同比增长26.5%;应缴税金33.18亿元,同比下降0.4%(财务数据不包含国网浙江省电力有限公司绍兴供电公司)。年内,越城区家用电器制造业入选2019年第三批传统制造业改造提升分行业省级试点名单。

**【产能效能提升】** 2020年,越城区共整治各类"低散乱"企业1024家,淘汰落后产能企业60家,主要涉及纺织、服装、化工、印花、五金、铸造等行业。开展工业企业"亩均效益"综合评价,通过对A、B类企业正向激励,减免城镇土地使用税9726.82万元,兑现财政资金奖励和补助2057万元,通过电力直接交易降低用电成本8022万元、支持用能指标12万吨标煤,改造提升亩均税收万元以下低效企业117家。年内,创建市级"无废工厂"7家、市级"绿色工厂"6家、省级"绿色工厂"1家、国家级绿色设计产品5个、省级节水型企业16家。

**【跨域集聚】** 2020年,越城区47家印染企业

2020年3月31日,越城区、滨海新区制造业高质量发展推进大会召开(区委宣传部 提供)

## 越城区、滨海新区
## “1234”先进制造业高质量发展行动计划

1 培育100家制造业标杆企业

2 培育两大千亿级制造业集群:集成电路、生物医药“万亩千亿”新产业平台

3 培育三大百亿级制造业集群:高端装备、智能家居、黄酒

4 培育四大特色产业链:新能源汽车及关键零部件、医疗器械、节能环保新材械、节能环保新材料

全部签订退出协议,其中32家整合成5个组团集聚到滨海工业区。35家化工企业中21家整合成18只集聚项目,并已与上虞区达成落户意向。

**【智能改造】** 2020年,越城区新增上云企业1327家,成功申报省级上云标杆企业2家、省级大数据应用示范企业1家、省级工业信息工程服务机构2家,省级工业互联网平台2家。5个传统行业54家规上企业全部完成智能化改造。年内,以“上市+龙头”模式,建成一批如喜临门、华晨动力等“数字化车间”和“物联网工厂”示范企业;以“传统+新兴”模式,建成一批如金道齿轮、吉山科技等智能化改造示范项目;以“个性+协同”模式,建成一批如虬晟光电、旗滨玻璃等发展个性化定制、服务型制造、网络协同制造等应用。全区新购置工业机器人483台,累计拥有在役工业机器人3000台以上,机器人密度为126台/万人。

**【5G基站建设审批改革】** 2020年,越城区探索5G基站建设审批改革,将审批时限减少到6个工作日内,较省级改革试点要求的8个工作日再缩减25%,改革经验获省委、省政府主要领导批示。截至2020年底,累计建成5G基站1637个,在全市六个区(县、市)中率先实现主城区5G信号全覆盖。

**【梯度培育】** 2020年,越城区新增股份公司29家,上市报会3家次,实现境内外上市2家,完成工业企业“小升规”65家。浙江中成控股集团有限公司入选浙江省第二批“雄鹰行动”培育企业,浙江京华激光科技股份有限公司被评为浙江省“隐形冠军”企业,浙江捷发科技股份有限公司、浙江上方电子装备有限公司、绍兴市华绅纺织品整理有限公司、浙江启利兴光可可制品股份有限公司、绍兴市天龙锡材有限公司、浙江新海天生物科技有限公司等6家企业被评为浙江省“隐形冠军”培育企业。绍兴中科通信设备有限公司成功申报国家级专精特新“小巨人”企业。

**【园区建设】** 2020年,越城区中节能(绍兴)环保产业园一期、中节能(绍兴)科创园一期、越兴科技产业园和绍兴滨海科技城生命健康产业园一期4个小微企业园通过省级认定;冠友众谷青创园区、绍兴颐高科技创业园成功创建省级数字化示范园区;金德隆文化创意园成功创建五星级小微企业园,另有3个园区成功创建三星级小微企业园。(区经信局　朱雁)

## 食品加工制造

**【概况】** 2020 年，越城区有规模以上食品制造企业 3 家。全年实现工业总产值 3.2 亿元，同比下降 15.5%；营业收入为 2.9 亿元，同比下降 4.7%；利润总额 0.09 亿元，同比下降 51%。

## 工业项目管理

**【概况】** 2020 年，实际完成工业投资 76.17 亿元，同比增长 12.8%，增速居全市各县市区第一，高于全市平均增长率 9.6 个百分点。全区共有 69 个项目列入市级重点工业项目、82 个项目列入市级智能化改造重点项目。

## 纺织行业

**【概况】** 2020 年，越城区有规模以上纺织业企业 184 家。全年实现工业总产值 167.3 亿元，同比下降 12.0%；营业收入 145.1 亿元，同比下降 21.5%；利润总额 4.5 亿元，同比下降 36.6%。

**【纺织服装、服饰业】** 2020 年，越城区有规模以上纺织服装、服饰企业 61 家。全年实现工业总产值 21.7 亿元，同比下降 24.1%；营业收入 21 亿元，同比下降 25.1%；利润总额 -0.3 亿元，同比下降 341.5%。

## 建材家装

**【概况】** 2020 年，越城区有规模以上家具制造企业 9 家。全年实现工业总产值 36.1 亿元，同比增长 1.9%；营业收入 32.4 亿元，同比增长 1.8%；利润总额 3.6 亿元，同比下降 29.6%。

## 化工行业

**【化学纤维制造业】** 2020 年，越城区有规模以上化学纤维制造企业 20 家。全年实现工业总产值 116.9 亿元，同比下降 15.5%；营业收入为 112.6 亿元，同比下降 24%；利润总额 5.1 亿元，同比增长 34.7%。

**【化学原料和化学制品制造业】** 2020 年，越城区有规模以上化学原料和化学制品制造企业 28 家。全年实现工业总产值 138.2 亿元，同比下降 0.1%；营业收入为 125.9 亿元，同比下降 27.4%；利润总额 8.3 亿元，同比下降 3.8%。

## 高端生物医药产业

**【概况】** 2020 年，越城区、滨海新区组建高端生物医药平台专班并实质化运行，立足打造创新能力突出、产业竞争力强、生态环境优美，国内一流、国际知名的高端生物医药产业创新高地定位，对照产业“六有”标准，围绕“八个一”精准化培育要求，推动平台产业培育、项目招引、企业培育、创新能力、平台建设和工作推进。截至年底，新区共有生物医药企业 138 家，包括药品生产企业 14 家（有证）、医疗器械生产企业 31 家。其中，上市企业 7 家、规上企业 25 家、高新技术企业 23 家。全年实现工业总产值 103.2 亿元，营业总收入 131.8 亿元，工业增加值 28.5 亿元，利润总额 20.4 亿元，同比分别增长 27.1%、31.4%、15.4%、123.9%。

**【入选浙江省“万亩千亿”新产业平台】** 2020 年 1 月，绍兴滨海新区高端生物医药产业平台入选省发改委公布的第二批浙江省“万亩千亿”新产业平台培育名单，成为全市入选的第二家省级“万亩千亿”新产业平台。

2020年6月28日，浙江优特格尔医疗导管产业园项目奠基（区经信局　提供）

建区内医院、学校研究所与生物医药企业沟通交流和合作平台，开展或参与近10场专家咨询座谈等科技服务工作。浙江理工大学绍兴生物医药研究院正式启用，省药检院安评中心顺利试运行。

**【滨海新区首届生命健康产业峰会】** 2020年11月29日，2020中国（绍兴）首届生命健康产业峰会在绍兴召开，为期2天。峰会以“1+1+3”会议模式进行，即1场开幕式、1个闭门研讨会和3个分活动。期间，绍兴生物医药“万亩千亿”新产业联盟成立，滨海新区生物医药产业规划正式发布，8个重点项目集中签约，总投资约110亿元。

**【平台展示厅投入使用】** 2020年，高端生物医药产业平台契合浙江省“顶配版”产业发展平台定位，在生命健康科技产业园综合楼一楼新建产业展厅，总面积约750平方米，排布展示平台简介、创新成果、重点企业、招商平台和未来展望5个区域。截至年底，累计接待访客40批次500余人次。

**【落地项目全周期服务】** 2020年，高端生物医药产业平台共有在建项目7个，其中兴湾精准医学产业园被列入重大产业龙头项目计划、尚科生物被列入重大示范项目计划，全部实行项目签约落地到竣工投产全过程服务。同时，专班积极参与国际生命健康科技产业新城、浙江大学（绍兴）生命健康研究中心、瑞康医药检测基地等项目洽谈对接，争创省级知识产权保护示范区，完成德琪厂房回购并助力其赴港上市。

**【完善产业链条】** 2020年，高端生物医药产业平台围绕产业生态营造及项目全生命周期需求，多方向构建产业链条。年内，融合知名医药企业、高校、科研机构、成果转化平台等资源，筹建生物医药产业联盟，初步完成滨海新区生物医药产业专家库收集。构

## 冶金行业

**【有色金属冶炼和压延加工业】** 2020年，越城区有规模以上有色金属冶炼和压延加工业企业6家。全年实现工业总产值11.3亿元，同比下降2.8%；营业收入为10.8亿元，同比下降4.3%；利润总额0.3亿元，同比增长5.2%。

**【黑色金属冶炼和压延加工业】** 2020年，越城区有规模以上黑色金属冶炼和压延加工业企业1家。全年实现工业总产值0.6亿元，同比下降16.0%；营业收入为0.6亿元，同比下降16.4%；利润总额0.006亿元，同比下降59.8%。

## 装备制造行业

**【电气机械和器材制造业】** 2020年，越城区有规模以上电气机械和器材制造业企业32家。全年实现工业总产值121.7亿元，同比下降

6.7%；营业收入120.1亿元，同比下降15.7%；利润总额13.8亿元，同比下降13.3%。

**【电子设备制造业】** 2020年，越城区有规模以上计算机、通信和其他电子设备制造业企业17家。全年实现工业总产值35.3亿元，同比增长72%；营业收入33.2亿元，同比增长55%；利润总额14.0亿元，同比增长231.2%。

**【通用设备制造业】** 2020年，越城区有规模以上通用设备制造业企业19家。全年实现工业总产值18.4亿元，同比下降0.3%；营业收入17.8亿元，同比增长1.4%；利润总额1.5亿元，同比增长5.7%。

**【专用设备制造业】** 2020年，越城区有规模以上专用设备制造业企业23家。全年实现工业总产值24.5亿元，同比增长16.4%；营业收入20.4亿元，同比增长4.7%；利润总额1.8亿元，同比增长17.2%。

**【金属制品业】** 2020年，越城区有金属制品业规模以上企业21家。全年实现工业总产值19亿元，同比增长7.7%；营业收入17.9亿元，同比增长5.6%；利润总额1.1亿元，同比下降14.7%。

**【仪器仪表制造业】** 2020年，越城区有规模以上仪器仪表制造业企业4家。全年实现工业总产值3.0亿元，同比增长2.3%；营业收入2.7亿元，同比增长2.1%；利润总额0.02亿元，同比下降84.3%。

## 汽车汽配

**【概况】** 2020年，越城区有规模以上汽车制造业企业8家。全年实现工业总产值12.4亿元，同比增长25.1%；营业收入为11.6亿元，同比增长21.1%；利润总额0.3亿元，同比下降36.7%。

天际新能源汽车项目（区经信局　提供）

## 集成电路产业

**【概况】** 2020年，绍兴集成电路产业紧抓长三角一体化发展国家战略历史机遇，高标准完成绍兴国家级集成电路产业创新中心战略规划编制，对标国家产业创新中心创建标准，确立四大战略定位和八大创新平台。利用“三园”格局（高新区块—制造封测园、袍江区块—存储应用园、迪荡区块—创新设计园），重点发展制造＋封测＋装备和材料，大力发展存储和应用，打造全产业链集成电路产业生态。全年新签约项目22个，投资总额达265亿元，产业平台综合产值突破300亿元。

年内，依托百亿元集成电路产业基金，专项支持中芯、长电、豪威等重大项目，市区两级政府基金出资超45亿元，兑付重点项目政策奖补资金5亿元。另盘活存量建设用地301.1亩，报批农用地转用为建设用地约723.2亩。提前谋划长电等重大产业项目配套电网、排污管线工程，完成中芯绍兴110千伏外部电网补强工程。集成电路设计产业园东园改造完成并正常运营，入驻企业及配套30家。

**【产业链招商】** 2020年，绍兴集成电路产业新签约项目22个，投资总额达265亿元，其中，设

中芯绍兴MEMS和功训练场器件芯片制造及封装测试生产基地（集成电路管委会　提供）

计类项目11个、制造类7个、配套类4个。年内，编制产业链精准招商2.0版，建立一套垂直整合的IDM模式；以“新基建”领域的应用为牵引，推动产业链上下游企业在技术开发、资本投入、产品应用间的深入合作。疫情期间采用“不见面招商”模式，完成总投资30亿元的双成半导体设计产业平台项目网上签约。

**【项目建设】** 2020年底，绍兴集成电路产业平台累计集聚集成电路规上企业97家，全年综合产值突破300亿元。年内，中芯绍兴作为首个投产的标志性项目，产能实现5万片/月，良品率达99%以上，全年实现产值近10亿元；投资80亿元的长电先进封装项目于5月13日拿地，6月4日获批建筑施工许可证；投资11.6亿元的显鋆晶圆测试和重构封装项目、投资50亿元的集成电路创新综合体项目全面建设。9月11日，两岸集成电路创新产业园首个入驻项目同芯成一期开工建设；10月15日，最成中日韩高端半导体材料产业园项目奠基开工。

**【人才要素保障】** 2020年，绍兴集成电路产业平台推动绍兴技师学院新设微电子学院开办“中芯班”“长电班”，加大本地人才供应。对接郝跃、高文、邱爱慈等顶级院士资源，推进绍“芯”实验室建设。集成电路产业人才专项政策首批兑现79人，兑付资金近4500万元，解决子女择校36人。年内，汉天下和一批入选海内外英才计划创业团队的人才项目入驻设计产业园东园；浙江大学绍兴微电子研究中心、高文院士领衔的北京大学信息技术科创中心等科研院所顺利运营。

**【绍“芯”推介】** 2020年，绍兴集成电路产业平台以会带业、以赛引才，先后举办“绍兴九天杯”首届集成电路产业设计大赛、第三届集成电路产业峰会，完成绍兴集成电路产业园展示中心升级改造，并积极参与Semicon China等集成电路行业重大节会，赴上海、成都、西安等集成电路先进地区开展推介交流。全年共接待客商200余场次，累计3000余人。（绍兴集成电路产业管委会　章海栋）

## 工业企业

**【概况】** 截至2020年底，越城区共有规上工业企业546家，全年整治各位“低散乱”企业1024家，淘汰落后产能企业60家，创建市级“无废工厂”7家、“绿色工厂”6家，省级“绿色工厂”1家，省级节水型企业16家。47家印染企业全部签订退出协议。新增省级“隐形冠军”企业6家，国家级专心特精“小巨人”企业1家。

**【企业股改上市】** 2020年，越城区深入实施“凤凰行动”计划，实现境内外上市企业2家〔浙江锦盛新材料股份有限公司、德琪（浙江）医药科技有限公司〕,新增报会企业3家次〔浙江华剑智能装备股份有限公司、环宇建筑科技股份有限公司、德琪(浙江)医药科技有限公司〕。此外,年度新增浙江股权交易中心挂牌企业15家,其中成长板挂牌5家、创新板挂牌10家;新增股份公司29家,其中股改6家、新设22家、市外迁址1家。截至年底,全区共有上市公司10家,其中,境内上市9家,总市值511.97亿元。还有新三板挂牌企业15家、浙江股权交易中心挂牌91家。

**【企业选介】** 绍兴中芯集成电路制造股份有限公司于2018年3月在越城区成立,注册资金50.76亿元,是由绍兴市越城区集成电路产业基金合伙企业(有限合伙)、中芯国际控股有限公司、员工持股平台及26家社会资本共同出资成立的,具有独立法人资格。截至2020年,中芯集成已列入第四批国家批准的集成电路重大项目企业、浙江省和绍兴市两级重点项目和省重大产业项目,是省、市发展数字经济的先导项目之一,也是打造“万亩千亿”集成电路产业平台的头部企业之一。公司以微机电(MEMS)和功率器件的生产制造为核心,定位于面向传感、传输、功率的应用,提供特色半导体芯片及模组的专业代工制造服务,已规模化量产麦克风、惯性传感器、压力传感器、谐振腔、硅波导、中高端MOSFET以及中高端IGBT等产品的芯片和模组。产品广泛应用于人工智能、新能源汽车、工业控制、移动通信、便携式电子产品、绿色家电等领域。其中,一期项目于2018年启动,2019年11月16日投产,2020年第四季度已提前实现月产5万片的阶段性目标,2021年底可实现月产10万片的总设计产能。

浙江盛洋科技股份有限公司成立于2003年6月,前身为浙江盛洋电缆有限公司,2010年进行股份改制更名为浙江盛洋科技股份有限公司,拥有控股子公司10家。公司主要从事多种通信线缆、卫星网络接收器材、微尺寸显示产品的研发、生产销售及移动通信设施的建设、服务,产品出口60多个国家和地区。企业获得“中国质量诚信企业”“浙江省创新型试点企业”,产品获得“浙江省名牌产品”“浙江省出口名牌”等。于2015年4月23日在上海证券交易所挂牌上市,系绍兴高新区首家上市的国家高新技术企业。

振德医疗用品股份有限公司于1994年成立,后在中国A股上市,现已形成基础医用敷料、手术室感控、压力治疗与固定、造口与慢性伤口、家庭护理、个人防护六个产品大类格局。公司在国内拥有四大生产基地,并设有覆盖31个省(区、市)的销售网络,服务于以欧美为主的全球73个国家及地区和中国近万家医疗机构、7万多家药店。公司建有省级企业研究院、省级工程技

振德医疗用品股份有限公司(振德医疗用品股份有限公司 提供)

术研究中心等多个创新研发平台；产品通过美国FDA、欧盟CE、ISO13485医疗器械质量管理体系认证和中国CFDA认证。在新冠疫情期间，向国内医疗、教育机构及海外多国等定向捐赠防护服、隔离衣、口罩等防疫物资。2020年9月，公司获中共中央、国务院和中央军委颁发的“全国抗击新冠肺炎疫情先进集体”荣誉称号。

浙江医药股份有限公司于1997年5月组建，1999年10月在上海证券交易所挂牌上市。下属11家主要分公司（子公司）和医药工业研究院、上海来益生物药物研究开发中心2家研发单位，为国家重点支持的高新技术企业，国家级创新型企业。企业综合经济指标列全国医药行业二十强。公司承担5项国家新药创制重大科技专项、3项国家“863”项目，3项国家高技术产业化项目、1项国家科技支撑计划、1项创新能力建设项目；另有国家火炬计划、国家重点新产品等20多项，省重大科技专项10多项。曾获国家技术发明二等奖1项、国家科技进步二等奖4项、省部级科技进步一等奖10项。至2020年底，累计申请发明专利644项，授权发明专利243项，其中授权国际发明专利91项。公司主要生产符合CGMP标准的生命营养类、出口制剂及生物制药等现代生物医药产品，核心产品包括维生素E、维生素A、维生素D3和万古霉素、替考拉宁、左氧氟沙星、苹果酸奈诺沙星等抗感染类药物等。其中苹果酸奈诺沙星为国家1类新药，在抗击新冠肺炎疫情期间被列入防疫药物清单。

**2020年越城区入选全市重点清单项目名单**

表23　　单位：亿元

| 序号 | 项目名称 | 产业集群（链） | 总投资 |
|---|---|---|---|
| 1 | 8/12英寸晶圆制造及汽车电子暨物联网芯片产业园项目（两岸产业园） | 集成电路 | 100 |
| 2 | 300毫米集成电路中道先进封装生产线项目 | 集成电路 | 80 |
| 3 | 中芯绍兴微机电和功率器件集成电路生产线项目 | 集成电路 | 58.8 |
| 4 | 黄酒产业园项目 | 黄酒 | 57.3 |
| 5 | 芯空间集成电路设计应用项目 | 集成电路 | 50 |
| 6 | 创新综合体项目 | 集成电路 | 50 |
| 7 | 智能制造装备创新产业园 | 装备及关键零部件 | 32.16 |
| 8 | 环保产业园项目 | 节能环保 | 20 |
| 9 | 晶圆测试及晶圆重构项目（集成电路） | 集成电路 | 16 |
| 10 | 基于开发和应用集成电路的高端智能制造基地 | 装备及关键零部件 | 10 |
| 11 | 绍兴5G核心信息中心 | 数字5G | 10 |
| 12 | 年产2000万台套智能环境家具及厨房小家电项目 | 智能厨电 | 10 |
| 13 | 科技创新园项目 | 节能环保 | 8 |
| 14 | 年产16万吨绿色环保再生差别化纤维建设项目 | 新材料 | 6 |
| 15 | 顺奥半导体设备及靶材产业化项目 | 装备及关键零部件 | 5 |
| 16 | 浙江合润激光数码印刷有限公司激光数码印刷项目 | 其他 | 5 |

续表 23

| 序号 | 项目名称 | 产业集群(链) | 总投资 |
|---|---|---|---|
| 17 | 医用导管及新材料研发制造(基地)项目 | 医疗器械 | 5 |
| 18 | 年处理 5 万吨废旧纺织品资源化绿色循环利用项目 | 新材料 | 5 |
| 19 | 振德医疗用品股份有限公司功能性敷料及智能物流中心建设项目 | 医疗器械 | 5 |
| 20 | 年产 10000 台(套)纺织机械、智能装备生产线项目 | 人工智能 | 5 |
| 21 | 年产 20 万立方米装配式建筑 PC 项目 | 现代住建 | 5 |
| 22 | 年产 20 万吨高性能聚氨酯配套项目 | 新材料 | 5 |
| 23 | 太瓦科技光伏瓦片项目 | 节能环保 | 5 |
| 24 | 特种材料转动系统制造项目 | 汽车整车及零部件 | 4 |
| 25 | 年产新型特宽幅塑料植被网 13500 万平方米及高精度海水淡化及家用反渗透过滤流道网 2500 万平方米 | 新材料 | 4 |
| 26 | 通信铁塔基础设施建设、服务项目 | 数字 5G | 3.92 |
| 27 | 年产 120 万吨差别化工业聚酯技改项目 | 新材料 | 3.8 |
| 28 | 高端装备制造小微企业集聚产业园项目 | 其他 | 3.2 |
| 29 | 年产 1.5 亿套低噪音高精密轴承、导轨及自动化装置项目 | 装备及关键零部件 | 3.2 |
| 30 | 节能玻璃深加工技术项目(一期) | 新材料 | 3 |
| 31 | 怡华电子家电控制芯片项目 | 集成电路 | 3 |
| 32 | 年产 2 万吨聚乳酸纤维面料及聚乳酸制品项目 | 新材料 | 3 |
| 33 | 年产 1800 万台节能冰箱压缩机壳体项目 | 金属加工 | 3 |
| 34 | 基于高温热解技术的年产 3 万吨生物炭绿色植物废弃物综合利用项目 | 新材料 | 3 |
| 35 | 年产 8 台以上精准挤压铸造设备与 1.5 万吨高性能铝合金铸件生产项目 | 装备及关键零部件 | 3 |
| 36 | 年产高档服饰及配饰 95 万件生产项目 | 现代纺织 | 3 |
| 37 | 高技术纤维新材料产业化建设项目 | 现代纺织 | 2.83 |
| 38 | 年产实木复合地板 100 万平方米、年产家居用品 5 万件、年产强化地板 300 万平方米生产项目 | 现代住建 | 2.15 |
| 39 | 喜临门绿色家居(年产 150 万张床垫以及 3 万套配套产品)智造升级项目 | 现代住建 | 2 |
| 40 | 本诺电子材料项目 | 新材料 | 2 |
| 41 | 年产 20 万平方米铝合金模板项目 | 金属加工 | 2 |
| 42 | 年产 3038 万双珍珠宜棉袜、年产 390 万件珍珠宜棉衫项目 | 现代纺织 | 1.95 |
| 43 | 智能仓储配送中心建设项目 | 其他 | 1.51 |
| 44 | 年产 30 万套防爆淋浴房建设项目 | 现代住建 | 1.5 |

续表 23

| 序号 | 项目名称 | 产业集群(链) | 总投资 |
|---|---|---|---|
| 45 | 太阳能电池生产线升级技改项目 | 节能环保 | 1.5 |
| 46 | 年产 6700 吨乙烯利原药、8200 吨矮壮素原药技术改造项目 | 绿色化工 | 1.5 |
| 47 | 年产 500 万套空调、汽车零配件项目 | 汽车整车及零部件 | 1.4 |
| 48 | 年产 15 万套新能源汽车空调加热器、500 万套空调辅助加热器、1000 万个不锈钢电水壶生产基地项目 | 金属加工 | 1.34 |
| 49 | 年产家纺产品 50 万套的技术改造项目 | 现代纺织 | 1.3 |
| 50 | 年产 50 台(套)印染机械装备及配套设备项目 | 装备及关键零部件 | 1.2 |
| 51 | 丙烷脱氢制丙烯装置能源利用系统节能优化技改项目 | 绿色化工 | 1 |
| 52 | 年产 100 台(套)真空热处理设备和真空清洗设备项目 | 装备及关键零部件 | 1 |
| 53 | 天毅半导体 IGBT、MOSFET 模块即模组等产品研发制造项目(集成电路) | 集成电路 | 1 |
| 54 | 领蔚生命健康综合体项目 | 现代医药 | 1 |
| 55 | 给力(绍兴)创新与智造中心项目 | 其他 | 0.88 |
| 56 | 年产十五万台叉车变速箱技改项目 | 汽车整车及零部件 | 0.8 |
| 57 | 年产 10000 套 120 马力拖拉机动力换挡变速箱(含驱动桥)生产线技改项目 | 汽车整车及零部件 | 0.68 |
| 58 | 年产 500 台(套)污水处理设备及污水处理运营项目 | 装备及关键零部件 | 0.65 |
| 59 | 年产 10000 吨坯布生产项目 | 现代纺织 | 0.62 |
| 60 | 年产 30 万平方米新型墙体材料生产线绿色、智能化技术改造项目 | 现代住建 | 0.5 |
| 61 | 中亚工贸园轨道交通配件、建筑产业一体化项目三期 | 建材 | 1 |
| 62 | 年产 1.5 亿只纸管,1200 万平方米蜂窝衬板经营生产厂房及技术改造项目 | 包装 | 1.3 |
| 63 | 年产 3000 套室内公共场所污染物快速检测设备制造项目 | 装备 | 1 |
| 64 | 浙江大学绍兴微电子研究中心项目 | 集成电路 | 0.77 |
| 65 | 年产 2500 吨熔喷布产品技改项目 | 纺织 | 1 |
| 66 | 年产 50000KL 医用酒精消毒液项目 | 黄酒 | 5.2 |
| 67 | 中芯绍兴二次配项目和部分供应系统工程项目 | 集成电路 | 0.72 |
| 68 | 年产 2000 万套文具产品技改项目 | 文具用品 | 0.77 |
| 69 | 年产羽绒、羽毛及羽绒制品 6500 吨技术改造项目 | 纺织 | 2.24 |

(区经信局　朱雁)

# 建筑业

## 综 述

**【概况】** 2020年,越城区共有在建建筑工程184个,建筑面积约936.4万平方米;新增项目115个,建筑面积约487万平方米;竣工项目51个,建筑面积约211万平方米。截至年底,共有建筑施工企业430家,其中特级企业4家、一级企业50家、二级及以下企业317家;专业承包一级企业19家、专业承包二级企业142家、专业承包三级企业32家、劳务分包企业19家。建筑业从业年均人数18.78万人,从事建筑活动技术人员22480人,其中注册建造师3237人。年内,评选2020年度区级综合类优胜企业12家、房建类单项优胜企业6家、市政类单项优胜企业8家、装修类单项优胜企业4家。

## 行业管理

**【概况】** 2020年,越城区、滨海新区运行建筑业和房地产专班工作机制。全年发出行政许可135项,开展建筑行业市场行为调查42次,先后对6家建设单位、10家施工单位及10名个人违法行为实施行政处罚。年内,开展资质核查3次,市场行为检查6次,抽查工程80个,审批通过9家企业10项专业承包三级资质,同意1家企业资质注销,接收建筑业企业资质重组分立72件,通报批评5家施工单位、项目经理及5家监理单位、5个总监。区内建设工程实现质量安全监督率100%,工程竣工验收合格率100%,新建民用建筑图审率100%,建筑节能实施率100%。

**【建筑产业化】** 2020年,越城区实施建筑产业化新开工项目31个,其中,公建项目10个,住宅项目21个;中心城区新建民用建筑204.64万平方米,实施装配式面积204.64万平方米,覆盖率100%;非中心城区新建民用建筑25.76万平方米,实施装配式面积11.59万平方米,覆盖率45%。9月,浙江环宇中民筑友建筑科技有限公司投资建设的年产20万立方米装配式建筑工程项目正式投产。

**【勘察设计】** 2020年,越城区共有勘察设计单位26家,其中建筑、市政、工程勘察等行业的甲级企业17家。全年共完成施工图审查项目400余个,累计支付房建(人防)、市政、消防等各类图审费用约327万元。10月,组织开展施工图质量专项检查,共抽检项目7个,包含4个图审机构、3家勘察单位、4个设计单位。

**【建筑业惠企减负】** 2020年,越城区受理16家企业保函核准缴存工作,承接市局移交保函104份;办理122个项目施工许可证核发;完成42

| 2020年越城区经济奖励政策兑现一览表 | |
|---|---|
| 表24 | |
| 浙江中成建工集团有限公司 | 综合效益奖(属地纳税增幅超该区平均纳税增幅)<br>国家优质工程奖<br>省优质工程奖励 |
| 浙江环宇建设集团有限公司 | 综合效益奖(属地纳税增幅超该区平均纳税增幅) |
| | 省优质工程奖励 |
| 长业建设集团有限公司 | 省优质工程奖励 |
| | 浙江省省级工法 |
| 浙江禹建建设集团有限公司 | 省优质工程奖励 |
| 浙江新景市政园林有限公司 | 建筑企业晋升资质等级 |
| 浙江华众建设工程有限公司 | 建筑企业晋升资质等级 |
| 华汇工程设计集团股份有限公司 | 全国优秀工程勘察设计奖 |
| | 三星级绿色建筑运营标识项目 |

个项目的节能审查;实施89个项目的城市基础设施配套费审核,共计征收金额14191.12万元,减免金额19631.85万元。年内,发放2018年经济政策奖2544.73万元,涉及4家企业8个奖项;发放2019年经济奖励政策奖250万元,涉及3家企业4个奖项。

**【建筑市场“根治欠薪”专项活动】** 2020年,越城区建设和交通运输局联合区人设局发布《越城区建设领域农民工工资支付管理暂行办法》,并对新开工项目中农民工实名制及专用账户工作进行专项检查。全年共发出限期整改通知书33份,发放在建工程项目落实“根治欠薪”工作的相关资料、“六项制度”台账制作模板、《农民工工资支付条例》宣传资料等1000余份。

## 安全管理

**【概况】** 2020年,越城区制定《绍兴市越城区建设和交通运输局应急管理工作方案(试行)》,发布《绍兴市越城区建设和交通运输局2020年安全生产和消防安全工作方案》,所有在建工程均在开工前签订安全目标责任书和消防安全管理目标责任书。全年共发现安全隐患1446条,整改率100%;对存在安全隐患的工地共开具限期整改通知单339份,停工整改通知单107份(其中扬尘相关停工整改通知单86份)。

**【建设工程消防设计审查及验收备案】** 2020年,越城区完成29个项目的消防设计审查,其中,涉及14个公共用地项目、13个居住用地项目、2个工业用地项目。年内,完成70个建设工程消防验收或备案,其中,消防备案工程49个(15个备案工程抽中为验收),验收21个,验收合格率100%。

**【获评省、市建筑安全文明施工标准化工地】** 2020年,“袍江新区菖明街二号地块安置小区建设工程”被评为2020年度浙江省建筑安全文明施工标准化工地。“中节能(绍兴)环保产业园一期”“中节能(绍兴)科创园一期”“袍江两湖2号地块住商项目”3个工程被评为2020年绍兴市建筑安全文明施工标准化工地。

(区建设和交通运输局　董绍梁)

# 房地产业

## 综 述

**【概况】** 2020年，越城区商品房累计销售面积为244.06万平方米（19775套），成交总额499.96亿元，均价20485.03元/平方米。全区商品住宅累计销售面积为228.35万平方米（18163套），商品住宅成交总额477.84亿元，均价为20925.97元/平方米。商业用房累计销售面积8.15万平方米（560套），成交总额14.20亿元，均价17432.29元/平方米；办公用房累计销售面积7.25万平方米（1030套），成交总额7.47亿元，均价10306.63元/平方米。二手房成交总面积170.36万平方米（16813套），成交总金额174.44亿元，均价10239.34元/平方米。

**【“红色物业”试点】** 2020年，越城区出台《关于进一步加强“红色物业”管理工作的实施方案》《越城区“红色物业”工作标准（试行）》《关于建立小区“红管家”议事服务机制的通知》等文件，成立区“红色物业”领导小组、镇街“红色物业”管理委员会、社区“红色物业”管理服务中心、小区“红管家”议事厅“四级红色物业组织体系”并实体化运行，另成立区物业行业协会和物业协会党委，归口于区建设交通局党工委。按照“党支部建在小区上”组建原则，11个试点小区单建党支部9个、联建党支部2个，并选任11名小区党支部书记。年内，以“有党旗、有标准、有设施、有制度、有成员、有记录、有公示”标准，建成11个小区“红管家”议事厅，并建立小区党支部领导，业主委员会、物业服务企业，驻区单位、结对单位、在册党员、在职党员、居民代表、业主代表、楼道长等“1+2+N”多方主体共同议事机制，每月10日开展驻点接待日和固定议事。截至年底，共召开协调会议22次，解决问题56个。

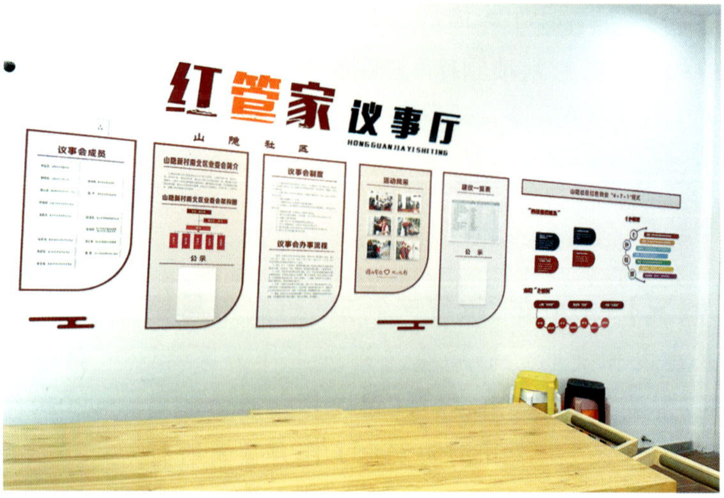

北海街道山隐社区红管家议事厅（北海街道山隐社区 提供）

## 交易市场管理

【概况】 2020年，越城区审核企业房地产开发资质82家，合同备案19300份；累计备案房地产中介机构986家，从业人员1543人；办理外来物业服务企业备案10家、本地物业服务企业备案11家，办理业委会备案55个；缴纳维修金16599.3万元，缴纳保修金16022.7万元。4月、8月，区房地产管理部门对全区各房地产企业开展是否涉违法违规行为检查，针对春江天镜项目40号楼逾期未公开销售、金辉优步观澜苑1号楼捂盘惜售问题出具整改通知书，责令限期整改；协同市建设局稽查支队对宝业四季园、凤林府、星尚镜廷府、畈湖湾等在售楼盘以及创时房地产、21世纪不动产、德祐等房地产中介机构开展专项检查，严厉查处各项违法违规行为。

【商品房预售许可】 2020年，越城区梳理、督促房地产开发企业加快建设及销售进度，促进商品房潜在库存向有效库存转化。全年共发放商品房预售许可证105份，预售面积总计248.99万平方米，同比增长14.69%。首开或加推楼盘价格，需经区、市两级备案后核发预售证。取证后，房地产企业需在一定期限内一次性公开全部准售房源及每套房屋价格，防止捂盘惜售、饥饿销售。

【价格稳控】 2020年，越城区贯彻落实“房住不炒”政策总基调，严控价格指数增长。审议通过《关于加强越城区商品房预售管理及规范车位(库)租售行为的通知》，合理管控网签节奏，维持价格指数稳定。全年各月价格指数分别为99.8%、99.4%、101.2%、101.5%、101.5%、99.8%、99.8%、101.4%、100%、100.5%、100.3%、98.7%，平均累计为104.4%。

【风险排查】 2020年，越城区开展房地产市场风险调查，对计划年内交付的企业的施工进度、交付日期、资金状况、法律风险等问题进行排查，每月监控上报逾期交付、矛盾纠纷、投诉举报等隐患点。持续对50个预售楼盘进行资金监管，签订三方监管协议，将商品房预售资金纳入资金监管账户，监督检查预售资金入账情况、工程建设进度和资金使用情况。年内，针对融臻、广源等10家开发企业“违规支出，挪用监管账户资金”及恒悦房产公司“资金未按规定进监管账户”情况下发整改通知书，督促开发商整改。

【政策优惠】 2020年，越城区有序推进房地产领域复工复产，讨论制定3条针对房企的优惠政策，包括加快价格备案流程(价格备案在区、市两级备案后5个工作日完成)、加快商品房预售许可证发放(涉及55张预售证，累计122.95万平方米)、适当放开网签限制(缓解房企回款压力，减少群众与开发企业的矛盾纠纷)等。

## 住房保障

【概况】 2020年，越城区保障房源总计2945套，主要集中在5个小区。其中，南池鉴园公租房房源456套、鹅境雅园530套、新桥佳园455套、马山西洋溇东西区1374套、名城阳光园130套，已基本完成保障分配。截至年底，全区人才公寓已累计分配681套，享受前三年免租政策的有408人。全区累计在保家庭10486户，累计在保人数14005人，其中实物配租2714户，租赁补贴7772户，保障房覆盖率为1.99%。

【公租房保障】 2020年4月，越城区印发《关于疫情期间做好复工企业职工公共租赁住房租赁补贴的通知》，对491家企业的7553名职工发放租赁补贴377.65万元。9月，出台《关于进一步加强低保低边、环卫、公交人员公共租赁住房保障的通知》，对低保低边对象实施主动保障，对环卫、公交等从业人员实施阶段性保障。疫情期间，对医务、环卫、公交、物业等行业公租房保障对象实行灵活保障，累计142户家庭享受3个月租金减免，共计12.5万元；2户家庭按上年度发放标准增发3个月租赁补贴，共计2496元；对4家公租房物业服务企业以0.2元每平方米实行一次性补助，补贴期间3个月，共计8.54万元。

**【公租房申请网上联办】** 2020年，越城区公租房管理系统接入政务云平台，公租房资格申请事项实现民政、国土、建设三部门网上联办，取消住房、财产、收入等证明材料。申请家庭成员凭身份证、户籍资料及家庭信息查询授权书提出申请，通过大数据平台进行信息核对和审批，以此作为公共租赁住房资格确认依据。此外，网上联办租赁补贴申请下沉至街道、社区（村）。

**【危旧房治理】** 2020年，越城区修订《绍兴市越城区（高新区）农村危旧房治理实施方案》，完成2019年农村危旧房“回头看”工作并建立农村危房常态化长效治理改造工作机制。年内，完成4处城镇危旧房实质性解危省定任务，督促解危城镇危房14处；提前完成全年38处农村困难家庭危房改造任务，妥善解决困难群众无房户17户，走访验收2018—2019年富盛、城南等镇街农村困难家庭危旧房改造项目并拨付补助资金。

**【直管公房管理】** 2020年，越城区共修缮直管公房1667户，其中小修1430户、中大修237户；白蚁防治68户；向租户编发安全提示短信2.8万余条，出动工作人员177人次，实地走访排查公房1472户，发现并消除安全隐患67处。年内，完成直管公房退租36户，改户49户，新起租126户，退休减免8户，合同遗失补证及修改7户，房改售房24户，共收缴租金260.65万元。配合开展中医院地块、震元堂地块、青藤书屋二期等地块国有土地上公房征收工作，完成征收签约224户，其中阳明故里地块181户，李家台门地块2户，青藤书屋二期41户。协助完成公房资产评估鉴定4090户。（区建设和交通运输局　董绍梁）

# 商贸流通　现代服务业

## 综　述

**【概况】** 2020年，越城区实现限上批发业销售额754.2亿元，同比增长5.5%；限上零售业销售额320.48亿元，同比增长10.3%；限上住宿业营业额7.54亿元，同比下降8.9%；限上餐饮业营业额11.72亿元，同比增长12.6%，增速排名列全市第一。全年实现社会消费品零售总额620.52亿元，同比下降0.2%，增速排名列全市第二；完成规上其他营利性服务业营业收入（不含电信）51.8亿元，同比增长3.2%；完成批零住餐和服务业企业“下升上”153家，完成年度目标任务的153%。截至年底，全区限上商贸服务业企业总数达961家。

## 商贸项目

**【概况】** 2020年，越城区共实施7个1000万元及以上重点建设商贸项目，计划总投资69.37亿元，当年计划投资14亿元。截至年底，累计完成投资20.71亿元，完成年度计划的147.93%。实施28个重点服务业项目，计划总投资214.3亿元，当年计划投资43.2亿元。截至年底，累计完成投资46.2亿元，完成年度计划的106.9%。

**2020年越城区重点商贸建设项目（投资1000万元及以上）一览表**

表25

| 序号 | 项目名称 | 项目业态 | 建筑面积（平方米） | 总投资（万元） | 2020年完成投资（万元） | 当前形象进度 |
|---|---|---|---|---|---|---|
| 1 | 越城区皋埠镇三泾区域1号地块新建项目（商业部分） | 商贸综合体 | 68782 | 35000 | 17500 | 主体工程建设 |
| 2 | 镜湖佳源广场 | 商贸综合体 | 524000 | 160000 | 18792 | 主体工程建设 |
| 3 | 绍兴苏宁广场 | 商贸综合体 | 426737 | 273204 | 120114 | 主体工程建设 |
| 4 | 袍江B12地块世纪广场七期（永利中心）项目 | 商贸综合体 | 12375 | 41650 | 6050 | 主体工程建设 |
| 5 | 柴场弄地块更新改造工程（风越里特色街区） | 特色街区 | 23920 | 39361 | 12000 | 主体工程建设 |
| 6 | 迎恩门风情水街及配套工程三期1#地块水游城 | 商贸综合体 | 90591 | 84439 | 9800 | 主体工程建设 |
| 7 | 乐歌滨海智慧供应链管理产业园项目（一期） | 商贸物流园区 | 200000 | 60000 | 22893 | 部分结项 |

## 2020 年越城区批发零售业改造提升试点项目一览表

表 26　　单位 :万元

| 序号 | 试点方向 | 试点项目名称 | 实施主体 | 试点内容概况 | 投资总额 |
|---|---|---|---|---|---|
| 1 | 老字号传承创新发展 | 浙江大工匠陈阿裕先生创新工作室 | 喜临门家具股份有限公司 | 三年内,浙江大工匠陈阿裕先生创新工作室计划总投资约 1800 万元,在创新工作室设立 2 个专业实验室,到 2020 年实现研发设备原值达 2000 万元以上 ;工匠中试基地面积达 1000 平方米以上,培训场地面积 800 平方米以上 ;工匠创新工艺室、研究室、学术报告厅等面积达到 200 平方米以上,到 2020 年创新工作室实现名师带徒量达 200 余人,具备较为完备的工匠技术创新试验条件和基础设施。2019 年主要致力于产品技术工艺改进及智能相关的研发 | 1800 |
| 2 | 老字号传承创新发展 | 传统老字号探索互联网大数据医疗健康 | 浙江震元医药连锁有限公司 | “传统老字号探索互联网大数据医疗健康”项目分为“互联网医院慢性病外配处方配药”“会员智能系统 打造智慧药房”两个子项目。1. 互联网医院将支持探索医疗机构处方与药品零售信息共享,探索放开院外处方和第三方配送,打通在线问诊、处方、药品配送到家全流程。2. 通过打造智慧药房,将实现进店会员即时身份识别,让会员关怀、推荐合理用药等服务场景得到效率及品质上的提升,通过线上数据和线下场景的打通,推动零售体验升级,更好地辅助传统药房转型升级 | 240 |
| 3 | 农产品市场体系建设 | 智慧农产品批发市场项目 | 绍兴市蔬菜果品批发交易市场有限公司 | 1. 智慧食品安全检测 ;2. 智慧停车管理 ;3. 智慧消防系统 ;4. 智慧收银结算 ;5. 基础设施改造提升 | 650 |
| 4 | 发展新兴市场 | 经营环境改造提升 | 浙江正大装饰商城有限公司 | 新增电力设施、安装中央空调、实施商城出入口改造、对消防设施进行改造,改善市场购物消费环境 | 2600 |
| 5 | 社区商业提升发展 | 冠城“农加超”智慧农贸市场 | 绍兴市清宸农贸市场管理有限公司 | 通过“三大平台、七大系统”建设,打造智慧农贸市场,同时建设一家社区超市,与农贸市场形成互补优势,满足城西居住核心区块 9000 多套,总人数在 3 万人左右的市民需求,打造城西社区商业新亮点 | 600 |
| 6 | 社区商业提升发展 | 多点线上改造提升 | 浙江供销超市有限公司 | 1. 电子价签 :对各门店商品价格等信息显示由纸质变为电子屏幕显示。2. 多点 OS 项目 :对消费者购物习惯进行大数据分析,精准营销,实现千店千面,为消费者提供专属服务。3. 多点 O2O 业务项目,将多点业务从线上向线下拓展 | 600 |
| 7 | 百货超市创新发展 | 农产品供应链改造提升 | 浙江供销超市有限公司 | 通过新增生鲜晨配冷链车、生鲜干货拆零设备增设、物流系统软件升级等,对超市的农产品供应链进行改造提升,增加商品新鲜度 | 300 |
| 8 | 百货超市创新发展 | 智慧商圈改造 | 绍兴金帝银泰购物中心有限公司 | 对智慧商圈进行升级改造,主要包括停车场和商场环境改造,停车收费系统无人化改造 | 500 |
| 9 | 社区商业提升发展 | 袍江世纪生活广场提升改造 | 绍兴市昌民百货有限公司 | 搭建社区商业智能平台运行系统,对停车位进行智能化造,实施生活广场道路修整、绿化改造、路灯亮化等环境改造提升工程 | 500 |

## 商贸消费

【概况】 2020年，越城区制定《2020年越城区提信心促消费系列活动实施方案》和批零住餐、汽车扶持等专项政策，开展越城直播季、夜间美食文化节、名品展销会等九大系列促消费行动，举办“越惠悦生活·金秋购物节”等大型促销活动，加快消费回补。全年共核销消费券1.15亿元，带动消费达6.6亿元。年内，受新冠肺炎疫情和国际经济下行压力影响，越城区重点商贸行业呈现不同程度下降。绍兴银泰城、国商大厦等12家商场超市实现销售额97.2亿元，同比平均下降2.02%。绍兴咸亨酒店、绍兴饭店等17家住宿餐饮单位实现营业额10.75亿元，同比平均下降5.37%；绍兴宝顺汽车、越星汽车等19家汽车4S店实现销售80.54亿元，同比平均下降6.81%；中国石化绍兴石油分公司、浙江烟草绍兴分公司等4家大宗商品企业实现营业额303.17亿元，同比平均增长18.59%。

【批发零售业改造提升】 2020年，越城区9个批发零售业改造提升项目列入全省试点计划，涉及社区商业提升发展、百货超市创新发展、老字号传承创新发展、农产品市场体系建设、发展新兴市场等五个重点方向和领域，计划总投资7790万元，其中当年完成投资4910万元。

咸亨酒店（区商务局　提供）

【汽车消费补贴】 2020年，越城区面向购车消费者推出总额2000万元的现金补贴。自6月25日起，在越城区限上汽车销售企业购买7座以下（含7座）新乘用车（含新能源汽车）的消费者，车辆价税合计在5万（含）~15万元、15万（含）~30万元、30万元（含）以上的可获得每台4000元、6500元、8000元的消费补贴。活动期间，全区63家车企共销售汽车3704台，销售额超6.8亿元。

## 电子商务

【概况】 2020年，越城区深入开展“数字生活新服务”工程建设，全年实现网络零售额96.12亿元，同比增长19.3%，总量全市排名第三，增速全市排名第二；农产品网络零售额7.1亿元，同比增长60.5%，总量全市排名第二，增速全市排名第二。截至年底，累计培育里村、西鲁村、里谷社村、洛家葑村4个省级电商专业村、2个示范村，申报创建绍兴市跨境电商培训基地5个，建设直播基地2个。

【实施“数字生活新服务”工程】 2020年，越城区以数字经济为引领，实施“数字生活新服务”工程，推进六个“网上市场”建设，充分发挥电商优势，重点打造“网上超市”“网上餐厅”等便利消费新模式，鼓励综合体、大中型商场进行“人、货、物”云改造，实现互联网消费升级。

【跨境电商】 2020年，越城区以商品出海为重点，推进跨境电商发展，实现跨境电商9610、9710、9810三路全通。阿里巴巴国际站和中国制造网上跨境电商B2B企业净增140家，跨境电商通关平台注册备案企业30家，跨境电商出口110077票，货值76.92万美元。年内，培育5000万元以上跨境电商企业2家。（区商务局　郭佳红）

2020年越城区星级楼宇一览表

表27

| 序号 | 楼宇名称 | 楼宇星级 | 街道 |
| --- | --- | --- | --- |
| 1 | 天成大厦 | 一星级 | 城南街道 |
| 2 | 科创大厦 | 二星级 | 稽山街道 |
| 3 | 1901商务会所 | 一星级 | 塔山街道 |
| 4 | 时代大厦 | 一星级 | 府山街道 |
| 5 | 天龙大厦 | 一星级 | 东湖街道 |
| 6 | 宁波银行金融大厦 | 一星级 | 灵芝街道 |
| 7 | 华汇科研设计中心 | 二星级 | |
| 8 | 颐高科技创业园 | 二星级 | |
| 9 | 金滩大厦 | 一星级 | |
| 10 | 星源国际 | 一星级 | |
| 11 | 阳光大厦 | 一星级 | 迪荡街道 |
| 12 | 财智大厦 | 一星级 | |
| 13 | 财源中心 | 一星级 | |
| 14 | 元城大厦 | 一星级 | |
| 15 | 华欣大厦 | 二星级 | 斗门街道 |

## 楼宇经济

**【概况】** 2020年，越城区楼宇办根据《越城区（高新区）楼宇经济发展三年行动计划（2018—2020）》文件精神，进一步推广“楼长制”管理模式和特色楼宇认定办法、星级楼宇认定办法、“五个一”管理规范等。截至年底，全区共有重点楼宇60幢，入驻企业2272家，入驻率79.66%，注册率95.69%；楼内企业纳税17.7亿元，每平方米实现税收1393.07元。年内，评定星级楼宇4幢，累计达15幢；评定特色楼宇3幢，累计达6幢（华汇科研设计中心、颐高科技创业园、宁波银行金融大厦、金滩大厦、科创大厦、华欣大厦）。（区商务局　郭佳红）

## 会计管理

**【概况】** 2020年，越城区新增登记在册会计人员3404名，累计21576名，同比增长19%，人员信息存量为全市前列。全年共审核信息7252人次，登记（变更）6995人次，会计继续教育抵免257人次，电话及信访咨询件620件。2020年职称考试报名人数突破5000人次，6名通过高级会计师评审。年内，新增代理记账机构15家，终止备案1家，年度报备62家，实际运行76家，数量居全市各区县第一。认领经营范围含代理记账的单位24家，实施证照分离优化审批，全部完成即办认领。

**【行政事业单位内控建设】** 2020年，越城区通过“以报促建”方式加强行政事业单位内控建设。5 月，组织 211 家行政事业单位进行内控报表专题培训，报送率达 100%。12 月，对区统计局、稽山街道 2 家单位进行单位内控建设评价，推动全区内控建设落地。（区财政局　吴超群）

**2020 年越城区重点服务业项目建设投资情况表**

表 28

| 序号 | 项目名称 | 建设内容及规模 | 建筑面积（平方米） | 总投资（万元） | 备注 |
|---|---|---|---|---|---|
| 合　计 | | | 1922331 | 2143467 | — |
| **一、现代商贸及会展业项目 12 个** | | | 1239279 | 1677947 | — |
| 1 | 绍兴 871LOOP 全新城市文旅综合体 | 总占地约 300 亩，项目将以 871 厂区为核心区，着力打造创意街区、传统文化复兴基地、精品设计型酒店、城市原型孵化地等现代文商旅业态和公共配套设施，打造成特色鲜明的混合场景互融的城市创意内环生活圈，国内古城创意旅游示范项目 | — | 500000 | 市重点项目 |
| 2 | 绍兴苏宁广场 | 项目总用地 199968 平方米〔其中 A 区块为地上五层（局部六层），地下二层的大型商业购物中心；C 区块为居住与旅馆〕，总建筑面积约 442626 平方米（A 区块 283947 平方米，C 区块 158679 平方米），主要建设一站式购物中心、高端酒店及住宅 | 42626 | 35000 | |
| 3 | 镜湖新区中心区 5 号地块 | 项目总用地面积 54291.7 平方米，总建筑面积 239158.42 平方米，其中地下室 98000 平方米。项目住宅约 50000 平方米，商业约 11158.42 平方米，酒店约 80000 平方米 | 91158 | 274439 | |
| 4 | 国金购物城 | 总用地面积 34020.5 平方米，地上建筑面积 62930 平方米，地下建筑面积 40000 平方米。建成集百货、超市、餐饮、影院、休闲、娱乐等多功能一体的休闲娱乐购物城 | 102930 | 200000 | |
| 5 | 镜湖梅山广场开发项目（JH-10-06-08、09 地块） | 地上总建筑面积 126614 平方米，地下总建筑面积 83025 平方米 | 209639 | 176576 | |
| 6 | 绍兴集成电路小镇创新综合体 | 项目用地 150 亩，建设集聚集成电路产业链相关的企业，集投融资、产业引进、产业服务、人才引进、生活配套等一体的宜居、宜业、产城联动的新型城市功能区 | — | 165921 | |
| 7 | 镜湖佳源广场 | 住宅兼容商业开发建设，总用地面积 162870.8 平方米，总建筑面积约 530590 平方米（住宅建筑面积约 216699 平方米，商业建筑面积约 150211 平方米） | 150211 | 160000 | |
| 8 | 永利中心 | 项目为商业、办公楼，总用地面积 12375.0 平方米，地上总建筑面积 71293 平方米，地下总建筑面积 18430 平方米 | 96000 | 41650 | |
| 9 | 小区商业街项目（镜湖 03-04-1 号） | 小区配套商业街，总建筑面积 5.08 万平方米 | 50800 | 40000 | |
| 10 | 风越里特色街区 | 对柴场弄区域进行古城更新改造，用地面积 19573 平方米，总建筑面积约 23591.66 平方米，其中新建和改造建筑面积约 20967.02 平方米，文保建筑面积约 2624.64 平方米。引进品牌民宿、创意酒店、酒吧餐饮等服务业态，打造沉浸式文化体验区，形成绍兴古城特色街区 | 23591.66 | 39361 | |

续表 28

| 序号 | 项目名称 | 建设内容及规模 | 建筑面积（平方米） | 总投资（万元） | 备注 |
| --- | --- | --- | --- | --- | --- |
| 11 | 红星爱琴海城市综合体 | 总用地面积68782.03平方米，其中A区块31817.11平方米，B区块34048.92平方米，B区块兼容商业用地（B1），将打造集购物中心、精品酒店、特色街区及中高住宅为一体的现代商贸综合体 | 68782 | 35000 | 市重点项目 |
| 12 | 清风汽车生活广场 | 项目用地面积为10700平方米，地上总建筑面积23000平方米，地下总建筑面积7000平方米 | — | 10000 | |
| 二、商务服务业项目9个 | | | 410542 | 224198 | |
| 1 | 镜湖越商总部8号地铁 | 用地面积6316平方米、总建筑面积36106平方米、其中地上计容面积22106平方米、地下建筑面积不超过14000平方米、建筑高度80～100米 | 36106 | 30000 | 市重点项目 |
| 2 | 洋江西路1-1号地块 | 新建高层商务楼，总建筑面积41273.2平方米，其中地上建筑面积31273.2平方米，地下建筑面积10000平方米 | 41273 | 29500 | |
| 3 | 越商总部6号地块 | 项目规划用地面积8920.8平方米，总建筑面积54135.96平方米，其中地上建筑面积42819.98平方米，地下建筑面积11315.98平方米，地上24层，地下2层 | 54136 | 28000 | — |
| 4 | 镜湖新区中心区7-1-1号地块 | 总用地面积9865.6平方米，总建筑面积29597平方米（不包括地下室建筑面积15000平方米） | 29579 | 27058 | — |
| 5 | 镜湖新区中心区7-3号地块 | 总用地面积16720.3平方米，总建筑面积25080平方米（不包括地下室建筑面积20000平方米） | 27080 | 25543 | — |
| 6 | 越商总部9号地块 | 项目总用地7529平方米，建设商务写字楼一幢 | 21000 | 24000 | 市重点项目 |
| 7 | 绍兴水木湾区科学园 | 成立绍兴水木湾区科学园有限公司负责营运，共同构建企业服务平台和先进科技产业服务体系，形成集产业、商业、教育于一体的综合性创新基地，用地12.6万平方米 | 126400 | 23497 | |
| 8 | 越商总部7号地块 | 项目总用地6122平方米，建设商务写字楼一幢 | 36916 | 20000 | |
| 9 | 悦汇大厦（洋江西路3-2号地块） | 新建一幢高层建筑，占地面积6680平方米，总建筑面积38052平方米。地上建筑面积28052平方米，地下室建筑面积10000平方米 | 38052 | 16600 | |
| 三、文化旅游项目5个 | | | 551522 | 147799 | |
| 1 | 迎恩门风情水街及配套工程三期1号地块水游城 | 规划总用地面积23409平方米，拟建一栋5层楼商业综合体，地下2层，总建筑面积90591平方米 | 90591 | 84439 | 市重点项目 |
| 2 | 托斯卡纳风情园旅游综合体 | 总占地面积20.1亩，总建筑面积22598平方米，其中地上建筑面积20098平方米，地下建筑面积2500平方米，建设内容为城堡式休闲度假酒店，配套森林SPA馆、度假养生馆、山体度假休闲民居、意式吊脚楼、配套花园等 | 22598 | 35000 | |
| 3 | 现代农业产业园暨田园综合体项目（一期） | 项目以农业+科技+教育+体验+文创+产业+生态+旅游+健康模式，以生态保护为宗旨，用台湾精致农业模式为驱动力，辅以一、二、三产融合的旅游度假、休闲养生项目，同时将此孙端镇的农业田园打造为绍兴市自然教育基地 | 333333 | 25000 | — |

续表 28

| 序号 | 项目名称 | 建设内容及规模 | 建筑面积（平方米） | 总投资（万元） | 备注 |
|---|---|---|---|---|---|
| 4 | 富盛镇悠然南山园综合体 | 总用地 5.6 亩，新建民宿、多功能厅、接待餐饮、会议室、农业农事博物馆、镇级游客接待中心，总建筑面积约 5000 平方米；另通过土地租赁摘种果树 60 亩；种植苗木及花卉 50 亩 | 5000 | 2000 | — |
| 5 | 精品果园建设项目 | 引进种植进口新品种桃、红石榴、黑石榴、4 个种类的苹果、日本甜柿、红柚、脆皮金橘、丑八怪等高档进口新品种果苗，新扩建果园生产建设用房，建设果园采摘通道、停车场地、网络销售平台及旅游观光基地，安装红外摄像监控，购置冷藏库与冷链车，拓展江浙沪果园产品直营店 | 100000 | 1360 | — |
| **四、其他项目 2 个** | | | 124200 | 93523 | |
| 1 | 绍兴瑞丰银行总部大楼 | 新建瑞丰银行总部办公大楼，总用地面积 12362 平方米，总建筑面积 79810 平方米，其中地上建筑面积 61810 平方米，地下室建筑面积 18000 平方米 | 79810 | 70000 | 市重点项目 |
| 2 | 环境治理技术集成研发平台建设项目 | 项目总用地面积为 22731.4 平方米，新增建筑面积 44390.9 平方米，其中地上建筑面积 37290.9 平方米，地下建筑面积 7100 平方米，主要建设内容包括水污染治理研发中心、固废治理研发中心、废气治理研发中心、催化研发中心、预研中心、化工研发中心、过程研发中心、仪器分析中心、中试车间等，开展涵盖水、固、气等环境治理领域技术的集成开发 | 44390 | 23523 | — |

（区商务局　郭佳红）

# 外向型经济

## 综 述

**【概况】** 2020年，越城区实现自营进出口613.06亿元，同比增长12.6%，其中，出口566.74亿元，同比增长17.6%，出口额全国占比万分之31.6；进口46.33亿元，同比下降25.8%。应对全球疫情蔓延全力稳订单稳市场十大举措取得明显成效，出口专班工作全市领先，外贸服务中心“外贸一件事”改革全面启动，振德医疗股份有限公司被袁家军书记赞誉为战役复产的“兵工厂”，浙江医药股份有限公司新认定为浙江出口名牌。

2020年5月8日，越城区召开“同心战疫 共克时艰”稳外贸专项服务推进会。会上发布《支持外贸企业应对全球疫情蔓延全力稳订单稳市场十大举措》（区商务局 提供）

## 对外贸易

**【概况】** 2020年，越城区出台《越城区支持外贸企业应对全球疫情蔓延全力稳订单稳市场十大举措》，依托出口专班和“1+X”外贸服务联盟，整合市场拓展、贸易融资、跨境电商等资源，机制化应对疫情对外贸的影响，全力稳企业稳发展。全年实现自营进出口613.06亿元，同比增长12.6%，其中：出口566.74亿元，同比增长17.6%，出口额全国占比万分之31.6，出口增速和出口占比始终位于全市前列，外贸出口目标综合完成度全市第一；进口46.33亿元，同比下降25.8%。全区纺织品出口306.48亿元，同比下降1.2%，占全区出口总额的54.1%，其中服装出口72.88亿元，同比增长6.2%；机电产品出口127.71亿元，同比增长53.6%，占全区出口总额的22.5%；高新技术产品出口7.12亿元，同比下降14.8%。全区进口额超5000万元的主要进口产品有液化丙烷、丙烯和其他制造半导体器件或集成电路用的机器及装置等19类产品，累计进口31.01亿元，占全区进口总额的 67.0%；机电产品进口 13.61 亿元，同比下降 15.7%；高新技术产品进口 7531.6 万元，同比下降 25.1%。

**【成立越城区外贸服务中心】** 2020 年，越城区外贸服务中心成立，开启“外贸一件事”改革，打造“线上 + 线下”相互融合的对外贸易公共服务平台，为外贸企业提供注册、备案和海关注册、通关、结汇、融资等全流程公共服务和市场开拓、货物通关、银企对接、风险预警、资信调查、运行监测等全方位咨询指导。

**【外贸实绩企业】** 2020 年，越城区有出口实绩企业 2538 家，比 2019 年增加 487 家，其中，出口超 5000 万元企业 271 家，比 2019 年增加 60 家。全区生产企业出口 228.11 亿元，同比增长 2.8%；进口 43.55 亿元，同比下降 27.4%；外贸流通公司出口 338.46 亿元，同比增长 30.1%；进口 2.77 亿元，同比增长 16.1%。

**【“一带一路”进出口】** 2020 年，越城区向“一带一路”沿线 63 个国家（地区）出口 198.63 亿元，同比增长 10.6%，占全区出口总额的 35.1%；从“一带一路”沿线 44 个国家（地区）进口 16.02 亿元，同比下降 26.7%，占全区进口总额的 34.6%。

**【打造“越时尚 越世界”抱团参展品牌】** 2020 年，越城区依托省商务厅、省贸促会各类活动资源，组织 715 家次企业参加广交会、华交会、上海面料展等境内外展会。截至年底，累计组织企业参加各类线上展会 66 次，参展企业 297 家；组织“越时尚 越世界”抱团参加线下重点展 4 次，参展企业 208 家，参展面积 4800 平方米；另举办“越时尚 越世界”外贸名品特卖会，打造“外转内”市场拓展新路径。

## 外商投资

**【概况】** 2020 年，越城区新批外商投资企业 26 家，引进总投资 1000 万美元及以上项目 4 个，其中 3000 万美元及以上项目 2 个，完成合同外来资金 61429 万美元，实际利用外资 14272 万美元，比上年增长 77.31%。截至 2020 年底，在越城区投资的国家和地区达 52 个。

**【外商服务】** 2020 年，办理外商投资企业信息报告 174 件，办理外商服务卡 1 张。组织企业参加 2020 年度外商投资企业联合年报，参报企业达 452 家。走访全区重点外商投资企业，联合镇街全面摸排全区外资企业情况，建立外资企业清册。研究和掌握部、省、市三级各类政务数据平台信息的提取和共享方式，对凡是可以通过系统共享得到的数据，不再向公众重复采集。（区商务局　郭佳红）

2020 年越城区外贸服务中心成立（区商务局　提供）

2020 年，越城区组织全区企业抱团参加“越时尚 越世界”展会（区商务局　提供）

# 旅游业

## 综　述

**【概况】** 2020年，越城区全面启动浙江省全域旅游示范区创建，打造旅游业全域共建、全域共融、全域共享发展模式。开展“百县千碗”系列活动，打造“越宴十八味”特色美食IP。年内，成功创建省AAAA级景区镇1个，省AAA级景区镇3个，AAA级景区村5个，AAA级旅游厕所4个。截至年底，全区共有区属旅行社54家、星级饭店15家。全年无重大旅游投诉事件，无重大旅游安全责任事故发生。

**【事权承接】** 2020年，越城区承接市级下放的1家AAAAA级景区（鲁迅故里·沈园景区）、2家AAAA级景区（东湖景区、大禹陵景区）、1家AAA级景区〔名人故居景区·（周恩来纪念馆）〕及绍兴黄酒城（AAA）、府山景区（AA）的管理事权及1家民宿〔六和藏院（金宿）〕的管理事权。截至年底，全区共有AAAAA级景区1家、AAAA级景区2家、AAA级旅游景区6家、AA级旅游景区4家，越城区全年共接待游客1496.80万人次，实现旅游收入174.52亿元。

东湖风景区（区文广旅游局　提供）

**越城区A级景区镇、景区村创建情况表(截至2020年底)**

表29

| | | | |
|---|---|---|---|
| 景区镇 | AAAA | 东浦街道 | |
| | AAA | 孙端街道　皋埠街道　富盛镇 | |
| 景区村 | AAA | 东浦街道 | 南村村 |
| | | 鉴湖街道 | 王家葑村　坡塘村 |
| | | 斗门街道 | 荷湖村　璜山北村 |
| | | 皋埠街道 | 吼山村　坝内村　坝头山村 |
| | | 陶堰街道 | 泾口村 |
| | | 马山街道 | 尚巷村 |
| | | 孙端街道 | 皇甫庄村　安桥头村 |
| | | 富盛镇 | 上旺村　诸葛山村　金溪村　乌石村　倪家溇村 |
| | AA | 东浦街道 | 王城寺村 |
| | | 皋埠街道 | 腰鼓山村 |
| | | 孙端街道 | 村头村　小库村　吴融村 |
| | | 富盛镇 | 凤旺村　富盛村 |
| | A | 塔山街道 | 塔山村 |
| | | 稽山街道 | 禹陵居 |
| | | 城南街道 | 和平村 |
| | | 迪荡街道 | 五云居 |
| | | 东湖街道 | 杨浜村　白莲岙村　后堡村 |
| | | 灵芝街道 | 灵芝村　永兴居 |
| | | 东浦街道 | 袁川村　鲁西村　塘湾村　东浦村　行宫山村　合心村<br>鉴湖村　金家村　强头村　邵家村　邵家岸村　杨川村 |
| | | 鉴湖街道 | 谢墅村　秦望村　丰乐村　上谢墅村　玉屏村 |
| | | 斗门街道 | 前璜村　凤　村 |
| | | 皋埠街道 | 塘下赵村　上蒋村　樊江村　集体村　牌口村　攒宫村<br>东龙山村　独树村　皇埠村　藕泾村　山前徐村　下堡村<br>坝口村 |
| | | 陶堰街道 | 张家岙村　陶堰村　白塔头村 |
| | | 马山街道 | 红江村　红墅村　车家弄村 |
| | | 孙端街道 | 新河村　三条溇村　红鲍村　榆林村　镇塘殿村<br>樊浦村　前双盆村　后双盆村 |
| | | 富盛镇 | 红山村　义峰村　董溪村　青马村 |
| | | 沥海街道 | 光荣村　南桥村　潭许村 |

## 全域旅游示范区创建

**【概况】** 2020年,越城区实施"百城千镇万村"景区化工作,启动浙江省全域旅游示范区创建。12月,召开创建省全域旅游示范区工作启动会议暨创建景区城动员会,拟定实施方案、政策意见等配套文件,并同步启动全域旅游发展规划编纂、智慧旅游平台建设、十大文化旅游精品线路推行等工作。年内,东浦街道创建为省AAAA级景区镇,孙端街道、皋埠街道、富盛镇创建为省AAA级景区镇,王家葑村、坡塘村、坝头山村、尚巷村、倪家溇村创建为AAA级景区村,推进AAA旅游厕所创建,40个村完成A、AA级景区村创建。截至年底,全区共有AAAA级景区镇1个,AAA级景区镇3个,AAA级景区村17个,AA级景区村7个,A级景区村62个,AAA级旅游厕所4个。

## 旅游推介

**【概况】** 2020年，越城区文广旅游局共组织参加旅游推介等系列活动7次，包括2020海丝之路（中国·宁波）文化旅游产业博览会、"成都·绍兴周"系列活动、省"诗画浙江·百县千碗"成果展、中国国际旅游交易会、2020"西安·绍兴周"系列活动、2020"深圳·绍兴周"系列活动、"上海·绍兴周"系列活动等，充分展示越城文化旅游形象，拓宽客源市场。

**【《听游古城》】** 2020年，越城区响应"周游绍兴"活动，从《诗词咏越300首》中精选《咏史诗·会稽山》等10首古诗，联合浙江之声等创新制作诗歌精品广播微剧，并推出《听游古城》——"一诗一故事"线上宣传活动，为"浙东唐诗之路"赋予历史价值与时代意义。

## 文旅消费

**【概况】** 2020年，越城区完善"浙里好玩"等平台，及时发布越城文旅资讯。开展"百县千碗·越宴十八味"暨万人品越宴活动，推出总价值150万菜品套餐券。组织区属17家品质饭店（含15家星级饭店）参与"怡居行动"线上活动，带动区属48家旅行社参与"乐享青蓝周游绍兴·互游共通"线下1000万元活动，提振旅游市场消费信心。越城区全年共接待游客1496.80万人次，实现旅游收入174.52亿元，迎恩门风情水街、迪荡文旅消费圈被列入成熟的夜间消费集聚区，尚1051文创园被列入培育的夜间消费集聚区。

2020年9月24日，越城区开展"百县千碗·越宴十八味"暨万人品越宴活动（区文广旅游局 提供）

## 越地美食

**【概况】** 2020年7月，越城区联合市餐饮业和烹饪协会，对越乡名宴"十碗头"菜色进行升级，在原6道冷菜、10道热菜基础上，增加2道点心，形成"越宴十八味"，并对其进行制作、展示、拍摄，形成展示菜模，打造越地饮食文化品牌。

**【"诗画浙江·百县千碗"系列主题活动】** 2020年，越城区以"诗画浙江·百县千碗"为主题，开展系列主题活动。评选出"百县千碗·越宴十八味"区属旗舰店4家、示范店6家和体验店13家，打响"游在绍兴、食在越地"的美食IP品牌，并以"美景+美食"带动全域旅游产业联动升级。

**越宴十八味**

| | | |
|---|---|---|
| **冷菜** | 酱腌鲜黄瓜 | 福禄八宝菜 |
| | 炉峰素蛏子 | 绍兴冻扎肉 |
| | 虾油竹园鸡 | 五香卤牛肉 |
| **热菜** | 油炸臭豆腐 | 单鲍大黄鱼 |
| | 一品绍三鲜 | 糟溜河虾仁 |
| | 干菜焖猪肉 | 头肚醋熘鱼 |
| | 白鲞扣仔鹅 | 绍式小炒丝 |
| | 霉鲜四小味 | |
| **点心** | 吉利芝麻团 | 生煎馒头香 |

**"百县千碗·越宴十八味"越城区属旗舰店一览表**

表 30

| |
|---|
| **旗舰店(4 家)** |
| 绍兴咸亨酒店 |
| 绍兴咸亨大酒店 |
| 绍兴开元名都大酒店 |
| 绍兴饭店 |
| **示范店(6 家)** |
| 绍兴苏越餐饮有限公司 |
| 绍兴市永利大酒店有限公司 |
| 绍兴市越城区姜味府餐饮有限公司 |
| 绍兴鑫园品珍楼餐饮有限公司 |
| 绍兴市留香阁餐饮有限公司 |
| 绍兴香雪湾餐饮管理有限公司 |
| **体验店(13 家)** |
| 绍兴市袍江新一品鲜大酒店 |
| 绍兴市月湖休闲农庄 |
| 绍兴市袍江剑桥头饭店 |
| 绍兴市袍江清端桥饭店 |
| 绍兴市越城区鱼鲜楼酒店 |
| 绍兴越城东浦云匠工坊餐厅 |
| 绍兴市越城区东浦酒馆 |
| 绍兴市镜湖新区月红楼酒店 |
| 绍兴市越城区新涌金大酒店 |
| 绍兴市越城区豪达大酒店 |
| 绍兴市越城区越味道酒店有限公司皋埠分公司 |
| 绍兴市越城区竹缘农庄 |
| 绍兴市越城区香皖饭店 |

## 行业管理

**【概况】** 2020 年,越城区进一步推动旅行社、旅游饭店等文旅企业品质提升和行业管理。截至年底,全区共有旅行社 54 家,其中,星级旅行社 13 家;共有星级饭店 15 家,其中,五星级 5 家、四星级 5 家、三星级 5 家。全年完成歌舞娱乐场所设立及变更 23 余家,营业性演出审批超 115 场,处理旅游投诉件 103 件;实施旅游企业疫情补助 279 万元,退返旅行社旅游质量保证金 1208 万元,补助民营文艺表演团体 20 万元。

**【旅游饭店品质提升】** 2020 年底,越城区共有全国绿色饭店金树叶级 2 家、银树叶级 5 家、浙江省特色文化主题饭店金鼎级 2 家、银鼎级 1 家、浙江省品质饭店金桂级 2 家、银桂级 2 家。年内,秦森(绍兴)文旅发展有限公司安麓酒店入选浙江省银桂级品质饭店,绍兴浙纸建国宾馆有限责任公司通过三星级饭店复核评定,绍兴饭店有限公司、绍兴国际大酒店有限公司创建无废饭店,浙江开元酒店管理股份有限公司绍兴开元名都大酒店创建节水标杆酒店。(区文广旅游局 姚春叶)

# 交通运输

## 综　述

**【概况】** 2020年，越城区共实施综合交通建设项目5个，累计完成投资19.2亿元。截至年底，农村公路总里程530.143千米，其中县道126.532千米，乡道109.772千米，专用道路3.59千米，村道290.249千米，桥梁445座。创建市级“四好农村路示范乡镇”3个，建成美丽经济交通走廊22千米，成功创建全省万里美丽经济交通走廊达标县，完成“四好农村路”三年行动任务；淘汰老旧营运货车339辆。全年共发生全口径亡人事故76起，死亡78人，亡人数与2019年同期相比下降17.02%。

## 交通基础设施建设

**【概况】** 2020年，越城区完成综合交通建设投资19.2亿元，同比增长37%。年内，轨道交通1号线越城区段完成全部征收，7个区间已贯通；2号线一期工程开工建设，5座车站进入主体围护结构施工；杭绍台高速先行段6月通车；“四好农村路”三年行动收官。

**【杭绍台铁路越城区段】** 2020年，杭绍台铁路越城区段完成土地征迁、管线迁改工作，总投资约33亿元。累计完成1100亩红线交地、448亩临时用地交地、44万平方米房屋拆除工作，110千伏电力高压管线、绍兴北站高中压燃气、给排水管道、铁塔通信基站及各类通信光缆等514处管线迁改工作，完成率100%。截至年底，已全部完成正线路基、桥梁、隧道等工程。（杭绍台铁路越城区段全长21.26千米，包含特大桥4座、中大桥2座、隧道1座。）

**【完成“四好农村路”三年行动任务】** 2020年，越城区投资约1.8亿元实施“四好农村路”建设工程，主要包括钱陶公路提升改造工程、下白线提升改造工程和县道公路桥梁维修加固工程。年内，提升改造低等级公路6.3千米，改扩建通乡镇、景区等公路21.5千米，维修农村公路路面34.3千米，实施农村公路特殊路段亮化工程12千米，新建普通公路服务站3个，村级农村物流服务点86个，新改建公交首末站（枢纽站）2个，建设公交停靠站56个。3年行动累计完成消除等外公路7.1千米，提升改造低等级公路12.6千米，改扩建通乡镇、景区等公路38.5千米，维修农村公路路面88.4千米，危桥（隧）改造5座，新建普通公路服务站5个，村级物流服务点200个以上，新改建公交首末站（枢纽站）2个，建设公交停靠站367个。鉴湖街道、马山街道、孙端街道成功创建市级“四好农村路示范乡镇”。

**【轨道交通建设】** 2020年,绍兴市轨道交通1号线越城区段征收工作全部完成。至年底,凤林路站、二环北路站、瓜渚湖站等13座车站及1座区间风井已封顶,凤林路站—二环北路站、凤林路站—镜湖站、大庆寺站—高教园站、二环北路站—火车站站、瓜渚湖站—镜水路站区间、阳和路站—鉴湖镇站、奥体中心站—镜湖站7个区间已贯通。3月1日,全市扩大有效投资项目集中开工仪式在2号线一期越王路站举行,标志着2号线一期工程正式开工建设。至年底,征迁工作全部完成,各车站全部进场施工,3座车站进入基坑开挖施工阶段,5座车站进入主体围护结构施工。

## 交通设施养护与管理

**【概况】** 2020年,越城区县道公路累计修补坑洞约6400平方米,路面灌缝约15000米,清理边沟约566千米,更新和增补各类标志牌145套,并对示警桩、侧石、防护栏等设施开展修复。桥梁检查市场化服务专业检测机构完成至少1次/月的桥梁经常性检查,6月起,对49座桥梁实行定期检测。另在堰江东桥开展1次/周桥梁病害观测。全年共完成桥面及伸缩管锚固砼修补23.88平方米,桥面铺装修补20.17平方米,止水带更换25.6米,修复钢管护栏5米,防撞墙修复466.2米,台帽修复3.07平方米,台帽封闭裂缝184.7米、桥面裂缝封闭230米。年内,区公路所路政大队共实施上路巡查1700余人次,出动执法车辆450余辆次,实施路政巡查2万余千米,发现并制止违法行为50余次。

年内,有序推进市政道路、桥梁隐患排查整治、完善桥梁限载标志、“桥头跳车”整治、Ⅱ类城市桥梁护栏升级改造、D级城市桥梁的加固改造等工作。年内,摸排道路桥梁隐患49处、临河道路安全防护设施隐患11处,均全部完成整改。整治改造中山路、朱林路、卧龙路世禾新村公交站、云栖路新福桥南侧、育贤路与越东路交叉口5处大小积水点,投入资金62万元。按照“以线带面划片分区,一路一人落实责任”要求,管理范围内的市政道路全部实行网格化管理。

**【路政执法】** 2020年,越城区交通执法队共实施上路巡查1700余人次,出动执法车辆450余辆次,实施公路巡查2万余千米,发现并制止违法行为50余次,发送、张贴《责令整改通知单》《告知书》《通知书》等40余份,清理公路用地范围内菜地200余平方米,拆除各类广告牌、非公路标志100余块。处理交通肇事损坏路产案件13起,接收并办理行政许可19件,收取各类路产赔补偿款9.32万元。

**【交通治堵】** 2020年,越城区投资约140万元完善智能停车诱导系统,升级改造市区停车诱导系统一期11块大屏,并接入二期系统。完成25块公交电子站牌建设,建成1条公交专用道、2个路口公交进口优先道,推进公交路权优先保障。年内,实施小区微循环交通组织,完成鹅境雅园

越城区智能停车诱导系统(区建设和交通运输局　提供)

小区微循环试点和年度考核要求2处堵点改造。

**【公路管理信访事项办理“2211”工作机制】** 2020年，越城区公路管理全面推行信访事项办理“2211”工作机制，构建出群众意见收集、信息科督办反馈、群众满意度调查的闭环管理模式。截至年底，共处理“2211”案件53件，其中，执行满意登记制度后，达成满意件6件，满意率达到55%。

**【试点养护“新工法”】** 2020年，越城区针对市政道路路基病害，在中兴路(东街口南面，道路西侧)BRT站口、越西路交警队路口试点采用沥青路面浅层注浆方式，提高路基整体强度，减少交通影响(3～4小时可通车)；推广在沥青路面维修中使用面层粘缝带工法替代热沥青马蹄脂灌缝作业，减少热沥青玛蹄脂生产和使用污染；继续采用雨水防沉降井盖和快速水泥对机动车道雨水井进行改造提升，提升设施强度和道路平整度。(区建设和交通运输局　董绍梁；区综合行政执法局　韩琪)

## 道路安全

**【概况】** 2020年，越城区20条重要道路实行一对一三级路长制基础上，新增13条县道公路和74条乡(村)道路实行一对一路长负责制，完成346处交通安全隐患点治理。全年发生全口径交通亡人事故76起，死亡78人，亡人数比2019年同期下降17.02%，其中，涉及生产经营性事故5起，死亡5人，与2019年同期相比下降54.5%。

**【交通安全隐患整治346处】** 2020年，越城区完成346处交通安全隐患点治理。投入3500余万元整治桥梁安全隐患33处、绿化遮挡隐患36处、市级交通安全隐患9处，完成农村道路平交路口“一灯一带”建设20处，整治3年内亡人平交口、路侧开口55处、穿镇穿村路段19处，

2020年7月17日，越城区交通管理融入社会治理工作会议暨授牌仪式举行。市交管局将现交警大队下属各管理中队重新编成17个路面中队，并分别授牌(区委宣传部　提供)

新增两次过街设施15处、限速60千米/时以上的路段斑马线抓拍系统设置24处、二级加宽公路中央或机非隔离设置2处，完成其他动态道路安全隐患整改129处。

**【重点车辆管理】** 截至2020年底，越城区累计有预拌混凝土、预拌砂浆专用车辆503辆，全部根据要求安装“五小件”，并纳入省安全共治平台。累计有工程运输车122辆，全部申领绍兴市工程运输车登记证、工程运输车驾驶人登记证并纳入户籍化管理。

**【宣传劝导】** 2020年，越城区针对60周岁以上老年人和电动车交通死亡事故易发、高发的实际情况，持续开展对农村、城乡接合部和外来人员、老年群体的精准宣传劝导。年内，区道路安全管理部门组织交通安全公益宣传广播和电视频道各1次，进农村、学校、企业宣传105次，对农村“一老一小”和进城务工人员分别开展宣传教育累计1239人次、786人次。截至年底，188个行政村完成“五个一”(一部宣传片、一列宣传展板、一条宣传横幅、一场交通安全知识宣讲)工程；各乡镇均建立不少于1个标准“警保合作农村交通安全劝导站”并投入实体化运作。(区建设和交通运输局　董绍梁)

# 水资源开发与管理

## 综　述

**【概况】** 越城区水域主要包括河道(平原河网和一般河流)、湖泊、池塘、水库、山塘以及其他水域等,属曹娥江流域,由萧绍平原水系、小舜江水系组成。2020年,越城区以河湖标准化管理县省级试点、省标节水型社会创建为契机,推进重大水利工程建设。截至年底,全区共有河道1238条,河道总长1376千米,水域面积85.33平方千米;水库14座,山塘54座,合计库容550.41万立方米;湖泊9座,水域面积9.32平方千米,容积2590万立方米。全年总用水量2.1548亿立方米,其中工业用水量0.6993亿立方米(工业河道用水0.1574亿立方米),占32.5%;城镇公共、居民生活用水量1.0734亿立方米,占49.8%。年内,全面完成各级河道管理范围划界限权工作,涉及河道1332条、湖泊8个,划界总长度约1498千米。

**【浙东运河文化园开工建设】** 2020年3月5日,浙东运河文化园项目开工建设,项目规划总用地面积21.95万平方米(约329亩),包含浙东运河博物馆、浙东运河文创文旅区及运河园提升工程三部分,总建筑面积约12.4万平方米,其中,地上建筑面积约7.1万平方米、地下建筑面积约5.3万平方米,总投资约15亿元。截至年底,完成项目进度约45%,文博区主、副博物馆和文创区(水族馆及文创楼)、文旅区主体结构施工有序推进。

## 水资源管理

**【概况】** 2020年,越城区圆满完成取水工程(设施)核查登记省级试点任务,成功创建省标节水型社会。完成农业水价综合改革任务,三年累计改革面达15万亩,农田灌溉水有效利用系数达0.6158。完善第三次全国文物普查16个古井水源信息,累计新增古井水源58个。全年新增水土流失治理面积1.575平方千米。全年收取水资源费及水土保持补偿费约871.33216万元(水资源费征收约266万元,水土保持补偿费605.33216万元)。

**【完成取水工程(设施)核查登记省级试点】** 2020年,越城区成立取水工程(设施)核查登记(省级试点)工作领导小组,并印发实施方案,对全区范围内有许可证的取水单位(个人)相关信息登记工作100%入库,确保取水计划管理、水量调度管理、水资源费征收、取水计量监管、延续取水管理等监管措施落实到位。截至6月15日,所有整改内容全部完成销号,合计保留项目102

条，整改项目98条，发放取水许可电子证件12张，退出项目12条，完成取水工程（设施）核查登记省级试点工作。

**【完成省标节水型社会创建】** 2020年，《越城区（滨海新区）节水行动实施方案》印发，进一步明确到2022年、2025年、2035年三个阶段的主要节水目标。12月，越城区成功创建省标节水型社会。累计创建节水型企业23家、节水公共机构59家、节水型小区52个、省级节水型灌区2个（吕家溇灌区、行宫山灌区）、节水标杆3个（大地香樟园小区、运河首府小区、绍兴开元名都大酒店）。

**【水土流失治理】** 2020年，越城区完成水土流失治理面积1.575平方千米。天地一体化核查图斑共112个，查处未批违法图斑34个，其中，约谈2个项目的责任单位，对11个未批先建项目采取通报批评。

## 水利工程建设与管理

**【概况】** 2020年，越城区全面推进“1+3”重大水利工程建设，实际完成投资4.25亿元，完成省、市对越城区三大重大水利工程投资目标任务的101.2%。年内，推进浙东运河文化园项目建设，完成投资约5.6亿元。加快新三江闸、马山闸、曹娥江东排三个省级“百项千亿”防洪排涝工程，全年完成投资4.2552亿元，完成率101.3%。新三江闸除栖湖项目外，其余建设内容进入收尾阶段，栖湖调整方案报省厅审批，相关拆迁进行中；马山闸强排越城片完成工程进度65%，袍江片200立方米/秒流量大型强排泵站工程全面开始建设；曹娥江东排一期工程进入收尾阶段，40立方米/秒马海闸投入运行，二期初步设计优化稿已基本完成。

天空之境（邓鹏军　摄）

## 河道保洁

**【概况】** 2020年,越城区实施河道清淤及综合整治工作,全区10万亩河道水域落实长效保洁管理,落实区级河道保洁奖补资金约984.1万元(不含袍江三镇街)。全年完成清淤方量79.2万方,完成计划的158.4%;完成河道综合整治30千米,完成计划的300%。

**【实施"十江百河千溪水美"工程】** 2020年,越城区实施"十江百河千溪水美"工程,开展3条美丽河湖、2个"乐水小镇"、8个"水美乡村"创建工作,其中,大环南河、平水江获2020年度省级"美丽河湖"称号,杭甬运河获2020度市级"美丽河湖"称号。年内,摸排的6处违章点已全部销号,拆除违建2338平方米,累计创建区级无违建河道24.14千米、乡镇级河道19.67千米。

**【河道动态监管】** 2020年,越城区实施高位监控智慧巡河项目,建设区级以上重要河道信息监管网。年内,完成2018—2019年河道动态监测成果分析报告;2020年度由第三方机构通过遥感和实地调查相结合的方式对全区河道进行动态监测,对17个镇街的4059条河道(4218个河段)进行检查,下发月度通报12期,整改保洁问题543个。

**【创建全省河湖标准化管理县】** 2020年,越城区继续推进浙江省河湖标准化管理试点,围绕一项行动、一套标准、一套机制、一支队伍、一张底图、一个平台等"六个一"任务内容进行创建,11月底通过省级评估,成为全省首批20个河湖标准化管理县(市、区)。

## 防台防汛抗旱

**【概况】** 2020年,越城区按照省、市水安全保障规划思路,开展海塘安澜千亿工程"一县一方案"编制工作。年内,印发《越城区水旱灾害防御应急工作预案》,发布《越城区超标准洪水防御预案》,主动防范流域洪水灾害"黑天鹅""灰犀牛"事件。全年新建防洪排涝水文监测站1处、城镇水位站1个、改建水位站14个、配备遥测终端备份设备2套,累计发布预警信息3.1万余条次。

**【山塘水库度汛安全】** 2020年,越城区进一步明确万方以上山塘水库汛期控制运行计划,调整公布小型水库、万方以上山塘和海塘堤防的三个责任人名单,落实水利工程主体责任。年内,投资547万元实施农村基层防汛预报预警体系二期建设,实现全区74座万立方米以上山塘水库实时信息监控全覆盖。(区水利局　沈唯一)

# 生态环境

## 综　述

**【概况】** 2020年，越城区3个站点空气质量优良天数比例为90.7%，累计空气质量指数（AQI）指数达到一级（优）127天，二级（良）205天，优良天数比2019年增加26天；出现环境空气污染34天，其中三级（轻度污染）30天、四级（中度污染）4天，主要环境空气超标污染物为PM2.5和臭氧，未出现重污染天气；空气质量综合指数3.50，同比改善16.1%；PM2.5年均浓度值28微克/立方米，同比下降26.3%，改善幅度代表绍兴市排名全省第一，空气质量首次达到全国二级标准，大气污染防治工作取得历史性突破。全区37个市控及以上断面水质全部达到Ⅰ～Ⅲ类，断面达标率为100%，2个总氮目标控制断面总氮浓度分别为2.53毫克/升、2.35毫克/升，分别低于年度控制目标的27.7%、32.9%。7个跨行政区域河流交接出境断面水质均为Ⅰ～Ⅲ类，出境水质三项考核指标均值达到水质目标要求，年度考核结果为优秀，顺利完成第二轮中央生态环境保护督察迎检工作。

**【美丽城镇建设】** 2020年，越城区成立美丽城镇建设提升推进专班，以“项目化、清单化、责任化”方式，推进生态美、环境美、生活美、产业美、人文美、治理美的“六美”城镇建设。全年共开展建设项目224个，完成投资额102.26亿元，完成当年度投资额的100.24%。依托首席设计师+驻镇规划师“双师”模式，培育5个不同类型的样板镇街，实现一镇（街道）一方案、一镇（街道）一特色。其中，东浦街道入选2020年度首批新时代美丽城镇建设省级样板，孙端街道被评为省级达标城镇和市级样板，2个方案获评省级优秀方案、3个方案获评市级优秀方案。

**【“无废城市”建设】** 2020年，越城区“无废城市”创建24项制度体系建设、7项市场体系建设、6项技术体系建设、23项重点项目工程建设全部完成，44项指标均已达标。累计创建“无废学校”“无废医院”“无废机关”等各类“无废细胞”58个。在全市率先启动小微企业危险废物集中收集试点，通过公开评审，确定1家实施单位集中收处全区近200家小微企业及实验室危废；另启动“家庭医废回收”试点，推行家庭医生责任制、家庭医疗废物积分兑换以旧换新、家庭医废回收智能化管理。年内，建成“社区回收站点—区级分拣中心—再生资源利用企业”三级回收利用网络，基本实现垃圾资源化城市社区全覆盖和回收数据可追溯、流向数据可跟踪；医疗废物实现分类收集、扫码交接和智能转运车转运，数据同步上传省卫监医疗废物智慧管理平台，实现 24 小时智能化监管。

**【第二轮中央生态环保督察迎检】** 2020 年 9 月 1 日至 10 月 1 日，中央第三生态环境保护督察组入驻浙江开展工作。越城区设立迎检工作协调联络组和 7 个专项工作组，对第一轮中央环境保护督察信访件和省生态环保督察信访件开展全覆盖式回头看，并督促完成 351 个新一轮“一镇街一清单、一部门一清单”摸排问题整改，开展袍江区域印染、化工及电镀企业专项执法检查，全面查漏补缺消除环境风险隐患。督察期间累计收到信访交办件 32 批次 111.58 件（占全市信访件总数的 19%），其中重点件 2.25 件（占全市重点件总数的 18.75%），均按时办结；累计发布省级报道 5 条、市级报道 40 条、区级报道 98 条；监控到环境网络舆情 13 条，全部及时完成调处反馈；共立案查处 89 家，拟处罚款 95.8 万元，责令整改 70 家，停、限产 18 家，查封扣押 10 家；约谈公职人员 3 人、单位 1 家，问责 2 人、2 家单位。在本轮督察中，越城区成为全市唯一实现零资料调阅、零下沉检查、零问询约谈、零重点问题“四个零”的区（县市）。

## 环境质量管理

**【概况】** 2020 年，越城区围绕蓝天、碧水、净土、清废和审批、执法“4+2”中心工作，进一步优化执法力量配置，创新监管模式，落实涉污企业废水废气排放在线监控、重点企业雨水排放口监管、总量刷卡排污；继续开展非工作时间及夜间执法巡查、重点区域及秋冬季大气专项执法、“双随机”执法检查等环保执法行动。

年内，共办理环境信访投诉件 962 件，同比下降 24.8%，其中涉水问题 91 件、涉气问题 552 件、涉固废问题 6 件、涉噪声问题 88 件、其他（建设项目审批、环境保护建议等）225 件；调处率 100%，满意率 98% 以上。全年累计出动环境执法人员 6321 人次，检查企业 2700 家，监督性监测 158 家；责令整改企业 58 家，关停企业 3 家，取缔企业 18 家，下发行政处罚决定书 54 件，处罚款 700.73 万元，移送公安机关 4 件，未发生涉环境重大舆情及群体性事件。

**【涉环境建设项目审批】** 2020 年，越城区共审批（包括降级备案）涉环境建设项目 1419 个，其中报告书 9 个、报告表 134 个、降级备案 54 个、指导建设项目环境影响登记表备案 1222 个，无否决不符合审批要求的建设项目。项目累计总投资 1916.23 亿元，其中环保投资 20.14 亿元，占比约 1.05%。疫情期间，对二环南路智慧快速路工程等 58 个项目实行环评“告知承诺制”审批，审批周期平均缩短 50%；对 4 家医疗卫生材料企业及 1 家临时改为定点医院的医疗机构实施“环评豁免”，准许“先开工后补办”，并“手把手”进行专业指导。

**【开展环境污染责任保险试点】** 2020 年，越城区针对涉废企业，创新探索“保险 + 信用 + 监管”三级联动模式，形成一体化绿色金融环境风险防控体系，制定环境污染责任保险试点实施方案和产品方案，推动“无废城市”建设试点和环境污染责任强制险落地。全年共完成 16 家单位签约，累计缴纳保费 22.58 万元，提供风险保障 800 万元，其中区内所有危废经营单位实现“应保尽保”。

**【疫情期间环境安全管控】** 2020 年疫情期间，越城区实行医疗机构废水及废弃物全面监管，集中收运处置隔离点生活垃圾。对区内 9 家重点医院开展医疗废物储存处理台账、废水检测数据以及应急处理预案等专项检查，2 家定点收治新冠肺炎病人医疗机构派驻专人现场指导和每日核查。会同区环境集团组建应急清运小组，对4个集中医学观察点、23个居家观察点的生活垃圾按医疗废弃物标准实行专人专车、定时定点收集，累计收集处置居家隔离医学观察点生活垃圾113.15吨，全部运至再生能源发展公司进行无害化处理。疫情管控期间，未发生环境污染事件。

## 生态建设

**【概况】** 2020年，越城区制定“美丽越城”年度目标责任书，开展生态文明建设规划修编工作，推进省级生态文明建设示范区创建。落实“三线一单”生态环境分区管控，稳步推进滨海新区战略发展规划及越城区空间分区规划编制。全年完成市级“绿色工厂”创建6家，申报省级绿色制造重点项目4个、省级“绿色工厂”2家、省级节水型企业16家、市级“无废工厂”7家，建成22千米美丽经济交通走廊。全省生态环境公众满意度得分85.39分。

**【林地公园保护建设】** 2020年，越城区推进鉴湖国家湿地公园、会稽山国家森林公园“两公园”建设，开展吼山风景名胜区总体规划评审红线调整及总体规划编制，完成群贤路沿线环境提升工程、袍中路环境提升工程、大禹陵景区提升工程一期、二期等项目，新增国土绿化造林1200亩。年内，陶堰街道泾口村入选2020年省级生态文化基地。

**【深化生态环境损害赔偿制度】** 2020年，越城区以栖凫村非法处置危废案为典型，完善生态环境损害赔偿制度。新增2个案件进入生态环境损害赔偿程序，该项工作申报2019年省政府督查激励推荐工作并获生态环境部办公厅发文表扬。6月5日世界环境日，全市首个生态环境修复警示教育基地在贺家池揭牌成立，环保与公检法部门联动开展每季度巡回式生态环境保护警示教育。

**【探索绿色信用治理体系】** 2020年，越城区以电商、外卖等平台和商场、超市为试点，探索建立生活垃圾源头减量绿色信用制度，拓宽绿色信用体系的覆盖范围和应用领域，将失信主体纳入信用“黑名单”。探索实施企业法人承诺和失信惩戒，将违规生产、销售、使用塑料制品等行为列入失信记录。

## 污染治理

**【概况】** 2020年4月，越城区在全市率先成立“生态环境治理推进专班”，重点攻坚打赢“蓝天保卫战”和“无废城市”建设试点工作。空气质量达标进位年度任务目标顺利完成，越城区代表绍兴市排名从全省末位升至并列第8位，市内排名提升至第3位，PM2.5改善率全年持续居省、市第一；“无废城市”23个重点项目建设和58个“无废细胞”创建任务全部按期完成，市对区年度考核列全市第3位；10个“污水零直排”创建镇街建设任务基本完成，其

循环生态产业园（章斌　摄）

中5个省级创建镇街通过省级验收,5个市级创建镇街完成区级验收及公示;完成市定3条美丽河湖创建任务,断面水质实现“全达标”;全区土壤污染得到初步遏制,农用地和建设用地土壤环境安全得到保障,土壤环境风险得到管控,污染地块安全利用率和受污染耕地安全利用率均达到92%。

**【水污染治理】** 2020年,越城区“五水共治”共完成重大项目投资17.73亿元,完成雨污分流改造14千米,完成率108%;完成雨水管网建设21千米,完成率105%;完成清淤排水管网1376千米,完成率239%;完成湖塘清淤79.2万立方米,完成率158.4%;应急设备增加0.04万立方米/时,完成率100%。全年共开展水质检测3950次,重点排查群众投诉、媒体曝光、水质不稳定和突发污染的水体,发现问题815个,全部完成整改;下发河道督查整改单105份,处理群众投诉举报67起;开展无人机巡查河道,飞行时间6774分钟,巡查河道1361条,检查出问题1145个;开展生态河湖治理4处,大滩花园、曲屯河等蓝藻暴发严重的河段得到有效治理。截至年底,9个工业园区(集聚区)、36个城镇生活小区建设任务均已完成。

**【大气污染防治】** 2020年,越城区围绕“国控站点数据改善”和“镇街空气质量退出全市排名后10位”两大重点,实施“越城九条”管控措施,推行“治气十法”,对“八大行动”治理标准进行再提升。全年共完成LDAR检测修复任务18家、$VOC_S$治理21家、燃气锅炉低氮改造63台;淘汰落后产能企业50家、国Ⅲ及以下排放标准营运车辆702辆,对全区3001台非道路移动机械实现“全牌照”管理。追加投入440余万元建设空气监测小微站点、高空烟感视频探头等,其中,小微站点建设作为浙江省科技治气举措和成效被生态环境部总结推广。截至年底,已建成9个全因子标准检测站、12个PM2.5与臭氧快速检测站、3个VOCs超级检测站、2个颗粒物激光雷达扫描站,并在全市先行试点65个小微预警站点。全年成功处置预警815起。开展全时段覆盖的涉气巡查督查,出动人员2754人次,发现问题现场3159处,下发问题交督办件282期(交办单278期、督办单4期);立案工业废气问题47件,处罚21件;立案建筑工程扬尘问题45起,处罚18起;立案查处滴漏抛洒等各类违法行为474起;立案处罚各类露天焚烧、餐饮油烟等面源污染问题66起;抽检柴油货车345辆,超标103辆;抽检非道路移动机械118辆,不合格23辆。

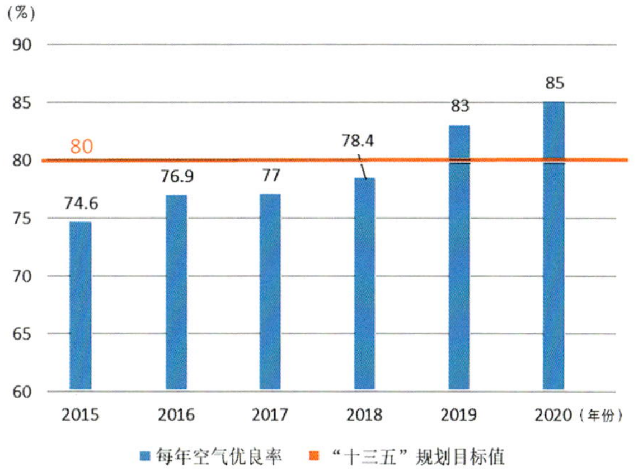


图15 “十三五”期间越城区空气质量优良天气情况图

**【土壤污染防治】** 2020年,越城区协调3家信息采集单位、2家采样单位、市流转中心、省级实验室及相关企业等开展重点行业企业用地调查,完成65家企业土壤和地下水采样和送检。全年共完成100个地块约8245亩场地环境调查报告评审,提前完成871地块土壤污染调查任务。协调推进201万元中央土壤污染防治专项资金划转,并会同区农业农村局联合提交《越城区耕地土壤环境质量类别划分工作成果》,完成3个农用地土壤超标点位“对账销号”。

除臭工程(卢奔　摄)

【工农业固体废物处置】 2020年,越城区根据环境统计数据,全区一般工业固体废物利用处置39.42万吨,利用处置率98%。危险废物利用处置4.15万吨,利用处置率98.8%。7月,《绍兴市越城区畜禽养殖废弃物高水平资源化利用工作方案》出台,采取"政府引导、企业主体、市场运作"方式,持续深化畜禽养殖废弃物处理和资源化利用。全年畜禽粪污产生量36.75万吨,处置量3.67万吨,综合利用量为33.08万吨。全年推广应用农业测土配方施肥技术39.18万亩次、农作物病虫害绿色防控应用面积15.72万亩次、商品有机肥7070吨,实施统防统治14.13万亩次,减少不合理使用化肥91.47吨,实现农药减量9.39吨,累计回收农废包装物22吨,完成市定目标的109%;应用农膜面积35.81亩,回收处置量34.38吨,回收处理率96%;秸秆产生量9.93万吨,利用量9.59万吨,综合利用率达96.58%。

【生活源固体废物处置】 2020年,越城区农村生活垃圾分类覆盖面达96.67%,城区生活垃圾分类覆盖率达98.22%;全区城镇生活垃圾回收率达45%以上,资源化利用率100%,无害化处理率基本达100%;全区党政机关和企事业单位实施强制分类覆盖率达100%。截至年底,累计创建省级高标准示范小区19个、省级高标准示范村10个、市级高标准示范村11个,69个小区(村)实施智能化分类管理。塔山、府山、北海、稽山、城南、迪荡、灵芝等7个街道303个小区初步完成246个餐厨垃圾集置点的选址、建设等工作。年内,新增再生资源回收站点10个,累计有5000平方米以上再生资源分拣中心2个、专业回收企业3家、回收站点94个,在全区115个社区的覆盖率达80%。

【污染行业整治】 2020年,越城区持续推进印染、化工、电镀等传统产业搬迁聚集或转型升级。涉改47家印染企业、5个组团32家企业,其中4个组团均已完成基础工程;15家未组团印染企业均已明确方向,其中2家实施征收,2家实施司法处置,7家企业实施兼并重组,其余4家企业按兼并重组计划推进中。涉改35家化工企业,21家拟搬迁集聚的化工企业已与上虞区签订落户协议,2家暂停搬迁计划,19家提交可研报告的企业中17家已通过评审;14家未参加集聚搬迁的化工企业按照征收退出、转型发展等途径就地实施改造提升,其中已关停退出5家、征收1家,完成转让并退出1家,其余7家正在推进。全年共整治"低散乱"企业(作坊)整治1024家,淘汰落后产能60家,完成企业清洁生产审核6家。(区生态环境分局　李烨青)

# 城乡建设与管理

## 综　述

**【概况】** 2020年，越城区加快城市基础设施建设，重点推进则水牌、城南等区域路网建设和改造，实施老旧小区综合改造提升和污水零直排改造，完成七六丘中心河南北两侧景观工程、花宫道（科创园段）等海绵城市建设8平方千米。累计完成雨水管网建设21千米，雨污分流管网改造14千米，提标管网改造15千米，完成投资1803.67万元。孙端街道安桥头村通过市级宜居示范村验收，鉴湖街道坡塘村入选省级宜居示范村。“最美街区”——胜利东路、延安路通过市城管办考核验收。

**【路网建设改造】** 2020年，越城区推进52个区域路网建设和改造项目，总投资约115.89亿元，已完成投资18.98亿元。其中，完工项目23个、在建项目23个、前期项目6个。年内，完成迪荡二期支路、东光路（城南大道至凤江路段）建设工程、尚书路（横江至耶溪路段）新建工程、袍中路环境提升工程等道路新建改造工程，东湖路新建工程、则水牌路新建工程等项目进场施工。

**【城市环境提升工程】** 2020年，越城区建成14.4千米省级绿道2号线越城区段（越城柯桥区界—敬宾路）；实施府直街越王台景观提升，总投资约1500万元，主要包含越王台内部的环境提升、府山历史文化景点串联及游路系统优化改造、府山林相改造、越王台前广场景观提升等；新增群贤路沿线环境提升工程、袍中路环境提升工程、大禹陵景区提升项目一期二期等项目总计50公顷绿化面积；完成2020马拉松越城区段沿线环境提升工程。

**【老旧小区综合改造提升】** 2020年，越城区老旧小区改造分五批次实施。年内，出台《越城区老旧小区改造提升工程实施方案》《绍兴市越城区老旧小区改造实施细则》，建立以“领导小组总负责、工作专班抓协调、区级各部门专项指导、各镇街具体实施”的工作机制。截至年底，78个小区完成招投标工作，50个涉及民生实事工程小区全部进场施工，4个小区已完成改造，先后召开老旧小区推进会20余次，销号各类问题67个。（区建设和交通运输局　董绍梁）

**【推进城管“关键小事”】** 2020年，越城区按照“整体推进，突出重点”原则，明确每季度重点整治的城管“关键小事”。年内，共巡查餐饮油烟9187次，劝导1454家，督促整改443家，立案处罚29起，罚款14万元；清理垃圾3106车次、1998.3吨，立案查处39起，处罚金额4.23万元；摸排车库车棚挪作他用问题476间，完成整改305间；劝导教育非机动车乱停放6304起，处罚98起，处罚金额1960元；清刷非法小广告张贴72253处；通过网格责任人和第三方工作人员联动，在塔山、府山、城南、稽山、迪荡、北海和灵芝街道二环内以及袍江核心区块清刷非法小广告84365处；巡查城市道路坑洞、井盖19096次，修复坑洞14837个，修复井盖数量2107个。

**【创新生活垃圾分类“桶长制”】** 2020年，越城区创新推出生活垃圾分类“桶长制”，发动党员、志愿者、分拣员等队伍，组建垃圾分类督导成员库，按“四色分类法”确定桶长，随桶张贴“身份牌”。实行桶长计分评价机制，每月定期统计居民积分情况，试点推行“党员上墙、积分上墙”制度，联合超市设立积分兑换点，居民分类积分可用于兑换粮油等各类日用品。开展桶长“敲门行动”，累计发放宣传手册和倡议书各28.11万份。（区综合行政执法局　韩琪）

## 古城保护利用

**【概况】** 2020年，绍兴市名城办依据《绍兴古城保护利用条例》，坚持“全城风貌管控”导向、“文商旅”一体化发展思路、非古城功能疏解和整治提升要求，开展鲁迅故里等11个片区的专项规划，确定古城保护利用清单项目24项，“古城项目群”有序实施。截至年底，气象博物馆完成建设并投入使用；古城入口、“风越里”等10个文商旅项目按期推进；参与编制省级《历史建筑保护修缮与利用技术规程》，制定完善《古城内行政、事业及国有企业既有房产管理办法》；完成古城内36个老旧小区改造年度目标，新增停车位3901个、口袋公园7处，河道清淤88.74万立方米。“浙东考古基地”落户绍兴，王阳明新建伯府遗址入选2020年度浙江省十大重要考古发现。

**2020年绍兴古城保护利用清单项目一览表**

表31

| 序号 | 项目名称 | 序号 | 项目名称 |
|---|---|---|---|
| 1 | 绍兴市中医院改扩建项目 | 13 | 越子城项目（绍兴饭店扩建提升工程） |
| 2 | 打造“绍兴古城过大年”文化旅游IP | 14 | 青藤书屋拓展项目 |
| 3 | 龙华古寺佛学主题馆 | 15 | 鲁迅故里拓展工程 |
| 4 | 历史文化街区提档升级 | 16 | 开展古城保护宣传教育活动 |
| 5 | 阳明故里区域老旧小区改造 | 17 | 气象博物馆项目 |
| 6 | 蔡元培广场（纪念馆）项目 | 18 | 信息展示中心建设 |
| 7 | 名人故居拓展提升项目等 | 19 | 各类规划研究和基础工作 |
| 8 | 书圣故里整体开发建设 | 20 | 古城重点路段市政基础设施提升改造 |
| 9 | 北纬30° 地理馆 | 21 | 老旧小区改造提升（古城区） |
| 10 | 环城河环境提升工程（一期） | 22 | 柴场弄地块更新改造工程（风越里） |
| 11 | 古城入口改造提升项目 | 23 | 古城台门更新 |
| 12 | 阳明故里综合保护利用项目 | 24 | 城市民宿发展 |

**【专项规划】** 2020年，市名城办以世遗标准持续深化绍兴古城保护利用总体设计方案，完成鲁迅故里片区、青藤书屋片区、探花坊地块、布业会馆周边、李家台门、汽车东站、试弄照壁规划研究，开展越子城周边、塔山周边、八字桥片区、团箕巷片区、试弄—铁甲营等区块规划研究和古城保护利用"十四五"规划编制，谋划推进古城高层建筑疏解、古城地下空间规划、古城零星地块规划、古城交通管理体系调整方案等研究工作。

2020年7月15日，"共享古城之美 共行古城保护""7·15"绍兴古城保护日活动在越王博物馆广场举行（市名城办 提供）

**【古城项目群建设】** 2020年，市名城办有序推进绍兴古城项目群建设，总体目标是以五年为周期（2020—2024年），总投资341.01亿元，实施项目50个，涵盖老旧小区改造提升、新型文旅商业消费集聚区配套设施及其他政府性项目。其中，新建项目17个、续建项目7个、前期项目26个，分别由市、区相关部门和国有企业负责实施。通过加强对古城的保护、研究、利用，优化历史街区空间结构，使60%的历史建筑恢复原貌，将古城打造成为最具开发价值的旅游胜地。截至年底，古城保护利用清单24个项目全部按计划实施。

**【基金保障】** 2020年，古城保护利用清单项目共计24项，当年投资50.6亿元，其中基金保障18项，投资22.75亿元（基金保障14.97亿元）；非基金保障6项，投资27.85亿元。结合《绍兴古城保护基金管理办法（试行）》和《古城项目群封闭运行方案》，2020年古城保护基金计提15.76亿余元，累计保障约12亿元。

**【古城项目配套征收】** 2020年，市名城办根据清单工作建设目标要求，统筹开展古城项目配套征收。年内，完成海港大酒店、子民电影院周边、府直街1期、市综合执法局及周边、青藤书屋等区块征收，涉及面积4.482万平方米；另组织实施李家、缪家2个台门、府直街2期、书圣故里南入口、鲁迅故里拓展等地块征收。

**【制定《古城城市管理细则》】** 2020年，市名城办依据《绍兴古城保护利用条例》规定，以城市"双修"（生态修复、城市修补）为目标，制定《古城城市管理细则》，推进古城精细化管理。由主要负责人挂帅，联合镇街属地执法，通过条块结合，实现区块综合治理，并同步建立由市名城办、辖区街道、基层执法人员组成的执法网格运行体系。根据古城内建设要求，对未批先建和违法搭建、沿街商户占道经营、沿河居民向河道倾倒残渣、废水等行为开展执法管控。利用古城内闲置空地，创新推出"错峰停车，共享车位"模式，解决停车难题；开展"口袋公园"建设，推进古城绿地共享；示范实施人行道序化项目，推进"多杆合一，多箱合用"整治项目。

**【宣传推介】** 2020年，市名城办以"7·15"古城保护日为契机，组织开展"古城风华"华服秀、"越美古城，携手共建"拼图、"五一，遇见古城"照片打卡等活动，邀请特立宙以"小师爷"形象

2020年8月，《名城绍兴》首发出版。图为《名城绍兴》第一期封面（市名城办　陶俊）

制作古城居民“八要八不要”行为习惯宣传海报，设置“古城保护宣传专栏”深入社区全覆盖，推出“遇见古城”系列专题推介绍兴特色的非遗手工、美食、民宿、景点、传统习俗等。8月，《名城绍兴》首发出版，该刊物获得中国名城委、《名城报》和中国名城杂志社大力支持；10月，参加中国名城研究合作联盟开封年会；12月，参加第四届中国名城论坛苏州年会；另参与各地“绍兴周”推广活动，介绍宣传绍兴古城。（市名城办　陶俊）

## 市容市政管理

**【概况】** 2020年，越城区做好“一节一典礼”“越城同心大会”“绍兴马拉松跑”和“全国文明城市复评”等重大活动的会务市容环卫保障工作，推进环卫保洁、市政园林养护扩面至滨海新区，推广撤桶并点和垃圾“定时定点”投放，着力解决停车秩序、市容市貌、犬类管理等民生问题。

**【垃圾分类】** 2020年，越城区城区、农村垃圾分类总覆盖率（面）分别为98.22%和96.67%。资源化利用率达100%，无害化处理率基本达到100%。截至年底，累计建成分类垃圾集置点318个，涉及454个小区，完成市级任务指标的120.42%；实现558个小区定时定点撤桶并点，完成率148.01%；规范配置收运车辆238辆，完成市定任务的183.08%。“契约化”共治模式在府山街道和迪荡街道先行试点。“定时定点”投放收运模式扩面推广至平江路、剡溪路，8月中旬起，城区小区实行“集置点+定时定点”投放收运。农村创新和推广垃圾桶“二维码”增至8个村，分别是村头村、茅洋村、坝头山村、红鲍村、尚巷村、坡塘村、榆林村、鲁西村，推进垃圾分类投放、收运、处置全过程一体化监管。

**【“无违建”创建】** 2020年，越城区共拆除违建62.99万平方米，完成全年任务的125.98%；分类处置面积90.1万平方米，完成全年任务的100.11%。通过一事一研讨、一街一图表、一点一查看、一案一对策的“八个一”分类处置方式，推进普速铁路沿线整治，出动人数1300余人次，清除沿线各类垃圾杂物共630余车，拆除违法建筑9000余平方米。

**【“污水零直排区”建设】** 2020年，《越城区2020年行动方案》出台，涉及13个街道、114个小区，结合老旧小区改造项目共计实施小区改造107个，其中，纳入省、市对区考核36个，完成30吨及以上设施标准化运维71处，实施设施提标改造3处。截至年底，创建省级（A类）小区50个，市级（B类）小区44个。开展2020年度“节水型器具”改造推广活动，涉及8个街道，累计下发节水型龙头1165个，开展问卷调查80人次。

**【园林绿化】** 2020年，越城区补种草皮、书带草11.19万平方米、灌木7967平方米、乔木202棵，花箱补种红叶石楠500余棵、女贞5000余棵，更换鲜花2000平方米，并对“红蜘蛛”“蚜虫”“方翅网蝽”等虫害进行集中防治。年内，出勤保洁12600余人工次，出动保洁船（大船）8000余船次、保洁小船5600余船次，另加固鉴湖周边水域拦草网约300米；巡查河道约3000余条次，清理水草及漂浮物（垃圾专运车）560车，打捞垃圾 6000 余吨；修剪遮挡交通标志和影响路灯照明的行道树共 198 处。

**【“口袋公园”建设】** 2020 年，越城区利用零散地块“见缝插绿”，规划建设“口袋公园”，打造“规模小、建设周期短、便民服务”的弹性功能公共空间。前期调研中兴南路廖家桥河沿交叉口、前观巷和仓桥直街等 20 个点位，统筹绿化、水、步道平台和服务观赏等要素，打造“一园一品一景”，其中，中兴南路廖家桥河沿交叉口口袋公园主打水上景色、仓桥直接区块口袋公园主打江南古建筑风景、前观巷区块口袋公园主打老小区旧风景。截至年底，共建成“口袋公园”7 个，分布于环城北路光相桥地块、环城西路常禧路口地块、胜利东路原海关旁绿地、缪家桥河沿、延安路环城东路交叉口、环城东路与人民路交叉口和南屏路沿河绿地，投资额 260 万元，面积 8000 余平方米。

## 城管执法

**【概况】** 2020 年，越城区以智慧城管平台为载体，依托全区“雪亮工程”视频监控，利用图像识别、AI 等技术，实现乱堆物堆料、沿街晾晒、暴露垃圾、经营撑伞、道路不洁、废弃家具、焚烧垃圾、垃圾桶满溢、占道经营、流动摊贩、非机动车乱停放、机动车乱停放、店外经营、非法小广告、违规户外广告、悬挂横幅标语、施工废弃料、沿河洗涤等 18 类高频次城市管理事件的自动报警、自动抓拍，整体识别率达 80% 以上。全年日均发现城市管理问题 900 余件，30% 左右实现自动流转，办结率约 98%。

**【承接事权划转】** 2020 年，越城区成立综合行政执法改革领导小组，下设综合行政执法指导办公室。按照“市、区两级综合行政执法事项保持一致”原则，完成涉及 15 个领域 22 个方面共 395 项的执法事项划转。组建沥海街道综合行政执法中队，承接滨海新区市政道路、设施、园林绿化养护管理工作，将沥海街道环卫保洁纳入越城区“洁净越城”考核体系，采取统一管理标准、统一考核内容、统一结果运用。

**【工程渣土（泥浆）专项整治】** 2020 年 6 月 1 日起，越城区承接市渣土管理相关职能，并筹备成立区渣土办。年内，先后开展“蓝天行动”、越城区工程渣土（泥浆）处置管理“专项整治周”、滨海新区工程渣土（泥浆）处置专项“整治月”活动和“疾风行动”等，按照市、区两级要求，对滨海新区二号闸以南区域实施封锁封闭，配套出台《滨海新区二号闸以南区域渣土倾倒处置工作方案》，妥善处置该区域渣土倾倒事宜。全年渣土类案件立案 518 起，罚款金额 275.88 万元。

**【首批“错峰停车位”投用】** 2020 年 9 月起，越城区立足老城区老旧小区、商超、学校集中等情况，圈定北海路、东街（九节桥河沿）、府山西路、环城北路、稽山路、投醪河路东、新河弄、上大路、昌安街、朝阳路、镜湖路（朝晖路—解放南路）、镜湖路（中兴南路—东光路）、常禧路等 13 个市民反映停车需求大路段，试行错峰停车，明确错峰停车免费时段为当日 18∶00 至次日 8∶00，其余时段停车收费。截至年底，已在老城区投用首批“错峰停车位”496 个。

**【养犬服务“一件事”改革】** 2020 年，越城区依托宠物医院、兽医诊疗机构，建立“养犬登记”一站式服务点 9 家，提供“免疫接种、芯片植入、犬证申办和交费”等全部登记手续。创新推行电子犬证，完成“犬易 App”实名制注册并提交基本信息和证明材料后，于 7 天内到就近服务点注射植入芯片，自动生成电子犬证号码，并可在线完成犬证年审。全年新办“电子犬证”373 件，办理时间从 7 天提速至最快 2 小时办结，群众满意率达 100%。（区综合行政执法局　韩琪）

# 拆改征收

**【概况】** 2020年，越城区完成拆改任务282.65万平方米，完成市任务量的176.5%，主要涉及城中村拆迁、国有土地征收、重点工程、滞留户处置等，累计签约、腾空5670余户，拆除5470余户，签约面积约282.65万平方米，拆改总量位列全市第一。

**【集体、国有房屋征收】** 2020年，越城区完成子民电影院及周边区块、亚运会棒垒球场、城市轨道交通1号线工程芳泉区块等14个国有土地上的房屋征收项目。完成灵芝街道立岱村、梅东村、墨庄村、前王村、五峰村、林头村，东浦街道东浦古镇，沥海街道南汇村，马山街道赏余村，东湖街道朱尉村等14个集体土地上的房屋征收工作。

**【滞留户处置】** 2020年，越城区启动拆迁滞留户处置专项行动，对历年来遗留的征迁滞留户开展集中拔钉攻坚，共完成滞留户处置任务81户，滞留户处置达到95.06%。其中，灵芝、孙端、东湖、稽山、东浦、斗门、马山等7个街道签约处置率达100%，灵芝、东湖2个街道全部完成签约拆除。

**【安置房源保障】** 2020年，越城区实施"1+X"模式安置，为拆迁户提供1套/户的安置房保障，同时，创新安置房筹措方案，采取安置房拍卖回购、带方案限价土地出让、安置余房定向拍卖、集中配建等多种模式，破解安置房房源短缺瓶颈。（区房征办　王晓明）

**2020年越城区村庄拆迁汇总表（截至2021年2月）**

表32

| 序号 | 街道 | 项目名称 | 签约面积（平方米） | 签约户数（户） |
|---|---|---|---|---|
| 1 | 斗门街道 | 里谷社居 | 140340 | 526 |
| 2 | | 赵墅村 | 107293.35 | 516 |
| 3 | 沥海街道 | 南汇村整村拆迁 | 328697.86 | 1109 |
| 4 | 马山街道 | 恂南村 | 45833 | 220 |
| 5 | | 恂北村（一期） | 42066 | 207 |
| 6 | | 宁桑村 | 78250.07 | 376 |
| 7 | 城南街道 | 南山头整村 | 82912.74 | 320 |
| 8 | 鉴湖街道 | 芳泉村二期 | 27560.76 | 95 |
| 9 | | 西凫村 | 117000 | 401 |
| 10 | 东浦街道 | 利华村 | 27788.87 | — |
| 11 | 灵芝街道 | 立岱村 | 97720.18 | 297 |
| 12 | | 梅东村 | 82560.08 | 219 |
| 13 | | 墨庄村 | 57021.62 | 243 |
| 14 | | 前王村 | 88357.5 | 317 |
| 15 | | 五峰村 | 114763.24 | 405 |
| 16 | | 林头村 | 90198 | 349 |
| 17 | | 张市村 | 252789.65 | 794 |
| 18 | 东湖街道 | 朱尉村 | 83645.12 | 292 |

# 黄酒小镇开发建设

**【概况】** 绍兴黄酒小镇（东浦）位于越城区东浦街道，有千年酒乡、水乡、桥乡和名士之乡之称。小镇东起绿云路（31 省道），西至绍齐公路，南至凤林西路，北至群贤路，规划面积约 4.6 平方千米（含水面约 1 平方千米）。2015 年 6 月 3 日，绍兴黄酒小镇被列为浙江首批省级特色小镇创建单位。2017 年 8 月 22 日，以绍兴黄酒小镇（东浦）为核心的东浦镇被列为第二批全国特色小镇；12 月，黄酒小镇核心区创建为国家 AAA 级景区。2019 年 3 月 7 日，绍兴黄酒小镇通过 AAAA 级景区景观质量评审。

**【创建成果】** 2020 年 5 月，绍兴黄酒小镇荣获 2019 "浙江省十佳韵味小镇"；10 月，被省人民政府命名为浙江省级特色小镇（第四批）。全年共接待考察团队 250 余批次、游客 30 余万人次，先后接待政协原副主席郑万通、中国酒业协会理事长宋玉书等参观考察。年内，开展"六曲四礼""情忆端午"等节庆活动，与 CCTV-17《超级新农人》、"美丽家乡，绍兴有约"、发现小康绍兴、2020 文化和自然遗产日等多平台合作推广黄酒文化。

**【基础设施建设】** 2020 年，绍兴黄酒小镇开发范围内的 6 路 4 桥（1 号路、2 号路、上大路、尚书路、横江路、光相路、1 号桥、尚书桥、光相桥、群立桥）等路网框架道路及相关配套工程均已完成；寿建桥修缮工程完工；徐锡麟故居修缮工作有序进行；黄酒小镇花海项目继续实施；庙西港路、耶溪路东延、鲨鱼江桥及接坡道路项目前期工作有序推进。

**【重大招商战略协议】** 2020 年 4 月、6 月，越城区政府与融创中国、深融文旅先后签订《绍兴黄酒小镇开发项目战略合作协议》《绍兴黄酒小镇开发项目投资合作协议书》，秉承"传统性与现代性高度融合、继承性与创新性高度融合"的发展理念，以"世界级黄酒品牌标杆、中国黄酒文化复兴高地、中国黄酒产旅数字融合典范"为总体目标，以黄酒为魂、文化为核、生活为本、古镇为基，围绕花雕里、越红里、溇台里三大板块，营造"醉里水乡、戏里水乡、梦里水乡"三大主题场景。打造面积约 1.5 平方千米的核心区，预计总投资达 320 亿元，总建筑面积超 100 万平方米。2020 年 12 月 31 日，首期 888 亩土地分为 4 个土地包公开出让。（黄酒小镇管委会　王静）

# 经济管理

## 发展改革管理

**【概况】** 2020年，越城区以"三个年"活动为载体，以"项目推进"为主攻方向，以全力加快全区"复工复产"、推进"六稳""六保"工作为抓手，不断增强服务经济发展能力，助推全区经济社会健康稳定发展。年内，越城区列入市级重点项目30个，当年计划投资33.8亿元，实际完成33.98亿元，完成率100.53%。越城区、滨海新区全年实现固定资产投资581.11亿元，同比增长18.6%。其中，生态环境和公共设施投资94.22亿元，同比增长32.5%；民间投资81.69亿元，同比增长5.7%；交通投资57.04亿元，同比增长53.9%；高新技术产业投资62.60亿元，同比增长15.7%。以亚运会棒垒球赛事为特色的越城薛渎社区和以产业、人文、邻里4.0为核心的滨海沧海社区入选省未来社区第二批试点名单。

**【"十四五"规划编制】** 2020年，越城区成立"十四五"规划编制工作领导小组，并制定工作

2020年10月22日，越城区、滨海新区召开建设全市首位度营商环境大会（区委宣传部　提供）

方案，按计划有序推进编制工作。另牵头“十四五”专项规划编制，印发专项规划目录。

**【营商环境优化】** 2020年，越城区以建设全市首位度营商环境为抓手，以拉长补短为驱动，围绕指数攻坚，推进全区营商环境指数在省、市评价中争先创优。年内，以企业需求为导向，加强信用修复，简化信用修复工作流程，开辟信用修复“绿色通道”。全年累计摸排不良信用记录4200余条，出具信用修复确认书500余份。

2020年11月9—12日，四川马边彝族自治县考察团一行到越城区交流对接东西部扶贫协作全域结对工作。图为越城区—马边彝族自治县2020东西部扶贫协作工作座谈会现场（区发改局　提供）

**【重点项目推进】** 2020年，越城区、滨海新区124个政府投资项目已开工112个，开工率90.3%；完成投资84.33亿元，完成年度计划的92.0%。8个“市县长项目工程”全部开工建设，总投资230亿元，计划用地1847亩。组织实施“六个一批”项目工程，推进省重点、省4+1、省六个千亿元重大工程攻坚突破。12个项目列入2020年浙江省重大产业项目（第一批）名单，项目数量、投资、用地分别占全市的60%以上。长电绍兴项目8天内通过国家发改委窗口指导，国家大基金累计完成投资13亿元，占比26%。

**【项目审批】** 2020年，越城区推进企业投资项目审批承诺制改革，3个项目通过前期筛选评估。牵头企业投资项目审批“最多80天”工作。全年共审批备案各类投资项目276个，审批光伏验收项目1个、节能审查项目3个，发放影响石油天然气管道施工作业许可2个、石油天然气管道企业应急预案备案受理书1件。

**【抗疫两项优惠再贷款】** 2020年，越城区积极争取央行抗疫专项再贷款、企业复工复产再贷款政策，联合经信、财政等部门共梳理4批重点防疫企业名单，助推两项优惠再贷款投放落地。疫情期间，全区列入防疫重点企业名单51家，实际支持企业28家，累计放贷金额达11.2亿元，平均利率水平2.98%。累计发放复工复产再贷款28.96亿元，涉及贷款笔数1280笔，加权平均利率水平4.54%。

**【东西部对口扶贫协作】** 2020年，越城区研究确定东西部对口扶贫协作7个方面23项重点任务。累计完成11家医院、12所学校、43个村企结对。全年落实帮扶资金2565万元，发动社会捐资捐物1014万元；新签约项目7个，投资32.3亿元。累计完成消费扶贫5084万元。新选送专技人才67名帮扶马边，接收马边来越交流干部23名、专技人才20名，培训党政干部5790人次；组织4场招聘会，对接意向员工1209人；建成投用2个扶贫车间，吸纳就业85名，其中贫困劳动力就业43名。

**【粮食物资储备管理】** 2020年，越城区制订储备粮轮换计划，确保8.57万吨储备规模，完成成品粮增储5000吨，确保成品粮6430吨应急储备，轮换区级储备粮32125.82吨，轮换区级储备豆油225吨；完成代储区级冻猪肉260吨，投放14吨。全年轮出物资500余件，采购物资3批4万余件，采购资金480余万元。另推进8万吨绍兴中心粮库建设，已获批用地指标130亩，另基本落实40亩。

**【能源“双控”】** 2020年，越城区能源消费总量194.116万吨，同比下降8.73%；规上工业万元产值综合能耗下降7.38%，规上单位工业增加值能耗降低率9.9%，用煤量91.58万吨，同比下降9.5%；规上工业用电量35.96亿千瓦时，同比下降6.10%；供热量44.55万吨，同比下降7.6%。全年新增公用充电桩53根、光伏并网18.07兆瓦，分别完成全年任务的176.6%和60.3%。改造淘汰4台35蒸吨/时以下燃煤锅炉，另对佳宝新纤维等5家企业下发高耗能淘汰设备整改通知书。年内，综合供能服务站秦望站、孙曹站、坡塘站顺利开业，陶堰站基本建成，越兴路口站综合供能服务站开工建设。（区发改局　汤佳柯）

## 价格管理

**【概况】** 2020年，越城区落实完善政府定价停车设施收费标准、规范公益性公墓收费、AAA级及以下国有景区门票成本调查、生活垃圾收集处理成本调查等价格管理。截至年底，共完成商品房销售价格备案104件、普通住宅前期物业服务收费标准审查备案17件；完成市燃气、水务公司和制水公司2019年度燃气配气、供水、污水收集输送成本监审，核减不应计入定价成本的费用2.667亿元；全区水、电、气阶段性优惠政策累计为企业减负4.43亿元。

**【价格监测认证】** 2020年，越城区制定重要民生商品监测预警方案，实施疫情防控物资价格应急监测和民生商品、服务价格的监测预警，完成菜篮子等民生商品价格动态分析，共归集报送各类商品价格监测数据1.8万余条，通过E价通平台发布越城区六大农贸市场“菜篮子”商品实时价格信息68.3万余条，更新发布各类商品实时价格信息94.6万条。全年共完成司法、纪检监察机关涉案财物价格认定389件，涉案金额1469.85万元。（区发改局　汤佳柯）

## 自然资源和规划管理

**【概况】** 2020年，越城区完成经营性用地做地2664亩，出让面积2633亩，实现出让金230.3181亿元，出让金额较目标任务翻倍，创历史新高。全年共争取各类用地指标5669亩，组件上报14个批次。对照“大湾区”“大花园”“大通道”“大都市区”建设和区域整体发展要求，先后启动袍江片区、黄酒小镇、鉴湖——城南区域、青甸湖区块等片区规划，完成市中医院等20余个项目工程规划许可，为50余家民营企业实施“零土地”技改。

**【用地保障】** 2020年，越城区按照“指标跟着项目走”的用地导向，保障重点项目用地指标。全年共争取各类指标7525亩，其中越城区（滨海新区）5669亩、镜湖1856亩；签订征地协议232份，征收土地5835亩，组件上报14个批次，为棒垒球馆未来社区、文理学院扩建二期等重点项目落实用地保障。年内，完成城市轨道交通2号线一期工程和绍兴红湖220千伏输变电工程等省政府重点工程限期报批工作。复工复产期间，及时满足华剑项目、妇保院等重点项目用地需求。

**【耕地保护占补平衡】** 2020年，越城区按照“占一补一、占优补优”工作要求，强化土地报批耕地占补平衡能力。通过“山海协作”工程，多次联系对接衢州市，落实调剂耕地占补指标3000亩。全年开展全域土地整治7个村，实施土地整治项目13个，建设用地复垦项目2个，新增耕地面积172.51亩。

**【规划编制】** 2020年，越城区启动袍江片区规划范围约63平方千米规划研究，启动鉴湖——城南区域规划研究，进一步完善黄酒小镇控规修改方案，对接编制青甸湖区块鉴湖未来城片区规划。重点编制南入口规划研究、滴渚铁路越城段沿线用地规划研究、104国道沿线用地研究等9项规划，配合市级相关部门做好轨道交通1号线城市设计、风情线沿线研究、地下空间综合管廊研究等规划研究工作。组织编制JH-06单元局部区域、棒垒球未来社区、富盛镇、青藤区域等8个控规并获市政府批复。做好区委党校、区老年大学、区档案馆、粮库等项目选址研究。

**【项目管理】** 2020年，越城区完成市中医院、文理学院一期、绍兴饭店、农商院一期、鲁小扩建、一初扩建、绍兴艺校改扩建、中国气象馆、区人民医院、市妇保院、迪荡中学二期、蔡元培广场、市区生态公益性公墓、阳明中学扩建、古城信息展示中心、轨道交通安保站技术用房、柯灵幼儿园等20余个项目工程规划许可。落实元培中学扩建方案、念亩头选址（凤凰岛退出地块）方案、会稽山阳明酒店规划方案，完善粮库选址方案，对东湖风景区改造明确提升方案。完成稽山初级中学、两湖西侧小学、火车站广场项目规划公示，确定二环南路智慧快速路方案、运河博物馆、杭州亚运会棒（垒）体育中心选址并向社会公示。年内，完成土地复核验收项目50个、延期项目30个；办理国有土地使用权回收42个地块。

**【地质灾害防治】** 2020年，越城区完成府山公园地质灾害治理工程、城南街道凤凰山崩塌应急排险项目，富盛镇三溪口废弃矿山治理项目基本完成清坡，阮家湾1号地块边坡治理项目交工验收，富盛镇金溪水石流等4处地质灾害隐患和皋埠街道任起良屋后不稳定斜坡、下浦张不稳定斜坡治理项目完成验收，义峰山石料矿第一阶段恢复治理完成。推进解南公路2号2期治理项目报批工作，完成常禧路延伸工程工程性采矿权协议出让方案。

**【国土调查】** 2020年，越城区利用卫星遥感、互联网、云计算等技术，统筹现有国土地情资料，针对地类、面积和权属变化情况，基本完成全区493.24平方千米第三次国土调查及统一时点更新项目，并建立越城区统一时点更新增量包。4月28日，国家三调办对越城区开展第三次全国国土调查成果外业视频实地互联核查。

**【不动产登记】** 2020年，越城区共受理办理各类不动产登记业务21.57万件，颁发不动产权证书63505本、不动产登记证明58727份。办理抵押权登记业务28265件，涉及面积共计1688.2万平方米，金额1415.2亿元，预告及抵押权预告登记13492件，查（解）封登记2786件，注销登记21820件。受理各类档案查询申请72310件，提供上门办证服务117次，不见面审批2266件，线上办件7031件。依托浙江省金融综合服务平台和浙江省不动产登记一窗受理云平台，推动18家银行36个网点建立"总对总"抵押登记线上办理系统。个人不动产交易业务、个人商品房登记、个人不动产抵押业务、抵押注销登记等简单业务"1个小时办结"。开设"企业不动产一件事""企业用地首次登记"专窗，企业各类办件1个工作日内办结。年内，完成市房管处直管公房无偿划转市城投集团、交投集团权证办理1341套。

【违法用地管控】 2020年，越城区开展农村乱占耕地建房问题整治专项行动，对国家、省下发的三批次共计12538块图斑合计30485.17亩土地开展外业调查及内业核查工作，核查共发现问题图斑382宗。落实上海督察局到越城区实地督查违建别墅拆除整改相关工作，拆除富盛2处违建别墅并通过上级检查验收。针对上海督察局下发的例行督察图斑，有明确整改期限的11个问题，已整改到位10个，整改率达到90.9%；未超整改期限的问题共48个，已整改到位39个，整改率达到81%。年内，信访受理登记办结1141件，接待调处来访42批次126人。

【征地区片综合地价调整】 2020年，越城区新一轮征地区片综合地价予以公布，共分为三个区片，其中，Ⅰ片区范围为塔山街道、府山街道、北海街道、稽山街道、城南街道、迪荡街道、东湖街道、鉴湖街道、灵芝街道、东浦街道、皋埠街道，其耕地、其他农用地（除林地外）、建设用地补偿标准为8万元/亩，林地、未利用地补偿标准为4.8万元/亩；Ⅱ片区范围为斗门街道、陶堰街道、马山街道、孙端街道、富盛镇，其耕地、其他农用地（除林地外）、建设用地补偿标准为7万元/亩，林地、未利用地补偿标准为4.2万元/亩；Ⅲ片区范围为沥海街道，其耕地、其他农用地（除林地外）、建设用地补偿标准为6.5万元/亩，林地、未利用地补偿标准为3.9万元/亩。为扶持村级集体经济的发展，结合全区征收集体土地的实际，按征收耕地面积另外增加村级集体经济发展资金。其中Ⅰ区片为5万元/亩，Ⅱ区片为4万元/亩，Ⅲ区片为2万元/亩。不再给予土地平整、肥力培养、周边配套等农业投入的补偿及相邻地损害补偿。新标准从7月1日开始实施。（区自然资源和规划分局　李伟）

## 国有资产管理

【概况】 2020年，越城区实施国有企业转型做实改革，对部分镇街账外大额房产进行评估，拟定资产注入方案，并积极盘活存量闲置资产，建立闲置资产信息库，依法依规注入国有公司。建立国有资本股权出资统一平台，对国有产权实施统一出资监管，全年共审批核销资产39324.5万元。落实国有资产报告制度，完成2019年度国有资产报告编报，接受人大监督。

【国企改革】 2020年，越城区加快推进国有平台公司市场化转型，形成《越城区国有企业转型做实改革计划》，建立国企改革集团公司议事工作小组，制定统一监管和重组整合实施方案，将4个部门（单位）所属8家企业和9个乡镇、街道所属15家企业纳入脱钩移交范围。

【资产信息化管理】 2020年，越城区开发应用资产管理信息系统，基本实现资产信息化管理全覆盖。其中，全区行政事业单位资产管理全部纳入系统，资产卡片、资产使用、资产处置、资产报表和查询分析等事项实现网上操作，资产使用、处置和收益管理等环节实行动态管理，对大型资产信息如土地、房屋、车辆、大型设备等进行重点监管。

【国有资产出租出借管理】 2020年，越城区建立国有资产出租管理档案，在原有国有资产出租出借审批、备案等制度基础上，通过“国有资产管理系统”对全区国有资产出租出借情况进行动态追踪管理。全年共审批备案区级行政事业单位出租资产60处，上缴房屋出租收入1601.18万元。疫情期间，对服务业小微企业和个体工商户房租减免3个月，全年共减免承租国有资产类经营用房租金2319.79万元，惠及1158家企业和个体工商户。

**【安置余房管理专项监督】** 2020年，越城区财政局落实区人大对城中村拆迁安置余房专项监督要求，对塔山、府山、北海、城南、鉴湖等5个街道范围内截至2019年12月31日尚未安置或拍卖的住宅房、营业房、公建配套房、车库、车位等余房情况开展全面清查监督，共涉及31个项目（小区），合计数量4558套（只），面积179454.68平方米。另制定出台《越城区剩余安置房源管理办法》，明确安置、拍卖（出售）、调剂、借用、运营等多种房源的职责分工，加强管理运行、日常维护、责任追究等方面工作。（区财政局　吴超群）

## 工商行政管理

**【概况】** 2020年，越城区在册市场主体总量102551户，突破10万户大关，较2019年增长11.06%，越城区成为继诸暨市、柯桥区后，全市第三个市场主体体量突破10万的县（市、区）。全区共有企业40942户，同比增长12.22%；个体工商户61341户，同比增长10.35%；农民专业合作社268户，同比增长1.13%。在册市场主体注册资本总额达4182.5亿元，较2019年新增759.55亿元，同比增长率22.19%，其中企业4119.68亿元、个体户60.9亿元、农民专业合作社1.92亿元，同比分别增长22.03%、35.27%和0.89%。

年内，区市场监管局通过"证照分离"改革全覆盖试点、企业开办一日办结、"零成本"开办、企业注销"一网服务"、商事主体"大地址"登记、简化医疗器械许可事项办理等举措，持续降低准入退出成本，提高审批效率。疫情期间，服务4家企业取得医疗器械应急生产许可证，5家原有医疗器械生产企业新增医疗器械应急注册证；创新检测机构复工复产"并联

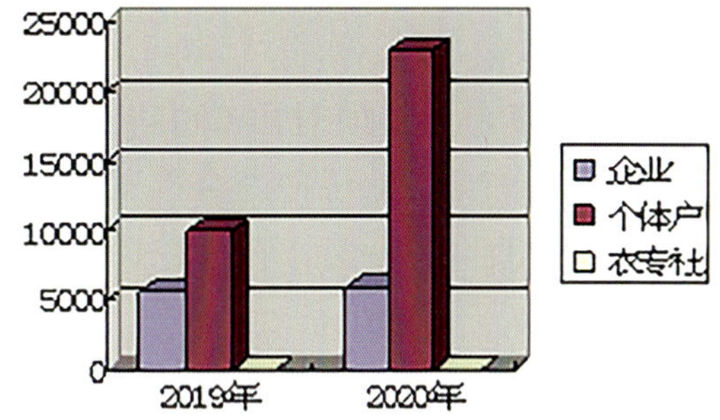


图16　2020年越城区新登记市场主体数

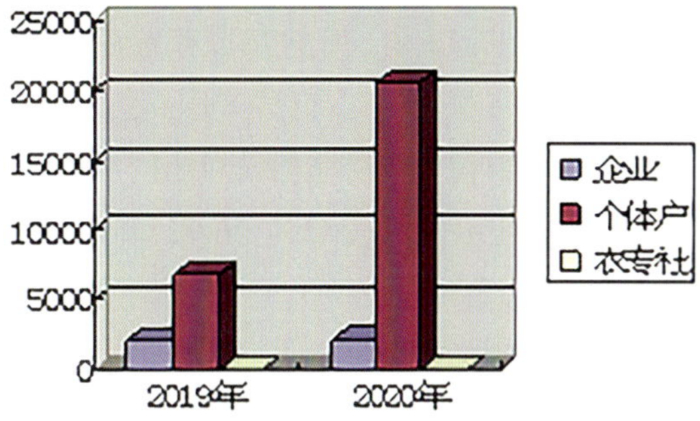


图17　2020年越城区注销市场主体数

式"评审，实现70%许可事项当天受理当天许可。绍兴市上铸文化艺术有限公司的"会稽铜镜"、绍兴市鲁四老爷家土特产有限公司的"方王乳腐"、绍兴市咸亨酒店食品有限公司的"咸亨太雕酒"等3款产品成为首届浙江特色产品伴手礼。

**【"扫黑打流"专项行动】** 2020年，越城区对黑加油站点和流动加油车实施"扫黑打流"专项行动，净化全区成品油品市场。重点跟踪城乡接合、物流运输、在建工程区域，行刑衔接，建立商务、公安、建设与交通运输、中石化多单位联合监管机制，彻底切断"黑油"利益链条。全年共出动执法人员600余人次，办结销售不合格成品油、加油站无照经营等大案、要案7起，涉案总货值近30万元，罚没款13万余元。

**【"两直"纾困补助】** 2020年，越城区市场监管局成立"两直"纾困专班，明确补助内容、补助名单、操作程序，科学设置补助门槛，将纳

税、用电、工商年报等硬性指标与资金发放挂钩，有效剔除僵尸户、蹭补户等市场主体。截至年底，小微企业补助对象6003户，个体户补助对象1897户，兑付补助金额13144.2万元，实现“两直”补助线上申请率100%，资金兑付率100%。

**【“放心”系列建设】** 2020年，越城区培育发展放心消费单位2800家，其中，无理由退货承诺单位1000家、放心工厂700家；建设放心消费示范街区（商圈）2个、城乡放心农贸市场9家；改造提升农村家宴放心厨房8家，建成中小学和等级幼儿园食堂“智能阳光厨房”100家，建设放心化妆品示范经营单位26家，高质量完成放心消费建设任务。

**【绍兴首例“刷单”案告破】** 2020年，越城区市场监管局对辖区一商务有限公司做出行政处罚决定，该公司涉嫌组织虚假交易等方式，帮助其他经营者进行虚假或者引人误解的商业宣传。当事人的行为涉嫌违反《中华人民共和国反不正当竞争法》第八条第（二）款规定，被责令停止违法行为，并依据《中华人民共和国反不正当竞争法》第二十条第（一）款规定，被处以罚款人民币20万元的行政处罚。至此，绍兴市首例专业公司“刷单”案告破。

**【无理由退货承诺单位体验评价】** 2020年10月，越城区消保委联合第三方评测机构开展放心消费无理由承诺退货单位开展体验评价。在全区有无理由退货承诺单位1169家中，按规定20%比例随机抽取确定体验单位235家，并建立体验评价档案。第三方体验人员针对企业宣传承诺、退货提示、售后服务等三大块共9项内容进行打分评价。最终通过评价225家，通过率达95.7%。

**【“无障碍”维权模式】** 2020年，越城区消保委推行“一个口径对外受理，第一时间分流办理”的无障碍维权模式，提升消费投诉举报处理执行力。全年共受理处置省统一政务咨询投诉举报平台转办举报投诉9379件，其中，消费投诉7040件、举报1402件、上门及咨询建议类937件；受理全国“12315”平台投诉举报2368件，其中，投诉997件、举报1371件。全年消费投诉举报及时有效处理率达100%，满意率达98.5%，为消费者挽回经济损失约402.35万余元。

**【小微企业“成长之星”评定全市领先】** 2020年，越城区恒信银行、伟丰文化产业园分别被认定为绍兴市服务小微企业成长“优秀单位”和“优秀平台”，绍兴越申机械有限公司等5家小微企业被认定为“2020年绍兴市小微企业成长之星”，占全市小微企业“成长之星”数量25%。截至年底，全区已有15家小微企业获得市级认定，5家获得省级荣誉。（区市场监管局　金晶）

**2020年绍兴市小微企业“成长之星”**

**（越城区）**

绍兴越申机械有限公司

绍兴凯春膜结构有限公司

绍兴市合鼎纺织品有限公司

绍兴拉拉拉网科技有限公司

绍兴市建钰塑业有限公司

**2020年绍兴市服务小微企业成长“优秀单位”**

**（越城区）**

浙江绍兴恒信农村商业银行有限公司

**2020年绍兴市服务小微企业成长“优秀平台”**

**（越城区）**

伟丰文化产业园

## 食品药品监督

**【概况】** 2020年，越城区严格落实市场“四个一律”（市场一律清洗消毒、市场经营人员一律戴口罩、市场一律张贴和滚动播放防控宣传资料、市场主办方一律签订防控责任状），严格查处野生动物和活禽交易，执行零售药店发热、咳嗽药品信息登记报告，严查隔离点、医学观察点供餐单位食品安全，严密管控餐饮堂食，推广外卖封签“无接触”式餐饮配送。全年通过网络订餐专项整改问题507个，下架问题餐饮单位63家，闭环安全隐患134个，立案查处2起，全年未发生重大食品安全事故。年内，化妆品“百千万”示范创建提升工程综合得分97.75分，位居全市第一。

**【防疫物资专项检查】** 2020年，越城区就防疫物资企业生产、产品质量、标准认证、检验检测以及市场秩序等方面突出问题开展专项检查，排查医用和民用口罩、防护服、红外体温计、熔喷布、无纺布等生产企业93家，抽检防疫物资40余批次，涉疫产品立案5件，发现并移交虚假认证4起，清理积压库存问题食品175千克，处理涉疫投诉举报221件、网络舆情37起。

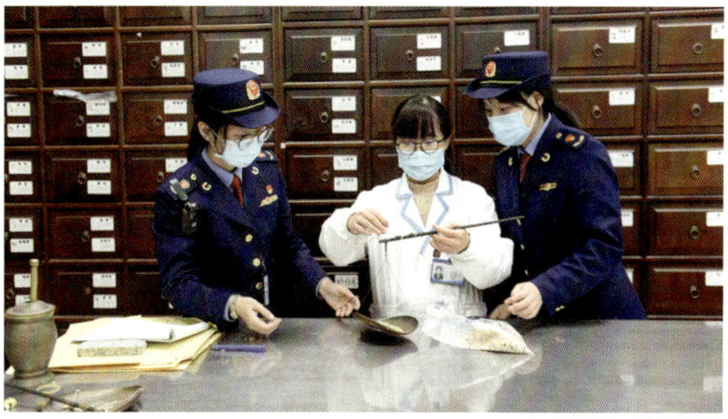

2020年疫情期间，越城区市场监管局开展零售药店专项检查（贾滨　摄）

“网订店送”智慧购药平台（图片来自客户端截屏）

**【冷链商品全程追溯】** 2020年，越城区依托全省冷链食品追溯系统（简称“浙冷链”），实施“重点产品”经营主体“进赋码、出扫码”，实现冷链商品从供应链首站到消费环节产品最小包装的闭环追溯管理。全年共摸排进口冷链食品相关主体325家，浙冷链赋码56059条，扫码40690条，扫码率及赋码率达100%。开展冷链食品物防网络培训3场、现场培训5场，参训400余人，发放宣传资料400余份。累计出动执法人员300余人次，检查进口冷链食品储存、加工、销售单位200余家，检查运输车辆126车次，采集1921份冷链食品相关样品，其中涉及“批批检”的进口冷链食品60个批次，检测全部阴性。投入运行全市首个公共集中监管仓，全年预约进仓货物数量累计6146千克。

**【处置疫情积压食品及原料291千克】** 2020年3月起，越城区重点围绕疫情期间停产停业的食品生产经营单位，灵活运用打折销售、网络销售、社会捐赠等多种方式规范处理积压食品及原料，按程序将废弃食品及原料予以无害化处理并做好台账记录，督促企业落实食品安全主体责任。累计出动执法人员815人次，检查食品生产经营主体998家，处置积压食品及原料291千克，立案查处1起违法行为。

**【"网订店送"智慧购药】** 2020年,越城区探索推进"网订店送"市民智慧购药通过O2O模式上线美团、饿了么等平台,骑手取药、外卖配送;通过B2C电商模式在天猫、京东和自建网站上开展互联网药品销售业务,实现线上支付、邮寄配送;结合互联网医院慢病续方项目,通过"健康绍兴App"上申请后选择震元医保药店自取或线上支付配送。年内,建成12家24小时"网订店送"药房;开通美团业务12家药店,月平均接单1150次,月平均销售金额54300元;震元连锁京东、天猫、微商城三个平台共计销售146865单,销售额达2693万元。

**【网络餐饮食品安全专项检查】** 2020年,越城区开展网络餐饮食品安全专项检查,加强对"美团""饿了么"等第三方平台的巡查。全年送达抄告单11份,整改问题507个,下线入网餐饮单位9家;培训入网餐饮单位从业人员350人次,约谈入网餐饮单位59家,抽查线下餐饮单位787家,抽样320批次,对检查中发现的无证无照或超范围经营、餐饮具未消毒、使用过期食品等违法行为下达责令改正通知书74份,取缔无证经营1家,立案25件。

**【"阳光厨房"建设】** 2020年,越城区对全区180家学校食堂和社会餐饮单位进行设备提档升级,并纳入"众食安"智慧餐饮平台,实现"可识别、可抓拍、可感测、可远程、可示警",抓取不规范行为6605起。截至年底,学校食堂"智能阳光厨房"建设完成100家。

**【浙江食品安全综合治理数字化协同应用】** 2020年,越城区搭建"特殊食品风险智控应用场景",执法人员可通过"线上巡查""CCP智控""扫码智控""特食之窗"等功能版块,实现视频、AI及物联设备的在线巡查和风险预警。年内,浙江创新生物有限公司完成试点准备和调试工作。(区市场监管局　金晶)

## 质量技术监管

**【概况】** 2020年,越城区共有"浙江制造"标准立项在建项目15只,其中已有8只为主制定的"浙江制造"标准正式发布实施,标准研制进度、发布数量位居全市第二。已有通过"浙江制造"国际互认企业5家、证书8张,分别占全市总量的40%、62.5%;规上企业采标率82%,全市第一。年内,推动企业为主或参与制(修)订国际、国家和行业标准11项(国标4项、行标7项),新增浙江制造"品字标"企业6家,浙江德创环保股份有限公司入选2019年度市长质量奖。截至年底,全区市长质量奖企业累计7家,占全市已获奖企业数15.56%。全年未发生特种设备安全事故。

**【工业企业采标率位居全市第一】** 2020年,越城区以高端装备制造业、新材料、新能源、生物技术与新医药等战略性新兴产业为重点,进行采标工作集中攻坚。截至年底,598家规模以上工业企业中,482家采用国际标准和国外先进标准,采标率达82%,较2019年上升4.1%,规上工业企业采标率和增幅均位居全市第一。

**【浙江省首个特定领域(宗教场所)消防安全地方规范】** 2020年4月,越城区《宗教活动场所建设与平安管理规范》正式发布实施,通过明确

2020年,越城区市场监管局开展特种设备检查(蒋凌峰　摄)

重点章节“消防安全管理”，进一步规范管理职责、设施要求、安全培训、安全演练、巡查内容、操作规范等六方面内容，系全省首个特定领域（宗教场所）消防安全地方规范。

**【全国首批宗教活动场所标准化建设系列规范通过评审】** 2020年，越城区根据省民宗委“1+9”指标体系要求，构建宗教活动场所标准化建设系列。总体分为三大标准化模块“1+2”模式，即1个核心特色标准《宗教场所民主建设和活动运行规范》，2个保障性标准《宗教活动场所内部管理规范》《宗教活动场所建设与管理规范》，共涉及13大块内容，其中消防安全、财务安全、第三方托管等多块内容为首次将不同部门管理要求以地方规范的形式融入宗教活动管理。该规范系省内唯一涵盖“1+9”指标体系全要素的地方规范，也是国内首批成体系的宗教活动场所标准化建设规范。

**【首个建材类产品通过“浙标”评审】** 2020年5月，机械喷涂抹灰砂浆浙江制造团体标准顺利通过评审，并于7月发布实施。该标准填补了国标对放射性物质指标要求的空白，有效解决普通砂浆不能满足机械喷涂施工的弊病，为预拌砂浆生产企业提供生产技术指导。此外，机械喷涂抹灰砂浆施工较自拌砂浆传统抹灰综合成本降低2～3元/平方米，相当于每吨砂浆成本降低60～90元。

**【计量“C”标企业实现零突破】** 2020年，绍兴咸亨股份食品有限公司、绍兴市咸亨酒店食品有限公司先后通过定量包装商品生产企业计量保证能力自我声明，获得使用“C”标许可，实现全区定量包装企业计量“C”标零的突破，系全省首批通过自我声明方式获得使用“C”标志许可企业。

**【兑现品牌创建奖励420万元】** 2020年，越城区全数兑现创新驱动发展战略奖励中的品牌创建资金奖励。2月，指导浙江德创环保科技股份有限公司通过网上申报一次性兑现50万元市长质量奖奖励经费。3月，完成浙江耀锋动力科技有限公司等17家企业20个项目总计370万元经费奖励。

**【《糟烧白酒》标准出台】** 2020年5月，《糟烧白酒》（T/ZZB1590—2020）发布实施。该标准适用于以绍兴黄酒糟为原料，经固态堆积发酵后，蒸馏而成的酒精度不低于45%容量的原浆糟烧白酒。总酸要求提升至≥0.45克/升、总酯成分提升至≥0.70克/升、固形物要求提升至≤0.40克/升，另增加乳酸乙酯≥0.30克/升要求，同时规定生产过程中不得直接或者间接添加食品用酒精及其他非自身发酵产生的呈香呈味物质，保障糟烧白酒独特香型。

**【打破国外木质素磺酸钠分散剂市场垄断】** 2020年，由浙江捷发科技有限公司编制的《木质素磺酸钠分散剂》（T/ZZB 1664—2020）“浙江制造”标准正式发布实施，打破美国产高端同类产品垄断地位，同时对浙江省染料助剂行业实现整体提升。该标准生产的产品绿色环保，不含甲醛、烷基酚聚氧乙烯醚类化合物（APEO）、喹啉、壬基酚等有害物质，具有优良高温分散性和极好的耐热稳定性，且价格为美国产高端同类产品50%。（区市场监管局　金晶）

## 知识产权管理

**【概况】** 2020年，越城区专利申请9917件、发明专利申请1832件；专利授权7780件、发明专利授权484件；有效发明专利拥有2366件；PCT申请41件；新申请国内注册商标6931件，注册3970件，有效注册17392件。

**【2个品牌服务指导站建成运营】** 2020年9月，越城区首个品牌服务指导站——绍兴越城集成电路产业品牌指导服务站启动运营，为企业提供

法律法规宣传、注册申请指导、产权管理指导、品牌创建指导、政策分析建议等基础服务。全年共服务企业35家，指导企业注册登记5家、商标申请6家、知识产权贯标1家，2家企业获得知识产权质押许可。11月，绍兴滨海新区生物医药产业品牌指导服务站投入使用。

**【2家企业入选全省创造力百强企业】** 2020年，浙江省首次发布全省创造力企业百强名单，有效专利入围门槛79件。越城区企业浙江苏泊尔绍兴生活电器有限公司列第31位，有效专利166件；浙江奇彩环境科技有限公司列第70位，有效专利96件。

**【全市首个省级商业秘密保护示范区落地】** 2020年，绍兴滨海新区生物医药产业园通过考评验收，成为全市首家省级商业秘密保护示范区。截至年底，园区已创建省级商业秘密示范单位4家，并成立生物医药商业秘密保护服务中心及指导站。（区市场监管局 金晶）

## 公共资源交易管理

**【概况】** 2020年，越城区公共资源交易平台共完成交易项目340个，成交金额148.65亿元，同比增长48.12%。建设项目成交177个，成交金额136.3亿元，其中，滨海新区成交项目78个，成交金额37.69亿元；政府采购项目成交158个，成交金额10.07亿元，其中，滨海新区成交项目16个，成交金额1.19亿元；产权交易项目5个，成交金额2.25亿元，增值率14.92%；三项交易累计增效节资12.84亿元，同比增长144.11%。年内，浙东运河文化园（浙东运河博物馆）建筑工程总承包、越城区人民医院建设工程施工总承包、老旧小区改造提升工程、长电集成电路（绍兴）有限公司300毫升集成电路中道先进封装生产线项目EPC总承包工程等一批省、市级重点项目完成交易。

**【建设项目交易成交177项】** 2020年，越城区公管办、交易分中心共发布建设工程招标信息199项（笔、宗），预算价165.93亿元，成交177项（笔、宗），成交价136.3亿元，节资率18%。公开招标项目中，区内企业中标95项，预算价25.04亿元，成交价22.56亿元；进市公共资源交易中心交易、由区公管办监管的项目成交27项，预算价27.8亿元，中标价24.5亿元。

**【政府采购交易成交158项】** 2020年，越城区公管办、交易分中心共发布政府采购交易175项，成交158项（笔、宗），成交价累计10.07亿元。其中，发布集中采购项目公告44项，成交41项（笔、宗），成交价2.16亿元；发布分散采购项目公告64项，成交59项（笔、宗），成交价1.77亿元；发布国企采购项目公告67项，成交58项（笔、宗），成交价6.14亿元。政府采购电子卖场2020年共成交8089项（笔、宗），成交2.30亿元，其中，网上超市成交6426项（笔、宗），成交1.05亿元。

**【产权交易项目成交5宗】** 2020年，越城区公管办、交易分中心共发布产权交易信息8项（笔、宗），标的317个，底价1.95亿元；成交5项（笔、宗），成交标的152个，成交价2.25亿元，增资率14.92%。其中，浙江雄盛实业有限公司（纱线基地）厂区部分拆除残值及拆除工程底价245万元，成交价1360万元，增幅455%。

**【“不见面”开标系统上线运行】** 2020年，越城区公管办、交易分中心深化“互联网+”与公共资源交易融合，推行“不见面”业务办理。年内，完成工程“不见面”平台搭建并正式上线运行，实现网上标书下载、网上投标、网上缴纳保证金、在线上传投标文件等功能。截至年底，共受理网上信息登记2438次，累计实施工程“不见面”开标项目14个，投资金额4.21亿元，成交金额3.69亿元。

**【启用投标电子保函】** 2020年，越城区公管办、交易分中心全面推广使用工程保函替代投标保证金、履约保证金、工程质量保证金、农民工工资保证金，取消企业年度信息登记中缴费席位费要求。创新招投标电子交易流程，上线电子保函功能，实现保函从申请到出具全流程电子化。截至年底，已出函电子保函2090笔，累计为企业释放资金6.8亿元，惠及区内外企业数百家。

**【优化交易流程】** 2020年，越城区公管办、交易分中心允许完全社会资本建设项目直接发包，同时允许国有资金非占控股或主导地位的项目进场邀请招标。对重点项目和民生项目开辟"绿色通道"，实行一对一定点跟踪服务。简化基础设施和重点项目招标前置条件，经职能监管部门审批备案后容缺受理，先行启动招投标环节。截至年底，共容缺受理进场交易项目共计36个，平均为每个项目进场节省30天审批等待时间。（区政务服务办　沈宇）

## 审　计

**【概况】** 2020年，越城区实施审计项目13个，完成审计项目16个（含2019年度3个），出具审计报告和专项审计调查报告24篇、审计移送书20份，提出审计建议48条，推动出台各级制度22项。审计查出问题248个，挂号率100%，整改到位243个，整改率97.98%，整改到位金额4178.14万元，督促被审计单位出台相关制度文件29个。审计促进各类制度出台13个，其中区级层面制度6个，行业主管部门3个，被审计单位4个。年内，审计信息被各级刊物采用150篇次，其中，省级以上录用46篇次，获得领导批示52个；上报审计专报、要情、审情参考等信息16篇，获区主要领导批示20人次。

**【财政预算执行审计】** 2020年，越城区以财政大格局平台建设为抓手，衔接经济责任审计平台、政策跟踪审计平台，将财政同级审计及部门预算执行情况审计有机结合，对71家一级预算单位开展大数据分析，发现获取违规补助、项目执行率低于50%、预算执行不到位等问题，推进部门预算执行审计全覆盖。

**【投资审计调查】** 2020年，越城区开展全区重大民生实事工程项目、安置余房管理情况以及城市垃圾分类项目等重点领域审计，首次对区国有企业环境集团有限公司开展审计试点，首次采用简版审计报告的方式报送审计调查成果，并获区长批示肯定。年内，全面推行任务清单、问题清单、风险清单"三张清单"工作机制，采取投资审计监督闭环模式，对全区公共投资项目管理的9个重要环节56个共性问题进行风险防范。全年共移送问题线索13条，促进全区出台安置余房管理、拆迁安置小区全过程代建管理等多项制度。

**【经责审计平台建设】** 2020年，越城区印发《绍兴市越城区经济责任审计工作联席会议议事规则和办公室工作规则》，推动构建"审前共商、审中共管、审后共享"的经济责任审计工作联席会议平台。年内，对7家单位9位领导干部开展经济责任审计，对1个街道2位领导干部实施自然资源资产离任（任中）审计。

**【创新《村（社区）主职干部离任经济责任事项交接办法》】** 2020年，越城区开展内部审计项目233个，提出审计建议680条，增收财政节支437.78万元。联合区纪委、区委组织部等6部门全省首创出台《村（社区）主职干部离任经济责任事项交接办法》，确保越城区161个新上任的村（社区）书记规范完成交接，该制度获评2020年度绍兴市"最佳制度创新案例"和越城区"最佳制度创新"，相关经验做法吸引安徽望江县审计局等10多家兄弟单位学习咨询借鉴。

**【疫情专项审计】** 2020年，越城区审计局联合16

**2020 年实施审计项目完成情况表**

表 33

| 序号 | 审计项目名称 |
|---|---|
| 1 | 绍兴市越城区应对新冠肺炎疫情防控资金和捐赠款物专项审计 |
| 2 | 绍兴市越城区财政局具体组织的 2019 年度本级预算执行情况和决算草案审计 |
| 3 | 绍兴市越城区鉴湖街道党工委书记赵雄伟、办事处主任金巍东任期经济责任审计和自然资源资产任中审计及鉴湖街道 2019 年度财政决算审计 |
| 4 | 绍兴市越城区“无废城市”建设推进情况专项审计调查 |
| 5 | 绍兴市越城区人民法院等单位 2019 年度预算执行情况专项审计 |
| 6 | 绍兴市越城区重点支出项目投资绩效情况专项审计调查 |
| 7 | 绍兴市越城区政府采购资金绩效情况专项审计调查 |
| 8 | 绍兴市越城区府山街道党工委书记童云英、办事处主任傅晓铭任期经济责任审计 |
| 9 | 绍兴市越城区综合行政执法局原党工委书记、局长王伟民任期经济责任审计 |
| 10 | 绍兴市越城区环境集团总经理胡小龙任期经济责任审计 |
| 11 | 绍兴市越城区商务局党组书记、局长陈智明任期经济责任审计 |
| 12 | 绍兴市越城区信访局局长、“12345”市长公开电话越城区处理中心主任，越城区委办公室副主任叶海木任期经济责任审计 |
| 13 | 绍兴市越城区总工会党组书记、主席单国炎任期经济责任审计 |

个镇街及区卫健局、区财政局开展实施新冠肺炎疫情防控资金和捐赠款物专项审计，出台《绍兴市越城区审计局审计“容错免责”实施办法》，明确疫情防控工作审计“容错纠错”的具体情形和 4 个认定要素。审计专报《我区新冠肺炎疫情捐赠款物使用管理存在一些问题需进一步规范》得到区领导批示，并推动 4 个主管部门建立捐赠款物管理相关制度 4 项。（区审计局　王思蕊）

## 统　计

**【概况】** 2020 年，越城区创新建立越城区、滨海新区 2020 年主要经济指标构建体系，将 GDP 目标分解到 15 项核算指标，预判研判季度 GDP 完成情况并提出预警，每季度出具统计数据质量评估报告。全年共撰写各类分析报告数十篇，(其中，两办录用 20 篇）专报 3 篇，统计专辑 12 篇，约稿录取 4 篇，另出具《各季度经济运行分析报告》《各季度越城区 GDP 简析》等。《关于奋力完成全年发展目标任务的几点建议》受到区领导肯定。

**【统计调查】** 2020 年，越城区推进固定资产“一项目一档”建设，对前 30 位 5000 万元及以上重点项目进行逐个审核。截至年底，房地产企业入库 15 家，房地产项目 28 个，投资项目 117 个。月度“下升上”工业 6 家，贸易 24 家、建筑业 6 家。

**【科技 R&D 认定】** 2020 年，越城区对 545 家工业企业、98 家建筑业、744 家服务业的创新情况开展核实。通过 33 个查询模板对 723 家需填报研发报表的企业实现质量管控。认定 2019 年全社会 R & D 经费支出 17.97 亿，同比增长 49%。

**【统计执法检查】** 2020 年，越城区对 47 家企业开展统计执法检查，立案 3 家，收缴罚款（包括去年立案）32.65 万元。累计核查贸易企业 75 家、工业企业 71 家、服务业企业 32 家、建筑业企业 7 家，并对 160 家重点企业（项目）建立“一企一策”制度。（区统计局　提供）

# 财 税

## 财 政

**【概况】** 2020年，越城区（滨海新区）财政总收入达到132.26亿元，其中一般公共预算收入78.74亿元，执行一般公共预算支出78.65亿元。实现政府性基金收入102.35亿元，支出113.09亿元。社会保险基金收入4.12亿元，实际支出3.81亿元。

**【一般公共预算执行】** 2020年，越城区（滨海新区）一般公共预算收入年初预算为86.59亿元，经区九届人大常委会第三十八次会议批准调整预算为72.77亿元，实际执行数72.69亿元，完成年度预算的99.9%，比上年同口径增长4.1%（加上沥海街道为78.74亿元，比上年同口径增长4.7%）。一般公共预算支出年初预算为64.36亿元，经调整预算为84.09亿元，实际执行数78.65亿元，完成年度预算的93.5%，比上年同口径增长12.3%（含原滨海新城上年支出同口径比）。

**【政府性基金预算执行】** 2020年，越城区（滨海新区）政府性基金收入年初预算为61.62亿元，经区九届人大常委会第三十八次会议批准调整预算为104.10亿元，实际执行数98.19亿元，完成年度预算的94.3%。政府性基金支出年初预算为49.30亿元，经调整预算为125.37亿元，实际执行数113.09亿元，完成年度预算的90.2%。

**【国有资本经营预算执行】** 2020年，越城区（滨海新区）国有资本经营预算收入45万元，实际执行数46.9万元，完成年度预算的104.2%。国有资本经营预算支出45万元，实际执行数46.9万元，完成年度预算的104.2%。支出全部调入

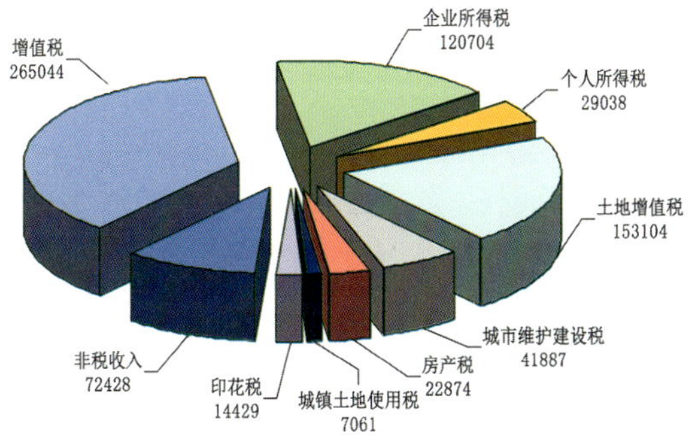


图18 2020年全区一般公共预算主要科目收入情况图（单位：万元）

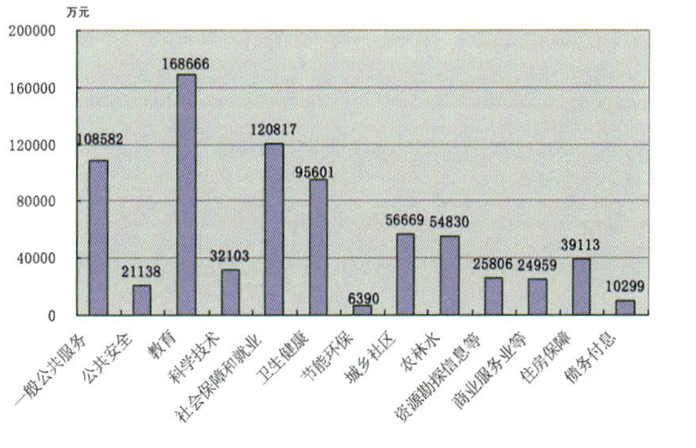


图19 2020年全区一般公共预算主要科目支出情况图

**2020 年越城区财政重点支出预算完成情况**

表 34

| 项目 | 金额（亿元） | 同比增长 % | 主要用途 |
| --- | --- | --- | --- |
| 教育支出 | 16.87 | 13.3 | 增加迪荡中学、稽山中学、柯灵幼儿园等教育基础设施建设支出 |
| 科学技术 | 3.21 | −13.4 | 部分政策兑现资金科目调整 |
| 社会保障和就业 | 12.08 | 9.2 | 事权下放及保障标准提高 |
| 医疗卫生健康 | 9.56 | −7.9 | 2019 年一次性补助基本医疗保险基金缺口 15000 万元，剔除该因素后比上年增长 7.7% |
| 城乡社区 | 5.67 | −19 | 2019 年注资滨海新城发展集团一次性支出、市政园林安排的城市公共设施维护管理调整到政府性基金支出影响，剔除上述因素后增长 4% |
| 农林水 | 5.48 | 30.7 | 增加省补资金用于马山闸、新三江闸工程支出 23940 万元 |

一般公共预算补充社保基金支出。

**【社会保险基金预算执行】** 2020 年，越城区（滨海新区）社会保险基金收入年初预算为 4.75 亿元，经区九届人大常委会第三十八次会议批准调整预算为 4 亿元，实际执行数 4.12 亿元，完成年度预算的 103%。社会保险基金支出年初预算为 4.75 亿元，经调整预算为 3.87 亿元，执行数为 3.81 亿元，完成年度预算的 98.5%。

**【“三公”经费支出执行】** 2020 年，越城区一般公共预算安排“三公”经费预算 1120 万元，实际支出 699 万元，同比减少 18.3%。其中：因公出国经费支出 11.14 万元，同比下降 96.1%；公务接待费支出 56.3 万元，同比下降 18%；公务用车购置费支出 393.7 万元，同比增长 72%，主要是区市场监管局购置特种用车 10 辆（全省统一购置），区法院购置公车 1 辆，区检察院购置公车 2 辆，区新闻中心购置公车 1 辆，区综合行政执法局及下属事业单位购置执法用车 9 辆；公务用车运行维护费支出 237.4 万元，同比下降 13.5%。

**【扶持企业发展】** 2020 年，越城区加大对国家级、省级以上科技型企业、研发机构、创新平台奖励力度，安排资金 4000 万元扶持医疗器械综合体建设。安排跨境电商发展专项资金 300 万元，拨付外贸扶持资金 10525 万元。完善区重点展目录，给予展位费全额补助，争取中央、省、市外贸企业拓市场专项资金。年内，发放消费券 8466 万元，提升带动绍兴地区产业生产端的复苏。

**【财政数字化转型】** 2020 年，越城区 68 家非税收入执收单位全部开具财政电子票据，并实现预算单位国库集中支付电子化改革全覆盖（教育系统除外）、241 家采购单位政采云上线全覆盖。22 个事项上线部门间“最多跑一次”系统，截至年底，已完成办件数量 61317 件。全区共 83 个项目实现乡镇公共服务平台“一卡通”发放，涉及发放人次 52.34 万人，补助自然人数 18.4 万人，发放资金量 2.77 亿元。

**【全面预算绩效改革】** 2020 年，越城区推行全面预算绩效改革，并实现事前项目预期绩效目标申报全覆盖。全年共审核项目 1227 个，涉及财政资金 33.12 亿元，组织开展部门绩效自评项目 825 个，涉及财政资金 30.23 亿元。年内，区财政局联合人大监督力量开展财政重点绩效评价，涉及财政资金 9669 万元。对公办义务教育段学校教室安装空调等 5 个项目实施市县联动，完成民生项目绩效评价，涉及财政资金 9048 万元。开展重大支出项目事前绩效评估试点工作，对第七次全国人口普查项目实施事前绩效评估，项目申报预算 1354 万元，经评估核减申报资金 308 万元。

**【保障民生支出】** 2020 年，越城区安排各类民生支出 56.23 亿元，占一般公共预算支出的 71.5%，其中教育支出 16.87 亿元、医疗卫生健康支出 9.56 亿元。拨付高层次科技创业创新人才资助资金 5146 万元，兑现人才房票资金 3155 万元、其他人才资金 3112 万元。补助职业培训、社会保险、公益性岗位、高校毕业生就业见习等补贴资金 8340.47 万元。投入“三农”资金 2.59 亿元，支持建成高标准农田、提标改造粮食生产功能区。新增债券额度 30 亿元，保障区人民医院、浙东运河文化园、柴场弄地块更新改造、老旧小区改造提升、迪荡中学等项目建设，推动绍兴滨海新区现代城市综合配套提升工程、绍兴综合保税区工程启动，服务孙端互通连接线等 29 条路网改造提升工程、杭绍台高速高铁、智慧快速路等省市重点项目建设。

**【服务疫情防控和复工复产】** 2020 年，越城区启动防疫资金应急拨付机制，开通政府采购绿色通道，累计下达疫情防控经费 1.42 亿元，执行“两直”资金支出 2.27 亿元，提速兑现惠企政策资金共计 7.65 亿元，其中，发放企业纾困补助资金 1.31 亿元，惠及 7900 家小微企业和个体工商户，完成实来绍人员交通补助资金 1672.16 万元；为 28 家疫情防控重点保障企业、3500 家小微企业和个体户安排再贷款 9.95 亿元，财政贴息资金合计 4856 万元。为企业减税约 30 亿元，降费约 18.5 亿元。（区财政局　吴超群）

## 税　务

**【概况】** 2020 年，越城区共组织各项税收收入 179.8 亿元，同比增长 6.3%，其中税收收入入库 131.4 亿元，同比增长 13.5%；其他收入入库 48.4 亿元，同比下降 9.2%；其他收入中社会保

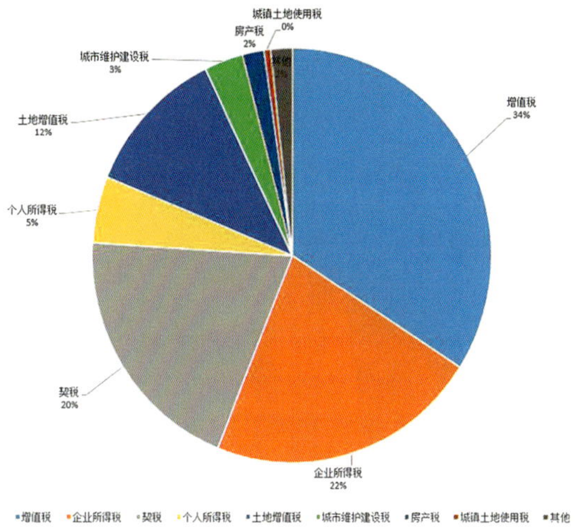


图 20　2020 年越城区分税种税收收入占比图

险费收入合计 43.5 亿元，同比下降 9.3%。税务部门组织一般公共预算收入 65.4 亿元，同比增长 6.8%，增幅在全市排名第一，税收占一般公共预算收入比重为 90.04%，高于全市平均 8.3 个百分点，成为唯一一个税收占比超过 90% 的县（区），收入结构持续优化。

**【减税降费】** 2020 年，越城区落实减税降费 51.9 亿元，其中税收 35.4 亿元（其中“五减”4.3 亿元、降本减负 31.0 亿元）、社保费 16.5 亿元。年内，通过征纳沟通平台，打造文档、文章、直播、点播、培训、专栏等六大主流内容以及多场景的税收宣传方式，共开展直播 7 次，上传各类文档 27 篇，累次访问数达 5.7 万余次，推送 55.13 万人次，接听热线答复纳税人咨询 7.78 万余次，在央视、《浙江日报》和“学习强国”等各类媒体宣传减税降费信息 74 条。另建立税费减免政策落实专属网格，开展专项督查，确保政策落实到位。

**【建设全省首个纳税咨询智能云平台】** 2020 年，越城区启动全省首个纳税咨询智能云平台系统建设，实现接听智能化、辅导前置化、数据可视化。截至年底，3 个办税服务厅均上线该平台，设置接听终端 9 个，咨询电话实时接通率超 98%，累计为纳税人提供服务 88269 次，线上咨询量提

2020 年 10 月 30 日，越城区税务局组建“悦农越浓”志愿队，为北山牧业送上涉农优惠政策（李昊 摄）

升 130%，该项工作获省局领导的肯定。

**【上线浙江省税收社会共治平台】** 2020 年 8 月 10 日，浙江省税收社会共治平台上线运行。越城区税务局以原个人房屋出租税收征管软件作为数据兜底，逐步推广试用税收共治平台，通过三个月双轨运行，完成 15 个乡镇、街道税收社会共治平台上线市局试点。

**【建立税院协作机制】** 2020 年 8 月 28 日，越城区税务局与区法院联合出台《关于建立协作机制的实施意见》，确立联席会议、联络部门和联络员、税费征缴、执法、协作互动等五项协调机制，全面深化税务与司法协作。年内，区税务局收到并回复办结各地法院征询函 218 件，接收并申报破产案件 49 件次，涉及税费金额近 3.3 亿元，压缩欠税 500 多万元。

**【创建“e 路春风越税行”品牌】** 2020 年，越城区税务局深挖“知行越税”文化品牌，打造“e 路春风越税行”服务品牌，衍生“越易问”“越易享”“越易办”三大服务举措，实现涉税咨询 e 拨灵、政策辅导 e 线达、涉税业务 e 网办，加速纳税服务电子化、信息化、现代化。

**【推行行政执法“三项制度”】** 2020 年，国家税务总局绍兴市越城区税务局（以下简称区税务局）全面推行行政执法公示制度、执法全过程记录制度和重大执法决定法制审核制度，并举办专项业务培训会，明确权力清单和责任清单。年内，通过省局执法信息公示平台发布公示信息 3500 多条，包括行政处罚、行政许可等 7 个大类共 24 个小类，并在日常工作中建立起行政执法公示动态更新机制。另运用内控监督平台，自我纠错 26 个，落实整改反馈过错疑点数据 789 条。

**【新个税首次汇算】** 2020 年，越城区税务局实施个税汇算工作网格化管理机制，向辖区 4600 余户有税扣缴单位逐户发送个税年度汇算分批办理温馨提醒，对预测年度汇算申报员工数 100 人扣缴单位财务负责人开展集中培训辅导和答疑。截至年底，辖区内 85378 人次纳税人完成年度汇算申报，其中完成退税 41218 人次，完成个税汇算退税人工审核 1340 人次。

**【土地增值税清算】** 2020 年，越城区税务局积极推广土地增值税清算服务平台和清算管理平台，先后组织 3 次共计 200 余人次培训。截至年底，116 户企业完成激活，占 2010 年以来有开发项目且未清算企业总数的 98.31%；139 个开发项目完成登记，占 2010 年以来已开发未清算项目数的 93.29%。提前完成年度 28 个土地增值税清算任务，完成及时度位列各县（市、区）局首位。

**【建立特定行业税收风险识别模型】** 2020 年，越城区税务局以房地产行业为样本，通过典型户调研、建立模型、试算结果和结果验证四个阶段，对房产预售和收入确认两个重点环节进行税收风险排查。通过数据分析、风险辨识，对房地产行业相关 7 个税种，建立 8 个风险分析模型，从财务报表、各税种申报表及附表中提取相关数据，通过数据清洗、数据逻辑校验和模型试

2020年3月，“谷哥工作室”领衔人谷川为纳税人辅导通用电子发票相关内容(李昊 摄)

算，对336户房地产企业进行“体检”，切实排查到120户企业存在的税收风险，经风险提示，企业自行核查后补交税费2.2亿元。

**【“谷哥工作室”成立】** 2020年3月，越城区税务局成立“谷哥工作室”，由谷川领衔，集合区税务局青年骨干开展涉税辅导和政策宣传，参与全区涉税宣讲活动。截至年底，工作室通过咨询热线、征纳沟通平台等方式，累计为8万余户企业解决9.2万余个涉税难题，已入选市局命名的第一批党员工作室。(区税务局 李昊)

# 科学技术

## 综　述

【概况】 2020 年，越城区根据滨海新区体制情况调整高企管理工作领导小组，制定出台《绍兴市越城区科技企业培育专项行动计划（2020—2022 年）》，实施科技企业双倍增计划，形成“提前储备一批、精心培育一批、成功认定一批”科技企业培育工作模式。2019 年，研究与试验发展经费（R&D）19.85 亿元，占 GDP 比重为 2.0%。新认定国家高新技术企业 102 家，累计 342 家；新增省科技型中小企业 206 家，累计 1334 家。全年完成技术交易总额 27.18 亿元（含市辖区），实现高新技术产业增加值 151.4 亿元，同比增长 10.8%，占工业增加值比重 58.9%；新产品产值 438.7 亿元，同比增长 13.4%；高新技术产业投资额同比增长 15.7%。入选省级海外工程师 5 人、市级 4 人，柔性引进海外工程师 60 人；入选绍兴市重点科技创新团队 3 个。

2020 年 7 月 22 日，绍兴滨海新区管委会和浙江金融职业学院签订合作共建框架协议，标志着浙江金融职业学院绍兴校区落户滨海新区，图为浙江金融职业学院绍兴校区合作共建框架协议签约仪式现场合影（区委宣传部　提供）

## 平台建设与管理

【概况】 2020 年，越城区继续完善科创园、孵化器、众创空间等多主体协同创新和全链条孵化体系。全年新培育市级众创空间 15 家、省级众创空间 2 家，新引进企业 188 家，毕业孵化企业 68 家。截至年底，全区共有科技企业孵化器（众创空间）40 家，其中，国家级科技企业孵化器 2 家、省级 2 家、市级 6 家，国家级众创空间 2 家、省级 21 家、市级 34 家；累计拥有孵化面积 1736 万平方米，在孵企业 1076 家，带动就业人才 7964 人。

【产业服务综合体总量全市首位】 2020 年，浙江省绍兴越城节能环保产业创新服务综合体、浙江省绍兴现代医药产业创新服务综合体入选省级创建名单，全年引进企业 10 家，入选绍兴市“海内外英才计划”项目 5 项、国家高端外国专家计划项目 1 项，开展大型会议及专题培训 7 场。集成电路产业创新服务综合体新签约引进企业 21 家，租赁面积 3057 平方米，另有意向联系和接

## 2020年越城区新增省、市级众创空间（孵化器）一览表

表35

| 序号 | 名称 | 建设单位 | 级别 |
|---|---|---|---|
| 1 | 东方智汇众创空间 | 绍兴智汇谷科技孵化器有限公司 | 市级 |
| 2 | 越客创业社区 | 杭州彩虹物业管理有限公司绍兴分公司 | 国家级 |
| 3 | 天恩太阳能众创空间 | 浙江天恩太阳能科技有限公司 | 省级、市级 |
| 4 | 女创空间 | 绍兴双贝生物科技有限公司 | 省级、市级 |
| 5 | 绍兴水木湾区科学园 | 绍兴水木湾区科学园有限公司 | 市级 |
| 6 | 创聚空间 | 绍兴巧脑企业管理咨询有限公司 | 市级 |
| 7 | 第六众创空间 | 绍兴富邦玛凯龙家居广场管理有限公司 | 市级 |
| 8 | 海智汇众创空间 | 绍兴楼友会人力资源服务有限公司 | 市级 |
| 9 | 百度云人工智能众创空间 | 绍兴文理学院 | 市级 |
| 10 | 北创医疗器械众创空间 | 绍兴澜北投资管理有限公司 | 市级 |
| 11 | 翘楚众创空间 | 浙江翘楚文化传媒有限公司 | 市级 |
| 12 | 正大众创空间 | 浙江正大装饰商城有限公司 | 市级 |
| 13 | 佰度众创空间 | 绍兴佰度物业管理有限公司 | 市级 |
| 14 | 芯空间IC设计众创空间 | 芯空间物业管理（绍兴）有限公司 | 市级 |
| 15 | 绍兴3W-COFFICE | 绍兴三万科技孵化器有限公司 | 市级 |
| 16 | 创8区绍兴“智能+”产业众创空间 | 浙江云创网联科技有限公司 | 市级 |
| 17 | 智优沃众创空间 | 绍兴智优沃科技有限公司 | 市级 |

## 2020年越城区共建创新载体一览表

表36

| 序号 | 名称 | 共建双方 | | 引进年份 | 技术领域 |
|---|---|---|---|---|---|
| 1 | 中国纺织科学研究院江南分院 | 绍兴市人民政府 | 中国纺织科学研究院 | 2004年 | 纺织 |
| 2 | 中国科学院浙江数字内容研究院 | 绍兴滨海新城管理委员会 | 中国科学院浙江数字内容研究院 | 2016年 | 数字内容、数字文化产业 |
| 3 | 浙江大学绍兴微电子研究中心 | 绍兴市越城区人民政府 | 浙江大学 | 2018年 | 集成电路 |
| 4 | 浙江理工大学绍兴生物医药研究院有限公司 | 绍兴滨海新城管理委员会 | 浙江理工大学 | 2019年 | 生物医药 |
| 5 | 浙江工业大学绍兴研究院 | 绍兴市越城区人民政府 | 浙江工业大学 | 2019年 | 节能环保 |
| 6 | 上海大学绍兴研究院 | 绍兴市镜湖新区开发建设办公室 | 上海大学 | 2019年 | 综合性 |
| 7 | 绍兴市北大信息技术科创中心 | 绍兴滨海新区管理委员会 | 高文院士及团队 | 2020年 | 人工智能 |
| 8 | 江南大学（绍兴）产业技术研究院 | 绍兴市越城区人民政府<br>绍兴滨海新区管理委员会<br>绍兴市柯桥区人民政府<br>中国绍兴黄酒集团有限公司 | 江南大学 | 2020年 | 黄酒、纺织、食品、生物工程 |
| 9 | 浙江大学绍兴研究院 | 绍兴市人民政府 | 浙江大学 | 2020年 | 集成电路、生物医药、新材料、文化产业 |

洽的重点项目20余个。截至年底，全区共有产业服务综合体5个，数量均位列全市第一。

**【打造高能级平台】** 2020年，越城区稳步推进高能级平台建设。截至年底，绍兴水木湾区科学园已入驻项目71个，入驻300余人，其中，绍兴3W-COFFICE、创8区绍兴“智能+”产业众创空间、智优沃众创空间、埃米空间4个孵化平台全部正常营业，复旦科技园绍兴创新中心完成规划设计初稿并推进在谈项目20个，国际生命健康产业新城即将签约落户。

**【科创大走廊建设】** 2020年，《2020年绍兴市越城区科创大走廊建设工作要点》等文件出台，科创大走廊建设工作全面覆盖滨海新区。全年重点建设项目共有13个，计划投资额25亿元。截至年底，已完成投资额37.59亿元，完成率112.24%，居全市第一。其中，标志性项目绍兴越城医疗器械产业创新服务综合体多次获省领导批示肯定。

## 科技成果与奖励

**【概况】** 截至2020年底，越城区累计认定省级重点研究院4家、省级企业研究院26家、省级企业研发中心94家、市级企业研发中心114家。全年征集各类科技成果200余项，入选市级择优委托项目5个，以168万元拍得科技成果1项（绍兴岩土智慧勘察关键技术装备研发与工程应用）。260家企业享受研发加计扣除等惠企政策，总计减免费用5.3亿元。

**【新增市级及以上企业研发机构41家】** 2020年，越城区新增市级及以上企业研发机构41家。浙江省上方半导体光电薄膜制备工艺与装备技术研究院等6家企业研究院被认定为省级企业研究院；太极制药省级高新技术企业研究开发中心等11家企业研发中心被认定为省级高新技术企业研发中心；绍兴大明电力设计市级企业研究开发中心等24家企业研发中心被认定为市级企业研发中心。

**【实施“大院名所”建设工程】** 2020年，越城区继续实施“大院名所”建设工程，与江南大学、浙江大学、新建2所共建研究院，累计8家，涉及纺织印染、医疗器械、集成电路等产业领域。另与高文院士及团队共建绍兴市北大信息技术科创中心1个。

**【科技项目申报立项】** 2020年，越城区围绕主导产业更新完善技术攻关清单，动员企业、高校院所申报各类科技项目，加快产业链关键环节和协同创新项目建设。年内，申报省重点研发计划项目13个，摸排进口替代技术6个、卡脖子技术14个，成功立项市科技计划专项项目19个、揭榜挂帅项目3个。疫情期间，为企业抗疫项目争取紧急立项2项。另推广应用企业研发项目信息系统，累计注册企业1044家，含高新技术企业236家、省科技型中小企业618家。

**2020年越城区新增省、市研发机构一览表**

表37

| 序号 | 名称 | 依托单位 |
|---|---|---|
| | 省级 | |
| 1 | 浙江省上方半导体光电薄膜制备工艺与装备技术研究院 | 浙江上方电子装备有限公司 |
| 2 | 浙江省中科通信光电子研究院 | 绍兴中科通信设备有限公司 |
| 3 | 浙江省华汇绿色智慧城建研究院 | 华汇工程设计集团股份有限公司 |
| 4 | 浙江省国周纺织新材料喷气涡流色纺关键技术研究院 | 绍兴国周纺织新材料有限公司 |

续表 37

| 序号 | 名　称 | 依托单位 |
|---|---|---|
| 5 | 浙江省东湖高科植物生长调节剂研究院 | 绍兴东湖高科股份有限公司 |
| 6 | 浙江省虎彩激光数字印刷材料与技术研究院 | 绍兴虎彩激光材料科技有限公司 |
| 7 | 太极集团浙江东方制药有限公司 | 太极制药省级高新技术企业研究开发中心 |
| 8 | 浙江达美生物技术有限公司 | 达美诊断产品省级高新技术企业研究开发中心 |
| 9 | 浙江七色彩虹印染有限公司 | 七色彩虹清洁印染省级高新技术企业研究开发中心 |
| 10 | 绍兴明业化纤有限公司 | 明业碳五烯醇绿色制备省级高新技术企业研究开发中心 |
| 11 | 浙江华剑智能装备股份有限公司 | 华剑智能床垫设备省级高新技术企业研究开发中心 |
| 12 | 绍兴市岭峰气枪制造有限公司 | 岭峰气枪省级高新技术企业研究开发中心 |
| 13 | 浙江耀锋动力科技有限公司 | 耀锋科技动力机械省级高新技术企业研究开发中心 |
| 14 | 浙江海隆生物科技有限公司 | 浙江海隆动物疫苗省级高新技术企业研究开发中心 |
| 15 | 浙江航芯科技有限公司 | 航芯科技通讯技术应用省级高新技术企业研究开发中心 |
| 16 | 绍兴拓邦电子科技有限公司 | 拓邦多功能硅片添加剂省级高新技术企业研究开发中心 |
| 17 | 绍兴凤登环保有限公司 | 绍凤环保危废处置资源化利用省级高新技术企业研究开发中心 |
| | 市级 | |
| 18 | 绍兴大明电力设计市级企业研究开发中心 | 绍兴大明电力设计院有限公司 |
| 19 | 山形科技人工智能市级企业研究开发中心 | 绍兴山形科技有限公司 |
| 20 | 迪捷工业软件功能安全市级企业研究开发中心 | 浙江迪捷软件科技有限公司 |
| 21 | 非凡传媒科技市级企业研究开发中心 | 绍兴市非凡传媒科技有限公司 |
| 22 | 振腾医疗用品市级企业研究开发中心 | 绍兴振腾医疗用品有限公司 |
| 23 | 浙江君泰环保机械设备市级企业研究开发中心 | 浙江君泰生态环保科技有限公司 |
| 24 | 绍兴金泽电子技术市级企业研究开发中心 | 绍兴市金泽电子科技有限公司 |
| 25 | 越发科技纺织机械市级企业研究开发中心 | 浙江越发科技集团有限公司 |
| 26 | 吉山科技智能化汽配市级企业研究开发中心 | 浙江吉山科技有限公司 |
| 27 | 中建投精准挤压成型工艺及装备和高强度轻合金产品市级企业研究开发中心 | 中建投(绍兴)机械科技有限公司 |
| 28 | 海印数码印花机及配套墨水市级企业研究开发中心 | 浙江海印数码科技有限公司 |
| 29 | 浙江乐祥铝业有限公司铝合金新材料市级企业研究开发中心 | 浙江乐祥铝业有限公司 |
| 30 | 浙江双成电气智慧市级企业研究开发中心 | 浙江双成电气有限公司 |
| 31 | 浙江中发 PET 多功能薄膜市级企业研究开发中心 | 浙江中发薄膜有限公司 |
| 32 | 嘉佑医疗骨科医用耗材市级企业研究开发中心 | 浙江嘉佑医疗器械有限公司 |

续表 37

| 序号 | 名　称 | 依托单位 |
| --- | --- | --- |
| 33 | 中芯绍兴微机电传感及功率器件市级企业研究开发中心 | 中芯集成电路制造(绍兴)有限公司 |
| 34 | 希比斯新材料市级企业研究开发中心 | 绍兴市希比斯新材料有限公司 |
| 35 | 绿斯达生物降解材料市级企业研究开发中心 | 绍兴绿斯达新材料有限公司 |
| 36 | 绍兴旗滨玻璃有限公司玻璃技术市级企业研究开发中心 | 绍兴旗滨玻璃有限公司 |
| 37 | 港龙织造功能性面料市级企业研究开发中心 | 浙江港龙织造科技有限公司 |
| 38 | 绍兴昊华环保复合地板市级企业研究开发中心 | 绍兴昊华木业有限公司 |
| 39 | 博利豪功能家纺面料市级企业研究开发中心 | 绍兴博利豪家纺有限公司 |
| 40 | 浙江欧贝特生物材料市级企业研究开发中心 | 浙江欧贝特生物材料有限公司 |
| 41 | 同创工程设计市级企业研究开发中心 | 同创工程设计有限公司 |

## 2020 年越城区立项绍兴市科技计划专项项目一览表

表 38

| 序号 | 项目名称 | 承担单位 | 项目类别 |
| --- | --- | --- | --- |
| 1 | 基于新型纺丝油剂的涤纶工业丝提质增效关键技术研发与集成应用 | 浙江古纤道绿色纤维有限公司 | 重点研发 |
| 2 | 精密高效节能环保大线径智能数控磨簧机 | 浙江家度弹簧机械有限公司 | |
| 3 | 5G 手机盖板光学镀膜工艺及其装备的开发 | 浙江上方电子装备有限公司 | |
| 4 | 支持在线扩容的 5G 微站用锂离子电池电源系统 | 卧龙电气集团浙江灯塔电源有限公司 | |
| 5 | 用于过压短路保护的新型半导体分立器件与关键测试装备研发 | 浙江明德微电子股份有限公司 | |
| 6 | MPCVD 生长金刚石单晶设备研发 | 绍兴宏邦电子科技有限公司 | |
| 7 | 新型低导热系数环保混合发泡剂冰箱组合聚醚的开发 | 浙江恒丰新材料有限公司 | |
| 8 | 基于纯金属底面导热工艺的 1808 超高亮低衰减数码用 LED 研发及产业化 | 浙江古越龙山电子科技发展有限公司 | |
| 9 | 分散染料免蒸节能无水印花关键技术 | 绍兴市华绅纺织品整理有限公司 | |
| 10 | 基于深井曝气的印染废水处理关键技术研发及示范 | 浙江金佰利环境科技有限公司 | |
| 11 | 新型支气管封堵导管制备关键技术及产业化应用研究 | 浙江海圣医疗器械有限公司 | |
| 12 | 自适应调节的智慧睡眠床垫研究与应用 | 喜临门家具股份有限公司 | |
| 13 | 工业毒害污泥高效减量化与资源化处理关键技术研发及应用 | 浙江奇彩环境科技股份有限公司 | |
| 14 | 帕瑞昔布钠原料及制剂工业化生产 | 浙江震元制药有限公司 | |
| 15 | 锦氨复合丝及其产品的关键工艺技术开发 | 中纺院(浙江)技术研究院有限公司 | 择优委托 |
| 16 | 地震检波器用硅微加速度计自校准技术研究 | 浙江大学绍兴微电子研究中心 | |
| 17 | 猪瘟病毒诊断体系的建立及相关产品研发 | 浙江理工大学绍兴生物医药研究院有限公司 | |
| 18 | 基于无人飞行器研制智能化大气污染物立体监测仪 | 浙江工业大学绍兴研究院 | |
| 19 | 智能神经降压康复系统 | 上海大学绍兴研究院 | |

（区科技局　王飞凤）

# 教 育

## 综 述

**【概况】** 2020年,越城区有各类中小学、幼儿园共201所,正式在编教师5286人。全年教育总投入22.2亿元,其中财政性教育经费拨款18.95亿元。累计成立26个教育集团,优质教育资源覆盖面进一步扩大。

**【线上教育教学】** 2020年,为切实应对疫情,越城区教师发展中心利用“空中课堂”“网络课堂”“之江汇教育广场”、移动学习软件等互联网和信息化教育资源,为学生提供线上学习支持,实现“停课不停学”。涉及语文、数学等基础教育段11门学科,37个学科类专辑视频和25个各类拓展性课程视频,累计发布各类微课1386个以及配套的资源。

**【集团化办学】** 2020年,越城区出台《深化教育集团化办学的实施意见》,明确教育集团的组建模式、组织机构、管理体制和运行机制。年内,新成立绍兴文理学院附属中学教育集团等13个教育集团,北海小学等3个教育集团各扩容1所成员学校。至此,全区累计成立26个教育集团,其中,幼儿园11个、小学9个、初中4个、跨学段2个,覆盖学校(幼儿园)86所,学生6.7万余人,占全区在校在园学生数的59.1%。

## 学前教育

**【概况】** 2020年,越城区共有幼儿园123所,其中公办71所(含集体办2所)、民办52所。省一级16所、省二级59所,省等级幼儿园覆盖率100%。普惠性幼儿园119所,市标准化幼儿园118所。在园儿童数31648人,学前三年入园率100%。幼儿园专任教师2501人,其中,在编教师414人,教师学历合格率100%,教师资格证持有率100%,大专以上学历99.3%。

**【幼儿园年招生1.02万人】** 2020年,越城区建立网上报名平台,统一报名渠道,实行公民办幼儿园统一招生,其中,公办幼儿园实行“调剂志愿”形式,保证幼儿入园的选择权。全年共录取幼儿10199人,其中越城区户籍8938人,非越城区户籍1261人,扩招小班班级45个,其中公办31个,增加小班学位2000余个。

**【优质园所培育】** 2020年,越城区学前教育领域开展优质园所培育,全区创建等级幼儿园8所,其中,东风艺术幼托中心山水园区、马山街道中心幼儿园梧桐园园区创建为省一级幼儿园;迪荡幼儿园御景园区、东浦街道中心幼儿园天悦城园区、灵芝街道中心幼儿园曲屯园区、维多利亚幼儿园和好时光幼儿园等5所幼儿园创建为省二级幼儿园。镜湖佳源幼儿园、实验幼儿园金山园区、鹅境幼儿园、菲索幼儿园和博雅幼儿园5所幼儿园创建为绍兴市标准化幼儿园。截至年底，全区共有省二级及以上幼儿园75所，占幼儿园总数的60.98%；市标准化幼儿园118所，占比达96%。

**【公办学位扩充】** 2020年，越城区综合幼儿园网点布局、生源结构等因素，有序停办来有幼儿园、海天幼儿园等4所薄弱幼儿园；开办镜湖佳源幼儿园、博雅幼儿园等2所幼儿园；易地搬迁变更嘉会幼儿园、后社幼儿园等4所幼儿园到新建的小区配套幼儿园；顺利收回马山东方幼儿园。公办学位较2019年提高2.34%。

**【民办幼儿园管理】** 2020年，越城区对52所民办幼儿园开展办学许可证年检和普惠性幼儿园新申报认定，对维多利亚等5所承租到期的小区配套幼儿园实施新一轮承租。对部分幼儿园2019年1月以来的收费情况开展乱收费抽查，重点检查跨学期收费、食堂单独建账等情况。通过一年2次的民办幼儿园评估和合作共建帮扶，督促民办幼儿园规范办园，提高保教质量。

## 义务教育

**【概况】** 2020年，越城区有初中18所（含一所九年一贯制学校），班级593个，在校学生23339人；小学49所，班级1396个，在校小学生56425人。截至年底，47所中小学全部成功创建"文明校园"，其中，全国文明校园1所、省级文明校园8所、市级文明校园31所、区级文明校园7所，另创建省绿色学校28所、市绿色学校17所。年内，入选区级"新时代好少年"100名、市级"新时代好少年"4名、省级"新时代好少年"1名，2名学生获省法治知识竞赛及演讲比赛一等奖，3所学校获市级禁毒示范学校称号。

**【中小学生招生工作改革】** 2020年，越城区创新推进义务教育阶段中小学招生工作改革，实施公民同招同录、相对就近入学和免试入学。全面铺开中小学无纸化入学报名，100%全程网上办理，实现同步报名、同步录取、同步注册学籍。

**【通过"入学绿卡"入学5820人】** 2020年，越城区实施以居住证制度为基础的"入学绿卡"申

2020年，越城区教体局参与承办"我最喜爱的习总书记的一句话"少先队微宣讲大赛（区教体局　提供）

领办法，实行“三个半年以上”的标准(申领居住证并实际居住半年以上，签订劳动合同或取得工商营业执照实际工作经营半年以上，在流入地参加社会基本养老保险半年以上)。全年义务教育外来务工随迁子女通过“入学绿卡”入学共5820人。

**【启动“知行越少年”培养工程】** 2020年，越城区启动“知行越少年”德育一体化培养工程，开展“悦行劳动”主题活动，培育首批5个区劳动实践教育基地。蕺山中心小学连续播出“家政小能手”微课程9期，塔山小学等12所学校的“一园一地”普及农耕劳动文化，鲁迅小学等25所学校通过“志愿服务”培养学生的公民服务意识，第一初级中学等47所中小学通过“日行一善”活动提升学生公益责任意识。疫情期间，区教体局与《绍兴晚报》联合举办“我劳动、我快乐、我成长”主题实践活动，推出“553”活动指南，8万多名中小学生响应防疫号召开展居家劳动。

**【少先队工作】** 2020年，越城区各中小学坚持党建带队建，全面建立学校少工委，夯实基层少先队组织建设，推进“真善美”种子工程思政育人体系。年内，获省优秀少先队集体2个、队员3名、辅导员3名；获市争章技能大赛团体金奖，辅导员个人组金奖3枚、银奖1枚，获省争章技能大赛金奖1枚；获市思政微队课大赛一等奖1个、二等奖2个；获市少先队活动优质课评比一等奖；获市宣讲比赛一等奖3个。

**【艺术教育】** 2020年，越城区中小学艺术节吸引1129人次参与活动，收到表演类作品光盘41件、艺术作品506件，评选出表演类一等奖14个、二等奖24个；艺术作品类一等奖102个、二等奖134个、三等奖252个；优秀指导教师103名、优秀组织奖3个。其中，获市中小学艺术节表演类一等奖3个、二等奖3个、三等奖5个，

民族的脊梁路线图(区教体局　提供)

艺术作品类一等奖16个、二等奖16个、三等奖22个；获省中小学艺术节表演类一等奖2个、二等奖4个、三等奖5个，艺术作品类一等奖6个、二等奖11个、三等奖8个。

**【“民族的脊梁”区级少先队红色研学路线】** 2020年，越城区探索红色研学模式，串联鲁迅故里—蔡元培故居—大通学堂—秋瑾故居—周恩来纪念馆，推出“民族的脊梁”区级少先队红色研学路线，设置设计名片、参观大讲堂、朗诵经典作品等12个研学任务清单。相关活动被“绍兴青年”“中国辅导员”等公众号深度报道，面向全国推广。

## 社区教育

**【概况】** 2020年，越城区为全市唯一的全国社区教育示范区，已建成以1所区属社区教育学院为龙头、以16所镇(街)社区教育中心为骨干、以164所社区(村)级社区教育学校为基础的区、镇(街)、社区(村)三级社区教育办学网络，逐步形成学校、行业、社区、网络互联互通的终身教育共建体系。

## 2020 年越城区社区教育品牌建设情况表

表 39

| 序号 | 单位 | 品牌项目名称 | 活动开展时间 | 备注 |
|---|---|---|---|---|
| 1 | 越城区社区教育指导中心 | 学生社区实践活动 | 寒暑假 | 浙江省社区教育优秀工作品牌 |
| 2 | 越城区社区教育指导中心 | 家门口的老年大学 | 全年 | 绍兴市终身学习品牌项目 |
| 3 | 府山街道 | 社区学习共同体建设 | 全年 | 绍兴市终身学习品牌项目 |
| 4 | 稽山街道美东社区 | 草根社区老年大学 | 全年 | 绍兴市终身学习品牌项目 |
| 5 | 北海街道鉴湖社区 | 传承太极文化 推动全民健身 | 全年 | 绍兴市终身学习品牌项目 |
| 6 | 塔山街道 | 塔山文汇园“365”公益课堂 | 全年 | 镇街社区教育品牌项目 |
| 7 | 塔山街道水沟营社区 | 亲和水沟营 学习大本营 | 全年 | 镇街社区教育品牌项目 |
| 8 | 北海街道越西社区 | “水乡社戏”传统文化传承普及课堂 | 全年 | 镇街社区教育品牌项目 |
| 9 | 城南街道阳明社区 | 传承阳明文化,体悟知行合一 | 7—9 月 | 镇街社区教育品牌项目 |
| 10 | 府山街道书圣故里社区 | “书圣”王羲之研学之旅 | 8 月 | 镇街社区教育品牌项目 |
| 11 | 迪荡街道蕺山社区 | 健康讲堂惠民众 | 7—9 月 | 镇街社区教育品牌项目 |
| 12 | 稽山街道东江社区 | 品稽山文·情修良知学堂 | 寒暑假 | 镇街社区教育品牌项目 |
| 13 | 灵芝街道狭猕湖村 | 传承镜湖渔猎文化 | 4—8 月 | 镇街社区教育品牌项目 |
| 14 | 鉴湖街道 | “蓝色鉴湖”读书节 | 5—10 月 | 镇街社区教育品牌项目 |
| 15 | 东浦街道 | 传承花雕非遗技艺大课堂 | 7—8 月 | 镇街社区教育品牌项目 |
| 16 | 东湖街道 | 水乡文体节 | 6 月,端午节前 | 镇街社区教育品牌项目 |
| 17 | 皋埠街道 | 铭记历史 传承红色精神 | 寒暑假及清明前后 | 镇街社区教育品牌项目 |
| 18 | 马山街道 | “启圣”悦读节 | 4 月 23 日至 6 月 23 日 | 镇街社区教育品牌项目 |
| 19 | 斗门街道 | 斗笔门汇“品悦书香”读书节 | 5—9 月 | 镇街社区教育品牌项目 |
| 20 | 孙端街道小库村 | 重走鲁迅童年路 | 寒暑假 | 镇街社区教育品牌项目 |
| 21 | 陶堰街道 | 缅怀英烈明初心 学深党史正言行 | 7—9 月 | 镇街社区教育品牌项目 |
| 22 | 富盛镇 | 赓续上旺红色基因 | 7—9 月 | 镇街社区教育品牌项目 |

**【社区教育资源库建设】** 2020 年,越城区从社区教育的品牌项目、活动基地、师资队伍、优秀课程等方面入手,梳理、汇总区、镇(街)、社区(村)三级教育资源,编印《2020 年度越城区社区教育学习指南》,梳理培训活动菜单 3568 项,其中,区级层面推出“心理科普进社区课程”“体育文化进社区课程”“市民健康课程”“社教专干技能培训课程”“祖字辈家庭教育课程”等课程资源供镇(街)选择;各镇(街)根据“一镇(街)一品”推出系列活动课程,供社区(村)选择;各社区(村)整合区、镇(街)两级资源,结合本地特色资源开发社区特色课程。另开发《越城区社区教育品牌学习地图》(2020 版),收集全区 5 个省、市级终身学习品牌项目和 17 个区级终身学习品牌信息,活动开展时间覆盖全年。

【品牌培育】 2020年，越城区依托实验项目开展社区教育品牌建设。推送3个品牌参与省级社区教育进农村文化礼堂品牌评比，推送2个项目参与市级社区教育进文化礼堂学习品牌建设评选、7个课程参与特色课程建设评选，评选认定2020年区“终身学习品牌项目”17个。东浦街道沈厚夫入选省级百姓学习之星，灵芝街道许文耀入选市级百姓学习之星。

【老年教育】 2020年，《越城区2020年老年教育建设工作方案》出台，依托区、镇(街)、社区(村)三级老年教育网络，围绕省市民生实事工程考核目标导向，进一步整合资源，拓展老年教育场所、学位，新增老年学位7800个。年内，迪荡街道云东社区老年学堂设立越城区“祖字辈”家庭教育大讲堂，新增学位102个，于7月14日顺利通过省政府办公室督导组现场督查。

【青少年防疫系列社区(社会)实践活动】 2020年疫情期间，越城区及时叫停常规性寒假社区实践活动，推行青少年防疫系列社区(社会)实践。于6月13日启动“疫路同行，众志成城——疫情后期青少年心理科普进社区”系列活动，历时2个月，覆盖5个街道15个社区，受益群众达1000余人；实施“让心灵充满阳光”——2020夏日亲情关爱“小候鸟”心理健康公益行动，约500名外来建设者及其子女参与活动。暑期社区实践活动期间，学生到社区(村)报到近5709人，社区(村)组织实践活动近569次，参与活动12543人次，各级媒体报道160余次。

【成人学校学分银行建设】 2020年，越城区有乡镇(街道)成人学校10所，均达到省标准化成校建设标准，其中孙端成校、东浦成校等2所学校成为省现代化成校，实行中小学合作办学。全年组织农民(职工)参加电子商务、家政、花雕工艺等各类培训30288人次。社会培训成果信息全部存入学分银行系统平台，录入成果总人数180355人，存入人数达到常住人口的18.35%，超过省教育厅考核优秀指标(14%)。

## 特殊教育

【概况】 2020年，越城区有特殊教育学校1所，在校学生112人，在岗教师29人，义务教育阶段有9个班，高中阶段有1个班，设有特殊教育指导中心1个。全区特殊教育学前阶段入学率93%，高中阶段入学率86%。年内，育才学校新校区申报浙江省特殊教育标准化学校，现场评估获得评委专家的高度认可。

【随班就读体系建设】 2020年，越城区在招收5人以上残疾学生的普通学校设立8个资源教室，累计达19个，并配备专兼职资源教师，对随班就读的残疾学生进行教育康复指导和服务，确保残疾儿童少年平等接受义务教育。

## 师资管理

【概况】 2020年，越城区教育体育系统招考录用新教师156人，其中，面向2020年高校优秀毕业生招聘89人，普通批招聘录取67人。首次面向全国公开招聘优秀校长及教师，选调引进人才2人，政策安置随军、引进人才家属3名。提前预录取2021届高校优秀毕业生75人。截至年底，累计有教职工5297人，其中专任教师5286人(含初级中学2042人、小学2812人、幼儿园408人、特殊教育24人)。获评高级职称教师967人、中级职称教师2618人、初级职称教师1533人、未定级168人；新增专业技术二级岗位1人、正高职称1人。新认定教师资格1169人，完成教师资格注册468人(含首次

**浙江省春蚕奖(3 人)**
言世洪(绍兴市袍江中学)
赵国良(绍兴市建功中学)
许伟刚(绍兴市北海小学教育集团)
**浙派名师培养人选(6 人)**
张韦华(绍兴市鲁迅小学教育集团)
蒋华卫(绍兴市培新小学)
钱燕群(绍兴市秀水小学)
陈杰(绍兴市越城区马山中学)
沈强(绍兴市越城区孙端中学)
方谊(绍兴市元培中学)
叶燕芬(绍兴市塔山小学教育集团)
王彩玉(绍兴市越城区马山街道中心小学)
**第二届绍兴名师(6 人)**
方谊(绍兴市元培中学)
沈强(绍兴市越城区孙端镇中学)
王清(绍兴市第一初级中学教育集团)
宋华强(绍兴市树人中学)
金华星(绍兴市越城区斗门街道中心小学)
骆海燕(绍兴市元培小学)
**绍兴市最美教师(1 人)**
冯朱敏(越城区斗门街道中心小学)
**绍兴市最美教师提名奖(3 人)**
郑勇刚(绍兴市元培中学教育集团)
徐惠兰(绍兴市北海小学教育集团)
钱晓霞(绍兴市机关幼儿园)

**2020 年越城区教师职评人数情况分析表**

表 40　　单位 :人

| 参加职评的教师数 | | | 评审通过人数 | | | | | | | | | 是否实现网上申报 |
|---|---|---|---|---|---|---|---|---|---|---|---|---|
| | | | 在编教师 | | | 非在编教师 | | | 幼儿园非在编教师 | | | |
| 在编教师 | 非在编教师 | 其中 :幼儿园非在编教师数 | 高级教师 | 一级教师 | 二级及以下教师 | 高级教师 | 一级教师 | 二级及以下教师 | 高级教师 | 一级教师 | 二级及以下教师 | |
| 362 | 161 | 161 | 75 | 103(2 人在聋哑学校) | 8 | — | — | — | — | 23 | 111 | 一级、高级网上申报 |

注册 348 人,周期注册 120 人)。年内,完成区属学校领导班子调整,新提任副校级领导 11 名,其中 40 周岁以下 7 名(占 64%)。3 名教师赴四川马边支教,12 名教师参加 1 个月短期马边支教活动。

**【教师职称自主评聘改革试点】** 2020 年,越城区新增文澜中学、马山中学为省级教师职称自主评聘改革试点学校。年内,区教体局对申报高级职务、中级职务的教师行开展自主评审,最终评定马山中学 4 人获高级职务、6 人获中级职务,文澜中学 3 人获高级职务、4 人获中级职务。

**【职称评审通过 338 人】** 2020 年,越城区中小学教师申报正高级职称 4 人,评审通过 1 人 ;申报高级职称 87 人,推荐到高级职评会 76 人,评审通过 75 人 ;申报一级教师职称 146 人(其中转评 2 人),评审通过 126 人 ;申报二级教师职称 129 人,评审通过 119 人。

**【实施“三名”工程】** 2020 年,越城区落实《关于加强新时代教育人才队伍建设的若干意见(2020—2022 年)》,出台《越城区名优教师年度考核细则(试行)》,形成名优教师梯队培养、考核及激励机制。年内,首次开展区属中小学 2019 学年班主任工作年度考核,全区 47 所中小学、1954个班级的班主任参加考核，评定优秀等次374人、良好1136人、合格440人，其余4人不符合考核条件。推出区级名师（名校长、名班主任、名教师）首次推评认定活动，评定区级名校长21名、名班主任288名、名师200名，另入选市级及以上名师137名。截至年底，累计成立102个名师工作室。

**【完成第二轮县管校聘】** 2020年8月，越城区完成第二轮县管校聘工作，推动城乡教育资源均衡。共47所中小学、4672名教师参与，通过个人申请、资格审查、竞聘考核、民主测评、公示结果及上报备案、办理手续等程序推进各项竞聘工作，最终跨校竞聘63人，其中，48人成功自主择校择岗，15人由区教体局统筹调剂。

**【实施“银龄计划”】** 2020年，越城区教体局与财政局联合实施银龄讲学计划，招募优秀退休小学教师补充到农村小学任教，并对青年教师进行“传帮带”。招募对象以退休校领导、教研员、骨干教师为主，需具备相应的教师资格证书，年龄一般在65周岁（含）以下，到小学任教的需有一级教师及以上职称，到中学任教的需有高级教师职称。截至年底，共招收优秀退休教师12人，分别安排到斗门街道中心小学、马山街道中心小学和陶堰街道中心小学3所小学任教，有效解决缺编问题，充实当地师资力量。

2020年9月28日，越城区举办庆祝第36个教师节暨优秀教师事迹报告会（区教体局　提供）

**【师德师风建设】** 2020年，越城区坚持用“四有教师”“四个引路人”和“四个相统一”引领师德师风建设，引导教师自觉遵守新时代教师职业行为十项准则。年内，组织所有学校全面修订完善校级师德考核负面清单及师德考核制度，督促全体教师完成“职业道德与法规”混合式培训，另选树170名最美教师（含20名非编教师）。

## 教育基础设施建设

**【概况】** 2020年，越城区基本完成新梅山小学、育才学校、浙化联地块小学3个学校校址新建工程，孙端中学扩建项目进入开办投用准备阶段；迪荡中学、柯灵小学百盛校区、曲屯1号地块小学新建启动土体施工，两湖西侧小学、稽山初级中学完成招标开工建设，陶堰街道中心小学易地新建、洋江中学新建启动立项。全年累计完成投资约8.84亿元。2020年，越城区中小学生国家学生体质健康标准测试合格率为97.65%，优良率为71.55%，全区儿童青少年的近视率为56.49%。

**【幼儿园网点】** 2020年，越城区柯灵幼儿园百盛园区进入主体施工，两湖幼儿园启动立项；佳源广场等4所配套幼儿园完成装修逐步开办，新增学位1260个；鉴湖阳光里等3所幼儿园完成建设移交，恒大珺睿府等3所幼儿园进入主体施工。

**2020 年越城区绿色学校一览表**

表 41

| | | | | |
|---|---|---|---|---|
| 省级 | 绍兴市元培中学 | 绍兴市长城中学 | 绍兴市昌安实验学校 | 绍兴市建功中学 |
| | 绍兴市皋埠中学 | 绍兴市第一初级中学 | 绍兴市文澜中学 | 绍兴市锡麟中学 |
| | 绍兴市越城区马山中学 | 绍兴市袍江中学 | 绍兴市树人中学 | 斗门街道中心小学 |
| | 绍兴市北海小学 | 绍兴市塔山中心小学 | 绍兴市快阁苑小学 | 绍兴市成章小学 |
| | 绍兴市鲁迅小学 | 绍兴市培新小学 | 绍兴市蕺山中心小学 | 越城区树人小学 |
| | 绍兴市阳明小学 | 绍兴文理学院附属小学 | 绍兴市少儿艺术学校 | 绍兴市稽山小学 |
| | 绍兴市镜湖小学 | 越城区龙洲双语实验小学 | 绍兴市秀水小学 | |
| | 越城区东湖街道中心小学 | 绍兴市皋埠街道中心小学 | 绍兴市越城区陶堰街道中心小学 | |
| | 绍兴市鲁迅幼托中心 | 绍兴市继昌幼儿园 | 绍兴市东风艺术幼托中心 | |
| 市级 | 昌安实验学校 | 绍兴市建功中学 | 绍兴市第一初级中学 | 元培中学 |
| | 绍兴市锡麟中学 | 东湖中学 | 绍兴市袍江中学 | 绍兴市长城中学 |
| | 绍兴市树人中学 | 绍兴文理学院附属中学 | 越城区富盛镇中学 | 越城区马山中学 |
| | 越城区鉴湖初级中学 | 绍兴市镜湖小学 | 皋埠镇中心校 | 绍兴市群贤小学 |
| | 培新小学 | 文理学院附属小学 | 树人小学 | 龙洲双语实验小学 |
| | 绍兴市北海小学 | 越城区蕺山中心小学 | 越城区东湖街道中心小学 | 元培小学 |
| | 鹤池苑小学 | 秀水小学 | 绍兴市少儿艺术学校 | |
| | 稽山小学 | 绍兴市车惝如小学 | 越城区陶堰镇中心小学 | 塔山中心小学 |
| | 望花小学 | 绍兴市热诚小学 | 马山街道中心小学 | 小博士幼儿园 |
| | 继昌幼儿园 | 鲁迅幼托中心 | 越城区灵芝镇中心小学城北校区 | 越城区元培幼儿园 |
| | 绍兴市鲁迅幼教集团 | 绍兴市鹤池苑幼儿园 | 花园幼儿园 | |
| | 未来之星森海豪庭幼儿园 | 越城区东风艺术幼托中心 | 绍兴市望花幼儿园 | |

**【热点学校扩建改造】** 2020 年,越城区推动部分热点学校挖潜提质,缓解办学空间紧张问题。鲁迅小学、绍初龙山校区扩建项目进入主体施工,塔山小学成章校区、北海小学胜利校区改造项目完工投用,累计完成投资约 0.2 亿元。另投入约 1200 万元对树人小学等 14 所学校运动场馆及设施进行改造。

**【明眸亮睛工程】** 2020 年,越城区持续深入实施“明眸亮睛工程”,从近视普查、健康育人、健康照明、健康可调节课桌椅、健康促进学校建设、视觉健康专兼职教师配备培训、近视防控服务站点建设、近视防控家校医联动、近视防控目标考核、近视防控科普等方面全面防控儿童青少年近视,保障儿童青少年视觉健康。年内,投入 1040 万元完成全区 66 所中小学 2230 间教室照明改造,100% 实现教室灯光标准化;投入 600 万元购置手摇升降课桌 2 万套,实现 60% 教室课桌升降半自动化。

## 教育教学研究

**【概况】** 2020 年,越城区教师发展中心坚持“初中教育提升发展、小学教育品牌发展、学前教育普惠发展”的理念,聚力教研支撑,推进核心素养的校本化和个性化、教学改革的数据化和智能化和科研兴师的专题化和网络化。

**【提升工程 2.0 培训】** 2020 年,越城区遴选 20 所实施中小学教师信息技术应用能力提升 2.0 工程。其中,初中学段 4 所学校由杭州师范大学承担培训,小学学段 7 所学校由浙江师范大学承担培训,幼儿园学段 9 所学校由中国教师研修网承担培训。

**【完成教体系统区域管理应用平台系统建设】** 2020 年,越城区建成教体系统区域管理应用平台系统,主要完成一期新生报名系统(中小学、幼儿园)浙里办中台对接(含评价)、小学晚

2020 年 11 月 26 日，以“优质引领、互融共进、特色发展”为主题的 2020 年越城教育教学节在绍兴市成章小学正式启动（区教体局　提供）

托系统开发与对接（含软件开发、浙里办对接、省中台对接、三年平台使用、第三方检测、短信发送 20 万条费用）、教师发展中心电子证照管理系统开发与应用等。

**【推进“互联网＋义务教育”工程】** 2020 年，根据“互联网＋义务教育”学校结对帮扶扩面提质工作要求，新增 20 所学校建设录播教室。截至年底，全部完成省、市级工作要求，并与区域平台实现无缝对接。累计共有创新实验室 58 个。

## 关心下一代工作

**【概况】** 2020 年，越城区累计组织开展青少年思想道德、党史国史、普法禁毒、安全保护、心理健康、家风传承、帮扶帮教、劳模工匠精神宣讲等教育活动近 2000 场次，3 万余名青少年参加，完成帮扶 116 人，资助总金额 20.32 万元。年内，2 名学生被授予绍兴市“励志青少年”称号，1 名学生被授予绍兴市“励志青少年”提名奖。区关工委“五老”爱国主义教育讲师团被评为绍兴市最美“银耀志愿服务”团队，江柏荣被评为全国关心下一代工作先进工作者。全区关工委工作得到了区委区政府主要领导批示肯定。

**【开展爱党爱国教育】** 2020 年，越城区依托“五老”教育工作室，组织“五老”讲师团开展“听党指挥 全民战疫”“传承优良家风 弘扬孝道美德”“继承红船精神 争做合格接班人”等主题宣讲进学校、进社区、进农村、进企业共 80 余场次。另开展“弘扬劳模工匠精神 争做新时代青少年”活动，组织“劳模工匠精神”宣讲团成员走进中小学开展宣讲。

**【教育基地建设】** 2020 年，越城区整合各类爱国主义教育基地、博物馆、纪念馆、农村文化礼堂等，分层、分类、分批推进和指导教育基地建设，形成“一镇街，一品牌”。年内，新增“伟丰红色藏品展”为“越城区关心下一代教育基地”，累计命名 20 处，并编发基地简介，供青少年开展教育活动所用。10 月，北海小学教育集团芃芃实践基地、后堡抗日纪念堂被授予“绍兴市关心下一代教育基地”称号。

**【关爱帮扶】** 2020 年，越城区开展“万向四个一万”“同在阳光下”“福彩暖万家”“炉峰慈联・天天向上奖学金”等助学活动。全年支助 116 名贫困学生，累计助金额 20.32 万元。全面推进“关工委＋协会＋五老”的关爱模式，由退休教师协会会长为团长、17 个退教分会会长为组长，组建关爱团，实现全区关爱组织全覆盖，重点关注孤儿、贫困学生、农村留守儿童及因疾病等原因造成家庭经济困难的学生，开展思想指导、文化辅导、心理疏导、行为指导和困难帮扶。全区退休教师结对帮教学生近百人。

**绍兴市关心下一代工作**

**“最美五老”（越城区）**

杨关华　李焕林　顾兆雄

邵鑫源　范浩定　许文耀

吴建华　郦文锦　何声钊　王康美

## 越城区关心下一代教育基地简介一览表

表 42

| 序号 | 基地简介 | |
|---|---|---|
| 1 | 伟丰红色藏品展(红色馆) | 位于迪荡街道人民东路1187号伟丰文化产业园藏品楼四楼,占地1000余平方米,是园区重点打造的红色文化教育基地。共展出实物、图片677件,分“伟大的中国共产党诞生”“土地革命及二万五千里长征”“抗日战争”“解放战争”“社会主义建设初期”“改革开放和中国特色社会主义新时代”六大部分。集中展现自1921年中国共产党成立以来,党和人民在各个重大历史时期内的奋斗经历、建设成就 |
| 2 | 后堡抗日遗址 | 位于东湖街道后堡村戚里江北岸,1941年7月,中共绍兴县工委在后堡村建立中共第一支敌后抗日武装——皋北抗日自卫队,由朱铁群任队长,叶向阳任指导员,共有队员30多人,驻地设在 后堡村胡家祠堂内。遗址包括了留有队长朱铁群手书“冲过钱江,誓复失地”八个大字的后堡大桥以及戚里江桥头、东首河埠头、石门槛等烈士们牺牲处,胡家祠堂为遗址最核心的部分。1999年辟为后堡村抗日纪念堂陈列室,三间二进加前庭后院。遵循文物保护原则修旧如旧,除木材更新换旧外,石柱、砖瓦、地板凡可用的材料仍用原有旧物,总建筑面积约400平方米。现为绍兴市爱国主义教育基地 |
| 3 | 芃芃农艺园 | 位于北海小学教育集团龙洲校区内,于2009年创建,建有“校园植物营”“芃芃农艺园”“越味厨艺坊”三大实践教育基地。校园内种植着多达150余种的花草树木,拥有一个近千平方米的“蔬菜种植区”,500多平方米的“瓜果种植区”,一片20余种常见草药的“中草药材种植区”,一个圈养着山羊、胡羊、孔雀的“畜禽养殖区”,一间60余平方米的玻璃大暖房,还有一间300余平方米的“越味厨艺坊”。实践基地2015年12月被绍兴市委宣传部、市科协、市教育局等单位联合命名为“绍兴市科普教育基地” |
| 4 | 灵悦小农场 | 位于斗门街道袍江世纪街柯灵小学前广场,分成15块区域,由班级认领,进行种植活动。以“种”为主题,进行劳动种植知识普及,种下应季蔬果,并及时进行除草、施肥等系列活动,蔬菜成熟后,学生进行采摘、品尝、分享等劳动体验 |
| 5 | 社区青少年科普馆 | 位于塔山街道水沟营社区内,2016年在绍兴市科协和越城区科协的协助下,投入近30万元,完成面积100多平方米的“社区青少年科技馆”,共设有科普展项20多项和9个互动科普学习区及7个动手实践区。展项内容设置符合青少年心理特点,深受青少年的喜爱,为学生开展科普实验、知识的传授及动手实践提供了强有力的保障 |
| 6 | 节能微乐坊 | 位于北海街道西湖社区内,是绍兴市首个集知识性、趣味性、体验性、共享性于一体的多功能节能环保体验基地,内设宣教区、体验区、游戏区和共享区。坊内的游乐设施、体验物品、装饰摆设等都是利用旧物改造而成。这里可以学习相关的节能环保知识,通过变废为宝的体验和游戏将节能意识寓教其中,还可以利用闲置的物品进行置换实现循环利用 |
| 7 | 西街民俗馆 | 位于府山街道西街83号,是市级文保台门。在民俗馆里,我们可以看到很多老绍兴的摆件。进入展厅内,首先映入眼帘的是两张八仙桌,配上长条凳,旁边是叠放有序的酒坛,仿佛暖壶黄酒,配上点茴香豆,就穿越到了老绍兴的时代。再往里走,放着不同种类的称,和以前走街串巷做生意,靠的一杆秤,秤杆和秤砣的此起彼伏间,讲究的是“诚信”二字。在里间,是一间卧室,雕刻精致的床和梳妆台充满了大家闺秀的优雅气质。家里的烟火气,从灶台开始,老绍兴传统厨房缺不了一口冒气的大灶,烧柴生火,吃碗锅巴饭,有生活的气息。在民俗馆,还能看到旧时的“出租车”、雨衣的前身斗笠和蓑衣、各种传统的盛具器皿等,颇具年代感的摆件带你回到老绍兴 |
| 8 | 凤凰村红色藏品馆 | 位于城南街道凤凰村文化礼堂,创办于2013年10月,馆内陈列了凤凰村原党总支书记王尧森珍藏的近千件红色藏品,展示了中国共产党在不同历史时期领导全国人民艰苦奋斗的光辉历程。展品不仅有群众喜闻乐见的毛主席像章、红宝书、计划经济时代各种票证、革命宣传画、解放军画报、唱片、影像、抗战瓷器、抗美援朝瓷器、“文化大革命”瓷器、搪瓷、史料杂件等,更有具绍兴本地特色的红色遗存,尤其值得关注的是展示了历史价值极高且群众难得一见的国礼瓷 |
| 9 | 禹陵社区禹裔馆 | 位于稽山街道会稽山景区守陵村内,禹裔馆原来是姒姓台门祖宅,为禹裔姒承家所捐,建筑采取了三开间的卯榫结构,具有鲜明的绍兴水乡特色。该馆由浙江大禹文化发展基金会委托设计团队修缮布展,最终在保留建筑原有老台门韵味的同时,提取“会稽”“大禹”等元素,结合青铜鼎、石柱、编钟等综合设计,收录展示了大禹治水的故事、禹裔源流、大禹文化历史遗迹、禹裔名人等内容,并面向广大市民开放,人们可以在这里了解大禹文化,感受绍兴源远流长的禹祭文化,了解大禹公而忘私、艰苦奋斗的精神 |

续表 42

| 序号 | | 基地简介 |
|---|---|---|
| 10 | 青少年艺术体验基地 | 位于迪荡街道文化活动中心内，建筑总面积1700平方米。一楼设立图书馆，藏书一万余册，包括成人阅读区、少儿阅读区和老年阅读区，并配备十台电脑，提供网上阅读服务。二楼文化馆，有舞蹈房、琴房、鼓房、书画室、美术教室等功能区，开设舞蹈、吉他、少儿乐队、钢琴、古筝、书画、架子鼓、非洲鼓等少儿文化艺术公益培训课程，以及非遗、科普等公益性服务项目。三楼文化礼堂是150座室内剧场，可以表演各类节目 |
| 11 | 船文化博物馆 | 位于越城区东湖街道绍兴市松陵造船有限责任公司内，占地面积52亩，水域面积400多亩，其中船模馆、文史资料馆和木船船模生产基地面积共5000多平方米，已被列入“绍兴市非物质文化遗产”。馆内陈列了绍兴传统木船制作技艺绍兴市级非遗代表性传承人何关明收集的各式传统木船老照片800余张、文史资料1000多件、木船制作工具1000多件，木船模型100多艘，其中一艘“大世界基尼斯之最”的榫卯结构工艺画舫船“越州舫”，该基地被认定为“非遗研学游实践基地” |
| 12 | 狭猕湖渔文化馆 | 位于越城区灵芝街道狭猕湖村内，建立于2018年，占地近300平方米，是一个浓缩了本村渔文化和龙舟精神的教育基地。馆内陈列有各种村民多年来进行渔业作业的工具及图片，充分展现了当地村民以渔为生的生产生活场景，同时也介绍了村民们代代相传的龙舟精神的历史变迁 |
| 13 | 开心农场活动基地 | 位于越城区东浦街道邵家村。目前村里有苗族、壮族、彝族等10个少数民族人员约100余人。区级民族团结进步单位三川小学位于邵家村，并与该村形成了结对共建，经常性开展各类民族活动。考虑到民族学生这个特殊的群体，三川小学与邵家村联合开辟了三川小学的民族劳动实践教育基地——“开心农场”，丰富了学生课余活动，提高了学生的综合素质和动手能力 |
| 14 | 新时代文明实践基地 | 位于越城区鉴湖街道坡塘村，创建于2019年9月，基地面积约1000平方米。基地涵盖了文化宣讲、红色教育、宪法教育、户外实践等板块，可以为青少年提供多层次、多方面的思想教育活动 |
| 15 | 荷湖村红色基地 | 位于越城区斗门街道荷湖村，荷湖村防空洞始建于20世纪60年代，长150米，宽2米。2013年改建为爱国主义教育基地，里面分为科普展示区、作战指挥部、人防概述区、弹药库等几个区域，用场景的形式进行展示 |
| 16 | 吼山烈士陵园 | 位于越城区皋埠街道吼山风景区北麓山坡，占地面积2000多平方米。园内安放有朱铁群、叶向阳、胡子青、陈冬烈士合葬墓以及人民解放军三十五军炮兵团二营六连副排长邱文银和战士黄培宜合葬墓，树立抗日战士白色大理石雕像、纪念碑，追忆绍兴皋北抗日自卫队战斗事迹以及人民解放军挺进浙东途经皋埠时的战斗事迹 |
| 17 | 茅洋村历史票证展示室 | 位于陶堰街道茅洋村文化礼堂内，本村邰鸿江先生收藏了4000多张粮票等其他票证，里面共有粮票、食油票、副食品票、特殊供需票、衣着票和日用工业品票、伟人风采七个展区，伟人风采展区展出了他收藏的1000张包括“十大元帅”等“伟人风采”收藏品和珍藏多年的田赋税票 |
| 18 | 小库村红色基地 | 位于越城区孙端街道小库村，创建于2007年9月，内有抗日英雄纪念碑和时任浙东人民解放军第二游击纵队司令员马青生平事迹陈列室，以纪念抗日战争时期，绍兴人民在中国共产党的领导下，同仇敌忾，英勇抗击日本侵略者的伟大事迹，弘扬民族精神，激励后世子孙 |
| 19 | 尚巷村师爷馆 | 位于越城区马山街道尚巷村文化礼堂内，是尚巷村展示师爷文化的对外窗口，也是目前中国最大的村级师爷陈列馆。主要挖掘村内三位师爷，以骆照师爷办案工作场景为主厅，模拟骆照师爷在河北幕府的衙门，通过红外线多媒体打造师爷判案的互动场景。副厅为绍兴师爷知识展示厅，尾厅为三位师爷后代资料，提炼了师爷“智慧、仁义、勤劳、担当”的精神，让师爷价值观薪火相传 |
| 20 | 上旺精神陈列馆 | 位于越城区富盛镇上旺村，建于2006年，占地约800平方米，由原上旺茶厂的11间老房子拆建翻新，扩建而成。展馆馆藏丰富，收集照片和影像资料多达上千件，展现了20世纪50年代上旺村在王金友等一批实干标杆带领下，用“八把山锄创大业”的艰苦奋斗和集体主义精神，使昔日贫穷落后的上旺变成社会主义新农村的一面旗帜 |

（区教体局　陈小刚）

# 体 育

## 综 述

**【概况】** 2020年，越城区高质量完成省、市、区级民生实事项目57个，投入6000余万对区体育中心进行提升改造，年接待群众超100万人次。全年举办各类体育赛事活动223场。全区常住人口人均体育场地设施面积超过2.6平方米，经常参加体育锻炼人数比例达42%以上。

## 群众体育

**【概况】** 2020年，越城区按时高质量完成省市区级民生实事项目57个，包括新增百姓健身房15个、小康体育村提升工程16个、游泳池2个、足球场5个、社区多功能运动场5个，建设体育公园3个、体育设施进公园11个；投入6000余万对区体育中心进行提升改造，年接待健身群众达100万人次以上。全年举办第12个全民健身日系列活动等各类体育赛事活动223场。全区常住人口人均体育场地设施面积超过2.6平方米，经常参加体育锻炼人数比例达到42%以上。

**【承办省第三届女子体育节趣味乌篷船比赛】** 2020年7月6—8日，越城区承办省第三届女子体育节趣味乌篷船比赛，吸引来自全省10个地市共81位运动员参与绕桩打气球和直道竞速2个项目角逐。

**【新建15家百姓健身房】** 2020年，越城区在社区(村)新建百姓健身房15家，提高其中6家健身房建设标准达到示范类，接入浙江省全民健身地图智慧管理平台健身房5家并实现智能化管理。免费向市民开放百姓健身房13家。越都社区百姓健身房试点引进第三方管理的模式，实行低收费，每人每年不高于500元。

## 竞技体育

**【概况】** 2020年，越城区籍运动员在市青少年锦标赛中获得金牌249.5枚、银牌121枚、铜牌105枚，金牌数列全市之首。在省级及以上青少年竞赛中，获得国家级比赛金牌7枚、银牌1枚；省级比赛金牌56枚、银牌36枚、铜牌53枚。

**【承办省、市级比赛】** 2020年6月13—15日，越城区承办绍兴市青少年排球锦标赛；21—23日，承办绍兴市青少年网球锦标赛。7月6—28日，承办ZSFL省第十一届中小学生校园足球联赛绍兴赛区市级赛(小学、初中、高中组)；21—22日，承办绍兴市第二届中小学生排球联赛暨青少年沙滩排球锦标赛。8月11—14日，承办

2020年浙江省青少年国际象棋锦标赛。10月16—17日，承办ZSTL省第十二届中小学生乒乓球联赛绍兴赛区市级赛；17日，承办2020年浙江省青少年（儿童）游泳分站赛（第五站）比赛；22—27日，承办ZSBL省第十四届中学生篮球联赛绍兴赛区市级赛（初中、高中组）。10月30—11月1日，承办绍兴市传统项目学校乒乓球比赛。11月24—28日，承办绍兴市第四届“梦想杯”校园足球特色学校比赛。

**【举办中小学生阳光体育运动会系列赛事】** 2020年，越城区举办中小学生阳光体育运动会系列赛事，包括乒乓球赛、羽毛球赛、篮球赛、校园足球邀请赛、棋类邀请赛、国际象棋锦标赛、击剑邀请赛、游泳比赛、足球联赛和跳绳展示活动暨跳绳吉尼斯挑战赛等。

## 体育产业

**【概况】** 2020年，越城区完成体育产业机构名录库数据更新工作，全区涉及体育产业企业（社团）共计813家。年内新审批5个高危险性体育项目经营许可证，完成23个高危险性体育项目场所的日常监管和督查。另组织13个项目参加市级体育产业发展引导资金申报，争取市级扶持引导资金239.56万元。完成省级体育产业资金项目库入库（裕丰体育）和省级运动休闲旅游优秀项目（托斯卡纳）评定各1个。高质量推进各项赛事活动举办、百姓健身房建设、品牌赛事等工作，完成省、市消费专班布置的重点工作、重要指标、目标任务，促进全民健身和体育消费，推动体育产业高质量发展。

**【越城区体育中心启动提升改造工程】** 2020年10月20日，越城区体育中心启动一场两馆（体育场、体育馆、游泳馆）提升改造工程，历时三个半月，投入资金6000万元。改造后区体育中心占地14.67万平方米，含六场四馆（13000座的田径场、4个膜顶结构门球场、6个室外网球场、3个室外篮球场、2个笼式足球场，室外门球场；3200座的体育馆、1100座的游泳馆、室内网球馆、乒乓球综合馆），打造为集体育比赛、全民健身、休闲展览为一体的综合性体育场馆群。其中游泳馆图片被选入2021年9月出版的浙江省A类教材《人与自然社会》。

**2020年越城区运动员省级及以上竞技体育比赛获奖情况表**

表43

| 姓名 | 时间 | 地点 | 项目 | 成绩 |
|---|---|---|---|---|
| 傅烨铭 | 2020年7月 | 嘉兴 | 浙江省青少年蹦床技巧冠军赛 | 技巧乙组第一名 |
| 洪宇煊 | 2020年7月 | 嘉兴 | 浙江省青少年蹦床技巧冠军赛 | 蹦床男子丙组第一名 |
| 季煜旻 | 2020年7月 | 嘉兴 | 浙江省青少年蹦床技巧冠军赛 | 技巧乙组第一名 |
| 王青蕴 | 2020年7月 | 嘉兴 | 浙江省青少年蹦床技巧冠军赛 | 技巧乙组第一名 |
| 王梓辰 | 2020年7月 | 嘉兴 | 浙江省青少年蹦床技巧冠军赛 | 技巧乙组第一名 |
| 颜铭佑 | 2020年7月 | 嘉兴 | 浙江省青少年蹦床技巧冠军赛 | 技巧甲组第一名 |
| 颜铭佐 | 2020年7月 | 嘉兴 | 浙江省青少年蹦床技巧冠军赛 | 技巧甲组第一名 |
| 费书阳 | 2020年7月 | 嘉兴 | 浙江省青少年蹦床技巧冠军赛 | 技巧甲组第二名 |
| 潘鑫磊 | 2020年7月 | 嘉兴 | 浙江省青少年蹦床技巧冠军赛 | 技巧甲组第二名 |
| 陈景彦 | 2020年7月 | 嘉兴 | 浙江省青少年蹦床技巧冠军赛 | 蹦床男子丙组第三名 |

续表 43

| 姓名 | 时间 | 地点 | 项目 | 成绩 |
|---|---|---|---|---|
| 蒋暮涵 | 2020 年 7 月 | 嘉兴 | 浙江省青少年蹦床技巧冠军赛 | 蹦床女子丙组第三名 |
| 潘妤嫣 | 2020 年 7 月 | 嘉兴 | 浙江省青少年蹦床技巧冠军赛 | 技巧乙组第三名 |
| 沈意帆 | 2020 年 7 月 | 嘉兴 | 浙江省青少年蹦床技巧冠军赛 | 技巧乙组第三名 |
| 童伊奕 | 2020 年 7 月 | 嘉兴 | 浙江省青少年蹦床技巧冠军赛 | 技巧乙组第三名 |
| 傅烨铭 | 2020 年 7 月 | 嘉兴 | 浙江省青少年蹦床技巧锦标赛 | 技巧男双丙组三级第一名 |
| 李煜昊 | 2020 年 7 月 | 嘉兴 | 浙江省青少年蹦床技巧锦标赛 | 技巧男双丙组三级第一名 |
| 王青蕴 | 2020 年 7 月 | 嘉兴 | 浙江省青少年蹦床技巧锦标赛 | 技巧混双丙组三级第一名 |
| 王梓辰 | 2020 年 7 月 | 嘉兴 | 浙江省青少年蹦床技巧锦标赛 | 技巧混双丙组三级第一名 |
| 颜铭佑 | 2020 年 7 月 | 嘉兴 | 浙江省青少年蹦床技巧锦标赛 | 技巧男双丙组四级第一名 |
| 颜铭佐 | 2020 年 7 月 | 嘉兴 | 浙江省青少年蹦床技巧锦标赛 | 技巧男双丙组四级第一名 |
| 洪宇煊 | 2020 年 7 月 | 嘉兴 | 浙江省青少年蹦床技巧锦标赛 | 蹦床男子丙组第二名 |
| 潘妤嫣 | 2020 年 7 月 | 嘉兴 | 浙江省青少年蹦床技巧锦标赛 | 技巧女三丙组四级第二名 |
| 沈意帆 | 2020 年 7 月 | 嘉兴 | 浙江省青少年蹦床技巧锦标赛 | 技巧女三丙组四级第二名 |
| 童伊奕 | 2020 年 7 月 | 嘉兴 | 浙江省青少年蹦床技巧锦标赛 | 技巧女三丙组四级第二名 |
| 陈景彦 | 2020 年 7 月 | 嘉兴 | 浙江省青少年蹦床技巧锦标赛 | 蹦床男子丙组第三名 |
| 蒋暮涵 | 2020 年 7 月 | 嘉兴 | 浙江省青少年蹦床技巧锦标赛 | 蹦床女子丙组第三名 |
| 于冠斌 | 2020 年 8 月 | 衢州 | 浙江省青少年国际跳棋锦标赛 | 64 格男子丙组第一名 |
| 范清清 | 2020 年 8 月 | 衢州 | 浙江省青少年国际跳棋锦标赛 | 女子甲组 100 格第二名 |
| 范锌铷 | 2020 年 8 月 | 衢州 | 浙江省青少年国际跳棋锦标赛 | 64 格女子丁组第二名 |
| 陆佳楠 | 2020 年 8 月 | 衢州 | 浙江省青少年国际跳棋锦标赛 | 男子甲组 100 格第二名 |
| 唐湘娟 | 2020 年 8 月 | 衢州 | 浙江省青少年国际跳棋锦标赛 | 100 格女子丙组第二名 |
| 王雨琼 | 2020 年 8 月 | 衢州 | 浙江省青少年国际跳棋锦标赛 | 64 格女子乙组第二名 |
| 刘华鑫 | 2020 年 8 月 | 衢州 | 浙江省青少年国际跳棋锦标赛 | 男子甲组 64 格第三名 |
| 朱沛玲 | 2020 年 8 月 | 衢州 | 浙江省青少年国际跳棋锦标赛 | 64 格女子丙组第三名 |
| 诸王斌 | 2020 年 8 月 | 衢州 | 浙江省青少年国际跳棋锦标赛 | 64 格男子乙组第三名 |
| 葛熠璇 | 2020 年 8 月 | 绍兴 | 浙江省青少年国际象棋锦标赛 | 混合少年团体第一名 |
| 葛熠璇 | 2020 年 8 月 | 绍兴 | 浙江省青少年国际象棋锦标赛 | 少年混合团体第一名 |
| 韩岳霖 | 2020 年 8 月 | 绍兴 | 浙江省青少年国际象棋锦标赛 | 混合少年团体第一名 |
| 韩岳霖 | 2020 年 8 月 | 绍兴 | 浙江省青少年国际象棋锦标赛 | 少年混合团体第一名 |
| 何秉玉 | 2020 年 8 月 | 绍兴 | 浙江省青少年国际象棋锦标赛 | 混合少年团体第一名 |
| 何秉玉 | 2020 年 8 月 | 绍兴 | 浙江省青少年国际象棋锦标赛 | 混合少年团体第一名 |
| 金哲缘 | 2020 年 8 月 | 绍兴 | 浙江省青少年国际象棋锦标赛 | 混合组第一名 |
| 金哲缘 | 2020 年 8 月 | 绍兴 | 浙江省青少年国际象棋锦标赛 | 混合少年团体第一名 |
| 梁哲煜 | 2020 年 8 月 | 绍兴 | 浙江省青少年国际象棋锦标赛 | 混合少年团体第一名 |
| 孟奕涵 | 2020 年 8 月 | 绍兴 | 浙江省青少年国际象棋锦标赛 | 少年男子团体第一名 |
| 孟奕涵 | 2020 年 8 月 | 绍兴 | 浙江省青少年国际象棋锦标赛 | 少年男子团体第一名 |

续表 43

| 姓名 | 时间 | 地点 | 项目 | 成绩 |
|---|---|---|---|---|
| 任品泽 | 2020 年 8 月 | 绍兴 | 浙江省青少年国际象棋锦标赛 | 混合少年团体第一名 |
| 任品泽 | 2020 年 8 月 | 绍兴 | 浙江省青少年国际象棋锦标赛 | 混合少年团体第一名 |
| 阮铭杨 | 2020 年 8 月 | 绍兴 | 浙江省青少年国际象棋锦标赛 | 少年男子团体第一名 |
| 吴承远 | 2020 年 8 月 | 绍兴 | 浙江省青少年国际象棋锦标赛 | 少年男子团体第一名 |
| 张立晨 | 2020 年 8 月 | 绍兴 | 浙江省青少年国际象棋锦标赛 | 混合少年团体第一名 |
| 杨嘉楠 | 2020 年 8 月 | 绍兴 | 浙江省青少年国际象棋锦标赛 | 少年女子团体第二名 |
| 周雅菲 | 2020 年 8 月 | 绍兴 | 浙江省青少年国际象棋锦标赛 | 少年女子团体第二名 |
| 陈嘉乐 | 2020 年 8 月 | 绍兴 | 浙江省青少年国际象棋竞标赛 | 少年男子甲组第一名 |
| 黄虹璇 | 2020 年 8 月 | 绍兴 | 浙江省青少年国际象棋竞标赛 | 少年女子乙组第一名 |
| 张浩煊 | 2020 年 8 月 | 绍兴 | 浙江省青少年国际象棋竞标赛 | 少年男子丙组第一名 |
| 吴雪溧 | 2020 年 8 月 | 绍兴 | 浙江省青少年国际象棋竞标赛 | 少年女子丙组第三名 |
| 高佳蓓 | 2020 年 8 月 | 义乌 | 浙江省青少年击剑锦标赛 | 女子甲组重剑团体第一名 |
| 刘　畅 | 2020 年 8 月 | 义乌 | 浙江省青少年击剑锦标赛 | 女子甲组重剑团体第一名 |
| 寿鑫宇 | 2020 年 8 月 | 义乌 | 浙江省青少年击剑锦标赛 | 甲组重剑团体第一名 |
| 俞怡伶 | 2020 年 8 月 | 义乌 | 浙江省青少年击剑锦标赛 | 女子乙组花剑团体第一名 |
| 朱丽婷 | 2020 年 8 月 | 义乌 | 浙江省青少年击剑锦标赛 | 女子乙组花剑第一名 |
| 朱丽婷 | 2020 年 8 月 | 义乌 | 浙江省青少年击剑锦标赛 | 女子乙组花剑团体第一名 |
| 高佳蓓 | 2020 年 8 月 | 义乌 | 浙江省青少年击剑锦标赛 | 女子甲组重剑赛第二名 |
| 李冯玥 | 2020 年 8 月 | 义乌 | 浙江省青少年击剑锦标赛 | 女子丁组重剑团体第二名 |
| 李冯玥 | 2020 年 8 月 | 义乌 | 浙江省青少年击剑锦标赛 | 女子丁组重剑团体第二名 |
| 马煜其 | 2020 年 8 月 | 义乌 | 浙江省青少年击剑锦标赛 | 男子丙组花剑团体第二名 |
| 阮文逸 | 2020 年 8 月 | 义乌 | 浙江省青少年击剑锦标赛 | 女子丙组花剑团体第二名 |
| 唐向天 | 2020 年 8 月 | 义乌 | 浙江省青少年击剑锦标赛 | 男子乙组重剑团体第二名 |
| 汪方凯 | 2020 年 8 月 | 义乌 | 浙江省青少年击剑锦标赛 | 女子丙组花剑团体第二名 |
| 王耀晨 | 2020 年 8 月 | 义乌 | 浙江省青少年击剑锦标赛 | 女子丁组重剑团体第二名 |
| 张今津 | 2020 年 8 月 | 义乌 | 浙江省青少年击剑锦标赛 | 男子乙组重剑团体第二名 |
| 孔艺涛 | 2020 年 8 月 | 义乌 | 浙江省青少年击剑锦标赛 | 男子丙组重剑团体第三名 |
| 孔艺涛 | 2020 年 8 月 | 义乌 | 浙江省青少年击剑锦标赛 | 男子丙组重剑团体第三名 |
| 马煜其 | 2020 年 8 月 | 义乌 | 浙江省青少年击剑锦标赛 | 男子丙组花剑第三名 |
| 孟子皓 | 2020 年 8 月 | 义乌 | 浙江省青少年击剑锦标赛 | 男子丙组重剑团体第三名 |
| 倪逸涵 | 2020 年 8 月 | 义乌 | 浙江省青少年击剑锦标赛 | 男子丁组花剑第三名 |
| 倪逸涵 | 2020 年 8 月 | 义乌 | 浙江省青少年击剑锦标赛 | 男子丁组花剑团体第三名 |
| 潘思承 | 2020 年 8 月 | 义乌 | 浙江省青少年击剑锦标赛 | 男子丙组重剑第三名 |
| 潘思承 | 2020 年 8 月 | 义乌 | 浙江省青少年击剑锦标赛 | 男子丙组重剑团体第三名 |
| 阮文逸 | 2020 年 8 月 | 义乌 | 浙江省青少年击剑锦标赛 | 女子丙组花剑第三名 |
| 汪方凯 | 2020 年 8 月 | 义乌 | 浙江省青少年击剑锦标赛 | 女子丙组花剑第三名 |

续表 43

| 姓名 | 时间 | 地点 | 项目 | 成绩 |
|---|---|---|---|---|
| 王家怡 | 2020 年 8 月 | 义乌 | 浙江省青少年击剑锦标赛 | 女子丁组花剑团体第三名 |
| 王浙菲 | 2020 年 8 月 | 义乌 | 浙江省青少年击剑锦标赛 | 女子丁组花剑团体第三名 |
| 王子灏 | 2020 年 8 月 | 义乌 | 浙江省青少年击剑锦标赛 | 女子丁组花剑团体第三名 |
| 许芷淇 | 2020 年 8 月 | 义乌 | 浙江省青少年击剑锦标赛 | 女子丁组花剑第三名 |
| 许芷淇 | 2020 年 8 月 | 义乌 | 浙江省青少年击剑锦标赛 | 女子丁组花剑团体第三名 |
| 徐可欣等 12 人 | 2020 年 8 月 | 绍兴 | 浙江省青少年排球锦标赛 | 女子丙组第一名 |
| 赵　瑀等 12 人 | 2020 年 8 月 | 湖州 | 浙江省青少年排球锦标赛 | 男子丙组团体第一名 |
| 赵烨磊 | 2020 年 8 月 | 宁波 | 浙江省青少年赛艇锦标赛 | 2000 米 2× 男子甲组第一名 |
| 王思睿 | 2020 年 8 月 | 宁波 | 浙江省青少年赛艇锦标赛 | 6000 米 2× 女子甲组第二名 |
| 戴晟彬 | 2020 年 8 月 | 宁波 | 浙江省青少年赛艇锦标赛 | 2000 米 1× 男子甲组第三名 |
| 戴晟彬 | 2020 年 8 月 | 宁波 | 浙江省青少年赛艇锦标赛 | 6000 米 1× 男子甲组第三名 |
| 沈宇锋 | 2020 年 8 月 | 湖州 | 浙江省青少年射击冠军赛 | 男子丙组混合气手枪第二名 |
| 颜方娜 | 2020 年 8 月 | 湖州 | 浙江省青少年射击冠军赛 | 女子丙组气手枪 60 发第二名 |
| 沈宇锋 | 2020 年 8 月 | 湖州 | 浙江省青少年射击锦标赛 | 男子丙组气手枪 60 发第一名 |
| 沈宇锋 | 2020 年 8 月 | 湖州 | 浙江省青少年射击锦标赛 | 男子丙组气手枪 60 发团体第三名 |
| 许一奇 | 2020 年 8 月 | 金华 | 浙江省青少年跆拳道锦标赛 | 男子甲组 78 千克第二名 |
| 杨　霞 | 2020 年 8 月 | 金华 | 浙江省青少年跆拳道锦标赛 | 女子乙组 60 千克第二名 |
| 金言成 | 2020 年 8 月 | 湖州 | 浙江省少年儿童短式网球锦标赛 | 男子乙组团体第一名 |
| 赵哲威 | 2020 年 8 月 | 湖州 | 浙江省少年儿童短式网球锦标赛 | 男子乙组团体第一名 |
| 金言成 | 2020 年 8 月 | 湖州 | 浙江省少年儿童短式网球锦标赛 | 男子乙组双打第二名 |
| 赵哲威 | 2020 年 8 月 | 湖州 | 浙江省少年儿童短式网球锦标赛 | 男子乙组双打第二名 |
| 章翌瑞 | 2020 年 8 月 | 嘉兴 | 浙江省少年儿童短式网球锦标赛 | 男子甲组单打第三名 |
| 章翌瑞 | 2020 年 8 月 | 嘉兴 | 浙江省少年儿童网球锦标赛 | 男子戊组团体第三名 |
| 冯佳叶 | 2020 年 9 月 | 温州 | 浙江省青少年拳击锦标赛 | 女子乙组 44 千克第一名 |
| 陈傲云 | 2020 年 9 月 | 宁波 | 浙江省少年儿童田径冠军赛 | 男子乙组跳高第一名 |
| 高佳蓓 | 2020 年 11 月 | 绍兴 | 浙江省青少年击剑冠军赛 | 甲组女子重剑团体第一名 |
| 刘　畅 | 2020 年 11 月 | 绍兴 | 浙江省青少年击剑冠军赛 | 女子甲组重剑团体第一名 |
| 寿鑫宇 | 2020 年 11 月 | 绍兴 | 浙江省青少年击剑冠军赛 | 甲组重剑团体第一名 |
| 杨　雪 | 2020 年 11 月 | 绍兴 | 浙江省青少年击剑冠军赛 | 女子乙组重剑团体第一名 |
| 张今津 | 2020 年 11 月 | 绍兴 | 浙江省青少年击剑冠军赛 | 男子乙组重剑第一名 |
| 朱丽婷 | 2020 年 11 月 | 绍兴 | 浙江省青少年击剑冠军赛 | 女子乙组花剑第一名 |
| 胡楠楠 | 2020 年 11 月 | 绍兴 | 浙江省青少年击剑冠军赛 | 女子丙组花剑团体第二名 |
| 马煜其 | 2020 年 11 月 | 绍兴 | 浙江省青少年击剑冠军赛 | 丙组花剑团体第二名 |
| 阮文逸 | 2020 年 11 月 | 绍兴 | 浙江省青少年击剑冠军赛 | 女子丙组花剑团体第二名 |
| 汪方凯 | 2020 年 11 月 | 绍兴 | 浙江省青少年击剑冠军赛 | 女子丙组花剑团体第二名 |

续表 43

| 姓名 | 时间 | 地点 | 项目 | 成绩 |
|---|---|---|---|---|
| 王家怡 | 2020 年 11 月 | 绍兴 | 浙江省青少年击剑冠军赛 | 女子丁组花剑团体第二名 |
| 俞怡伶 | 2020 年 11 月 | 绍兴 | 浙江省青少年击剑冠军赛 | 乙组女子花剑第二名 |
| 贺仁杰 | 2020 年 11 月 | 绍兴 | 浙江省青少年击剑冠军赛 | 乙组男子花剑团体第三名 |
| 孔艺涛 | 2020 年 11 月 | 绍兴 | 浙江省青少年击剑冠军赛 | 男子丙组重剑团体第三名 |
| 孔艺涛 | 2020 年 11 月 | 绍兴 | 浙江省青少年击剑冠军赛 | 丙组重剑团体第三名 |
| 李舒瑶 | 2020 年 11 月 | 绍兴 | 浙江省青少年击剑冠军赛 | 女子甲组花剑第三名 |
| 刘　畅 | 2020 年 11 月 | 绍兴 | 浙江省青少年击剑冠军赛 | 女子甲组重剑第三名 |
| 孟子皓 | 2020 年 11 月 | 绍兴 | 浙江省青少年击剑冠军赛 | 丙组重剑团体第三名 |
| 倪逸涵 | 2020 年 11 月 | 绍兴 | 浙江省青少年击剑冠军赛 | 女子丁组花剑第三名 |
| 潘思承 | 2020 年 11 月 | 绍兴 | 浙江省青少年击剑冠军赛 | 男子丙组重剑团体第三名 |
| 任毅恒 | 2020 年 11 月 | 绍兴 | 浙江省青少年击剑冠军赛 | 男子乙组重剑第三名 |
| 任毅恒 | 2020 年 11 月 | 绍兴 | 浙江省青少年击剑冠军赛 | 男子乙组重剑第三名 |
| 阮文逸 | 2020 年 11 月 | 绍兴 | 浙江省青少年击剑冠军赛 | 女子丙组花剑第三名 |
| 寿鑫宇 | 2020 年 11 月 | 绍兴 | 浙江省青少年击剑冠军赛 | 女子甲组重剑第三名 |
| 涂睿宸 | 2020 年 11 月 | 绍兴 | 浙江省青少年击剑冠军赛 | 男子丙组花剑团体第三名 |
| 王泽钢 | 2020 年 11 月 | 绍兴 | 浙江省青少年击剑冠军赛 | 男子丙组花剑团体第三名 |
| 张今津 | 2020 年 11 月 | 绍兴 | 浙江省青少年击剑冠军赛 | 男子乙组重剑团体第三名 |
| 许一奇 | 2020 年 11 月 | 杭州 | 浙江省青少年跆拳道冠军赛 | 男子甲组 78 千克第三名 |
| 闻珈宁 | 2020 年 11 月 | 绍兴 | 浙江省中小学生乒乓球冠军赛（总决赛） | 2006 年组双打第二名 |
| 高佳蓓 | 2020 年 11 月 | 河北 | 中国中学生击剑锦标赛 | 女子重剑初中组第一名 |
| 董佳钰 | 2020 年 12 月 | 绍兴 | ZSTL 浙江省第十二届乒乓球联赛（超级组）浙江省中小学生乒乓球冠军赛（团体）初中组 | 初中女子第三名 |
| 冯舒晨 | 2020 年 12 月 | 绍兴 | ZSTL 浙江省第十二届乒乓球联赛（超级组）浙江省中小学生乒乓球冠军赛（团体）初中组 | 初中女子第三名 |
| 石尚秀 | 2020 年 12 月 | 绍兴 | ZSTL 浙江省第十二届乒乓球联赛（超级组）浙江省中小学生乒乓球冠军赛（团体）初中组 | 初中女子第三名 |
| 徐小珞 | 2020 年 12 月 | 绍兴 | ZSTL 浙江省第十二届乒乓球联赛（超级组）浙江省中小学生乒乓球冠军赛（团体）初中组 | 初中女子第三名 |
| 朱乐颖 | 2020 年 12 月 | 绍兴 | ZSTL 浙江省第十二届乒乓球联赛（超级组）浙江省中小学生乒乓球冠军赛（团体）初中组 | 初中女子第三名 |
| 朱乐颖 | 2020 年 12 月 | 绍兴 | 浙江省中小学生乒乓球冠军赛（总决赛） | 2006 年组第三名 |

（区教体局　陈小刚）

# 文化传媒

## 综　述

**【概况】** 2020年，越城区持续深化公共文化设施服务，举办各类文化惠民演出158场，开展"弘扬传统文化 共筑同心越城"送群文演出进基层100场、"相约若耶溪"公益培训463场次。12月，越城区文化馆新馆、越城区非物质文化遗产展览馆新馆开馆。

**【启动文化基因解码工程】** 2020年，越城区根据省委、省政府"解码浙江文化基因"工作要求，启动"文化基因解码工程"。围绕中华优秀传统文化、革命文化和社会主义先进文化，挖掘、研究、阐释越城"文化基因"，已基本摸清越城文化现象、文化元素的基本分布和概况，完成文化元素普查入库444个，建立一张家底数据网，形成一份越城文化元素表，确定区域重点文化元素20项（"文化基因解码工程"旨在通过全面挖掘文化内涵，调查并梳理本地文化元素，解码每一种文化形态，在将文化元素提取好、传承好的过程中，找到文化的内在"基因"，拓展丰富各文化元素的利用领域，以促进文旅融合发展，助推经济社会发展）。

**【区文化馆和非遗展览馆新馆投入使用】** 2020年，越城区对标全省基本公共文化服务标准，紧扣"五个百分百"目标要求，推动区级文化阵地建设，基层文化设施建设实现新提升。12月4日，越城区文化馆新馆、越城区非物质文化遗产展览馆新馆开馆并投入使用，总面积约5000平方米，内设舞蹈室、书画室、录音室、排练房、烘焙教室、琴房、多功能室等多个功能室，常年开设"相约若耶溪"公益培训、"古嚶今韵"非遗活态展陈群众文化活动。

2020年12月4日，绍兴市越城区文化馆开馆（区文广旅游局 提供）

2020 年 9 月 23 日,"绍兴有戏"——绍兴首站非遗兴乡大巡游在孙端街道鲁迅外婆家启动(区委宣传部 提供)

## 群众文化

**【概况】** 2020 年,越城区举办各类文化惠民演出 158 场,开展"弘扬传统文化 共筑同心越城"送群文演出进基层 100 场,覆盖 17 个镇街 100 个村(社区),开展新春送戏下乡演出 7 场,进敬老院慰问演出 20 场,地方戏曲专场演出 9 场,莲花落、摊簧、说书非遗兴乡专场演出 3 场,文化走亲交流演出活动 14 场,承办 2020 年"绍兴有戏"非遗兴乡大巡游(首站越城)暨鲁迅外婆家中秋夜市、"品味端午 传承文脉"2020 文化遗产日系列活动、"2020 年全面建成小康社会——相约沈园"雅集活动。年内,越城区在各级各类文化赛事中获省级优秀组织奖 1 个、银奖 1 个、铜奖 3 个、优秀拍摄奖 1 个,优秀构思奖 3 个、网络人气奖 2 个、网络活力作品 5 个,市级优秀组织奖 2 个、金奖 2 个、银奖 6 个、铜奖 8 个。

**【防疫线上文化活动】** 2020 年,越城区结合疫情防控主题,创作双人舞莲歌《你是我的骄傲》,诗歌作品《一个老人》《普通的逆行英雄》《全民齐心,合力共打防疫阻击战》《春见》等 4 个,歌曲《谁最累,谁最美》,编创抗"疫"健身操《你笑起来真好看》,国画《平安是福》,书法作品《国泰民安》《战疫》等,创排《匠心筑梦》《禹・迹》《品味端午 传承文脉》等作品参加省级比赛,另向社会征集抗"疫"表演艺术类作品 9 个,视觉艺术类作品 95 件(美术作品 25 件、书法作品 30 件、摄影作品 40 件)。年内,区文化馆微信公众号推出"共战疫情"文雅慕课资源免费开放活动,开设文化慕课 400 门。

**越城区首批诗路普及基地(12 家)**

| | |
|---|---|
| 越城区图书馆 | 鉴湖街道图书分馆 |
| 迪荡街道图书分馆 | 马山街道图书分馆 |
| 斗门街道图书分馆 | 灵芝街道图书分馆 |
| 府山街道树兰书房 | 众谷知行树兰书房 |
| 西湖社区树兰书房 | 越都社区树兰书房 |
| 外滩社区树兰书房 | 王家葑树兰书屋 |

【“相约若耶溪”公益培训】 2020年,越城区文化馆“相约若耶溪”公益培训共开设书法、声乐、绘画等免费培训项目31个,累计开展培训463场次,免费服务群众8107人次,全年免费开放“若耶溪”小剧场、舞蹈教室、培训室累计67场次。另开设文化志愿者系列培训5次、文化站长业务培训4次,共计180人次。

2020年11月14日,“千年文脉 诗韵越城”2020越城区诗路文化月活动启动(区委宣传部 提供)

【诗路文化月活动】 2020年11月14日,“千年文脉 诗韵越城”2020越城区诗路文化月活动启动,安排坡塘云松茶园启动仪式、源起千年诗路 共赴云松之约游园会、诗路摄影大赛、诗路摄影展、云上朗读大赛、诗词音乐会、诗路文化定向赛、青少年诗词大、云上诗路知识大赛、诗路文化讲座、抖音大赛等系列文化活动,历时1个月。其间,公布首批诗路普及基地。

## 非物质文化遗产保护

【概况】 2020年底,越城区共有非遗项目96个,其中,省级项目11个、市级项目70个、区级项目15个,涵盖非遗十大门类;有非遗代表性传承人54人,其中,省级7人、市级35人、区级12人。年内,实施市级非遗代表性传承人抢救性记录工程,完成省级非遗代表性项目和传承人评估,争取区级非遗专项经费50万元,出台越城区非遗传承人补助政策,开展非遗传承保护和非遗运作。沈立阳等8人入选第三批区非物质文化遗产项目代表性传承人,吴迎仙等6人入选第六批市非物质文化遗产项目代表性传承人。

【“非遗”活态传承常态化】 2020年,越城区举办“品味端午 传承文脉”2020文化遗产日系列活动、“2020绍兴有戏——非遗兴乡大巡游”活动、第五届非遗集市、《金石永寿——晋王羲之夫人碑拓名家题跋展》等活动,并以季度为单位在“百姓学堂”公益课中开设鹦哥戏、剪纸、丝网花、面塑等非遗课程,举办“古嘐今韵 非遗时光”剪纸、丝网花、面塑、棕榈叶编制等亲子体验课程。年内,完成5名70岁以上非物质文化遗产代表性传承人抢救性纪录片摄制工作,出版省级非遗项目“绍兴民间棋类游戏”保护成果书籍《棋类风韵》。

【非遗展示】 2020年,越城区积极为区级非遗项目搭建载体。年内,组织参加市级非遗旅游产品展示、“浙江非遗健康养生购”推广等线上活动,咸亨特别定制腐乳礼盒入选第二批浙江省优秀非遗旅游商品。越城区选手在第九届“绍兴师爷讲故事”——绍兴南宋故事大讲赛获二等奖1名、三等奖4名,区非遗中心获优秀组织奖。

**2020 年越城区非遗传承基地一览表**

表 44

| 序号 | 单位名称 | 级别 | 项目名称 | 性质 |
|---|---|---|---|---|
| 1 | 绍兴市新城古建园林建设有限公司 | 市级 | 绍兴古戏台建筑技艺 | — |
| 2 | 绍兴市越城区越中石雕工艺厂 | 市级 | 石雕 | — |
| 3 | 孙端镇榆林村 | 区级 | 赛龙舟 | — |
| 4 | 塔山中心小学 | 市级 | 绍兴平湖调 | 教学性传承基地 |
| 5 | 绍兴市袍江中学 | 市级 | 剪纸、舞龙舞狮 | 教学性传承基地 |
| 6 | 东浦镇赏祊小学 | 市级 | 剪纸 | 教学性传承基地 |
| 7 | 绍兴市车恂如小学 | 省级 | 绍兴平湖调 | 教学性传承基地 |
| 8 | 富盛镇中心小学 | 市级 | 绍兴莲花落 | 教学性传承基地 |
| 9 | 皋埠镇中心小学樊江校区 | 市级 | 绍兴民间棋类游戏 | 教学性传承基地 |
| 10 | 绍兴市秀水小学 | 市级 | 绍兴童谣游戏 | 教学性传承基地 |
| 11 | 绍兴市袍江小学马山校区 | 市级 | 绍兴戏剧脸谱工艺 | 教学性传承基地 |
| 12 | 绍兴市咸亨酒店有限公司 | 省级 | 绍兴菜烹饪技艺 | 生产性保护基地 |
| 13 | 浙江农商贸职业学院 | 省级 | | 教学性传承基地 |
| 14 | 绍兴越青堂文化传播有限公司 | 市级 | 越窑青瓷烧制技艺 | — |
| 15 | 陶堰镇中心小学 | 区级 | | 教学性传承基地 |
| 16 | 会稽金石博物馆 | 市级 | 会稽砖砚制作技艺 | — |
| 17 | 绍兴市松陵造船有限责任公司 | 区级 | 绍兴传统木船制作技艺 | — |
| 18 | 绍兴越城区握编蛰居工艺品店 | 区级 | 棕编(棕叶编织、棕丝编制) | — |
| 19 | 浙江圣塔绍兴酒有限公司 | 区级 | 绍兴黄酒酿制技艺 | — |
| 20 | 绍兴市越城区铭越青铜艺术品中心 | 区级 | 会稽铜镜制造技艺 | — |
| 21 | 绍兴市石语堂玉石文化博物馆 | 区级 | 展示性 | — |
| 22 | 绍兴一方天研学旅游有限公司 | 区级 | 展示性 | — |
| 23 | 书圣故里 | 市级 | 王羲之传说 展示性 | — |

## 文物保护

**【概况】** 2020 年，越城区有各级文物 474 处，其中，全国重点文物保护单位 10 处、浙江省省级文物保护单位 18 处、市(县)级文物保护单位 59 处，文物保护点 102 处、普查登录文物 285 处。全年共投入资金 530 余万元，对鲍氏旧宅建筑群、石屋禅院造像、邹家花园等一批文物保护单位和蕺山水井等一般文物实施保护修缮。年内，越城区召开首次全区文物安全工作会议，区政府与各镇街签署《越城区文物安全责任书》。区文化广电旅游局联合区消防救援大队在全区范围内部署开展木结构文物保护单位消防安全标准化管理实施工作，制定《越城区文物保护单位消防安全标准化管理工作实施方案》，形成工作对照表，对28处木结构文物保护单位进行初查验收，推动文物保护单位消防安全整治和提升。

**【实施文物平安工程】** 2020年，越城区组织辖区内世界文化遗产大运河遗产河道、遗产点和其他遗产要素的基本情况、保存情况、管理情况普查，核查遗产保护标志设置，编制《大运河浙东运河（越城区段）遗产保护名录》；实施绍兴古桥群（越城区）首次全面清理养护，完成植物清理总计4684千克；启动绍兴古桥群（越城区）结构安全监测项目，实施吕府平安工程二期——吕府消防工程，完成鲍氏旧宅建筑群老宅部分抢修性修缮工程、石屋禅院造像抢险加固工程、邹家花园修缮工程、东安村戏台养护工程等多项文物保护工程；完成摩崖题刻墨拓52处。

**【创新土地考古】** 2020年，越城区改变“一事一议”考古调查方式，推出“打包”调查法，分类“批量”处理全区拟出让用地。全年共向省文物局报请78项用地考古调查、勘探，共计完成63项，累计调查面积约7786亩（519万平方米）。在全区首个抢救性考古发掘项目常禧路一、二期工程中，累计发掘面积近3亩（2000平方米），共清理战国至宋代各个时期的墓葬45座，发掘出土陶、石、玉、瓷、青铜、铁、铜、金器等各类随葬品600余件。年内，启动黄酒小镇、绍兴高新技术产业开发区、绍兴袍江经济技术开发区文物保护区域评估，评估面积约1089.6万亩（7264万平方米）。

**【文物保护宣传】** 2020年，越城区开展“一本书、一部片、一场活动”文物保护宣传，厚植文物记忆。年内，举办以“文物赋彩全面小康”为主题的文化与自然遗产日“线上参观越城云博物馆”活动；编纂《越城文物览胜·古桥》，收录越城区文物保护单位（点）古桥51座，并摄制《千年风华 万虹卧波》宣传片与纪录片；组织“王阳明在绍兴”“王阳明与阳明洞天”公益讲解，共接待参观游客98391人次。

**越城文物览胜·古桥一览表**

表45

| 序号 | 名称 | 级别 | 地址 |
|---|---|---|---|
| 1 | 八字桥 | 国家级 | 府山街道八字桥直街东端 |
| 2 | 广宁桥 | 国家级 | 府山街道广宁桥直街东端 |
| 3 | 题扇桥 | 国家级 | 府山街道蕺山街 |
| 4 | 光相桥 | 国家级 | 府山街道北海桥直街东首 |
| 5 | 谢公桥 | 国家级 | 府山街道西小路与新河弄交接处 |
| 6 | 迎恩桥 | 国家级 | 北海街道西郭运河进城口子 |
| 7 | 拜王桥 | 国家级 | 塔山街道鲁迅西路 |
| 8 | 泾口大桥 | 国家级 | 陶堰街道泾口村 |
| 9 | 泗龙桥 | 国家级 | 东浦街道鲁东村 |
| 10 | 宝珠桥 | 市级 | 府山街道城市广场西南 |
| 11 | 东双桥与望春桥 | 市级 | 府山街道东街 |
| 12 | 茅洋桥 | 市级 | 陶堰街道茅洋村 |
| 13 | 三接桥 | 市级 | 鉴湖街道栖凫村 |
| 14 | 跨龙桥 | 市级 | 东湖街道则水牌村 |
| 15 | 后堡桥 | 市级 | 东湖街道后堡村 |

续表 45

| 序号 | 名称 | 级别 | 地址 |
|---|---|---|---|
| 16 | 花浦桥 | 市级 | 斗门街道斗门村花浦桥自然村西首 |
| 17 | 登瀛桥 | 市级 | 斗门街道荷湖村滩场头 |
| 18 | 礼江古木桥 | 市级 | 孙端街道新河村 |
| 19 | 咸宁桥 | 文保点 | 府山街道蕺山街北端 |
| 20 | 锦鳞桥 | 文保点 | 府山街道胜利路 150 号 |
| 21 | 龙华桥 | 文保点 | 府山街道龙华寺旁 |
| 22 | 大木桥 | 文保点 | 府山街道龙山后街 126 号前 |
| 23 | 小江桥 | 文保点 | 府山街道小江桥河沿与解放北路交界处 |
| 24 | 纺车桥 | 文保点 | 府山街道望春桥河沿中段 |
| 25 | 毓秀桥 | 文保点 | 北海街道鉴湖后街 |
| 26 | 灵芝桥(玉龙桥) | 文保点 | 北海街道北海村 |
| 27 | 会龙桥 | 文保点 | 北海街道北海村 |
| 28 | 陟望桥 | 文保点 | 北海街道鹅境村 |
| 29 | 望仙桥 | 文保点 | 稽山街道望仙桥村 |
| 30 | 凰仪桥 | 文保点 | 塔山街道鲁迅西路湘会楼前 |
| 31 | 金斗桥 | 文保点 | 塔山街道燕甸弄北端 |
| 32 | 星郎桥 | 文保点 | 塔山街道辛弄对面 |
| 33 | 大庆桥 | 文保点 | 塔山街道白衙弄西端 |
| 34 | 建安桥(望花桥) | 文保点 | 塔山街道解放南路 38 号旁 |
| 35 | 太平桥 | 文保点 | 灵芝街道梅山安心村 |
| 36 | 化龙桥 | 文保点 | 灵芝街道蛟里村 |
| 37 | 徐公桥 | 文保点 | 鉴湖街道栖凫村 |
| 38 | 福庆桥 | 文保点 | 鉴湖街道后岸村 |
| 39 | 永嘉桥 | 文保点 | 东湖街道大皋埠村 |
| 40 | 后廿眼桥 | 文保点 | 东湖街道后横村 |
| 41 | 云路桥 | 文保点 | 东湖街道前柏舍村 |
| 42 | 众渡桥 | 文保点 | 东湖街道松陵村 |
| 43 | 永安桥 | 文保点 | 斗门街道桑港村 |
| 44 | 钟秀桥 | 文保点 | 斗门街道璜山村 |
| 45 | 画桥 | 文保点 | 东浦街道鉴湖村 |
| 46 | 庙桥 | 文保点 | 马山街道姚家埭村 |
| 47 | 红门桥 | 文保点 | 稽山街道永胜村 |
| 48 | 大川桥 | 文保点 | 东浦街道老街区 |
| 49 | 新桥 | 文保点 | 东浦街道老街区 |
| 50 | 东浦大木桥 | 文保点 | 东浦街道老街隆泰昌弄口 |
| 51 | 古大木桥 | 文保点 | 孙端街道吴融村 |

## 图书馆事业

【概况】2020年,越城区拓展图书馆总分馆制运行模式,致力打造“15分钟阅读圈”。年内,建成开放灵芝街道综合文化站、城南街道综合文化站,灵芝街道、城南街道2个图书分馆和越西社区越城书房,承接市级移交的沥海街道、孙端街道2个图书分馆。截至年底,全区共建成镇街图书分馆12家,开放城市书房7家、农村书屋1家,图书馆外流通站61个,馆藏图书达58.27万余册,其中,图书分馆、城市书房等藏书量14.8万余册。全年服务读者89.65万余人次,新办读者证8005张,图书流通103.89万余册,送书下乡45245册。累计组织讲座9场、展览13次、培训4次、阅读推广活动79场,读者参与人数达2.37万余人次。年内,区图书馆开展“不忘初心跟党走 笔尖翰墨年味浓”等32场线下活动及“漫步云端 书香抗‘疫’”等15场线上阅读推广活动。

| | |
|---|---|
| 镇街图书分馆: | 迪荡分馆　东浦分馆 |
| | 鉴湖分馆　马山分馆 |
| | 斗门分馆　灵芝分馆 |
| | 皋埠分馆　陶堰分馆 |
| | 沥海分馆　孙端分馆 |
| | 城南分馆　府山分馆 |
| 城市书房: | 西湖社区树兰书房 |
| | 府山街道树兰书房 |
| | 越都社区树兰书房 |
| | 外滩社区树兰书房 |
| | 众谷知行树兰书房 |
| | 府山社区越城书房 |
| | 越西社区越城书房 |
| 农村书屋: | 王家葑村树兰书屋 |

【城乡书房建设】2020年,越城区新增灵芝街道1家图书分馆、越西社区1家越城书房、越都社区和外滩社区2家树兰书房及王家葑村1家农村书屋。其中,外滩社区树兰书房位于凤林西路232～234号,建筑面积约为300平方米,藏书8572册,每周开放98小时;越都社区树兰书房位于府横街井巷18号内,建筑面积约300平方米,藏书6433册,每周开放98小时。9月24日,首家农村“树兰书屋”在王家葑村揭牌,占地面积280平方米,藏书1万余册。

【推出智慧阅读“零次跑”项目】2020年,越城区图书馆积极探索智慧阅读新途径。2020年,越城区图书馆以“云直播E荐购”为主题,试行“云”端借。借力支付宝平台开放“云图书馆”、推出“E点到家”邮递借书,在支付宝“越城区图书馆”生活号“E点到家”栏目中新增少儿书邮递借阅服务,为读者提供更多阅读选择及送书上门“一站式”服务。

【数字资源建设】2020年,越城区图书馆依托门户网站(www.ycqlib.com)共7.2万人次读者提供网上查询、网上续借、了解动态等数字化服务。运行官方微信公众号“ycqlib”,推动移动数字图书馆建设,全年新增粉丝1472名。深化地方文献数字化工程,推出“馆藏地方数字资源服务平台”,将地方文献资源纳入数据库。(区文广旅游局　姚春叶)

## 新闻传媒

【概况】2020年,越城区紧扣“打造全市首位度中心城区”目标,深化疫情防控和复工复产主题报道,策划推出“高质量发展”“推进1234行动”“奋进在小康路上”“建设重要窗口”等新闻行动。探索开展网络生态“瞭望哨”工程,全年共报送网上舆情255期。建立网上群众诉求

2020 年 6 月 11 日，浙江日报报业集团县级融媒体中心共享联盟·“绍融 +”越城工作站在区融媒体中心正式挂牌成立（区委宣传部　提供）

闭环处置机制，舆情处置纳入区综合信息指挥中心统一派单。年内，区融媒体中心提档升格为正科级事业单位，全方位构建形成“今日越城”系列融媒矩阵。截至年底，“今日越城”App 用户数突破 46 万人次，为全市第一、全省领先。

**【城市形象宣传推介】** 2020 年，越城区对接央视《跟着书本去旅行》、浙江卫视《二十四节气》等走进越城，组织“相约绍兴 美丽家乡”抖音推介、区委书记招引人才短视频推介等，制作带酒香味的《绍兴越城》明信片、《越城》宣传片等，多维度宣传推介越城。邀请 14 名抖音达人分 2 条线路走访越城景点，拍摄抖音作品“遇见越城”，话题播放量达 542.4 万人次。高质量保障“同心·越城”大会、营商环境大会等重要会议活动新闻宣传，进一步扩大越城首位度影响力。

**【省级以上主流媒体报道】** 2020 年，越城区在各级媒体头版头条推出报道 250 余篇次，推出浙江日报头版 11 篇次、央视新媒体直播 6 次，打造集成电路产业高地、复工复产等主题报道近 20 次被《人民日报》、新华《每日电讯》、央视新闻联播、焦点访谈等国家级重要主流媒体报道。

**【成立越城区互联网行业党委】** 2020 年，越城区制定党委（党组）网络安全工作责任制重点责任清单，压实镇街部门网络安全工作责任。深化网络综合治理体系建设，成立越城区互联网行业党委，加强基层网信特色品牌创建，召开越城区互联网企业品牌项目建设推进会，10 个企业入选第一批互联网特色品牌企业。

**【浙江日报共享联盟越城工作站成立】** 2020 年 6 月 11 日，浙江日报报业集团县级融媒体中心共享联盟·“绍融 +”越城工作站挂牌成立。该工作站由浙报集团绍兴分社和越城区融媒体中心共同运营，形成从融媒体产品生产到策划运营活动的全方位闭环联动模式，推动生产更多高品质的融媒体产品。（区委宣传部　冯芳）

## 文化产业

**【概况】** 2020 年，越城区以打造全市首位度中心城区为目标，不断抢抓主城区区位优势和发展机遇，奋力重塑高品质城市文化体系，扎实推进文化产业发展，完成越城区文化产业发展“十四五”规划编制工作。总投资 528.3 亿元的 20 个绍兴文创大走廊项目顺利推进，新增中国黄酒小镇、华强方特“熊出没”乐园和水世界、浙东运河园、上大路历史文化街区等一批重点文旅项目，计划总投资超 400 亿元。

**【文化作品】** 2020 年，特立宙动漫影视动画片《少年师爷》系列 15 ～ 16 部于 11 月在央视少儿频道黄金档首播，《唐诗小神童》入选浙江文化艺术发展基金资助项目。《天地人心王阳明》《风起台门》等 5 部作品入选绍兴市 2020 年文艺创作重点项目。《孙端保卫战》《扫雷英雄杜富国》等 5 部作品入选绍兴市精神文明建设“五个一工程”创作扶持项目。

**【文化企业交流】** 2020 年，越城区 8 个优质文创项目亮相绍兴文化产业发展大会及“成都·绍兴周”，由区主要领导亲自推介展示。创·越潮

浙东运河文化园项目整体鸟瞰图(区委宣传部　提供)

2020绍兴文创展在迎恩门水街举行,10家文创企业600多件文创产品在越城馆展出。4家企业200余件作品入选深圳文博会、长三角文博会,将通过云上文博会、直播互动、现场布置等多种方式展示企业产品。(区委宣传部　冯芳)

## 文化市场管理

**【概况】** 2020年,越城区文化市场综合行政执法队深入开展"扫黑除恶""安全生产"专项行动,持续推动"扫黄打非",实施"净网""护苗""秋风""固边"等专项整治,切实执行"双随机"抽查监管制度。全年办结审批事项218件,119项权利事项进驻政务服务中心,分别纳入"涉企证照通办""社会事务""工程建设"3个板块,实现板块"一窗办",审批事项网办率、即办率均达到100%。全年出动检查5734人次,检查场所2867家次,违规20家次;举报(督查)受理47件;行政处罚立案调查20件,警告16家次,罚款163018.8元,罚没物品43件。

**【深化互联网+监管改革】** 2020年,越城区依托浙江省"互联网+监管"监管系统、事项目录清单动态管理系统,实时更新区执法队执法检查率、目录清单认领率、监管事项实施清单编制率及双随机事项覆盖率。全年掌上执法检查率99.8%;认领目录清单139项,编制实施清单143件,编制率100%;双随机抽查事项12项,覆盖率100%,双随机抽查64次,其中跨部门联合双随机抽查26次,跨部门监管率40.625%。

**【非法卫星电视接收设施整治】** 2020年,越城区出台《非法卫星电视接收设施整治工作方案》,并建立由属地组织开展非法卫星电视接收设施实地摸排、工作人员劝导自行拆除、自行拆除有难度的由文广旅游局进行强制拆除的工作机制。年内,对辖区内街道社区、企事业单位、宾馆饭店、家电市场、电器销售门店等共组织检查34次,开展联合行动1次,收缴非法接收设备2套,用户自行拆除非法境外卫星电视接收设施17座。(区文广旅游局　姚春叶)

# 卫生健康

## 综　述

【概况】 2020年，越城区持续推进健康越城共建共享，围绕“打赢1场仗、强化2个保障、推进3项创建、提升四大服务、办好5件实事”落实各项工作任务。截至年底，全区共有区级医院1家、区疾控中心1家、区卫生健康行政执法队1家、区妇幼保健计划生育服务中心1家、镇卫生院1家、街道社区卫生服务中心15家、社区卫生服务站107家、村卫生室34家；共有医师913人，护士587人，高级岗位230人，中级岗位563人；已审批开业民营医疗机构172家，其中民营医院14家、门诊部8家、诊所（包括医务室）150家，开放床位2735张。全年基层医疗机构门急诊390万人次，较2019年下降18%；区域内就诊率89.9%，出院病人数较2019年下降36.2%。

【健康越城建设】 2020年，越城区出台《2020年度健康越城建设工作目标责任制考核细则》，制定《推进健康浙江行动组织实施方案》《越城区健康浙江行动示范点工作方案（2020—2022

2020年8月18日，越城区卫健系统庆祝“8·19”中国医师节暨抗疫·最美医师表彰大会召开（区卫健局 提供）

年)》《加强健康浙江、健康绍兴和健康越城建设宣传工作方案》,并在市广电总台《今日越城》节目开设“健康越城”专栏,在广播电台FM93.6宣传播报23期、《绍兴日报》头版刊登新闻17篇、国家级媒体刊播新闻报道9篇及其他各类报道688篇,组织“我行动、我健康”大型宣传活动2场。年内,越城区在2019年度健康浙江建设考核中被评为优秀等级。

**【完善卫生服务体系】** 2020年,越城区人民医院新开设心理卫生门诊、消化专科、呼吸专科,增设儿科病床和康复病区,成立绍兴市肿瘤康复学校城东康复站,新院项目完成地下室工程。启动新建越城区公共卫生服务中心、迁建东湖街道社区卫生服务中心和马山街道社区卫生服务中心前期准备工作,计划总投资6.67亿元、总建设面积7.61万平方米、设置床位590张。10月,区残疾人中心正式运行 。年内,投入专项债4亿元用于越城区人民医院新院区建设,投入473万余元进行基层医疗单位社区卫生服务站装修等建设,投入1067万元用于基层医疗单位医疗设备更新。

**【区域卫生信息化平台建设】** 2020年,越城区完成医学检验检查共享平台建设,通过浙里办向社会开放,数据质量合格率达95%。推进两卡融合信息系统改造,支持电子健康卡、电子社保卡的识别与结算。完成省异地医保对接、医保电子就医凭证项目、医保DRGS对接、区域合理用药项目、医技预约平台项目等信息系统项目建设。

**【东西部技术帮扶】** 2020年,越城区共选派5批次36名医疗专业技术人员前往马边开展技术帮扶,接收2批次5名马边县卫计系统的管理人员和技术人员进修学习。两地卫健局签订结对帮扶协议,通过组团式帮扶和人员交流培训等形式,提升马边县医疗服务水平。

## 基层卫生

**【概况】** 2020年,越城区开展“优质服务基层行”活动,全面加强基层医疗卫生服务体系建设。年内,全区16家基层医疗卫生机构均达到基本标准,其中皋埠街道社区卫生服务中心、东浦街道社区卫生服务中心和马山街道社区卫生服务中心等3家单位达到省级推荐标准。截至年底,家庭医生签约服务覆盖率达到40%,重点人群签约率达到79%,12项基本公共卫生服务项目关键指标均达到省市绩效考核要求。

**【基层公共卫生服务项目】** 2020年,越城区12项基本公共卫生服务项目关键指标均达到省市绩效考核要求。年内,全区新建电子健康档案13.38万份,电子健康档案建档率90.9%,开放率73.4%;老年人健康管理11.38万人,健康管理率80.4%;管理高血压患者81800人,规范管理率74.8%,血压控制率75%;管理糖尿病患者23977人,规范管理率72.3%,血糖控制率63.7%。

**【家庭医生签约服务】** 2020年,越城区做实做细十类重点人群(老年人,孕产妇,儿童,残疾人,计划生育特殊家庭,特困人群,高血压、糖尿病、结核病、严重精神障碍患者)的签约服务。截至年底,签约服务覆盖率达到47%,重点人群签约率达到86%。疫情期间,家庭医生为重点人群提供“五个一”(开展一次网格服务、一次健康教育、一次上门送药、一次心理辅导、一次监测管理)服务。孙端镇卫生院杨昌月家庭医生团队被评为2020年浙江省“优秀家庭医生团队”,稽山街道社区卫生服务中心的金利珍医生被评为2020年浙江省“优秀家庭医生”。

**【基层医疗卫生机构财政补偿机制改革】** 2020年,越城区完善细化基层医疗卫生机构补偿机

2020 年越城区基本公共卫生服务项目主要任务指标完成情况表

表 46

| 项目名称 | 省级指标 | 完成情况 |
|---|---|---|
| 城乡居民电子健康档案建档率 | ≥ 90% | 90.59% |
| 适龄儿童国家免疫规划疫苗接种率 | ≥ 90% | 95% |
| 新生儿访视率 | ≥ 90% | 98.86% |
| 0 ~ 6 岁儿童健康管理率 | ≥ 90% | 98.2% |
| 早孕建册率 | ≥ 90% | 97.52% |
| 孕产妇系管理率 | ≥ 90% | 95.59% |
| 产后访视率 | ≥ 90% | 97.95% |
| 65 岁及以上老年人健康管理率 | ≥ 70% | 80.44% |
| 高血压患者规范管理率 | ≥ 70% | 74.82% |
| 糖尿病患者规范管理率 | ≥ 70% | 72.39% |
| 严重精神障碍患者管理率 | ≥ 80% | 99.12% |
| 报告发现的肺结核病患者管理 | ≥ 90% | 100% |
| 65 岁以上老年人中医药健康管理率 | ≥ 65% | 71.22% |
| 0 ~ 36 个月儿童中医药健康管理率 | ≥ 65% | 77.91% |
| 传染病和突发公共卫生事件报告率 | 100% | 100% |
| 政府办基层医疗卫生机构开展卫生监督协管服务的比例 | ≥ 95% | 100% |
| 服务对象综合知晓率 | ≥ 50% | 70.03% |
| 服务对象满意度 | ≥ 80% | 98.00% |

制改革平台建设，主要数据指标实现精细化自动采集。年内，共拨付基层医疗卫生机构补偿机制改革经费 2.21 亿元，其中，基本公共卫生项目经费 6867.22 万元，较 2019 年增加 2070.02 万元，基本公共卫生服务质量明显提高。

**【城市医联体改革】** 2020 年，绍兴市人民医院 24 名医疗专家和 7 名护理骨干下沉基层对口帮扶，基层医务人员 32 名到市人民医院进修。胰岛素泵、胃肠镜等一批新技术新项目在基层得到开展。依托绍兴市人民医院建立越城区医学影像、心电诊断、病理诊断、消毒供应四大共享中心，有效推进“基层检查、上级诊断、区域互认”。

**【村卫生室规范化建设】** 2020 年，越城区推进村卫生室规范化建设，打造集医疗、预防、保健于一体的村级卫生服务平台。年内，新增坝内村、张家畚村和杨浜村 3 家规范化村卫生室，累计共 21 家村卫生室达到规范化建设标准，规范化建设率达 61.7%。

**【发热诊室建设】** 2020 年，越城区按照“可设尽设、布局合理、条件合格、工作规范”的原则，推进“三区两通道”发热诊室建设，邀请市级专家召开基层医疗卫生机构发热诊室建设启动会暨平面流程图评审会，组织实地走访和现场指导。全年累计投入建设资金 370 余万元，15 家基层医疗卫生机构完成发热诊室建设，完成率 93.7%。

## 疾病预防控制

**【概况】** 2020年，越城区统筹推进疾病预防控制和卫生应急工作，落实新冠、手足口病、诺如等重点急性传染病防治措施，报告发病率较2019年同期下降31.8%。年内，完成重点人群结直肠癌风险评估27752人，结直肠癌筛查26434人，高危人群结直肠镜检查并完成系统录入1175人；完成65周岁及以上老人免费自愿流感疫苗接种省定任务，其中，70周岁以上共接种24100人，完成率100%；对1503家企业进行职业病危害因素现状调查，完成职业性尘肺病患者随访调查50人，其中，明确死亡数33人，失访数4人，随访率92.6%；结核病登记满一年成功治疗率76.8%，总体到位率99.6%；艾滋病咨询检测230例，阳性检出率3.9%；开展男同人群快速检测活动15次，检测男同113人次，阳性率2.6%；高血压、糖尿病人管理人数目标任务完成率均达100%。

**【传染病防控】** 2020年，越城区传染病报告稳中有降。累计报告新冠确诊病例14例、无症状感染者1例；处理聚集性疫情45起，其中手足口病18起、流行性感冒6起、诺如病毒感染13起、水痘8起；腹泻病人共采样1759份，均呈阴性；外环境监测送样966份，全部呈阴性。5—10月，登革热哨点监测51人次，未发现阳性病例，全年未发生登革热本地病例和H7N9禽流感疫情。

**【严重精神障碍患者管控】** 2020年，越城区严重精神障碍患者登记在册3728人，报告患病率3.79‰，管理率98.9%，规范管理率98.4%；服药率98.7%。精神分裂症患者服药率98.7%，面访率94.5%。3级以下患者3337人，3级及以上患者91人，送专科医院治疗91人。全年无严重精神障碍患者肇事肇祸事件发生。

**【儿童青少年"明眸亮睛"工程】** 2020年，越城区0～6岁儿童眼保健和视力检查39246人次，对辖区内3所幼儿园、4所小学、2所初中及4所高中学生开展视力筛查，共计13168人。另开展6周岁及以上在线学生视力健康1年2次普查170296人次。公办医院、镇街医院（社区卫生服务中心）近视防控服务点设立率达100%。

**【核酸检验检测】** 2020年，越城区对1270名核酸采样人员和60名实验室检测人员进行专业化培训，23名检验科人员具备聚合酶链式反应（PCR）检测能力。全区共有6台核酸检测仪，核酸检测按1:10混采日检测能力达4.8万人次，全年新冠核酸检测11510份，抗体检测4838份。年内，区卫生健康局参加省疾控中心组织的盲样考核4次17项次、市疾控中心组织开展的室间质控5次23项次和省皮肤病防治研究所组织开展的室间比对1次10项次。

**【免疫规划信息化】** 2020年，越城区实现所有疫苗用冷链设备温度自动监控，6家接种门诊完成冷库新建。推进疫苗和预防接种综合管理信息系统使用，适龄儿童常规免疫规划疫苗接种率保持95%以上。在全市率先开展学生等重点人群流感疫苗接种，完成重点保障人群和重点推荐人群的新冠肺炎疫苗接种。

**【卫生应急】** 2020年，越城区完善传染病疫情监测与预警平台建设，修订60余个传染病及突发公共卫生事件应急预案和技术方案。年内，建设卫生应急指挥中心1个，新增越城区人民医院、绍兴市人民医院高新区分院2个急救站点，增配3辆救护车，均投入运行。全年共妥善处置学校聚集性疫情135起，诺如引起的突发公共卫生事件6起。

## 爱国卫生

**【概况】** 2020年，越城区接受国卫复审日常性指导督查20余次，发现问题852处，均落实整改，并通过国家卫生城市省级综合评审。年内，富盛镇夏葑村、青马村、诸葛山村成功创建省级卫生村，累计110个，覆盖率达55%（不计入拆迁村，省级卫生村村覆盖率为62.85%）。全区居民健康素养水平达36.7%。

**【创建健康促进区】** 2020年11月，越城区接受健康促进示范区省级评估，并成功创建健康促进县（区）。全年组织开展专题培训2次、健康五进讲座466场，受益群众23104人次。年内，建成健康镇1个、健康村19个、健康社区35个，健康家庭824户，北海小学创建为健康促进金牌学校，陆游小学、元培中学、绍兴文理学院附属中学创建为银牌学校，成章小学、灵芝街道中心小学、蕺山中心小学、柯灵小学、东湖街道中心小学、热诚小学、孙端街道中心小学创建为铜牌学校。

**【病媒生物防治】** 2020年，越城区落实病媒生物防治项目市场化招投标工作，5家PCO专业消杀公司中标，中标价共计367.4966万元，防治面积147.72平方千米。年内，组织开展第32个爱国卫生月专项活动。共清理垃圾14446吨，清理小广告33643条，清理脏乱路面33643平方米，清理病媒滋生地5992处。

## 卫生监督和执法

**【概况】** 2020年，越城区出动卫生监督检查人员16467人次，监督检查单位6021户次，作出行政处罚628起，移送公安机关1起，罚没款272.7万元，其中简易程序259起，非法行医案件17起，罚没款120.3万元；申请法院强制执行5起。受理投诉举报106起，其中“12345”市长热线投诉举报86起，处理及时率、回复率和群众满意度均达100%。4月10日，越城区卫生监督所更名为越城区卫生健康行政执法队。

**【“双随机一公开”检查】** 2020年，越城区在国家卫生健康监督信息平台、浙江省卫生监督综合管理系统等系统上认领618项权力事项。抽取双随机680户，执行680户；完成574户，完成率84.4%；完结106户；已执行单位中移动执法终端录入率100%；双随机任务立案232起，检查发现问题处置率100%。

**【职业卫生省级分级分类管理试点】** 2020年，越城区实施职业卫生省级分级分类管理试点，组建镇街驻村（社区）网格员、驻企指导员2支队伍，邀请第三方职业卫生服务机构联合对越城区职业危害企业开展摸底调查，并建立用人单位电子档案信息库，完成用人单位四色分类，对四色用人单位进行差异化监督执法。

**【医疗废物全过程监管】** 2020年，越城区开展医疗机构传染病、口腔、中医、消毒用品等检查，全年共出动8011人次，检查2090户次，办结绍兴袍江医院有限公司外包科室案及绍兴皇嘉健康管理咨询有限公司非法医疗美容案，合计涉案金额达135万余元。年内，越城区完成省医疗废物智能化监管平台对接，在全市率先实现医疗废物全过程监管。

**【电子健康证应用】** 2020年，越城区借助信息化建设“云办理”系统实现健康证办理“最多跑一次”，并在东湖街道社区卫生服务中心率先推行电子健康证应用，实现健康证明办理、查看、监管、预警的全周期数字化管理。从业者通过健康评估后，最快72小时内可自动生成健康体检合格证。

**【启动“阳光客房”省级项目试点】** 2020年，越城区在全市率先启动“阳光客房”省级项目试点工作，住宿场所客房保洁实现全过程在线监控，将消毒保洁现况及数据实时传输到浙江省卫健智慧监管平台。年内，召开项目工作推进培训会议，完成绍兴会稽山阳明酒店有限公司、绍兴大禹开元度假村有限公司、浙江开元酒店管理股份有限公司绍兴开元名都大酒店、绍兴世茂新置业发展有限公司世茂皇冠假日酒店、绍兴越旺酒店管理有限公司、绍兴市鼎丰祥大酒店有限公司、绍兴市稽山宾馆、绍兴市鑫洲海湾大酒店、绍兴云瓯酒店管理有限公司 、绍兴悦诚酒店管理有限公司城东分公司、绍兴市雨亭酒店管理有限公司 11 处住宿场所的安装工作。推进公共场所智慧卫监工作，新增 1 家游泳场所水质在线监测系统，累计完成 4 家。

## 人口计生与家庭发展

**【概况】** 2020 年末，越城区共有户籍人口 77.17 万，其中，已婚育龄妇女 12.21 万人，出生人口 4204 人，出生率 5.46‰，自增率 -0.91‰。全年共办理生育登记服务 4511 例，其中，一孩生育登记 2827 例，二孩生育登记 1684 例；受理再生育审批 81 例。年内，享受计划生育“奖扶”政策 10342 人，发放奖励 992.83 万元；享受“特扶”政策 1126 人，发放奖励 1159.56 万元；为全区 60 周岁以上的计生特扶对象购买住院补贴保险，共计 20.3 万元；国免项目受检人次 4509 人，目标人群覆盖率 90% 以上。

**【关心关爱与帮扶】** 2020 年，越城区计生系列保险保费总额 151.46 万元，参保人数 15146 人。年内，63 户家庭获得区级公益金救助，发放扶助金 29.24 万元。以失独家庭、困难计生家庭和农村“三留守”人员等弱势群体为重点，组织开展走访慰问、集体交流、心理健康等服务活动，发放慰问金 11 余万元，慰问人数 502 人。

## 妇幼保健

**【概况】** 2020 年，越城区产妇总数 4037 人、活产数 4107 人，其中早孕建册人数 3937 人，早孕建册率 95.86%；孕产妇系统管理率 95.59%；产后访视人数 4023 人，访视率 97.95%；住院分娩率 100%。女性婚前医学检查率达 93.76%，疾病检出率 13.12%，产前筛查率 94.77%。全年未发生一例孕产妇死亡。截至年底，全区共有 7 岁以下儿童总数 41394 人，健康管理人数 40649 人，健康管理率 98.2%，5 岁以下儿童死亡率 2.43‰，婴儿死亡率 1.7‰，新生儿死亡率 1.22‰。高危儿筛查人数 995 人，管理率 100%；营养性疾病人数 4365 人，管理率 100%。年内，为 14956 名 3 岁以下儿童开展发育监测，为 11702 名 3 岁以下儿童开展发育筛查。儿童免疫规划疫苗接种率 95% 以上。

**【妇幼重大公共卫生服务】** 2020 年，越城区为 1932 名农村生育妇女免费补充叶酸，为 65027 名妇女提供常见病筛查。免费筛查艾滋病 9042 例、梅毒 9042 例；免费检查宫颈癌 2259 例、乳腺癌 2448 例，查出宫颈高级别病变 25 人，确诊 5 人。全年建成规范化母婴设施 33 处。

**【3 岁以下婴幼儿照护服务】** 2020 年，越城区推进婴幼儿照护服务工作，新增杭州乐稚托育

杭州乐稚婴幼儿照护服务机构（区卫健局　提供）

有限公司绍兴市分公司、东浦街道后社幼儿园和绍兴市镜湖佳源幼儿园3家婴幼儿照护服务机构，新增托位126个。11月，摸排各类提供婴幼儿照护服务的机构68家，其中开设托班的幼儿园47家、托育机构8家、托儿所3家和开设托班的早教机构10家，共有托位2150个，实际入托1204人。

## 医教医管

**【概况】** 2020年，越城区深化省、市医疗资源"双下沉、两提升"（医疗人才下沉、医疗资源下沉，提升基层医疗服务能力、提升群众就医满意度）工作，持续推进医联体、健共体建设，累计建成名医工作室29个、医联体23家，其中市级医院"1＋X"医联体模式16家。年内，上级医院下转病人数123人，其中门诊16人、住院34人、康复随访73人；基层医疗卫生机构向上级医院上转病人门诊9560人次，其中门诊8338人、住院843人、其他379人。

**【"一院一品"特色科室创建】** 2020年，越城区开展第三批基层医疗卫生机构特色专科创建，培育区级特色科室中医类3个（塔山街道社区卫生服务中心中医针灸科、东湖街道社区卫生服务中心医康复科、东浦街道社区卫生服务中心中医康复科）、西医类2个（迪荡街道社区卫生服务中心糖尿病科、灵芝街道社区卫生服务中心更年期保健科）。截至年底，累计培育区级特色科室22个，中、西医类各11个。

## 中医中药

**【概况】** 2020年，越城区全国基层中医药工作先进单位创建工作通过国家级评审。全区各乡镇卫生院（社区卫生服务中心）能提供6类以上中医非药物疗法，107家社区服务站能提供4类以上中医非药物疗法，94.12%的村卫生室能提供4类以上中医非药物疗法。

**2020年越城区医疗机构"名医专家工作室"建设情况表**

表47

| 序号 | 建设单位 | 领衔专家所在单位 | 领衔专家 | 学科 |
|---|---|---|---|---|
| 1 | 越城区人民医院 | 绍兴市中医院 | 常 青 | 中医科 |
| 2 | 皋埠街道社区卫生服务中心 | 皋埠街道社区卫生服务中心 | 孟玉梅 | 中医科 |
| 3 | 陶堰街道社区卫生服务中心 | 绍兴市中医院 | 章联欢 | 内分泌科 |
| 4 | | 绍兴市中医院 | 朱观祥 | 神经内科 |
| 5 | | 绍兴市中医院 | 任钰萍 | 眼 科 |
| 6 | | 越城区人民医院 | 毛雅琴 | 消化内科 |
| 7 | 富盛镇卫生院 | 绍兴市中医院 | 宫莉莉 | 内分泌科 |
| 8 | 马山街道社区卫生服务中心 | 马山街道社区卫生服务中心 | 余水园 | 中医科 |
| 9 | 孙端街道社区卫生服务中心 | 绍兴市人民医院 | 应晓江 | 肛肠科 |
| 10 | | 绍兴文理学院附属医院 | 铁春苗 | 心血管内科 |
| 11 | 灵芝街道社区卫生服务中心 | 绍兴市人民医院 | 鲁葆春 | 肝胆外科 |
| 12 | 东浦街道社区卫生服务中心 | 绍兴市人民医院 | 郭航远 | 心血管内科 |
| 13 | | 绍兴市人民医院 | 张凯杰 | 消化内科 |
| 14 | | 绍兴文理学院附属医院 | 钟建平 | 中医科 |

续表 47

| 序号 | 建设单位 | 领衔专家所在单位 | 领衔专家 | 学科 |
|---|---|---|---|---|
| 15 | 鉴湖街道社区卫生服务中心 | 绍兴文理学院附属医院 | 俞建洪 | 老年科 |
| 16 | | 绍兴文理学院附属医院 | 金华伟 | 内分泌科 |
| 17 | | 绍兴文理学院附属医院 | 王　钧 | 老年科 |
| 18 | 斗门街道社区卫生服务中心 | 绍兴文理学院附属医院 | 俞建洪 | 老年科 |
| 19 | | 绍兴市中医院 | 丁积勇 | 骨伤科 |
| 20 | 府山街道社区卫生服务中心 | 绍兴文理学院附属医院 | 俞建洪 | 老年科 |
| 21 | 稽山街道社区卫生服务中心 | 绍兴文理学院附属医院 | 杨国军 | 内分泌科 |
| 22 | | 绍兴市中医院 | 丁　泳 | 中医科 |
| 23 | 迪荡街道社区卫生服务中心 | 绍兴文理学院附属医院 | 杨国军 | 内分泌科 |
| 24 | | 绍兴文理学院附属医院 | 孙继铭 | 中医科 |
| 25 | | 绍兴市中医院 | 张锦华 | 中医科 |
| 26 | 绍兴袍江医院 | 上海交通大学医学院附属仁济医院 | 陈胜良 | 消化科 |
| 27 | | 上海交通大学医学院附属仁济医院 | 钟　鸣 | 结直肠外科 |
| 28 | | 绍兴市人民医院 | 彭　放 | 心血管内科 |
| 29 | | 绍兴市人民医院 | 应晓江 | 肛肠外科 |

## 2020 年越城区医联体建设情况表

表 48

| 序号 | 机构名称 | 医联体签约医院 |
|---|---|---|
| 1 | 皋埠街道社区卫生服务中心 | 绍兴市人民医院 |
| 2 | 富盛镇卫生院 | 绍兴市中医院 |
| 3 | 陶堰街道社区卫生服务中心 | 绍兴市中医院 |
| 4 | 马山街道社区卫生服务中心 | 绍兴市妇保院 |
| 5 | 孙端街道社区卫生服务中心 | 绍兴文理学院附属医院 |
| 6 | 东湖街道社区卫生服务中心 | 绍兴市人民医院、绍兴文理学院附属医院、绍兴市中医院 |
| 7 | 灵芝街道社区卫生服务中心 | 绍兴市第七人民医院 |
| 8 | 东浦街道社区卫生服务中心 | 绍兴市人民医院 |
| 9 | 鉴湖街道社区卫生服务中心 | 绍兴文理学院附属医院 |
| 10 | 斗门街道社区卫生服务中心 | 绍兴市中医院、绍兴文理学院附属医院、绍兴市口腔医院 |
| 11 | 塔山街道社区卫生服务中心 | 绍兴文理学院附属医院 |
| 12 | 北海街道社区卫生服务中心 | 绍兴市中医院 |
| 13 | 府山街道社区卫生服务中心 | 绍兴市中医院 |
| 14 | 城南街道社区卫生服务中心 | 绍兴文理学院附属医院 |
| 15 | 稽山街道社区卫生服务中心 | 绍兴文理学院附属医院、绍兴市口腔医院 |
| 16 | 迪荡街道社区卫生服务中心 | 绍兴文理学院附属医院、绍兴市中医院 |
| 17 | 沥海街道社区卫生服务中心 | 绍兴文理学院附属医院 |

## 老龄工作

**【概况】** 2020年，越城区以“弘扬养老孝老敬老传统，共建共享老年友好社会”为主题，开展“敬老月”暨老年节活动，提供助老济困慰问、健康指导宣讲、专家义诊、免费医疗服务等。年内，选评府山街道越都社区诸妙茵为全国“敬老爱老助老模范人物”，城南街道中成社区、府山街道越都社区创建浙江省“敬老文明号”。

**【老年电大】** 2020年，越城区老年电大春季、秋季分别招生8670人次，征订快递各类教材4380册，完成省老年电大2020年招生目标任务。向塔山街道花园社区、府山街道越都社区、迪荡街道永兴社区、斗门街道王家池社区、稽山街道涂山社区等5个基层老年电大教学点建设项目发放补助，共计10万元。府山街道西小路社区创建2020年省级示范教学点。（区卫生健康局　余露卿）

## 医疗保障

**【概况】** 2020年，越城区职工医疗保险参保企业27386家，生育保险参保企业27386家。基本医疗保险参保965268人（其中，职工医疗保险532976人、城乡居民医疗保险432292人），生育保险参保532976人，大病保险参保965268人。享受医疗保险待遇1642万人次、生育保险待遇8131人次、大病保险待遇13225人次。截至年底，全区户籍人口医保参保率99.86%，医保电子凭证激活率33%，使用率16.31%。

**【智慧医保信息系统上线】** 2020年1月9日，绍兴市智慧医保信息系统上线，实现越城参保人市内医保转移“零跑腿”、医疗救助跨县（市、区）一站式结算、生育医疗费用直接刷卡结算。参保人员在市外医院门诊就医（不含城乡居民医保）产生的费用，可携带就诊发票原件、本人社保（市民）卡到医保经办窗口报销，或通过浙江政务服务网完成网上报销。

**【推进长三角医保一体化】** 2020年，越城区推进跨省异地就医定点扩面工作，新增30家定点医疗机构接入跨省异地就医平台，累计达32家。特殊病种（规定病种）省内就医实现直接刷卡结算。全年跨省住院直接结算3921人次，基金支出5540万元；跨省门诊直接结算35711人次，基金支出313万元。

**【深化支付方式改革】** 2020年，越城区深化县域医共体医保支付方式改革，率先在全市范围内对定点零售药店实行总额预算管理，囊括26家定点医疗机构、152家定点零售药店，5家定点医疗机构实行按床日付费结算，18家医疗机构实行DRGs支付方式改革。

**【医保诚信体系建设】** 2020年，越城区成立医保定点零售药店、医疗机构行业协会，组建社会监督员队伍和医疗保障基金监管专家库，152家定点药店全部纳入信用云平台，所有信用指标线上自动获取，为全市零售药店信用管理提供越城样板。全年共现场检查定点零售药店158家次、定点医疗机构56家次，取消药店医保服务协议2家、医疗机构医保服务协议1家，追回医保基金277万余元，督促定点医疗机构足额退回违规费用24.88万元。累计开具医保行政处罚单5起，其中，定点医疗机构1起、参保群众4起，曝光欺诈骗保典型案例2起。

**【打造“越美医保”15分钟服务圈】** 2020年，越城区通过“统一办”“线上办”“联合办”“延伸办”，将多项医保业务下沉至镇街、基层医疗机构、绍兴银行等170多个网点，并在基层医疗机构建设“越美医保”专窗，实现区内医保经办11个主项33个子项的环节、材料、时限等全口径统一，“网上办”“掌上办”办件比例达80%以上。其中，27个事项下放至镇街平台，25个事项下放至村（社区）平台，18个事项前延至基层医疗机构，4个事项前延至绍兴银行网点。

**【抗疫医疗保障】** 2020年，越城区将新冠肺炎的药品和诊疗项目纳入医保基金支付范围，对市人民医院和绍兴文理学院附属医院合计下拨预付金1500万元，对全区22476家企业减半征收2月至6月基本医疗保险的单位缴费，合计减征医保费24995万元，对受疫情影响无力足额缴纳医疗保险费的企业实行缓缴，合计缓缴326万元。为减少就医交叉感染，创新非接触式经办服务，将慢病患者在定点医疗机构一次性配药量延长至12周。

## 医疗救助

**【概况】** 2020年，越城区享受医疗救助待遇143981人次，救助金额1682万元。其中，享受门诊待遇140420人次，救助金额1046万元；享受住院待遇3561人次，救助金额636万元。全区7578名特定人员享受城乡居民基本医疗保险费免缴。

## 药品采购和监督

**【概况】** 2020年，越城区18家公立医疗机构药品耗材全部通过浙江省药械采购平台采购，政府办各级各类医疗机构在省药械采购平台的药品采购率达到100%。年内，完成国家第二批、第三批带量采购签订及第一批带量采购续签工作，共计114个品种，全年通过带量采购至少能节约医保基金540余万元。（区医疗保障分局 丁伟琴）

# 劳动和社会保障

## 综　述

【概况】 2020年，越城区职工（城乡居民）基本养老保险、工伤、失业保险参保人数分别达到67.95万人、32.33万人和32.33万人，全民参保率达到99.9%。全年实现新增就业4.12万人，失业人员再就业26313人，就业困难人员就业6431人，城镇登记失业率为1.77%。新增就业大学生27369人，发放人才房票2782.7216万元、安家补贴1790.8万元、高校毕业生租房补贴116.5万元，惠及各类人才2214人次。新晋升高级职称609人，完成职业技能培训7.66万人，组织评选“越城工匠”1次，开展全市“全民参保”试点，户籍人员基本养老保险参保率为99.9%，非营利性服务业工资总额增速13.5%，各项指标均超额或按期完成目标任务。

## 就业创业

【概况】 2020年，越城区新增就业4.12万人，失业人员再就业26313人，就业困难人员就业6431人，为31435人办理发放灵活就业社保补贴，城镇登记失业率保持在1.77%。全区共扶持创业实体159家，帮助申报创业担保贷款159人，涉及金额2689万元。年内，实施创业带动就业扶持工程，依托区、镇（街）、村（社区）三级公共创业服务平台，助推创业担保贷款政策落地；根据省、市创建高质量就业社区（村）工作部署，塔山街道青藤社区、府山街道下大路社区、城南街道长城社区、北海街道越西社区、稽山街道东江社区、迪荡街道云东社区、鉴湖街道坡塘村、东湖街道岑前村、五联村、马山街道群贤社区、洋泾湖社区、尚巷村、富盛镇富盛村、倪家溇村等14个社区（村）参加市级高质量就业社区（村）评测。

【东西协作就业扶贫活动】 2020年，越城区建立马边县驻越城区东西部劳务协作工作站1个，向马边县推送1100余个岗位（含爱心岗位500个），吸纳51名马边籍务工人员，其中，稳定

越城区人社局助力马边县脱贫攻坚（区委宣传部　提供）

就业的 30 人(含建档立卡 15 人)。年内,康思特动力、汤姆斯织染等企业的 15 名建档立卡人员获稳岗补贴 4.5 万元,马边县众联生态科技有限公司获服务补贴 3 万元。

**【实施就业脱贫工程】** 2020 年,越城区围绕就业困难人员重点群体实施就业脱贫工程,统筹运用多种政策措施开展针对性帮扶,累计帮扶失业人员再就业 9132 人,就业困难人员就业 2856 人,对 5604 名建档立卡贫困人员实施培训,超额完成就业扶贫工程年度任务。

**【落实稳岗援企政策】** 2020 年,越城区发放稳定岗位补贴 2149.2 万元,涉及企业 2692 家,职工 5.95 万人;向 5393 家企业返还社保费 1.23 亿元,涉及职工 10.88 万人;审核发放失业补助金 637.2 万元,涉及职工 1.35 万人;为 2.44 万家企业减免社会保险费 18.97 亿元,核定减免 200 余个建筑工地工伤保险费用。

**【保障复工复产】** 2020 年,越城区在全市率先发布《关于应对疫情影响支持企业复工复产的政策意见的实施细则》,开出全市首趟就业大巴并参与全国首趟湖北复工专列,累计开行火车专列 23 趟、大巴 225 辆,接返员工 7583 人(湖北员工 423 人),兑现各类复工复产资金 2034.52 万元。

2020 年 3 月 15 日凌晨 3 时 30 分,有破冰之旅的全国第一趟接返在鄂员工"点对点""就业大巴车"抵达越城(区委宣传部 提供)

## 劳动关系和保障监察

**【概况】** 2020 年,越城区共检查企业劳动关系 2880 家,涉及职工 5.5 万人,接受咨询 1000 余人次,办理违法使用童工案件 3 起,办理行政处罚案件 6 件,处罚金额 8.4 万元,行政处理案件 2 件,发放询问通知书 54 份,发放限期改正指令书 27 份。全年共接受"12345"信访投诉举报 1025 起、"110"应急联动警情 3640 起,立案 182 起,100% 结案,涉及金额 101.11 万元。年内,推荐省级诚信(AAAAA)企业 33 家。

**【工程建设项目过程监管】** 2020 年,越城区在建工地施工现场醒目位置全部设置工资维权信息告示牌,辖区内建筑工地现场检查 1 次 / 季度,重点建筑工地检查 1 次 / 月。通过联合执法检查在建工程项目 135 个、政府投资工程项目 27 个。年内,出具全市第一份针对在建项目拒不执行《保障农民工工资支付条例》的《劳动保障监察限期改正指令书》。

**【"欠薪欠保"常态化治理】** 2020 年,越城区开展"根治欠薪"夏季、冬季专项行动,出动检查人员 130 余人次,检查用人单位 499 家,涉及职工 2.182 万人,查处童工 1 人,违反高温津贴规定 2 件。截至年底,累计检查企业"欠薪欠保"问题 2880 家,涉及职工 5.5 万人,在线审查用人单位 1.5 万家,任务完成数全市第一。

**【劳动人事争议仲裁】** 2020 年,越城区共立案受理劳动人事争议案件 1245 件(涉疫案件 111 件),其中,劳动报酬 622 件、解除终止劳动合同 243 件、社会保险 150 件、工伤保险待遇 119 件、涉疫案件 111 件,受理总量比 2019 年同期增长 32%。全年共处理结案 1295 件(包括上年结转 83 件),比 2019 年同期增长 40%,结案金额 2117.90 万元,其中,344 件受理的仲裁案件通过线上申请，1 件仲裁案件顺利通过视频调解，实现仲裁结案率 97.5%，网络办案率 27.6%，调解成功率 81.1%。

**【设立工资争议专业速裁庭】** 2020 年 5 月，越城区设立工资争议专业速裁庭，推进拖欠农民工工资速裁机制试点工作，并制定实施方案、办案规则、立案操作规程、办案小组工作职责、监察仲裁工作衔接机制等。全年通过农民工工资速裁机制累计处理案件 283 件，涉及劳动者 283 人，调解 277 件、撤诉 6 件，涉案标的合计 504.37 万元，速裁结案率 100%，调解率 100%。平均办案周期 3 天，比法定办案期限缩短 90% 以上。

**【打造“15 分钟人社服务圈”】** 2020 年，越城区通过优化人社服务办事流程，完成“减窗 50%”的目标，并将作出工伤认定决定时限从 60 日缩短为 30 日，提速 100%。年内，40 多项“最多跑一次”事项下沉镇街，16 个镇街劳动人事争议调解中心共调处劳动纠纷 511 件，镇街兼职仲裁员处理劳动争议案件 457 件，各镇街处理案件数比 2019 年同期增长 220%，成功打造“15 分钟人社服务圈”。

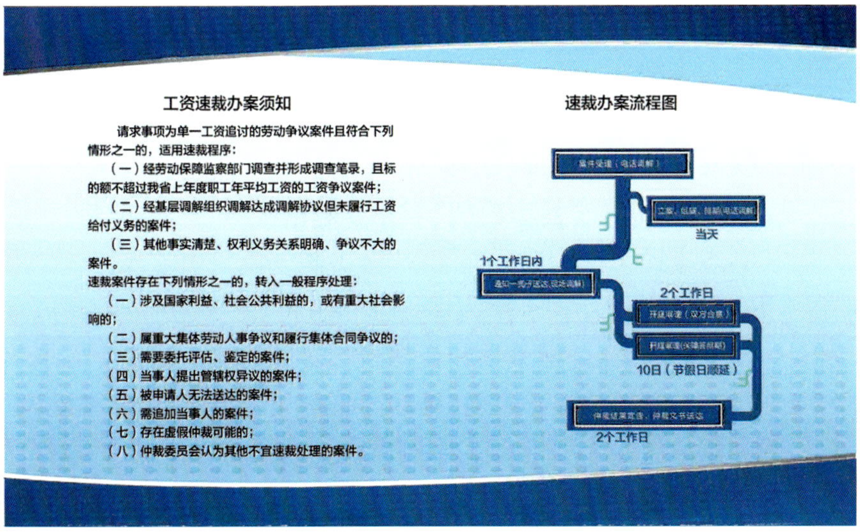


工资争议专业速裁庭办案流程图

## 人才招引

**【概况】** 2020 年，越城区实现新增就业大学生 27369 人，总量及完成度均位居全市第一。全年兑现人才房票 370 人、资金 2782.72 万元，租房补贴 242 人、资金 116.5 万元，就业见习实习补贴 1142 人、资金 526.76 万元，高校毕业生安家补贴 1602 人、资金 1790.8 万元，拨付毕业生集聚示范企业奖励资金 250 万元，累计兑现人才及人力资源服务政策资金 6266.61 万元。年内，组织“医疗用品企业精准招聘会”“越城区企业用工调剂相亲会”“平铜集团专场招聘会”等本地特色招聘会 25 场，推出岗位 26894 个；组织专列招聘会 129 场，推出岗位 1.21 万个。

**【“活力绍兴智引全球”2020 招才引智专列】** 2020 年，越城区组织参加“活力绍兴智引全球”2020 招才引智专列活动，组建长春、大连等 4 支驻点招引小分队，对接东北片区 7 个市 150 余所高校，组织招聘会 129 场，其中，线下招聘 4 场。418 家次企业推出岗位 1.21 万个，累计岗位浏览量 48.5 万人次，收到毕业生简历 1.94 万份。简历投递数、简历完成率、线上浏览量、硕士以上简历数等多项指标位居全市第一。另开辟内蒙古呼和浩特、包头等招才“新阵地”，建立引才联络站点 13 个。

**【校企人才引培合作联盟建设】** 2020 年，越城区举办校企人才引培合作联盟第三届年会，新吸纳滨海重点企业 33 家，涵盖辖区内 11 所联盟高校和 76 家重点企业。年内，新建

2020 年越城区新建 33 个“大中专院校学生见习、实习、就业基地”一览表

表 49

| 序号 | 企业名称 | 序号 | 企业名称 |
|---|---|---|---|
| 1 | 浙江医药股份有限公司 | 18 | 绍兴京韩口腔医院有限责任公司 |
| 2 | 歌礼药业(浙江)有限公司 | 19 | 绍兴凤登环保有限公司 |
| 3 | 浙江知行药业有限公司 | 20 | 浙江虬晟光电技术有限公司 |
| 4 | 浙江福瑞喜药业有限公司 | 21 | 浙江迪捷软件科技有限公司 |
| 5 | 浙江欧贝特生物材料有限公司 | 22 | 绍兴市高得软件有限公司 |
| 6 | 德琪(浙江)医药科技有限公司 | 23 | 浙江金道科技股份有限公司 |
| 7 | 浙江智达药业有限公司 | 24 | 浙江瑞德电子科技有限公司 |
| 8 | 浙江劲方药业有限公司 | 25 | 绍兴袍江医院 |
| 9 | 浙江普施康生物科技有限公司 | 26 | 绍兴雅泰药业有限公司 |
| 10 | 浙江达美生物技术有限公司 | 27 | 长电集成电路(绍兴)有限公司 |
| 11 | 太极集团浙江东方制药有限公司 | 28 | 绍兴芯空间科技新城发展有限公司 |
| 12 | 秦森(绍兴)文旅发展有限公司 | 29 | 浙江博大房地产土地资产评估有限公司 |
| 13 | 绍兴会稽山阳明酒店有限公司 | 30 | 浙江巴鲁特服饰股份有限公司 |
| 14 | 绍兴东湖高科股份有限公司 | 31 | 绍兴市安吉尔净饮水科技有限公司 |
| 15 | 浙江精工重钢结构有限公司 | 32 | 浙江越星汽车有限公司 |
| 16 | 浙江绿宇环保有限公司 | 33 | 天际汽车科技集团有限公司 |
| 17 | 绍兴易邦医用品有限公司 | | |

33 个“大中专院校学生见习、实习、就业基地”，组织联盟专场招聘 5 场，推出岗位近 7000 个，收到意向简历 3039 份。

**【人才创业创新服务】** 2020 年，越城区采用民办公助、公办公助方式搭建完善区大学生文化艺术设计创业中心、颐高大学生创业中心等多个大学生创业平台，在孵创业实体 50 余个，带动大学生就业 300 余人，入驻创业实体工贸总收入 4000 余万元。年内，新建 5 个博士后工作站，19 支团队入选第五批市级重点创新团队，其中，5 支团队考核优秀，5 个省“万人计划”青年拔尖人才推荐省参评，四项数据均位居全市第一。

**【技能人才培训】** 2020 年，越城区在全市首创线上培训平台“绍兴职业教育网”，累计审批线上培训企业 86 家 97 个班次，培训职工 18844 名。全年培养技能人才 7.66 万人，其中高技能人才 8703 人；组织参加各级比武 18 场，推荐参加市级比赛 60 人次，获市级荣誉 10 人，获高级工以上 3000 余人，评选“越城工匠”10 人。共发放高级工证书 5065 本、中级工证书 2280 本、初级工证书 6994 本、专项技能证书 1173 本，认定职业培训机构 33 家，兑现各类培训资金 323 万元，在江西、长春等地新建技能人才培训“飞地”2 个。

**【全市首创“学弟学妹帮帮团”】** 2020 年，越城区创新“绍兴引才专员—院校引才大使—学弟学妹帮帮团”就业服务链，挑选优秀实习生成立“学弟学妹帮帮团”，通过精准匹配企业需求和人才意向，推动高校学生“点对点”精准就业。全年共梳理推荐线上简历 1.4 万余份，“一对一”服务大学生 5000 余人，帮助 200 余名在校生深入企业开展就业顶岗实习。

## 事业人员人事管理

【概况】 2020年,越城区组织开展综合类事业单位招聘1次、党政储备人才招聘1次、卫生系统社会招聘3次、卫生系统校园招聘3次,吸引7000余人次报考,招录事业编制人员155人,指导教育系统招聘事业编制教师156名。全年办理调动手续252人次。年内,督促8148名事业人员全部签订聘用合同,207家事业单位全部实行岗位设置管理和绩效工资制度;完成958本事业人员人事档案电子化扫描归档,审批工资变动业务14500余条。

【事业人员职业生涯全周期“一件事”改革】 2020年,越城区在全省率先推行事业人员入职“一件事”,在全市率先实现“一件事”所有环节测试并成功上线省人事工资平台,推动事业单位人事管理数字化改革。年内,重新设计事业人员人事业务事项场景,将6项后续经办业务整合为“一件事”,控制业务审核2天内完成,取消行政介绍信、工资审核表等7项材料15次重复提交。

【专业技术职称评聘】 2020年,越城区新晋升高级职称609人;通过工程师资质评审123人,完成初级首定1006人、中级首定54人、中级转入9人;通过初中教师初级职称评审118人、中级126人,推荐高级76人、正高级1人;推荐卫健系统高级职称31人、正高级14人。

## 社会保险

【概况】 2020年,越城区社会保险覆盖范围进一步扩大,全区职工(城乡居民)基本养老保险、工伤、失业保险参保人数分别达到59.53万人、40.42万人和30.87万人,全民参保率达到99.9%,位居全市第一。

【社保经办】 2020年,越城区人社局办理社会保险业务53.9万笔,办理职工基本养老保险关系转移接续1.1万人次、城乡居民养老保险参保缴费2.1万人,新增被征地农民养老保障并轨业务1776人;办理企业养老保险退休9107人、机关养老保险退休145人、居民养老保险待遇核定1982人,发放企业退休人员养老金约68.6亿元、城乡居民养老待遇约2.4亿元;办理工伤报销1794件次。(区人社局 沈世超)

# 社会事务

## 综　述

【概况】 2020 年，越城区建立以区主要领导为组长的领导小组，成立“契约化”党建工作专班，出台《越城区创建全国社区治理和服务创新实验区实施方案》《关于深化“契约化”共建以新时代城市基层党建引领城市基层治理全面提升的实施意见》等十余个文件，全面推进全国社区治理和服务创新实验区项目。年内，完成市区 20 条跨区道路命名更名工作，更换门楼牌 889 块；拆除违建坟墓 310 座（620 穴），新增节地生态安葬墓穴 3000 个，完成生态公墓扩建批复 1 个。

【推进全国社区治理和服务创新实验区项目】 截至 2020 年底，越城区累计引导 1014 家驻社区单位成为五邻社组织成员单位，吸收 1576 名民间人士成为社区五邻社组织的理事，组建 1824 个社区备案组织。依托“五邻社”组织会员单位累计开展各类服务 21380 人次。引导 3480 名机关党员干部和 67108 名社区居民志愿者签订“人人契约”志愿服务协议，认领 4936 个志愿服务项目与“微心愿”。链接 108 个社区五邻社、130 多家企业、7 个社会组织，成立五邻总社；引入 114 家连锁零售、服务业实体，搭建线上线下爱心商城；开办五邻社区大学，先行设立 19 个点，开设 57 个班，招生 1900 人；与绍兴传媒集团合作在 941 广播节目中开设五邻之声民主协商平台，累计推出 4 档 12 期节目；以五邻社 + 契约化为主题，实施 46 个社区公益创投项目，涉及资金 121 万元。2020 年，全国社区治理和服务创新宣传工作会议、社区治理能力现代化提升培训班、中国城乡社区治理经验学术研讨会在越城区召开。

【社会组织培育】 2020 年底，越城区推进枢纽型、支持型社会组织覆盖工作，实现 16 个街道 108 个城市社区全覆盖、1 个镇 201 个农村社区全覆盖。截至年底，累计登记和备案社区社会组织 3875 个，其中，备案 3566 个；依法登记注册社会组织 769 家，其中社会团体 316 个、民办非企业单位 452 家、基金会 1 家。年内，由 31 家社区五邻社联合会承接 46 个公益创投项目，涉及教育、养老、法律、慈善帮扶、环境卫生、互助服务等民生领域，补助项目资金 121.349 万元。

【地名服务】 2020 年，越城区承接马山街道、斗门街道、孙端街道地名管理服务，全年完成 50 个道路、桥梁、住宅、隧道、建筑物命名（更名）工作，整治不规范地名 3 个。完成门牌证核发（地名证明）2804 个；完成 75 个楼盘的命名、门楼牌设置备案（更改）指导，平均每个楼盘指导不少于10次；完成146个资料缺失、地址存疑、系统无法确认的门楼牌现场核查确认工作；完成93起城管发现或群众反映（信访）的门楼牌设置问题。全年审核房产门楼牌超1万个，接待群众超5000人次，制作安装门楼牌（幢牌、单元牌、道路门牌）3243块。

## 村社组织换届

**【概况】** 2020年10月，越城区启动村社组织换届，共涉及232个村（含31个村改居）、120个社区（含12个农村居），于2021年1月底完成。期间，区委常委会3次研究村社换届工作，区委主要领导6次听取汇报、3次实地调研，牵头召开换届工作会议和领导小组会议，调研调度指导后进村东龙山村；29位党员区领导联系16个镇街，实行包干指导，共组织调研座谈、召开会议、实地指导80余次；区换届办3轮听取镇街换届工作情况汇报，根据阶段任务下发工作提醒单3次、换届规范教学片1部、工作指导手册5类3270本；4个区级指导组每周至少1次到挂联镇街重点指导；38个区级部门全程包联33个重点村社，对429名驻村（社区）指导员开展换届业务专题辅导。

**【鉴湖街道市级村社组织换届试点】** 2020年7月14日至9月8日，鉴湖街道作为市级试点，完成11个村、2个社区换届工作。村（社区）书记、主任"一肩挑"比例100%、一次性选举成功率100%、组织意图人选当选率100%。村社党组织成员平均年龄46.2岁，较上届下降4.6岁；村（居）委会平均年龄42.4岁，较上届下降2.3岁。13名党组书记当选村（居）委会主任平均得票率88.5%，居全市前列；村（居）民平均参选率99.7%，居全省前列；并全面实现一村一名大学生村干部。

**【选人用人】** 2020年，越城区村社组织换届工作前期实施"多轮审""随时审"组织意图人选1200余人次，开展预备人选联审320余人，更换"一肩挑"人选21个，提拔在疫情防控中表现突出的村社党员干部7名，吸纳优秀乡贤、退役军人、回乡大学生547人。"一肩挑"组织意图人选平均年龄47.8岁，比上届下降4.5岁，大专以上学历占67.3%；"两委"班子组织意图人选平均年龄43.5岁，比上届下降5.2岁。除46个全拆村，党委和总支建制的村社设置党组织副书记的占94.4%，设置副主任的村社占85%。

**【宣传教育】** 2020年，越城区融合"线上＋线下"双重模式宣传村社组织换届工作。线上通过村社微信群、微信公众号、远教平台等载体，播放《选好一班人、美丽一个村》系列宣传片，宣传"一肩挑""十严禁十不准"，提高换届工作知晓度和参与度；线下429名驻村（社区）指导员全面下沉，共计张贴标语300余条，分发宣传单35000余份，谈心谈话8000余人次。

2020年11月11日，东浦街道新一届村社党组织班子履新"第一课"开课（区委组织部　提供）

## 2020年社区建制、区域调整情况表

表50

| 街道 | 建制调整 | 区域调整 |
| --- | --- | --- |
| 塔山街道 | 撤销：燕甸园、百草园、望花3个社区居民委员会建制 | 1. 花园社区：东至环城东路、南至延安路、西至稽山路、北至人民中路，实有户数2214人<br>2. 沈园社区：东至稽山路、南至延安路、西至中兴南路、北至人民中路，实有户数4676人<br>3. 鲁迅故里社区：东至中心路、南至延安路、西至解放路、北至人民中路，实有户数3736人<br>4. 塔山社区：东至中兴路、南至环城河、西至解放路、北至延安路，实有户数3686人<br>5. 青藤社区：东至解放南路、南至鲁迅西路—环城西路、西至大教场沿（人民西路延伸段）、北至人民西路，实有户数4085人 |
| 府山街道 | 撤销：西园、偏门、日晖桥、广宁桥、北海5个社区居民委员会建制 | 1. 府山社区：东至府河、南至人民西路—环城西路、西至环城河、北至胜利西路，实有户数2550人<br>2. 铁甲营社区：东至解放北路、南至胜利西路、西至西小河、北至环城北路—小城北桥—环城河，实有户数3994人<br>3. 西小路社区：东至西小河、南至胜利西路、西至府山西路、北至环城北路，实有户数2669人<br>4. 下大路社区：东至府山西路—环城北路—小城北桥、南至胜利西路、西至环城河、北至环城河，实有户数2348人<br>5. 团结社区：东至中兴中路、南至人民中路、西至解放北路、北至胜利东路，实有户数4100人<br>6. 书圣故里社区：东至中兴中路、南至胜利东路、西至解放北路、北至环城河，实有户数3370人<br>7. 白马社区：东至环城河、南至胜利东路、西至中兴中路、北至环城河，实有户数2830人<br>8. 八字桥社区：东至东池路、南至东街、西至中兴中路、北至胜利东路，实有户数3344人<br>9. 东双桥社区：东至环城河、南至人民路、西至中兴中路、北至东街—东池路—胜利东路，实有户数3334人 |
| 北海街道 | 撤销：迎恩门、金湖2个社区居民委员会建制；<br><br>新建：虹桥社区居民委员会 | 1. 虹桥社区：东起迎恩门城楼、南临青甸湖、西至公铁立交桥、北至萧甬铁路，区域面积约0.9平方千米，实有户数3499人<br>2. 越西社区：东至快阁苑三期、南至鉴湖江、西至黄金江、北至胜利路，实有户数2563人<br>3. 塘南社区：西临新桥江、北至霞西路（104国道）、东靠环城河、南至胜利西路，实有户数1954人<br>4. 胜利社区：东临胜利大桥、南到龙横江、西接胜利西路云栖大桥边、北与辕门大桥相近，实有户数3013人<br>5. 树鹅王社区：东至直塘江、南至杨绍公路、西至越西路、北至鉴湖江，实有户数1941人<br>6. 河山桥社区：北邻城南大道、南至朱家岙村、西邻娄宫江、东至电力公司，实有户数3045人<br>7. 山隐社区：东至娄宫江、西至西接福全区块、南至亭山立交桥、北至鹅境安置房，实有户数2615人 |

续表 50

| 街道 | 建制调整 | 区域调整 |
| --- | --- | --- |
| 稽山街道 | 撤销：西畈、东方 2 个社区居民委员会建制 | 1. 大众社区：东至阳明北路、南至延安东路、西至五泄路、北至人民东路，另含大众公寓、不含洄涌路 125 号小区，实有户数 3397 人<br>2. 秀水社区：东至五泄路、南至涂山路、西至环城东河、北至延安东路，实有户数 2700 人 |
| 城南街道 | 撤销：育才、天镜 2 个社区居民委员会建制 | 1. 南苑社区：东至南池江、南至邹家葑村、西至解放南路、北至大环南河，实有户数 4172 人<br>2. 南门社区：东至南池江、南至城南大道、西至坡塘江、北至环城河，实有户数 2676 人<br>3. 温馨社区：东至融创越州府、南至城南大道、西至南池江、北至环城河，实有户数 2731 人 |
| 迪荡社区 | 撤销：永兴、鞋子畈 2 个社区居民委员会建制 | 1. 洞桥社区：东至中兴北路、南至环城河、西至长大江、北至 104 国道北复线，实有户数 3109 人<br>2. 蕺山社区：东至迪荡湖路、西至中兴北路及上沙盆底娄底、南至环城河、北至龙洲花园支河，实有户数 2553 人<br>3. 乐苑社区：东至上沙盆地河沿、南至中兴北路 159 号南侧道路、西至中兴北路、北至 104 国道北复线，实有户数 2020 人<br>4. 昌安社区：东至乃摩江、南至杭甬铁路、西至中兴北路、北至乐苑社区，实有户数 2946 人 |
| 斗门街道 | 新建：昌兴社区居民委员会 | 1. 昌兴社区：东至袍中路、南至育贤路、西至菖蒲溇直江、北至世纪街，面积约 65 万平方米，实有户数 4824 人<br>2. 昌明社区：东至菖蒲溇直江、南至育贤路、西至中兴大道、北至世纪街，实有户数 3051 人<br>3. 育贤社区：东至越东路、南至群贤路、西至袍中路、北至李家池，实有户数 3090 人 |

## 社区规模优化调整

**【概况】** 2020 年 4 月 22 日，越城区根据《社区规模优化工作方案》，完成塔山、府山、北海、稽山、城南、迪荡、斗门 7 个街道社区规模优化调整，原 96 个社区调整为 82 个社区，其中，塔山街道 13 个社区调整为 10 个社区，府山街道 15 个社区调整为 10 个社区，北海街道 18 个社区调整为 17 个社区，稽山街道 16 个社区调整为 14 个社区，城南街道 13 个社区调整为 11 个社区，迪荡街道 12 个社区调整为 10 个社区，斗门街道 9 个社区调整为 10 个社区。截至年底，全区共有社区 108 个。

## 退役军人事务

**【概况】** 2020 年，越城区顺利推进退役军人服务保障体系建设，助力绍兴成功创建“浙江省双拥模范城”七连冠、“全国双拥模范城”六连冠。年内，联合组建涉军工作专班，常态化开展维稳工作。完成部分随军家属、军转干部、符合政府安排工作条件退役士兵（退出消防员）的安置工作和部分退役士兵的接收工作，完成退役士兵社保接续工作，在全市率先达到 100%。

**【退役军人服务保障体系建设】** 2020 年，越城区完成区级退役军人服务中心新址装修布展并实体化运作，开始接待全国各地考察团。以全国学习推广新时代“枫桥经验”现场推进会为契机，指导区、镇街、村（社区）三级高标准创建新时代“枫桥式”退役军人服务中心（站）。全国现场会期间，退役军人事务部党组成员、副部长朱天舒专程带队考察越城区退役军人服务中心工作，给予充分肯定。

**【拥军优抚安置】** 2020 年，越城区打造“军民同心 越城越拥”双拥品牌，与市级部门联创“全国双拥模范城”六连冠。全年完成优抚对象摸排并发放优抚资金。春节、“八一”中国人民解放军建军节期间组织开展慰问困难退役军人等活动。

**【退役军人创业孵化园】** 2020 年，越城区在伟丰文创园建立退役军人创业孵化园，成立退役军人就业创业导师团，提供就业辅导和创业规划。先后组织多次线上线下退役军人招聘活动，发动企业，帮助退役军人就业上岗。在全市首届退役军人创业创新大赛中，越城区获一等奖 2 个、二等奖 1 个、三等奖 1 个、优胜奖 4 个；在全省首届“建行杯”退役军人创业创新大赛中，越城区企业代表绍兴市参赛并获二等奖。

**【社会力量联动】** 2020 年，越城区打造建行金融服务团、泽大法律援助团、欢乐慈爱帮扶团、爱尔健康守护团，加大退役军人事务社会参与力度。联合建设银行越城支行深化“六个一”工程，为退役军人提供企业信贷支持、个人信贷支持。联合泽大律师事务所深化法律援助工作，多途径维护退役军人合理合法权益。联合越城区欢乐慈爱义工团深化社会化优抚工作，组织公益医生赴塔山、马山等镇街为退役老兵提供上门诊察。与绍兴爱尔眼科医院开展战略合作，为困难退役军人提供免费眼科检查及诊断，并成功帮助一位困难退役军人完成白内障医疗康复工作。

**【清明网上祭扫工作全省考核第一】** 2020 年，根据新冠肺炎疫情防控工作要求，越城区组织开展“致敬 · 2020 清明祭英烈”网上祭扫活动，该项工作全省考核排名第一，受省退

2020 年 7 月，越城区“最美退役军人”合影（区委宣传部　提供）

役军人事务厅通报表扬。另于9月30日，组织全区160余名党政军民代表到吼山烈士陵园开展向烈士纪念碑敬献花篮仪式等活动，缅怀革命先烈。

**【“退役军人之家”建设】** 2020年，越城区以镇街服务站为主阵地，在全区成立24家退役军人之家（17家为镇街级退役军人之家，7家为企业、社团退役军人之家）并进行授牌。其中。由伟丰文化体育有限公司出资300余万元建成面积近1000平方米的伟丰红色藏品展示馆，系全市首家企业退役军人之家，被市退役军人事务局指定为系统内对外交流的窗口，累计参观人数超过1万人次。（区退役军人事务局　虞华锋）

## 五邻社组织建设

**【概况】** 截至2020年底，越城区累计引导1014家驻社区单位成为五邻社组织成员单位，吸收1576名民间人士成为社区五邻社组织的理事，组建1824支社区备案组织。依托“五邻社”组织会员单位累计开展各类服务21380人次。

**【融入共建契约机制】** 2020年，越城区通过“五约”（谈约、签约、亮约、履约、评约）步骤、定期研讨、项目管理、服务菜单、双向认领模式，将社会组织培育、治理服务、资源供给、场所共享、用房移交、人力（才）支持等80多个项目融入共建契约范畴。以社区公约为主导，引导社区下辖的小区、楼宇、庭院、商圈等责任主体组建楼道联谊会、党建联盟、商铺联盟等民间备案组织。年内，共发动14800名志愿者与民间人才加入社区五邻社组织，组建1824支参与治安联防、矛盾调解、慈善救助、政策宣讲、卫生整治等工作的备案社会组织。

**【搭建五邻社“益起来”志愿者服务平台】** 2020年，越城区搭建五邻社“益起来”志愿者服务激励平台，并实施积分制度。引入120家涵盖酒店餐饮、健康养生、日用百货、教育培训、汽修保养等八大类的线上连锁零售与服务业实体，打通线下物业缴费、免费停车、商场购物、物质兑换等优惠措施，实现积分兑换信息支撑、融合互动。

**【开设“五邻之声”节目】** 2020年，越城区开设“五邻之声”节目，以居民开放空间会议形式，将社区教学打造成社情民意收集和实施民主协商的主要阵地。节目通过绍兴“7·38”早新闻、“941”广播电台、绍兴日报、五邻社微信公众号、越城区益起来志愿者爱心商城等多种媒体同步推介，每周一期，在业内专家、部门负责人、社会评论员、社区干部、居民代表、社会公众等参与下，以众谈众论众评形式探究将社区治理难点、痛点问题。

**【项目交互】** 2020年，越城区细化社区自治内容，引导政府部门将服务、调查、宣教、文娱、管理、治理6个大类115项以购买服务形式转交社区五邻社承接，减轻社区工作负担。挖掘五邻社资源优势，衍生物业管理、卫生保洁、婴幼托管、社区食堂、爱心超市等10多项服务项目，提升市场购买能力，减轻政府压力。

**【小微治理】** 2020年，越城区投入320万元推动邻里互助、人文关怀、垃圾分类、文明倡导、治安联防等113个社区微公益项目落地，有效解决商家占道经营、车辆乱停乱放、废弃物质乱堆等治理难题，另为困难群体提供上门探视、家政服务、陪送就医、慈善救助、生产自救等系列帮困服务，实现多元协同、精准对接。募集600多万元社会物资，设计实施“邻里节”“九九重阳”等20多项5000多场次娱乐活动，营造共建共治共享良好氛围。（区民政局　丁伟强）

## 2020 年越城区流动人口分布情况表

表 51

| 镇街 | 2020 年流动人口数(人) | 占流动人口总数的比例(%) |
|---|---|---|
| 皋埠街道 | 18798 | 4.7 |
| 陶堰街道 | 3992 | 1.0 |
| 富盛镇 | 1271 | 0.3 |
| 东湖街道 | 15688 | 3.8 |
| 灵芝街道 | 39112 | 9.7 |
| 东浦街道 | 43801 | 10.8 |
| 鉴湖街道 | 13838 | 3.4 |
| 塔山街道 | 14473 | 3.6 |
| 北海街道 | 22948 | 5.7 |
| 府山街道 | 10739 | 2.7 |
| 城南街道 | 21734 | 5.4 |
| 稽山街道 | 14573 | 3.6 |
| 迪荡街道 | 13176 | 3.3 |
| 斗门街道 | 78757 | 19.5 |
| 马山街道 | 60584 | 15.0 |
| 孙端街道 | 7445 | 1.8 |
| 沥海街道 | 23213 | 5.7 |
| 合　　计 | 404142 | 100.00 |

说明:2020 年,越城区登记流动人口中,省外流入 33.32 万人,占全区流动人口总数的 82.5%;省内流入 7.09 万人,占全区流动人口总数的 17.5%

## 2020 年越城区流动人口就业结构一览表

表 52

| 职业分类 | 流动人口总数(人) | 占比(%) |
|---|---|---|
| 农林牧渔生产 | 3398 | 0.8 |
| 生产制造加工 | 111085 | 27.5 |
| 工程施工 | 52035 | 12.9 |
| 运输服务 | 9396 | 2.3 |
| 装饰装修 | 4012 | 1.0 |
| 餐饮服务 | 13788 | 3.4 |
| 休闲娱乐服务 | 8723 | 2.2 |
| 家政服务 | 1000 | 0.3 |
| 保安物管 | 1891 | 0.4 |
| 维修服务 | 2991 | 0.7 |
| 废旧物品收购 | 1557 | 0.4 |
| 其他商业服务 | 17641 | 4.4 |
| 其他职业 | 131423 | 32.5 |
| 失　业 | 45202 | 11.2 |

## 流动人口管理

**【概况】** 2020年，越城区流动人口年报数为404142人，比2019年同期增加2666人。登记在册出租房屋数125236间，比2019年同期增加8697间。流动人口居住登记率平均为96.9%，居住出租房屋登记率100%，同住人员信息采集率100%，达到省、市考核要求。

**【开展防疫三大行动】** 2020年疫情防控初期，越城区组织开展出租房屋专项整治、单身公寓专项整治、大排查大清底等三大专项行动，对辖区内出租房屋、用人单位、建筑工地、单身公寓等流动人口可能的落脚点，开展拉网式滚动排查。累计走访单身公寓153处、出租房屋12.22万间，排查流动人口33.81万人，新登记流动人口1.11万人、注销4110人，新登记出租房屋661间，整治群租房26间。

**【建立数据分析研判机制】** 自2020年2月起，越城区建立流动人口数据每日分析制度，连续34天通过浙江省居住人口管理信息系统开展查询比对，对全区流动人口总量、流出地状况、分行业流动状况等进行精准分析，并形成数据分析报告。通过与省公安厅后台数据库对比取数，分析全区流动人口返岗、新增流入、年龄结构、行业流向等，精准研判流动人口返城复工情况。年内，区流动人口服务管理中心协助区经信局完成100家企业流动人口登记情况比对、分析，为区商务局提供小微企业流动人口信息支撑。

**【流动人口事项网上办理】** 2020年，越城区利用“浙里办”App、浙江政务网等平台实现流动人口事项网上办理。全年网上受理居住登记事项2221件，占全市网办总量的60%以上；线上受理居住证申领事项6234件，占全区居住证办证数的93.41%，占全市网办总量的50%以上。

（区流动人口服务管理中心　徐丹）

## 民族　宗教

**【概况】** 2020年，越城区共有少数民族群众4.4万名，少数民族团体1个，为越城区少数民族联谊会。宗教团体3个，即越城区佛教协会、越城区基督教协会和越城区基督教三自爱国运动委员会(简称越城区基督教“两会”)。4月，因行政区划调整，沥海街道辖区内7处宗教场所划归越城区管理。截至12月底，全区共有合法登记的宗教场所55处。

**【民族团结进步创建】** 2020年，越城区顺利完成民族团结进步创建工作三年目标任务，确定各级民族团结进步创建重点培育单位17家，其中，市级6家、省级2家、全国级1家。6月，越城区委统战部副部长、民宗局局长王永兴荣获“浙江省民族团结进步模范个人”称号。

**【联络联谊精准互助】** 2020年，越城区少数民族联谊会第二次会员代表大会顺利召开，选举产生越城区少数民族联谊会第二届理事会；市、区两级少数民族联谊会联合主办“民族团结一家亲　同心共筑中国梦”金秋联谊联欢晚会。开展“‘书’送希望　爱暖‘六一’”活动，为灵芝街道央茶湖小学的少数民族孩子送书籍；情系马边彝族自治县，捐赠善款10万元，为当地民族小学师生装配直饮机、设立奖学金；发挥企业力量，组织沈园堂健康文化传播有限公司与群英小学开展结对助学，设立爱心助学金。

**【强化宗教事务基层基础】** 健全三级宗教工作网络和两级宗教工作责任制，推行区、镇街、村居三级责任书制度。区统战工作领导小组首次与镇街党委签订宗教工作责任书。深化

2020年10月25日，越城区少数民族联谊会举办“民族团结一家亲 同心共筑中国梦”金秋联谊联欢晚会(区委统战部 提供)

平安宗教活动场所创建工作，召开越城区第二批平安宗教场所命名表彰会议。全面实施宗教场所安全巡查第三方托管工作，完成全区宗教场所技防设施安装，召开业务培训会，提高预警信息的反应和处置能力。指导场所做好重大活动和重点时段各类安全防范和整治工作，区属各宗教活动场所行业和属地安全生产目标管理责任书签订率100%。协助陶堰基督教堂完成易地迁址相关工作，彻底解决了多年的危房隐患。

**【坚持“宗教中国化”方向】** 深入实施宗教领域“十百千万”普法工程，在龙华寺、东浦基督教堂的基础上，新培育云栖寺为省级法治宣传教育基地。2020年，全区宗教领域累计开展各类普法宣传教育活动30余场，受众达到千余人次以上。注重对宗教界代表人士的教育引导，组织开展宗教界人士节日互访交流活动；开展以“宗教中国化”为主题的讲演交流活动；会同区政协共同编印出版《越城古寺》。

**【实施宗教场所标准化管理】** 2020年，越城区推行实施宗教场所标准化管理工作，《宗教活动场所民主管理和活动运行规范》《宗教活动场所内部管理规范》《宗教活动场所建设与平安管理规范》3个标准化系列规范由越城区市场监督管理局正式批准为区级地方规范，同时制定《越城区宗教活动场所管理系列标准规范达标考评办法(试行)》，在龙华寺、东浦基督教堂先行试点的基础上在全区面上推开。9月，绍兴市宗教场所标准化管理工作现场会在越城召开，推广越城经验。(区委统战部 唐赟)

## 儿童福利

**【概况】** 2020年，越城区围绕困境儿童健康成长，依法开展困境儿童关爱帮扶，强化困境儿童制度保障。组织镇(街道)、村(社区)对困境儿童家庭成员、家庭收入、家居环境，儿童身体健康、学习生活等开展走访调查，建立困境儿童资料库、信息库，录入“全国儿童福利信息系统”。全年发放儿童福利保障金244.35万元。

**【儿童福利保障金】** 2020年，越城区调整社会散居孤儿基本生活费发放标准，按每人每月1635元发放，全年发放儿童福利保障金244.35万元。其中，散居孤儿发放基本生活费20.61万元，事实无人抚养困境儿童发放基本生活费96.59万元，其他困境儿童发放基本生活费121.13万元，对低保、低边中的残疾儿童开展福利补助6.02万元。

**【专项关爱行动】** 2020年，越城区落实春节、“六一”国际儿童节两节慰问，有序推进“儿童之家”创建。年内，实施“明天计划”“添翼计划”，帮助散居孤儿和贫困家庭的残疾儿童开展阶段性康复；实施“福彩圆梦孤儿助学工程”项目，为3名在大中专院校就读的孤儿发放助学金1万元/人。

孙端街道居家养老中心(孙端街道　提供)

2020 年 2 月 11 日,浙江中成控股集团有限公司向越城区慈善总会捐赠 100 万元用于抗击新冠肺炎疫情(王兴萍　摄)

## 养老服务

**【概况】** 2020 年,越城区构建以居家为基础、社区为依托、机构为补充、医养相结合的养老服务体系。截至年底,累计建成 17 家镇街级居家养老中心,其中,五星级 3 家、示范型 14 家;建成 232 家城乡居家养老服务照料中心,落实助餐、配送餐点 211 个,形成农村社区 15 分钟居家养老服务圈、城市社区 10 分钟居家养老服务圈;累计成立养老机构 24 家,其中,2 家国办、8 家公办、14 家民办。全区基本形成"9643"的养老服务总体格局,即 96% 的老年人居家接受服务,4% 的老年人在养老机构接受服务,不少于 3% 的老年人享有养老服务补贴。

**【政府购买养老服务】** 2020 年,越城区依托市智慧养老服务平台实现二维码替代服务券、打卡计时,并采取 GPS 定点、电话回访等方式,实现政府购买居家养老服务覆盖全区,年度支出合计超 1000 万元,惠及老人 8 万多人。

## 慈善事业

**【概况】** 2020 年,越城区慈善总会坚持"扶贫济困,慈善为民"宗旨,围绕社会民生热点,开展多种形式的慈善活动。将慈善服务功能下沉至基层,建立健全集物资交流、政企互助、捐赠救助、困难帮扶、志愿服务等功能于一体的基层慈善服务平台。年内,募集抗疫专款资金 237.8713 万元,接收捐赠物资 3 笔;为东西部扶贫协作募集物资 127 万元,定向捐赠马边县扶贫款 75 万元,捐赠 10 万元助力"马边桐华扶智行动"项目。

**【抗疫专项募捐】** 2020 年 1 月 29 日,越城区慈善总会开启抗击新型冠状病毒疫情专项募捐通道。全年共收到专项捐款 87 笔,累计捐赠资金 237.8713 万元,其中,定向捐赠资金 128.62 万元、非定向捐赠资金 109.2513 万元;累计接收捐赠物资 3 笔,入账价值 4.965 万元。

**【慈善慰问】** 2020 年,越城区慈善总会向 1275 户困难群众发放 84 万元春节慰问金及慰问品,向 1557 名 60 周岁以上困难老人发放 31.14 万元重阳节慰问金,支出助学款 44.85 万元帮扶 90 名在读贫困大学生,支出款物 15.26 万元向 176 名困难儿童发放儿童节慰问金,并对区育才小学、市儿童福利院进行慈善慰问。

## 社会救助

**【概况】** 2020 年,越城区城乡居民低保标准提高到每人每月 850 元,特困人员基本生活供养标准为每人每月 1602 元,社会散居孤儿基本生活费发放标准每人每月1635元。全年支出困难群众生活救助资金3714.2466万元，其中，救助低保41340人次，发放低保金2890.2262万元；保障特困人员供养3225人次，发放特困人员供养资金591.35万元、困难群众春节慰问金339.1万元。全年临时救助162人，支出资金59.7204万元。

年内，越城区全面落实支出型救助政策，低保覆盖范围从收入型贫困家庭向因病、因残、因学等刚性支出负担过重、影响基本生活的支出型贫困家庭扩展。

**【“爱满绍兴”越城行动】** 2020年，越城区为降低疫情对困难群众基本生活影响，促进消费增长，于4月起，组织开展“爱满绍兴”越城行动，向全区5071名在册困难群众发放每人500元的超市消费券，共计支出253.55万元。

**【认定标准“两线合一”】** 2020年，越城区推进低收入农户与低保边缘户认定标准“两线合一”。依托浙江省社会救助信息系统，实现线下救助业务流程与信息平台流程统一协调、深度融合，并向全区17个部门、单位推送救助信息，实现精准扶贫和兜底保障数据无缝对接。（区民政局　丁伟强）

# 镇 街

## 塔山街道

**【概况】** 塔山街道位于绍兴市城区腹地，东、南、西至环城河外沿，北至人民路，地域面积4.3平方千米，素以“财赋之地，人物渊薮”著称。2020年8月，社区规模优化调整之后，街道下辖的13个社区优化调整为10个社区、1个行政村，户籍人口约7万人。辖区内有全区最大的商圈——银泰商圈，全国AAAAA级景区鲁迅故里、沈园景区、青藤书屋，塔山文化广场、图书馆、文化馆等场馆设施，稽山中学、建功中学、鲁迅小学、塔山中心小学等重点教育资源以及三级医院绍兴第二医院。街道先后获得全国首批、绍兴市首个“全国和谐社区示范街道”、全国“民族团结示范街道”以及省级“卫生街道”等称号，塔山村获“第四届全国文明村”称号。

2020年，塔山街道完成一般公共预算收入2.64亿元，同比增长33%；固定资产投资12.5亿元，同比增长32%；外贸自营出口9亿元，同比增长40%；限上零售业销售额6亿元，同比增长28%；限上社会消费品零售额9亿元，同比增长10%；规上其他营利性服务业营业收入7.35亿元，同比增长9.4%。住宿餐饮恢复及企业码领码工作完成进度位居全区第一。

**【经济运行】** 2020年，塔山街道引进亿元以上未蓝文化创意园项目1个，和鹭民宿、朴院酒店及全季酒店等千万元以上服务业项目3个；完成批零住餐、服务业下升上11家、个转企54家，新增股份公司2家；发放中小企业各类补助502万元。年内，鲁迅中路步行街被列为全省首批高品质步行街建设试点的街区，展现古城保

**2020年塔山街道主要经济指标完成情况表**

表53

| 指标 | 单位 | 2020年 | 2019年 | 同比增长(%) |
| --- | --- | --- | --- | --- |
| 一般公共预算收入 | 万元 | 26933 | 19858 | 35.60 |
| 固定资产投资 | 万元 | 121365 | 74424 | 63.07 |
| 建安投资 | 亿元 | 4.91 | 4.38 | 11.20 |
| 限上零售业营业额 | 万元 | 5872 | 4587 | 28.00 |
| 限上社会消费品零售额 | 万元 | 92330 | 82807 | 11.50 |
| 规上营利性服务业增加值 | 万元 | 81206 | 72961 | 11.30 |
| 自营出口 | 万元 | 88268.62 | 66589.04 | 32.56 |

护利用特色的宣传周活动登上央视新闻频道。柴场弄风越里项目建设已完成主体结构形象进度90%。

**【古城更新】** 2020年,塔山街道立足"古城计",先后完成海港大酒店拆除工程,塔山中心小学扩建项目、李家台门、青藤书屋周边综合保护项目、塔山竹木市场地块等4个地块房屋征收,累计征收面积4.1万平方米。年内,分批开展老旧小区改造等民生工程,先后开工进场32个,已完成24个,涉及居民4670户,总面积36.2万平方米,改造面积等位列全区前列。全年完成既有住宅电梯加装9台,完成区定目标任务的128.6%。

2020年11月,塔山街道举办以"灿烂越文化 魅力新塔山"为主题的古城保护宣传周活动(塔山街道　提供)

**【先进荣誉】** 2020年,塔山街道"台门党校"融入基层微治理和"契约化"渗透民族团结自治等创新实践经验先后在《浙江信息》上刊登推广。"三驻三服务"工作多次登上《浙江日报》《绍兴日报》头版。罗门社区"契约化"共建工作经验在全省基层党建论坛现场会推广交流。老吴热线志愿服务中心、花园社区退休党支部等一批优秀社区建设成果获省市区各类先进荣誉。街道退役军人服务站被省退役军人事务厅推荐为"全国示范型退役军人服务站",残疾人之家改造成功创建浙江首批五星级残疾人之家,系全区唯一。

**【村社组织换届】** 2020年,塔山街道完成社区规模优化调整,13个社区合并调整为10个社区,并平稳有序完成村社组织换届,11个村社均实现书记主任"一肩挑"。新当选的"一肩挑"平均年龄45岁,大专及以上学历达到100%,新一届村社两委委员平均年龄45岁,较上一届下降9岁,为塔山史上最年轻、学历最高村社班子队伍。

**【"洁净越城"考核全区第一】** 2020年,塔山街道以文明城市建设复评迎检为契机,先后在大龙农贸市场、大云农贸市场、运通苑周边等重点难点区域开展重点整治,累计清运垃圾数量334车,关停或者整治小餐饮131家。全部小区实现垃圾分类撤桶并点,燕甸园小区省级高标准垃圾分类示范小区创建通过市级验收,街道本级创建市生活垃圾分类达标街道。垃圾分类、"洁净越城"考核均位列第一,空气质量达标工作位列全区街道首位,文明城市创建工作获区通报表扬。成功通过省级"污水零直排"创建,市区两级河道断面水质达标率100%。全年PM2.5平均浓度为24微克/立方米,浓度等级为优,年度空气质量列全区第二。

**【维稳安保】** 2020年,塔山街道完成街道矛调中心建设。全年办理市长热线2861件,满意率达93.85%。市、区两级积案化解率、重点督查件化解率均达100%。成功化解市直老户信访案件1件,取得重大突破1件。全年未发生区级以上群体性上访事件,赴省上访同比下降66.7%,实现赴京零信访。全年未发生重大安全事故。

**【公共服务体系建设】** 2020年,塔山街道累计管控疫情防控重点人员1030人，其他人员1065人，无一例本地确诊、疑似病例。完成辖区内65周岁以上老年人免费流感疫苗接种。承接全市社保“待调资源核查和未参保资源挖潜”试点，街道户籍人口全民参保率99.84%，创历史新高。贯彻落实国家促进就业再就业惠民政策，共发放就业困难人员灵活就业社保补贴527.7万元。

**【创建全市标杆运营水平的镇街级居家养老中心】** 2020年5月19日，塔山街道居家养老中心正式开业，由江苏悦华养老产业集团负责运营。中心设置全托护理型床位22张、自理型床位22张、日间照料及临时托养床位32张，总计76张养老床位，另设有邻里餐厅，环境整洁干净，配套设施全面。（董瑛英　孟黎文）

## 府山街道

**【概况】** 府山街道位于绍兴古城内，区域面积4.9平方千米，户籍人口7.32万人。全年实现固定资产投资34.65亿元，同比增长166.3%；实现限上批发业销售额71.37亿元，同比增长12%；实现限上餐饮营收额0.97亿元，同比增长45.0%；实现工业投资2.9亿元，规上工业总产值219.32亿元。全年签约1000万元以上服务业项目4个，新落地亿元以上批发业项目9家，实到内资3.16亿元，完成进度632%。年内，被评为2018—2019年度平安浙江建设先进集体，入选浙江省生活垃圾分类示范片区。

2020年，府山街道启动6大区块拆迁征收，完成960余户居民的安置、补偿等工作，腾出发展空间7.56万平方米。36户滞留户100%清零。推进安全隐患排查整治，发出整改书153份，整治隐患514处。年内，实现辖区文化服务中心全覆盖，组织开展摄影比赛、戏曲大联欢等活动200余场次。便民服务中心累计接办咨询件、即办件、承诺件1.75万余件，实现服务“零投诉”。

**【人文历史】** 2020年，府山街道立足辖区内历史遗存，深化探索文化根脉，彰显文化底蕴。其中，有“卧薪尝胆”的越王勾践、“书圣”王羲之、“千古完人”王阳明、儒学大师刘宗周、黄宗羲、“学界泰斗”蔡元培、廉官范仲淹、革命史家范文澜等名人遗迹。绍兴八大历史文化街区中，书圣故里、八字桥、越子城、石门槛、西小河、新河弄等六大街区坐落其中。

**【市容环境卫生管理】** 2020年，府山街道围绕绍兴古城保护利用功能定位，保持市容环境卫生管理高压态势。累计拆除违建10600平方米；完成90个小区垃圾分类集置点建设，发放垃圾分类倡议书18000余份；完成83个小区污水零

**2020年府山街道主要经济指标完成情况表**

表54

| 指标 | 单位 | 2020年 | 2019年 | 同比增长(%) |
|---|---|---|---|---|
| 固定资产投资 | 万元 | 346538 | 177620 | 95.1 |
| 规模以上工业值加值 | 万元 | 254753 | 252480 | 0.9 |
| 限上零售业营业额 | 万元 | 299405 | 349237.8 | −14.3 |
| 限上批发业销售额 | 万元 | 717542 | 621248 | 15.5 |
| 限上社会消费品零售额 | 万元 | 337769.2 | 330969.1 | 2.05 |
| 限上住宿业营业额 | 万元 | 27488.1 | 26949 | 2 |
| 限上餐饮业营业额 | 万元 | 9705.8 | 6692.2 | 45.03 |
| 自营出口 | 万元 | 91600 | 74471.5 | 23 |

直排改造并通过省级“污水零直排”区创建验收；空气质量PM2.5浓度明显改善。

**【老旧小区改造】** 2020年，府山街道总投资约2.9亿元完成32个老旧小区改造提升项目，涉改建筑面积约为48.7万平方米，惠及居民户数约6475户。其中，完成老旧小区电梯加装7台，打造北海花园、东连河小区、唐皇苑小区等11个样板示范改造小区，胜利西路111号和白马畈小区入选市级最美老旧小区改造案例。

**【建成社会矛盾纠纷调处化解中心】** 2020年，府山街道建成社会矛盾纠纷调处化解中心。全年成功调解矛盾纠纷347件。落实信访包案制，区级重点督查件化解率100%，市长热线办理3950件，满意率达97.8%。

**【“越城有约，契‘越’有你”“契约化”项目拍卖】** 2020年8月20日，越城区党建“契约化”共建项目发布暨府山街道项目拍卖活动举行，由越城区委组织部、区深化“契约化”党建（“三驻三服务”）工作专班、府山街道党工委、府山街道办事处主办。主题为“越城有约，契“越”有你”，近50家共建单位现场竞拍“书香致远、悦动我心”“扬古风遗韵、承羲之文化”“水岸法‘亭’”等10个项目。（丁菊利）

2020年8月20日，越城区党建“契约化”共建项目发布暨府山街道项目拍卖活动举办（汪俏俏 摄）

## 北海街道

**【概况】** 北海街道地处绍兴市区西北面，东至环城河外沿，南至城南街道与柯桥区兰亭街道，西至柯桥区兰亭街道、福全街道，北至灵芝街道，辖区面积17.4平方千米。2020年6月22日，撤销迎恩门社区居民委员会建制和金湖社区居民委员会建制，新建虹桥社区，并圆满完成村社组织换届工作，各村、社区全部实现“一肩挑”。截至年底，街道实辖17个社区、1个行政村，户籍人口7.47万人。

2020年，北海街道签约引进千万元以上签约项目6个、1亿以上签约项目1个。完成固定资产投资43.32亿元、建安投资15.92亿元、民间投资0.38亿元、生态环境和公共投资8.61亿元。完成限上社会消费品零售额33.32亿元；限上批发业销售额35.40亿元，同比增长21.2%；限上餐饮业营业额3299万元，同比增长7.1%。实现规上其他营利性服务业主营业务收入3.17亿元，同比增长5.0%。

**【产业转型升级】** 2020年，北海街道申报国家高新技术企业5家，培育省科技型中小企业19家，市级众创空间1家，专利产业化项目1家，新增专精特新企业1家。完成“下升上”11家、“个转企”45家，淘汰“低散乱”企业30家，引进现代服务业企业10余家，税源经济完成率达到887.4%。辖区内楼宇共入驻企业2283家，入驻率达到97.6%。

**【老旧小区提升改造】** 2020年，北海街道对胜利西村和辕门新村北区进行老旧小区整

| 2020年北海街道主要经济指标完成情况表 表55 | | | | |
|---|---|---|---|---|
| 指标 | 单位 | 2020年 | 2019年 | 同比增长（%） |
| 一般公共预算收入 | 万元 | 37044 | 35056 | 5.7 |
| 规模以上工业主营业务收入 | 万元 | 24603 | 27368 | −10.1 |
| 规模以上工业增加值 | 万元 | 5778 | 5140 | 12.4 |
| 固定资产投资 | 万元 | 433188 | 303695 | 42.6 |
| 限上社会消费品零售总额 | 万元 | 333166 | 360445 | −6.1 |
| 限上其他营利性服务业主营业务收入 | 万元 | 31764 | 30254 | 5.0 |
| 自营出口 | 万元 | 106951 | 89458 | 14.4 |

体提升改造，改造户数1651户，通过门头改造、外立面改造，道路翻新，楼道墙面、扶手更新，管线梳理，小区景观提升，停车位改造，增设楼道门等，实现老旧小区焕新蝶变，总投资约6760万元。为既有住宅加装电梯10台，超额完成目标任务数。投入560万元对越西、快阁苑、虹桥等社区安装智能道闸及智慧监控系统和实施绿改停，整合小区发展空间。

**【打造生态宜居北海】** 2020年，北海街道持续推进“大建大美”，全力抓好“碧水、蓝天、净土、清废”四大攻坚战。落实中央环保督察“回头看”反馈意见整改，信访案件基本办结。对管控区域实行24小时管理，空气质量有效提升。组织“清网”行动30余次，“大环南河”成功创建市级美丽河道，基本完成辕门北区、胜利新村“污水零直排区”改造。

**【创新疫情防控摸排筛查】** 2020年，北海街道全面实施地毯式管理，依托“网格化+大数据”，独创“洗楼”等摸排方式实现外来返绍人员精准筛查，重点人员实现挂图作战，销号管理，1805名重点人员和184名境外“三返”（返岗、返工、返学）人员全部销号清零。全面实施社区封闭式管理，共设置77个小区卡口，累计发动2082名党员、4586名志愿者实施24小时值守。年内，累计减免小微企业和个体工商户房租930余万元，帮助123家企业成功申请补贴35万元，依托“生活北海”发放各类消费券近200万元。

**【拆违征收】** 2020年，北海街道配合推进871LOOP全新城市文旅综合体落地建设，全面完成871地块征收，于10月10日成功出让。另完成晴园北侧、娄宫江西侧拆改，持续推进雄盛地块、河山商务中心征收，拓展城市发展新空间。完善新增违建闭环流程处置，推进存量违建销号，全年拆除违法建筑82处，共计23839.14平方米，拆后利用10870平方米，利用率100%，完成全年任务量的119.2%。

**【迎恩门风情水街顺利开街】** 2020年1月18日，迎恩门风情水街开街，90余家优质商户全面入驻，累计完成招商面积约8.7万余平方米，占街区面积的98%以上。多次举办“小吃汇开业”“吃货节”“黄酒节”“抖IN绍兴越潮夜”等主题活动，累计吸引游客500万人次，营业额突破6500万元。在支付宝发布的端午夜经济报告中，水街人气排名全国第九，成为新晋“网红打卡地”。

**【街道“红色物业”管委会成立】** 2020年，北海街道以胜利、山隐、信达社区为试点，形成由街道牵头、社区党组织实施、业主委员会监督、物业公司运营的四位一体的新型综合物业管理模式，重点完善老旧小区治理结构。101个小区准物业覆盖率达50%，累计投入3000余万元。街道接手后的小区运营状况良好，物业管理费收缴率均达到90%以上。由各社区物业公司牵头组建

2020 年 1 月 18 日，迎恩门风情水街开街（区委宣传部 提供）

96345 党员志愿服务队，搭建“党建 + 志愿服务”平台，全年共开展“便民服务”“互学互帮”等系列活动 40 余次；由网格员包干网格内矛盾纠纷调解等事务，就地解决矛盾纠纷 500 余起。

**【优学重教】** 2020 年，北海街道出资 2000 万设立教育基金，奖励优秀师生、支持学校基础设施建设，表彰辖区教育系统先进工作者 98 人，促进街道教育事业改革发展。对元培中学、元培小学、文理附小、快阁苑小学、元培幼儿园进行校舍扩建、场地改造、新建电子阅览室等，推动教育资源均衡发展，打造具有竞争力的教育品牌。

**【民生实事和帮扶救助】** 2020 年，北海街道建立 13 家居家养老服务中心，设立老人食堂、老年活动中心等配套设施；试点胜利公寓小区投入 40 万元进行停车位改造，增加车位 100 个，改造人脸识别系统；对越西社区原家宴中心改造扩建至 725 平方米，并提供配餐服务。常态化开展百万工程慰问活动，对低保户、残疾人精准核查并发放各类慰问金 100 余万元，救助困难家庭 472 户。

**【垃圾分类】** 2020 年，北海街道对 17 个社区的 99 个小区实施垃圾分类，涉及人口 52000 户，覆盖率 99%。其中，在金昌美苑、金寨公寓小区实施垃圾分类试点，金昌美苑实行“小桶管家”模式，金寨公寓实行定时定点投放亭收集四分类生活垃圾；对华宇兰园小区进行高标准垃圾分类示范小区建设；对隐山寺及朝皇路易腐垃圾中转站进行改造。

**【深化“生活北海”管理平台】** 2020 年，北海街道深化“生活北海”管理平台，将吃、住、游、购、娱和政务服务等全场景数字化融合，构建“实体 + 网上 + 掌上”三位一体数字模式，范围覆盖 17 个社区，24 小时综合应用商业、政务、医疗等服务，全年促成商业成交额 1000 余万元。平台关注数 6 万余人，居民关注覆盖率达 85% 以上。通过“掌上”渠道，有效解决社区群众诉求 3569 起，曝光垃圾问题 253 条，卫生问题 61 条。4121 名党员掌上完成党费缴纳，19396 户居民掌上完成物业费缴纳。（张敏）

# 稽山街道

【概况】稽山街道位于绍兴市区东南面，东与东湖风景区毗邻，南连会稽山麓，西至融创越州府，北靠人民东路(含大众公寓)，辖区面积20.1平方千米。街道因地处会稽山麓而得名，内有会稽山、若耶溪、阳明洞天、大禹陵等，风景秀丽、人文荟萃。2020年，稽山街道完成大众、西畈、秀水、东方4个社区的规模调整，有序推动社区组织换届工作。截至年底，实辖14个城市社区，年末户籍人口39553人，常住人口74303人。年内，秀水社区创建“五星达标”社区，浙江虬晟光电有限公司通过市级“五星双强”验收。

2020年，稽山街道实现规上工业总产值33.5亿，同比增长34.1%；实现规上工业增加值7亿元，同比增长18.9%；实现规上其他营利性服务业营业收入5.7亿元，同比增长40.7%；实现外贸出口总额(自营出口)31.1亿元，同比增长24.8%；实现工业投资1.24亿元，同比增长36.2%；楼宇注册率、入驻率分别达到100%和99%。

【社区防疫工作被央视专题报道】2020年，稽山街道对辖区14个社区、76个小区卡口严格执行人员登记、扫码、测温等程序，对1.8万余名重点人员实施精准管控，并配合做好区级隔离点锦莱升商务酒店的各项任务，确保辖区零感染、无失控。累计办理企业白名单3800余张，解决口罩6万余个、测温仪200余个，兑现各类企业政策资金累计达4069.78万元。1月31日、2月6日，中央电视台新闻综合频道、央视新闻先后以《多措并举 加强社区防控》《科技助力 社区防疫》为题专题报道稽山街道社区疫情防控工作特色做法。

【高新技术产业发展】2020年，稽山街道实现规上工业增加值高新技术产业投资8850万元，申报国家高新技术企业20家、科技型中小企业25家。累计引进、落户高层次人才11人，柔性引进海外工程师6名。浙江科灵智能科技股份有限公司在浙江股权交易中心成长板挂牌，浙江航芯科技有限公司、浙江达美生物技术有限公司成功申报省级研发中心，东方智汇众创空间被认定为第一批市级众创空间。

【人居环境改善提升】2020年，稽山街道推进67个小区撤桶并点，长诏公寓、新港小区、舜江花园等13个小区被列入生活垃圾收运试点，剡溪路、平江路沿街商户实行生活垃圾定时定点高效收运，辖区3800多个垃圾桶实行“一人一桶”全程跟踪。对14家企业、39个六小行业、部分小餐饮以及15个生活小区开展污水截污纳管、隔油池设置、雨废分流、阳台立管分流改

2020年稽山街道主要经济指标完成情况表

表56

| 指标 | 单位 | 2020年 | 2019年 | 同比增长(%) |
|---|---|---|---|---|
| 规模以上工业总产值 | 万元 | 335663 | 250350 | 34.1 |
| 规上工业增加值 | 万元 | 70445 | 59266 | 18.9 |
| 工业投资 | 万元 | 12416 | 9118 | 36.2 |
| 固定资产投资 | 亿元 | 24.5 | 23.7 | 3.4 |
| 限上社会消费品零售额 | 万元 | 127613 | 154899 | −17.6 |
| 限上批零、住餐业销售额(营业额) | 万元 | 297409 | 316716 | −6.1 |
| 规上其他营利性服务业营业收入(不含电信) | 万元 | 57283 | 40711 | 40.7 |
| 自营出口 | 万元 | 311268 | 249480 | 24.8 |

2020年5月13日，稽山街道举行党建共建再深化“家庭医生”进千家启动仪式（稽山街道 提供）

造等工程，完成樱花林环河、林家湾河道等共计10万立方米河道清淤工作。全年PM2.5平均浓度为28微克/立方米，较2019年同期改善24.42%，AQI优良率90.7%。

**【民生实事】** 2020年，稽山街道办理安置房权证768套，累计完成1140套。完成九洲花苑（含久利苑）、阳光新村（教育房产）两个区块涉8173平方米的老小区改造提升工程。既有住宅电梯加装已完成8个单元（台）公示，完成意向征询待公示4台，联审4台，开工3台。申请低保家庭15户，临时救助5人，慰问各类困难、优抚对象221人，发放慰问金15.3万余元，发放“爱满绍兴”超市券205人，合计102500元。

**【征地拆迁】** 2020年，稽山街道完成4个地块累计482.53亩土地征收工作，其中望仙桥A1地块完成征收协议，新香格里拉地块12908.74平方米房屋完成拆除，新民热电地块腾空并完成81608.04平方米建筑面积拆除，丁斗弄地块完成污染源调查及文物勘探等前期工作，5家企业涉及44004.38平方米房屋完成拆除，并启动稽山公寓18幢、19幢居民楼拆迁。

**【信访维稳】** 2020年，稽山街道赴京访1人次，赴省访10人次，均同比大幅下降。9个市级积案化解8个，化解率为88.9%；4个区级积案全部化解。全年回复落实上级（领导）转办（交办、督办）件146件，调处回复“12345”市长公开电话2446件，受理率100%、按期答复率100%、群众满意率97.71%、回访核实率99.95%；完成信访代办30件，累计接访203批390余人次。另妥善处置瑞福康乐院问题，完成东江社区历时17年的滞留户拆迁，平稳解决多个历史遗留问题。

**【举办首届“阳明文化在稽山”读书节】** 2020年7月8日，首届“阳明文化在稽山”读书节在稽山街道开幕。活动历时2个月。辖区内14个社区根据各自的特色，通过评书、莲花落、动画片等形式，围绕学习宣传阳明文化开展读书活动，续写“知行合一”新传奇。（徐涛）

## 城南街道

**【概况】** 城南街道位于绍兴市区南大门，和老城区仅一河之隔，北由城南大桥、中兴大桥与市区紧密相连，南依秦望山，东靠禹陵香炉峰、会稽山旅游度假区，西临书法圣地兰亭，区域面积12.5平方千米，被定位为“南闲”及城市“后花园”。2020年，城南街道下辖13个行政村、5个翻牌居、11个社区，完成村社组织换届，29个村居、社区主职干部实现“一肩挑”。

2020年，城南街道引进服务业1亿～1.5亿元项目2个、1000万元以上项目3个，工业2000万元以上项目2个。累计完成固定资产投资21.89亿元;完成规上工业总产值15.12亿元，同比增长5.54%；规上工业增加值3.35亿元，同比增长56.6%;规上新兴产业增加值4306万元，同比增长7.2%；规下工业主营业务收入3276

**2020年城南街道主要经济指标完成情况表**

表 57

| 指标 | 单位 | 2019年 | 2020年 | 同比增长(%) |
|---|---|---|---|---|
| 规模以上工业总产值 | 万元 | 143224 | 151159 | 5.54 |
| 规模以上工业增加值 | 万元 | 21890 | 33457 | 56.6 |
| 固定资产投资 | 万元 | 165676 | 218844 | 32.1 |
| 限上社会消费品零售总额 | 万元 | 67543 | 68015 | 0.7 |
| 其他营利性服务业营业收入 | 万元 | 16532 | 18190 | 10 |
| 自营出口 | 万元 | 214110 | 244085 | 14 |

万元,同比增长37.35%。实现限上住宿业营业额增长4.1%、限上餐饮业营业额增长13.2%、限上社会消费品零售额增长0.7%、其他营利性服务业营业收入增长10%。实到内资5.11亿元,自营出口244085万元,被评为绍兴市平安建设先进集体,绍兴市无信访积案镇(街道)。

**【创新党建宣传工作】** 2020年,城南街道建成街道新时代文明实践所,并成功入选全区首批6个示范所之一。新建九一、新村、九里、邹家葑、劳家葑和念亩头6个农村文化礼堂。通过台门汇宣讲、"学习强国"、悦学堂等形式,传播党的创新理论,年度理论宣讲响亮指数全区第二。中成社区"蒲公英行动"入选全区2020年度"契约化"十佳共建项目。

**【助推绍兴大学建设】** 2020年,城南街道有序推进文理学院周边外山、南山头、念亩头3个村7个区块的6256穴坟墓签约迁移工作,全面完成蔡家江路北区块34户9646平方米征收拆迁工作,实现100%签约、腾空、拆除,累计征收土地740亩。另实施拔钉清障攻坚月行动,推进村拆迁滞留户和遗留问题处置,全力保障绍兴文理学院改扩建、二环南路智慧高架、绍兴轨道1号线等重点项目推进。

**【实行工地扬尘管控】** 2020年,城南街道对辖区内13个在建工地实行扬尘管控,落实整改157处,新增绿网覆盖面积约8.2万平方米,播撒草籽复绿5万平方米,下发限改通知书20份,立案查处5处,提请建交局停工整改工地2处,督促建设工地新增围挡喷淋设施2500米,暂扣处罚渣土清运车辆3辆。

**【优化社会调解功能】** 2020年,城南街道着力打造街道、村社两级矛调中心,整合"老陈工作室""新城南人和谐促进会"等社会调解功能,有效提升诉前纠纷化解率、调解成功率,实现市级积案化解率达86.7%,区级积案化解率达100%。

**【民生实事项目办理】** 2020年,城南街道完成南池江步行道护栏项目建设,社区卫生服务中心改造完成并投入运行,九里垃圾集置点建成运行,既有住宅小区电梯加装完工5台、施工2台。完成南都新村、仟家塔老旧小区改造工作,

2020年8月,城南街道建成清风汽车生活广场,系绍兴首家数字化的产业链汽车商贸综合体(城南街道 提供)

越厦花园改造项目进入收尾阶段。推进防盗窗凸改平，总投入资金4000余万元，改造受益居民达700余户。年内，城南街道成立全市首个社区戒毒康复指导站。

**【新乡贤联谊会成立】** 2020年12月，城南街道举行新乡贤联谊会成立大会，审议通过《城南街道新乡贤联谊会章程》《城南街道新乡贤联谊会理事选举办法》，选举产生新乡贤联谊会第一届理事会理事、会长、副会长和秘书长人选。（钱卓琪）

## 迪荡街道

**【概况】** 迪荡街道位于越城区环城河外沿以东，二环北路以南，二环东路以西，人民路以北（不含大众村）。2020年底，街道总人口3.79万人，下辖10个社区、3个村（居）。全年实现限上批发业销售额185.70亿元，同比增长2.1%；全年完成企业"下升上"12家，完成率133.3%。

2020年，迪荡街道顺利完成区级污水零直排工业园区创建以及迪荡湖湖长制省级标准化建设试点、平水东江省级"美丽河湖"创建工作。首倡垃圾分类"定时定点"试点投放，完成运河首府、御景华庭五期南等小区、平江路与剡溪路等沿街商铺垃圾定时收运，完成运河首府、颐东华庭等2个"无废小区"创建试点。高质量完成第二轮中央生态环保督察迎检工作，成为全区唯一环保督察零投诉、零信访镇街。巩固"无违建街道"创建成果，拆除存量违建15104平方米，完成率151%；分类处置面积28620平方米，完成率143.12%；拆后利用面积7750平方米，完成率100%。建成57个垃圾分类集置点，完成率96.6%；完成59个小区撤桶并点、6辆垃圾收运车辆规范配置，完成率均为100%。开展"打通消防生命通道"专项整治行动，实现全域小区、商场、楼宇、企业消防通道登高面施划全覆盖。

**【民生实事】** 2020年，迪荡街道完成鞋子畈、天成花园老旧小区改造提升工程和龙骧园檐沟修复、祭坛后小区雨废水管改造、铁路沿线改造、龙骧园消防改造工程，完成既有住宅加装电梯项目，实现"百姓健身房"智慧化运作，并推进11个社区便民服务中心标准化建设。年内，启动瓦窑头国有土地房屋征收项目，推进米行街拆迁滞留户司法征收程序，妥善处置龙骧园遗留户化解、新湖园产权证办理及各地块征收项目住户安置房入住办理工作。

**【招商引资】** 2020年，迪荡街道立足迪荡湖及文创园区等资源优势，引进以迪荡湖玛德开元游艇俱乐部、1051魔方邻里生活中心为代表的高端项目。引进10亿元以上项目1个、5亿元以上项目2个、1000万元以上项目5个，引进内资4.05亿元、外资29万美元。新增省科技型中小企业17家，申报国家高新技术企业6家、省级研发中心2家、市级众创空间5家、市级孵化

**2020年迪荡街道主要经济指标完成情况表**

表58

| 经济指标 | 单位 | 2020年 | 2019年 | 同比增长（%） |
|---|---|---|---|---|
| 规上工业增加值 | 万元 | 32243 | 31501 | 2.3 |
| 限上批发业销售额 | 万元 | 1856969 | 1816995 | 2.2 |
| 限上住宿业营业额 | 万元 | 7791 | 6792 | 14.7 |
| 限上餐饮业营业额 | 万元 | 14623 | 12660 | 15.5 |
| 固定资产投资 | 万元 | 245787 | 124323 | 97.7 |
| 自营出口 | 万元 | 710329 | 618753 | 14.8 |

迪荡新城(陈家德 摄)

器1家;完成企业股改1家、专精特新企业15家,新增上云企业64家。

**【首创全省智慧化垃圾分类管理模式】** 2020年,迪荡街道在“定时定点”基础上探索大数据管理,首创全省智慧化垃圾分类管理。通过刷脸等方式进行身份认证,智能化垃圾箱装置了自动开盖完成精准投放,易腐垃圾“破袋投放”经系统大数据智慧化运行分析并打分。其中,易腐垃圾就地处置设备处置过程不排水、无臭味,24小时降解率达95%。全年分类准确率平均达94.3%,破袋率为100%。

**【迪荡湖湖长制标准化省级试点】** 2020年,迪荡街道以“污水零直排区”创建、湖长制标准化建设两大试点项目为抓手,完善督查指导、信息管理、例会、报告、公开5项工作制度,对迪荡湖周边34个住宅小区、269个“六小行业”(经营性小餐饭店、小食品店、小浴室、小美容美发、小歌舞厅、小旅店)、377个排水口进行拉网式摸排并实行清单式销号管理。对迪荡湖及周边水域增殖放流约400万尾鱼苗用于修复水生态,投入约1000万元对沿线15个住宅小区实施截污纳管改造,拆除沿河20米范围内的违法建筑4.5万平方米。年内,迪荡街道建成全省首个省级湖长制标准化建设管理展示馆,并通过湖长制标准化试点省级验收。

**【深化拓展“契约化”共建】** 2020年,迪荡街道确立“以党建为纽带,与人才心连心,共创创业创新新局面”和“党建助力人人契约,引领垃圾分类新风尚”2个年度重点共建项目。其中,云东社区以创建浙江省垃圾分类高标准示范小区为切入点,先行试验“1+6”(“1”:市综合执法局机关党委与云东社区党总支签约;“6”:市综合执法局下属8个党支部与御景华庭五期南小区4幢楼宇签约,云东社区与物业、垃圾分拣员、居民、志愿者、迪荡街道综合执法队员签约)契约模式开展生活垃圾分类“双定+六分”试点工作;乐苑社区试点实施“物业共建 联防联控”防疫管理新模式。创新“飞地”契约,鼓励非辖区两新组织与社区(村、居)对接需求、结对共建;探索实践商圈企业“小契约”文化,初步构建“链接社区资源、契约化推动基层治理”良性互动模式。

**【打造迪荡商圈综合治理新模式】** 2020年,迪荡街道实现城市管理与警情处置的有机融合,建立完善“五分钟快速处置”机制，做到人员第一时间到位、事态第一时间控制、问题第一时间解决，并建成24小时全开放式安防体验公园。实行“一核、六网格、多点”布局，实现城市管理、公安力量全天候执勤待命，对商圈核心区域实现全时段、全覆盖管控。

**【综合治理】** 2020年，迪荡街道创新发展新时代“枫桥经验”，成功创建市级民主法治社区1家，指导申报省级、市级民主法治社区各1家。建成10个社区(居)矛调中心并投入运行。完成两会期间维稳安保工作，共接待群众来访34批次81人次，调处矛盾纠纷216件，处理网信和政务热线2549件。年内，组织开展安全生产、消防逃生、救援演习及培训8次，宣传教育活动14场，累计发放宣传资料6万余份。(钱晶莎)

## 东湖街道

**【概况】** 东湖街道东连陶堰街道，南靠104国道、皋埠街道、迪荡街道，西邻灵芝街道，北接斗门、马山街道，地域面积30.5平方千米。杭甬运河、104国道横贯街道东西，越东路、越兴路、袍中路等城市主要道路穿越而过，水陆交通便利。截至2020年底，街道辖13个行政村、7个居委会，常住人口3.78人，外来流动人口1.64万人。

2020年，东湖街道实现规上工业总产值33.5亿元，规上工业增加值11.86亿元；限上批发业销售额、限上零售业销售额分别为24.5亿元、5565万元，实现正增长；规上服务业营业收入、规上其他营利性服务业营业收入同比增长2.89%、10.19%；固定资产投资38.63亿元，同比增长37.66%；建安投资、工业投资、生态环境及城市更新和水利设施投资分别完成14.8亿元、3100万元、10.1亿元；装备制造业、战略性新兴产业、节能环保产业、高端装备制造业等产值分别增长7.93%、11.08%、22.73%、30.82%。

**【疫情防控物资稳价保供工作受到商务部肯定】** 2020年，东湖街道成立“一部十一组”专班，设置疫情防控卡点60余处，摸排重点区域人员6560人，管控人员601人，实施集中隔离217人，进行血清核酸检测136人次，累计投入各类防控资金436.67万元，调拨各类防疫物资超13万件。实施进口“冷链”食品闭环式管理，并做好蔬菜、粮油、药械等物资稳价保供工作，疫情期间辖区内绍兴市蔬菜果品批发市场日均吞吐量达500吨，确保256家商户不关门、不断货、不涨价。一手抓防疫一手抓供应保障工作经验被商务部表扬，东湖派出所助力果蔬批发市场复工复产的做法获副省长王双全批示肯定。

**【经济高质量发展】** 2020年，东湖街道加快构建现代化产业体系，则水牌2号地块商业综合体项目、多式联运平台项目、孟剑东油画艺术馆项目等一批亿元级服务业招商项目及绍兴芯成科技高创园等一批集成电路配套产业项目相继落户，实到资金5亿元。全年完成“个转企”20家、“下升上”6家、“小升规”3家，整治“低散乱”企业59家，淘汰落后产能3家；申报国家高新技术企业2家、省科技型中小企业10家、市级企业研发中心1个，新增上云企业43家，培育“专精特新”企业15家，授权发明专利产业化项目2个，向21家企业的64个发明专利发放奖励资金11.8万元，绍兴港现代物流园成功入选浙江省物流园区提质增效试点园区。

**【创建市级“无积案镇街”】** 2020年，东湖街道不断完善矛盾纠纷多元化解体系，推进“两聚一化”专项行动，建设街道、村(居)两级社会矛盾纠纷调处化解中心，做强“市场好邻舍”品牌，打造“好好说”调解工作室。率先启动依法打击缠访、闹访等信访违法行为专项行动，高某根成为全区首例因无理访被刑事打击的信访

| 2020 年东湖街道主要经济指标完成情况表 | | | | |
|---|---|---|---|---|
| 表 59 | | | | |
| 指标 | 单位 | 2020 年 | 2019 年 | 同比增长(%) |
| 一般公共预算收入 | 万元 | 26904 | 21762 | 23.63 |
| 规模以上工业总产值 | 亿元 | 33.53 | 35.56 | -5.70 |
| 规模以上工业增加值 | 亿元 | 7.89 | 9.36 | -15.70 |
| 固定资产投资 | 万元 | 386300 | 280612 | 37.66 |
| 限上社会消费品零售总额 | 万元 | 2711.4 | 5562.3 | -51.25 |
| 自营出口 | 万元 | 77202 | 62010 | 24.50 |
| 商品房销售面积 | 平方米 | 212370 | 175948 | 20.70 |
| 限上批发业销售额 | 万元 | 244436 | 237086 | 3.10 |
| 建筑业省内产值 | 万元 | 159052 | 96201 | 65.33 |

人员。全年共调处矛盾纠纷 97 件,化解市级积案 7 件、化解率为 87.5%,化解区级积案 6 件、化解率为 100%,纪检信访重复信访率同比下降 74.56%,全年无人赴京越级访,成功创建 2020 年度市级“无积案镇街”。

**【街道首个“契约化”党建联盟成立】** 2020 年 7 月 1 日,东湖街道在五联工业区成立街道首个“契约化”党建联盟,村党组织与 12 家两新组织签订共建契约,通过乡村振兴、人居环境提升、工业园区提档升级、基础设施建设等方面协同合作,推动党建“契约化”共建向农村和“两新”组织延伸。

**【民生实事项目】** 2020 年,东湖街道基本完成笼式足球场、65 周岁以上老年人流感疫苗接种等一批省市区民生实事项目,第二届水乡文体节、越城图书馆东湖分馆建设、辖区卫生服务站优化、主干道亮化工程、新建 5 个文化礼堂、加强道路安全管理等八项街道民生实事项目顺利完成。全年医保参保率在 99% 以上。完成 11 个村农村物流网点建设,打通农村物流快递投递接收“最后一千米”。

**【重点项目工程建设】** 2020 年,东湖街道持续推进凤林路、越兴路两侧景观提升项目,越东路、二环北路智慧快速路建设工程,新三江闸排涝工程、马山闸强排工程、中芯国际 110 千伏电网外部工程、则水牌区域路网建设和区域燃气配套工程等一批市、区级重点工程顺利推进。完成朱尉村 295 户、8.7 万平方米住宅及 8.2 万平方米非住宅房屋征收。则水牌区块做地工作 4 户滞留户、电信基站等顺利拆除,注销权证 2378 本。全年做地 750 亩,净地出让 449.37 亩,出让金额 53.27 亿元。投入资金 580 万元,高质量完成仁渎村、岑前村、五联村等 6 个村 3215 亩高标准农田建设,有序推进浪头湖村、柏舍村、朱尉村等 3 个村 1680 亩高标准农田建设项目。

**【生态环境整治】** 2020 年,东湖街道 PM2.5 平

2020 年 10 月,绍兴最大的单体地铁管片厂——中亚工贸园地铁管片二期工程建成投产,保障绍兴市重点工程轨道交通建设顺利施工(东湖街道 提供)

均浓度为29.79微克/立方米，较2019年改善9.95%，空气质量优良率达90%以上。完成河道清淤4万立方米、河道砌坎1500米，三类水以上水域基本保持在80%以上，2个市级、4个乡镇级、15个村居级断面水质达到考核要求，迪东公寓雨污分离工程竣工。对20个村(居)、3个专业市场、3条城市主干道东湖段及多个重点工程建筑工地的环境进行集中整治，清除垃圾4000余吨、“三线”序化5000余米、空倒房整治6处、打通村内断头道路40余处。全面落实垃圾分类“桶长制”，街道2000余个“桶长”完成实名登记。

**【“平安东湖”建设】** 2020年，东湖街道完成东湖专职消防队规范化建设，基本建成“15分钟应急救援圈”，升级改造6处避灾安置场所；完成岑前、小皋埠、五联工业园区整治，排查企业200余家，整改隐患1500余处，关停企业5家，约谈、处罚企业5家，完成2家区挂牌督办单位安全隐患整改，各类事故数明显下降。全年共破获刑事案件51起，查处治安案件92起，查处酒驾70起。粮食批发市场成功创建浙江省四星级市场，大昌水产批发市场通过浙江省食用农产品食品安全规范化创建。

**【基层精细化治理】** 2020年，东湖街道创新“重点工作派单制”，“四个平台”对网格员按重点工作内容进行任务派单开展网格巡查，全年累计事件报送量5763条，月人均事件数25条，事件办结率100%，流转处理“平安浙江”爆料2610条，每月巡查“三率”等七项指标完成度位居全区前列。

船博物馆(东湖街道　提供)

**【困难群体关爱】** 2020年，东湖街道完成184户低收入农户认定结对工作。慰问各类困难对象、退役军人1364人次，共计约83.3万元。创建6个全省村(社区)级“新时代枫桥式退役军人服务站”，建设东湖街道残疾人之家，完成12户困难残疾人“无障碍设施进家庭”工程改造，实现街道、村两级居家养老照料中心公建民营建设。(王祺昊)

## 灵芝街道

**【概况】** 灵芝街道位于绍兴市越城区镜湖核心区块，是市委、市政府所在地，地域面积42.8平方千米，水域面积1.4万亩。104国道北复线、萧甬铁路、杭甬高铁、杭甬运河穿境而过。辖区内有狭猕湖避塘、梅东陈家台门、蛟里化龙桥、安心太平桥、林头“王宝和”作坊等历史文物古迹，流传西山头镶门鼓吹打等民俗风情，传统的林头制藕粉技术独具特色。2020年，灵芝街道深入推进“村改社”工作，完成后墅、横湖、段家汇、界树、永兴和大树江等6个居民委员会建制撤销，1个社区行政规模调整，7个城市社区新建，截至2020年底，街道下辖22个行政村、12个居委会、12个社区，户籍人口61400人，流动人口34416人。灵芝街道顺利创建三星级食安办，退役军人服务站成功通过“2020年度绍兴市‘双示范型’退役军人服务站”和“全国示范型退役军人服务中心(站)”的创建验收，街道专职消防队成功通过区“三级专职消防队”考核验收，综合执法灵芝中队被评为全市抗击新冠肺炎疫情先进集体。

| 2020 年灵芝街道主要经济指标完成情况表 | | | | |
|---|---|---|---|---|
| 表 60 | | | | |
| 经济指标 | 单位 | 2020 年 | 2019 年 | 同比增长（%） |
| 规上工业总产值 | 万元 | 317155 | 340661 | -6.9 |
| 规上工业增加值 | 万元 | 67839 | 65419 | 3.7 |
| 限上批发业销售额 | 万元 | 1233374 | 1362844 | -9.5 |
| 限上零售业销售额 | 万元 | 6213 | 5455 | 13.9 |
| 一般公共预算收入 | 万元 | 128318 | 126562 | 1.4 |
| 固定资产投资 | 万元 | 1841026 | 1603681 | 14.8 |
| 自营出口 | 万元 | 434919 | 359437 | 21.0 |
| 限上餐饮业营业额 | 万元 | 4411 | 2815 | 56.7 |
| 生态环境和公共设施投资 | 万元 | 87416 | 64753 | 35.0 |
| 高新技术产业投资 | 万元 | 2415 | 1651 | 46.3 |
| 商品房销售面积 | 平方米 | 1180728 | 681714 | 73.2 |

2020 年，灵芝街道多项指标排名全区第一，自营出口等指标均居全区前列；新认证国家高新技术企业 11 家，新增省科技型中小企业 15 家，完成率分别为 275%、188%，均居全区第一，完成个转企 44 家，股份制公司 2 家，“小升规”企业 1 家，“下升上”13 家。喜临门供应链公司成立并完成“下升上”工作。

**【“多彩灵芝 红动未来”契约化党建联盟】** 2020 年，灵芝街道成立全区首个镇街“契约化”共建工作办公室，发布“多彩灵芝 红动未来”契约化党建联盟品牌，开创“约建外滩”“小天工作室”“共建魅力宜居大滩”“润泽润沁”“家门口”等品牌，共建灵芝“契约化”党建联盟品牌升级版，其中天和社区“契约化”共建项目被评为区 2020 年度党建“契约化”共建十大创优项目之一。

**【招商引资全面推进】** 2020 年，灵芝街道引进官渡 4 号、保亿湖风雅园、云筑轩等商业项目，总投资超 25 亿元，其中 10 亿元以上项目 1 个，5 亿～10 亿元项目 1 个，5 亿元以下项目 5 个，总投资 18 亿的龙湖天街商业综合体签订落户协议；累计引进内资 19.3 亿，完成率达 240.63%；引进外资 1000 万美元，完成率 153.84%；引进区外税源 7912 万元，完成率 989%。

**【创新“政银企”合作新模式】** 2020 年 11 月 28 日，灵芝街道党工委、办事处联合 14 家银行、12 个社区和近百家企业开展“党建为媒谋合力、银企同心促发展”政银企对接活动，积极探索“政银企”金融合作帮扶新模式，帮助中小微企业达

2020 年 3 月 15 日，灵芝街道发布“多彩灵芝 红动未来”契约化党建联盟品牌（灵芝街道 提供）

灵芝街道镜湖大桥（灵芝街道　提供）

成授信6000万元，进一步强化三方协调对接合作，推进地方经济和金融事业共同发展。创新开展企业高质量发展竞赛，全年共向38家企业拨付高质量发展奖励金74万元。

**【辖区星级、特色楼宇数量居全区前列】** 2020年，灵芝街道编印街道楼宇经济发展分析报告和楼宇闲置资源招商手册，落实重点楼宇“五个一”（一个团队、一个窗口、一个平台、一套制度、一个目标），楼宇运行质量和管理水平明显提升。街道辖区内共有重点楼宇18幢，重点楼宇新增入驻企业112家，楼宇注册率96.5%，金滩大厦、星源国际成功创建为星级楼宇，金滩大厦、宁波银行成功创建为特色楼宇。截至年底，共有星级楼宇5幢、特色楼宇4幢，星级、特色楼宇数量居全区前列。

**【拆迁总量位全区第一】** 2020年，灵芝街道立岱、梅东、墨庄、前王、五峰、林头6个村完成整村拆迁，累计签约面积约54.1万平方米，签约率达99%，拆迁总量居全区第一。在全区率先完成后诸、西山头两村滞留户攻坚任务，顺利推进安心、肖港遗留问题处置工作，共调整签约223户，处置率达88.5%，化解了历时12年的历史遗留问题。全年累计拆除并上报违法建筑11.3万平方米，完成率113%，拆后利用率100%，违建分类处置16.5万平方米，完成率110.11%，萧甬铁路环境问题整治完成率和验收率实现“双一百”，拆违控违考核连续五年名列城镇组前茅。

**【人居环境大幅提升】** 2020年，灵芝街道全力推进“五水共治”，河（湖）长巡河率100%，全年清淤7万立方米，提前完成界树等8个生活小区污水零直排改造工作，顺利通过“污水零直排区”建设省级验收，创新举措成功化解林头村“扯藕粉”和前王村“水磨年糕”水污染“白＋黑”问题，以水生态自然修复方式成功治理蓝藻问题；积极参与“无废城市”创建，街道办事处成功创建“无废机关”，绍兴天下和百合花园成功创建“无废小区”；全力打好“蓝天保卫战”，建立24小时“1+2”巡查机制，推出工地扬尘防治“红黑榜”曝光台，全年$PM_{2.5}$浓度平均值27.65微克/立方米，同比下降近13微克/立方米，排名较2019年提升8位，改善率居全区第一。

【平安灵芝建设迈上新台阶】 2020年，灵芝街道刑事治安案件发案率同比下降5.36%，侵财案件同比下降6.57%，黄赌毒同比下降35.32%。街道、村（居）社两级矛调中心全面建成并挂牌运行，充分发挥全科网格作用，全年上报处理事件10382件，按时结案率100%。打造以“拆迁家事纠纷疏导站”为特色的人民调解品牌，安排法律顾问下村，全年成功调解377起，这一模式在全区推广。

【文明创建全域升级】 2020年，灵芝街道荣获区全国文明城市创建迎检工作先进单位，并在区级文明程度指数测评中排名第一。高质量运行新时代文明实践所（站、点），实现村社实践站全覆盖，其中灵芝街道新时代文明实践所、外滩社区新时代文明实践站、颐高广场新时代文明实践点顺利入选区级新时代文明实践示范所（站、点）。（王兴红）

## 东浦街道

【概况】 东浦街道位于越城区西北7千米处，地处越城、柯桥、袍江三大组团中心，地域面积30.78平方千米。乾隆《绍兴府志·水利志》载“积水之区，小者为浦，如东浦”，因系地势低洼之处，且位于原山阴县东北而得名。2020年，东浦街道完成村（社区）党组织换届，下辖35个村级组织（20个行政村、2个居委会、2个社区、11个经济合作社），常住人口4.5万，流动人口4.4万余人。全年完成规上工业总产值9.4亿元，规上工业增加值2.2亿元；实现固定资产投资33.4亿元，其中工业投资7496万元，同比增长110.2%；实现限上社会消费品零售总额3.1亿元。自营出口17.2亿元，同比增长39.4%。

【先进荣誉】 2020年，东浦街道获评新时代美丽城镇省级样板及省AAAA级景区镇（乡、街道）、绍兴市“乐水小镇”，并被提名为省级“五水共治”（河长制）工作考核优秀乡镇（街道）。镜水社区入选全国社区治理与服务创新试验区试验点，行宫山村灌区被授予“浙江省节水型灌区（园区、灌片）”称号，塘湾村家宴厨房入选浙江省农村家宴放心厨房名单。疫情防控复工指数112.16，位居全区首位。强头家园小区成功创建省级高标准垃圾分类示范小区，南村村入选市级垃圾分类示范村。

【产业结构提档升级】 2020年，东浦街道引进希尔顿五星高端酒店、越顺石材、商友众创空间等8个项目，总投资约15.7亿元。先后申报国家高新技术企业5家、省科技型中小企业8家、市级研发中心1家。发放科技类政策奖励补助资金239.8万元，惠及企业30余家；发放专利类奖励补助资金22.6万元，惠及企业11家。落实年度新项目配套费减免政策5家，推进工业企业零土地技改项目启动实施4家，兑现各类企业扶持资金607.51万元，兑现纾困补助资金30.1万元，惠及企业131家。

【征地拆迁项目建设】 2020年，东浦街道完成亚运会棒（垒）球场馆拆迁项目，浙东运河文化

**2020年东浦街道主要经济指标完成情况表**

表61

| 指标 | 单位 | 2020年 | 2019年 | 同比增长（%） |
|---|---|---|---|---|
| 一般公共预算收入 | 万元 | 20945 | 19435 | 7.77 |
| 规模以上工业增加值 | 万元 | 21678.7 | 26737 | -18.90 |
| 固定资产投资 | 万元 | 334374 | 408652 | -18.20 |
| 限上社会消费品零售总额 | 万元 | 30627 | 30798 | -0.56 |
| 自营出口 | 万元 | 172097.89 | 123485 | 39.40 |

2020 年 11 月 15 日，黄酒小镇举行“归心 365 邻里节”（区委宣传部　提供）

园建设区块征收顺利签约、腾空。实施东浦古镇改造（修缮）和环境提升工程（一期）拆迁项目，完成集镇区域 1302 户的房屋征收，272 套安置房择房，按期完成 4 个地块出让准备，黄酒小镇 888 亩土地顺利摘牌。全年完成土地征收 1030.49 亩，处置滞留户 15 户，为黄杭绍台高速、大越路拓宽、黄酒小镇开发等重点项目开发建设提供空间保障。

**【城乡面貌改善提升】** 2020 年，东浦街道打好空气质量达标进位攻坚战，PM2.5 全年累计浓度 31 微克 / 立方米，较 2019 年（40 微克 / 立方米）同比改善 29%。AQI 优良率 89.7%（313 天），较 2019 年（265 天）增加 48 天，同比改善 13.6%。推进省级“污水零直排区”创建工作，完成 9 个污水零直排工程，新增 3 个生活小区、21 个工业园区集聚区、7 个其他类污水零直排改造工程。完成标志性项目建设，安排补短板项目 55 项，总投资 4.07 亿元。

**【“破难一号”积案化解专项行动】** 2020 年，东浦街道完成街道矛调中心建设，构建“一中心四平台”治理新格局。开展“破难一号”积案化解专项行动，化解市级积案 19 件、区级积案 4 件、历史积案 3 件，响应“2211”工作机制办结 2084 件初信初访，信访代办办结件共计 41 件。

**【大走访大服务】** 2020 年，东浦街道开展“进村进户进企，用心用情用力”大走访大服务月活动，累计走访人数逾 6000 人，走访企业逾 300 个，收集意见建议 69 条，现场解答政策 250 余次，解决问题 100 余个，提交街道协调解决问题 11 个，提交区一级部门问题 4 个，并全部完成协调解决。结合实际开展“三服务”工作，创新建立一名“三驻”干部、一个职能部门、多级联动的“1+1+N”分级分类问题处置模式，高效精准解决各类问题 1300 余个。

**【实施“登攀行动”】** 2020 年，东浦街道开展干部专项培养选拔“登攀行动”，根据“重点工作一线练兵，说写能力进阶提升”的总体方向，安排 47 名“登攀”干部到拆迁改造、信访、村社换届、东浦宣传员、破难攻坚等“第二岗位”，进行为期 6 个月的实践锻炼。引导干部当好拆改工作突击员、信访维稳化解员、村（社）换届指导员、最美东浦宣传员、破难攻坚战斗员等“五大员”。

**【民生实事】** 2020 年，东浦街道完成清水闸村桥梁与村级道路修缮工程、“污水零直排区”建设和整改、红十字会便民服务窗口设立、街道“五星级”人大代表联络站以及南片人大代表联络分站建设、政协会客厅建设、北片卫生服务中心建设、热诚小学提升改造及合心幼儿园新建等民生实事。街道便民服务中心对政务服务事项清单进行全面梳理，出台便民服务举措 40 项，所有村（居、社区）实现代办员制度全覆盖。对 35 家具有代表性的重点企业进行用工调查，协助 460 家企业及时领取社保补贴，完成 69 户低收入农户认定结对工作。全年慰问各类困难对象、退役军人等 1567 人次，提供物资援助 316.2 万元。整改各类安全生产隐患点位 600 余处；整改高层住宅小区 7 个、各类园区（单位）20 家、其他住宅小区 6 个。既有住宅加装电梯 4 台，建成智安小区 2 个。（史沁舒）

# 鉴湖街道

【概况】 鉴湖街道地处绍兴市区南部。东邻会稽山旅游风景区，南接柯桥区平水镇，西连柯桥区兰亭镇和印山越国王陵保护区、兰亭国家森林公园，北与市区城南街道接壤。街道地域面积50.3平方千米，下辖11个行政村及2个社区，户籍人口26867人，外来人口10556人，党员1608名。全年完成一般公共财政预算收入7.67亿元，同比下降19.56%；固定资产投资11.92亿元；规上工业总产值7.41亿元，规上工业增加值1.24亿元，同比增速达7.8%。全年实现自营出口总额14亿元，同比增长17.27%，占全国的比重为万分之0.8。年内，实现一般公共预算增速全区第一、被征地农民养老保险工作完成进度全区第一、复工电力指数排名全区第一。

2020年，鉴湖街道完成窗口办件23212件、代办件1867件。玉屏村、丰乐村、上谢墅村成功创建省A级景区村，王家葑村、坡塘村成功创建省AAA级景区村，街道实现省级景区村庄创建全覆盖。王家葑村红十字会入选“浙江省突出贡献红十字基层组织”。10月，街道首个笼式足球场在上谢墅村建成。12月，坡塘村建成绍兴莲花落展厅。

【经济运行】 2020年，鉴湖街道新签约引进产业项目5个，协议总投资3.6亿元，其中1亿～3亿元服务业项目1个；超额完成内资0.92亿元，创历史新高。培育“专精特新”企业10家，淘汰落后产能3家，整治低小散企业45家；摸排入库2020年国高、省科培育库15家，新增街道级企业研发中心3家。年内，引进韩国高丽大学马兴毅博士微纳细胞技术的抗肿瘤分子研发项目；辖区企业浙江图胜数字科技有限公司建成浙江新芯集成电路产业研究中心；李文龙博士发布“中国集成电路产业发展指数”且实现首发地永久落户绍兴。累计落实兑付高层次创业创新人才补助资金159.8万元。

【重点工程建设】 2020年，鉴湖街道全力保障省市字号工程，杭绍台高速鉴湖枢纽至镜岭互通全线通车，13万平方米的轨道交通1号线鉴湖停车场TOD综合开发项目正式启动，绍兴南部综合交通枢纽项目基本完成。另配合实施绍兴市公益性生态墓地工程、新三江闸排涝配套河道拓浚工程，推进“四好农村路”示范镇街创建，完成骆家葑村村北公路建设、下白线整修，完成筠溪公路、云松公路沥青铺设。

【完成“无违建”街道复评】 2020年，鉴湖街道围绕“无违建”街道复评工作开展铁腕拆违。运用无人机航测技术进行常态化空中巡查，查处并拆除新增违建121处3.51万平方米。拆除

2020年鉴湖街道主要经济指标完成情况表

表62

| 指标 | 单位 | 2020年 | 2019年 | 同比增长(%) |
|---|---|---|---|---|
| 一般公共财政预算收入 | 万元 | 76679677 | 95319713 | −19.56 |
| 规模以上工业主营业务收入 | 万元 | 74088 | 74310 | −0.3 |
| 规模以上工业增加值 | 万元 | 12387 | 11420.8 | 7.8 |
| 固定资产投资 | 万元 | 119185 | 286686 | 41.57 |
| 限上社会消费品零售总额 | 万元 | 7175 | 8219 | −12.7 |
| 限上批零、住宿销售额(营业额) | 万元 | 209793 | 193744 | 8.28 |
| 自营出口 | 万元 | 139712 | 119138 | 17.27 |

2020 年 10 月 7 日，鉴湖街道首个笼式足球场在上谢墅村建成（鉴湖街道　提供）

2020 年 9 月 24 日，绍兴市首家“树兰书屋”——鉴湖街道王家葑村树兰书屋揭牌开馆（区文广旅游局　提供）

杭绍台隧道口石料场、拌和场、预制场以及监理项目指挥部等多个临时场地 8983 平方米，实现 100% 复绿。强制拆除秦望筠溪矿口、坡塘云松、王家葑应家坞、玉屏狮子山违建坟墓 200 余穴 1200 平方米。

**【脱贫帮扶】** 2020 年，鉴湖街道按照“两不愁三保障”“不落一户、不落一人”等标准，全面消除家庭人均收入 8000 元以下农户，实现辖区低收入农户 119 户 165 人常态化管理。年内，组织“大走访、大宣讲、大摸排”活动，街道 52 名结对帮扶干部每月至少 1 次入户走访，累计开展帮扶 690 人次。

**【创建省美丽乡村示范乡镇】** 2020 年，鉴湖街道对 62 条河道落实“河长制”工作，完成 14 渠水塘、23 条沟渠的小微水体清淤疏浚工程，整改 44 个保洁类、48 个非保洁类河道问题，实现全年水质监测 100% 达标。配合做好会稽山国家森林公园总体规划相关工作。完成 46 个“污水零直排区”建设项目，总投资达 1833.5 万元。PM2.5 浓度降至 30 微克 / 立方米，空气质量改善率达 21%。年内，街道本级获评浙江省美丽乡村示范乡镇、绍兴市“乐水小镇”。坡塘村入选国家森林乡村、浙江省 AAA 级景区村庄及浙江省森林氧吧，丰乐村、坡塘村、谢墅村和王家葑村获绍兴市“水美乡村”称号，丰乐村、玉屏村、王家葑村获评市级垃圾分类示范片，王家葑村、春风公寓获评省高标准垃圾分类示范村（小区）。街道中心、丰乐村、王家葑村 3 处垃圾制肥基地年生产出水草制肥约 1350 吨，经济效益约 270 万元，经验报道获《浙江政务信息（每日要情）》刊发。

**【全区首个示范性矛调中心建成】** 2020 年，鉴湖街道建成全区首个示范性矛调中心并正式运行，占地面积约 450 平方米，设受理区域、接待区域、综合信息指挥中心三大功能区块。全年累计办理政务热线 1515 件，受理信访 249 件，化解市、区信访积案 6 起。街道本级调解纠纷 27 件，调处村（社区）上报矛盾纠纷 56 件。年内，鉴湖结街道作为全区试点启动农村智慧法务“枝叶工程”，完成谢墅村、春风社区等 6 个枫桥式村（社区）创建，春风社区入选 2020 年度市“民主法治社区”。

**【全市首个“树兰书屋”】** 2020 年 9 月 24 日，绍兴市首家“树兰书屋”——鉴湖街道王家葑村树兰书屋揭牌开馆。书屋占地面积 280 平方米，场外配套面积 1200 平方米，室内可容纳座位 100 人左右，藏书 1000 余册。书房与区图书馆、鉴湖图书馆联网互通，与新华书店系统配套，安装门禁系统、自助借还机、阅读机等设备，集借书、购书、托管服务为一体，并成功入选浙江省五星级文化礼堂。

**【全市首个村级侨文化馆】** 2020年5月，鉴湖街道建成全市首个村级侨文化展示馆，分为侨文化展示厅和侨胞接待室，通过实物还原、图片文字记载和多媒体影像展示等方式，再现华人华侨的奋斗史、成就史。7月14日，省侨联党组书记、秘书长周松一调研秦望村侨文化展示馆。

**【村社组织换届试点】** 2020年7月17日，鉴湖街道召开村（社区）组织换届选举动员大会，标志着全市村（社区）组织换届试点工作启动。28日、29日，完成村（社区）党组织换届选举，13个村（社区）党组织委员全部足额选出，选举产生党组织班子成员61名，“一肩挑”书记人选高票当选，组织推荐人选当选率100%，实际到会党员参选率100%，重大信访维稳事件和扰乱会场事件零发生。（陈莉莎）

## 斗门街道

**【概况】** 斗门街道地处绍兴市区北部，地域面积42平方千米，东与马山街道相邻，西与灵芝街道相连，西北、北与柯桥区齐贤街道、马鞍街道毗邻，东北濒曹娥江与沥海街道隔江相望，保存有斗门老街、袍谷古遗址、三江老闸、三江所城、千年古刹宝积寺和荷湖登瀛桥等历史遗迹，先后获评全国经济千强镇和省经济百强乡镇、体育强镇、卫生镇等荣誉称号。

截至2020年底，斗门街道下辖9个行政村、20个社区（居委会）、6个股份经济合作社，常住人口57607人。全年规模以上工业企业完成总产值560.8亿元，规上工业增加值104.1亿元，全社会固定资产投资53.5亿元，其中工业投资10亿元。实现进出口总额620.5亿元，其中自营出口578亿元；限上社会消费品零售总额113.38亿元，限上批零、住餐销售额320.55亿元，同比增长20.8%；完成建筑业总产值16亿元，其中省内产值14.3亿元，完成商品房销售面积36.7万平方米。新签约引进工业类项目18个、服务业类项目15个，其中10亿元以上项目2个、5亿元以上项目6个、1亿元以上项目4个、1000万元以上项目21个。

**【高新技术产业发展】** 2020年，斗门街道支出科研经费12亿元，引进院士工作站1个，新增国家高新技术企业33家、省科技型企业26家，成功申报省级以上研发机构3家，实现高新技术产业增加值62.8亿元。苏泊尔配套产业园等高端平台载体建设成效明显，累计有5家企业入驻。

**【印染化工电镀产业改造提升】** 2020年，斗门街道稳步推进印染化工电镀产业改造提升，涉及征收的6家企业全部完成签约。集聚的2大印染组团均已在柯桥滨海落户开工。21家化工企业中，13家与上虞杭州湾化工园区签订落户协议，1家原地转型，7家退出关停。4家电镀企

**2020年斗门街道主要经济指标完成情况表**

表63

| 指标 | 单位 | 2020年 | 2019年 | 同比增长（%） |
|---|---|---|---|---|
| 一般公共预算收入 | 万元 | 132219 | 131530 | 0.52 |
| 规模以上工业增加值 | 万元 | 1046698 | 1095718 | 2.62 |
| 限上社会消费品零售总额 | 万元 | 1133840 | 1209267 | −6.24 |
| 限上服务业企业增加值 | 万元 | 106568.6 | 80316 | 32.68 |
| 自营出口 | 万元 | 1614534 | 1629263 | −0.9 |
| 实到外资 | 万美元 | 520 | 336 | 54.76 |

2020 年 6 月 30 日，斗门街道诉讼服务站荷湖法庭驿站揭牌运行。市中院院长党组书记唐学兵（左一）与区委副书记政法委书记钱林江（右一）为其揭牌（斗门街道　提供）

业在农历年底前完成关停。

**【发展高效生态农业】** 2020 年，斗门街道重抓蔬菜基地提档升级和粮食生产功能区建设，全年落实粮食播种面积 1800 亩，落实市级菜篮子基地保供种植，全年复种蔬菜 1 万余亩。投入资金 200 余万元完成斗门村高标准农田建设工作。推广农业测土配方施肥 6400 亩次，减少不合理使用化肥 5 吨，推广商品有机肥 280 吨，实现农药减量 0.3 吨。辖区内荷湖村乡土文化博物馆入选绍兴市“闲置农房激活”优秀项目。

**【实施蓝天、碧水、净土、清废四大行动】** 2020 年，斗门街道完成 20 个空气质量小微监测站点试点建设，开展蓝天巡查 910 余次，发现问题全部按期整改。PM2.5 平均浓度为 28.75 微克 / 立方米，同比改善 17%，改善率在全区国控点中位列首位。年内，完善“河湖长制”信息化管理平台建设新增 12 个翻水点位；完成“无违建河道”创建 13 千米；3 个老旧小区和 135 家企业单位完成“污水零直排区”整改并通过验收。

**【落实平安管家制度】** 2020 年，斗门街道推进落实平安管家制度，全年事件数字化流转 12681 件，处置率达 99.48%，网格员基本信息掌握率达 95%。全年摸排小微园区 161 个、工业企业 1402 家，检查 96 个工业园区 776 家租赁企业，消除安全隐患 5260 余处，完成 6 家市、区重大隐患挂牌单位整改销号，完成敬老院等 4 个避灾场所规范化建设。

**【街道社会矛盾纠纷调处化解中心建成】** 2020 年，斗门街道建成社会矛盾纠纷调处化解中心，全年排查基层矛盾 300 余起，并全部就地化解。受理调处政务热线 4046 件，接待上访人员 106 批 296 人次，化解市级重点积案 4 件。落实信访代办制和“2211”制度，建成 27 个代办点并正常运行。妥善处置劳资纠纷案件 380 起，追讨工资总额约 927 万元。

**【征地拆迁】** 2020 年，斗门街道开展拆迁遗（滞）留问题清零行动，处置遗（滞）留户 23 户。完成石泗、洋江、寺东、桑港等地块清零，盘活土地 500 多亩。完成解放北路延伸段工程 43 户房屋征收和涉及越东路智慧快速路、329 国道智慧高架、地铁 2 号线等一批重大建设项目征地共计 19756.2 平方米。

**【创建成果】** 2020 年，斗门街道昌明社区成功创建“五星达标”社区，中科通信、康思特动力、安盛爆破等 3 家企业成功创建“五星双强”企业。街道电商党建联盟项目入选全区年度党建“契约化”共建“十佳”优胜项目。辖区企业浙江古纤道绿色纤维有限公司荣获“2020 年度中国聚酯行业最具影响力企业”荣誉称号，与绍兴籍中国工程院院士陈文兴合作共建的院士工作站正式揭牌，总经理金革当选“2020 全国优秀纺织企业家”；绍兴中科通信设备有限公司荣获“绍兴集成电路发展优秀贡献奖”。（高英）

# 皋埠街道

【概况】 皋埠街道位于越城区东部，东邻陶堰街道，南毗富盛镇，西接老城区，北隔萧曹运河与东湖街道隔河相望，地域面积59.5平方千米，境内水乡风光独特，历史文化底蕴深厚，自然资源丰富，有省级风景名胜区吼山、浙江省三大名湖之一的东湖、“南宋六帝陵寝”宋六陵遗址等，先后被评为国家级卫生镇、省级卫生镇、省级文明镇、省级生态镇、省级小城镇整治中心镇样板乡镇和省级中心镇。截至年底，街道实辖26个行政村、4个社区，常住人口53150人，行政村、社区组织换届顺利完成。

2020年，皋埠街道实现规上工业生产总值107.4亿元，同比增长36%；固定资产投资、工业投资、限上批发销售额、自营出口分别实现45.8亿元、34.2亿元、35.6亿元和62亿元，同比分别增长35.2%、57.6%、70.33%和97%。年内，推动重点项目开工11个。整治“低散乱”企业180家，淘汰落后产能企业8家，激活闲置厂房5万平方米。

【科研经费支出占比增速居全区首位】 2020年，皋埠街道完成“小升规”“个转企”“下升上”6家、26家、8家，培育“专精特新”企业120家，认定国家高新技术企业13家、省科技型中小企业21家，新增省级以上众创空间1家、院士工作站1家、研究院2家，引进省级以上高端人才5名，新增大学生就业5000余名，科研经费支出占比增速居全区首位。全年实现高新技术产业、规上战略性新兴产业产值65.57亿元、76亿元，同比分别增长135%、82.5%。

【新产业平台建设】 2020年，皋埠街道集中力量推动集成电路和高端生物医药两大“万亩千亿”新产业平台建设，全年新签约落户集成电路、生物医药相关项目15个，协议总投资额超150亿元。其中，总投资80亿元的长电绍兴项目22天拿地开工，已完成桩基工程；中芯绍兴项目产能已达4万片/月，良品率达99%以上，实现年产值9.6亿元。集成电路设计产业园东园完成改造，入驻相关上下游企业30余家。医疗器械产业创新综合体累计引进科技型企业40家，涉及领域包括体外诊断、高值耗材、生物医药材料、智慧医疗等。截至年底，已初步形成集成电路和生物医药两大产业链。

【文化惠民】 2020年，皋埠街道举办大型文化活动4次，包括皋埠街道第四届冬泳邀请大赛、吼山桃花节、文化艺术节和全民健身活动等。年内，实现行政村文化礼堂全覆盖（全拆村除外），并开展送文化下乡、送电影下乡活动，入选省级农村文化礼堂建设示范街道。

**2020年皋埠街道主要经济指标完成情况表**

表64

| 指标 | 单位 | 2020年 | 2019年 | 同比增长（%） |
|---|---|---|---|---|
| 规模以上工业主营业务收入 | 亿元 | 125.2 | 71.7 | 74.62 |
| 规模以上工业增加值 | 亿元 | 20.5 | 15.5 | 32.26 |
| 固定资产投资 | 万元 | 457536 | 338359 | 35.22 |
| 限额以上批发业销售总额 | 万元 | 355919 | 173560 | 70.33 |
| 限额以上零售业销售总额 | 万元 | 60418 | 73513 | −17.81 |
| 自营出口 | 亿元 | 62.0 | 31.5 | 96.83 |

【公共体育服务】 2020年，皋埠街道打造“体育+公园”提质扩面，对文化休闲广场进行提档升级，向西扩展面积近万平方米，并新增运河文化景观小品和文化墙，在原有的篮球场、网球场、乒乓球场外，扩建排舞健身区。新建笼式足球场1个、村级健身广场1个，累计完成健身步道3000米。年内，完成坝内、牌口、山前徐3个省级小康体育村提档升级，新增室内健身房500平方米。

2020年10月，皋埠街道举办“阳光助贫 情暖皋埠”全国扶贫日主题活动，决战脱贫攻坚战（皋埠街道 提供）

【拆违攻坚】 2020年，皋埠街道顺利完成铁路沿线环境整治工作，清理堆积物28处，违建清单全部销号，拆除违建面积约6000平方米。104国道沿线违建即现即拆，拆除违建面积约500平方米，高效提升国道线环境。

【民生实事和公共服务】 2020年，皋埠街道完成民生支出1亿元。其中，解决银春新苑等4个区块燃气管接入的热点民生问题；既有住宅加装电梯2台；完成120急救分站新建，新设VIP特需门诊和康复病区，顺利完成65周岁以上3343名老人流感疫苗免费接种。辖区187户297名低收入农户实现100%双向结对，协调解决各类问题1000余个。“欣浓黄草专业合作社”入选市级产业扶贫基地，提供扶贫就业岗位百余个。

【治安维稳】 2020年，皋埠街道坚守安全发展的红线底线，统筹做好消防安全、食品药品安全、防汛抗台等工作。高标准完成上级重大安全隐患挂牌整改，聚焦工贸企业、危险化学品、建设工程和消防安全等领域开展专项整治，1200余处安全隐患得到整改。完成9个智安小区（景区）建设。交警智慧岗亭、数字指挥中心投入运用。（韩信忠）

## 陶堰街道

【概况】 陶堰街道位于越城区东部，东与上虞区东关街道、道墟街道接壤，南靠富盛镇，西临皋埠街道，北连孙端街道。距绍兴市区13千米，浙东古运河杭甬运河、萧甬铁路、104国道、329省道、钱陶公路和绍诸高速、平陶公路穿境而过。因东汉陶姓家族居住堰下而得名，为陶成章、陶行知、邵力子的故乡。街道总面积25.11平方千米，辖11个行政村、1个居委会，年末常住人口2.37万人。

2020年，陶堰街道财政用于民生支出3061万元，占总支出的69.5%。年内，完成健康主题公园建设、垃圾分类提质扩面、智慧安防能力提升等八项民生实事工程，其中增加健康检查项目惠及人数9000余人。全年发放各类扶救资金183万元，城乡居民基本医疗保险参保人员11870人，参保率99.49%。动态调整低保、困难对象215户，盘活闲置农房2000平方米以上。

【产业转型升级】 2020年，陶堰街道新增规上工业企业5家，新增限上商贸三产企业6家，培育“专精特新”小微企业10家，完成“个转企”21

**2020 年陶堰街道主要经济指标完成情况表**

表 65

| 指标 | 单位 | 2020 年 | 2019 年 | 同比增长(%) |
|---|---|---|---|---|
| 规模以上工业主营业务收入 | 万元 | 327869 | 279078 | 17.48 |
| 规模以上工业增加值 | 万元 | 88357 | 80641 | 9.57 |
| 固定资产投资 | 万元 | 40137 | 36859 | 8.89 |
| 限上服务业企业增加值 | 万元 | 5215 | 4872 | 7.04 |
| 自营出口 | 万元 | 107913 | 92669 | 16.45 |

家,整治“低散乱”企业 30 家,淘汰落后产能企业 339 家。全年新增国家高新技术企业 5 家,增长率 150%;新增省科技型中小企业 5 家、市级研发中心 1 家。全年 R&D 经费支出 0.65 亿元,完成率 104.8%。实现高新技术产业产值 73868 万元,同比增长 17.04%;高新技术产业增加值 21071 万元,同比增长 17.21%;完成高新技术产业投资 2673 万元。新签约引进亿元以上工业项目 1 个、2000 万元以上工业项目 3 个、重点服务业项目 4 个,引进区外税源 300 万元;实到内资总额 1.97 亿元。

**【现代化农业发展】** 2020 年,陶堰街道有 50 亩以上的种粮大户共 46 户,承包及流转土地面积 9347 亩;农机 673 台套,水稻耕种收综合机械化率近 95%。全年完成粮食播种面积 2.12 万亩,年均产量达 1 万余吨,早稻亩产达 500 千克,再生稻亩产达 350 千克,实现一季高产双收。年内,实施金墅村、邵家溇村、南湖村、张家岙村粮食生产功能区提标改造工程,建成省级水稻绿色防控示范区 1 家、省级高品质绿色科技示范基地 1 家、省级高品质绿色示范基地 2 家。

陶堰街道东鉴湖(陶堰街道 提供)

**【全区首个区域性现代农业综合服务中心】** 2020年12月24日，越城区粮油产业农合联成立大会暨区（陶堰）现代农业综合服务中心揭牌成立，总投资55万余元，选址陶堰街道茅洋村，设置农产品展示展销区、农业社会化服务、粮油产业联合会、庄稼医院、实验室、农资商店、农资仓库功能区块，为农民合作社、家庭农场、农业企业、种植养殖大户等生产经营主体提供种子种苗、植保、农机、农产品销售、技术培训、金融服务等综合性一体式服务。

**【“陶然名苑”破产重整】** 2020年，陶堰街道顺利化解历时5年的“陶然名苑”破产重整问题。该项目为街道辖内商品房楼盘，于2015年12月因开发商资金链断裂且涉及重大诉讼导致烂尾，引发交房延期和拖欠工程款、农民工工资等问题。年内，项目一期246户实现交房，2.4亿元现金债务基本完成清偿。

**【创新基层治理】** 2020年，陶堰街道创新实施“清单式准入、契约化共建、点单型服务”基层治理制度。试点村泾口村，针对村内党员、村民、企业等不同主体，全体党员签订“初心契约”，志愿者签订服务契约，村民签订“清单契约”三份契约，并纳入“正负清单”管理，合力推动农村环境改善、乡风文明进步、村民增收致富。另浔阳村党总支与陶堰教育党总支开展“校地共建”，在精神传达、文化传播、卫生示范、治安巡防等方面制定共建项目清单，加快推进阵地共用、文化共融、服务共享。（朱小花）

## 马山街道

**【概况】** 马山街道位于越城区北部、滨海新区中部，区域面积44.5平方千米，东接孙端街道，西接斗门街道，南接东湖街道，北濒曹娥江。据《绍兴县志》载：“传大禹治水时，防风氏过此，在一土丘间驻马，丘侧有石骨隆起似为山之余脉，因名。”截至2020年底，街道实辖20个行政村、6个城市社区、1个居委会，户籍人口53188人，流动人口60971人。

2020年，马山街道实现规上工业总产值159.8亿元，同比增长2.48%；高新技术产业、规上战略性新兴产业产值94.8亿元、55.9亿元，分别同比增长6.83%、5.50%。完成固定资产投资36.06亿元，同比增长26.07%；限上批发业销售额33.2亿元，同比增长19.1%。实现自营出口59.46亿元，同比增长19.89%；实到外资537万美元。

**【产业转型升级】** 2020年，马山街道签约引进项目9个，其中5亿元以上工业项目1个、2000万元以上工业项目4个、1000万元以上服务业项目2个，绍兴综合保税区、华剑智能装备、吉溢科技等一批重大项目动工建设。新增国家级高新技术企业20家，省科技型中小企业19家，新引进和培育海内外高层次人才2名，吸纳大学生约1800人。印染企业四大组团均实现动工建设，6家化工企业均签订搬迁意向协议，1家电镀企业关停。新增“个转企”55户、“小升规”15户，中成控股集团入围全省第二批“雄鹰行动”培育企业名单。

**【创建区级“无积案”镇街】** 2020年，马山街道落实“2211”信访工作机制，“12345”政务便民服务平台办结群众有效诉求2560件，满意率92.2%。全年共化解市级信访积案12件、区级信访积案4件，依法打击无理访1名，成功创建2020年度区级“无积案”镇街。

**【街道社会矛盾纠纷调处化解中心启用】** 2020年，马山街道分级分类打造街道、村（居）、网格三级社会矛盾纠纷调解阵地，建成并启用街道社会矛盾纠纷调处化解中心，系全区率先完成建设的“示范型”矛调中心之一。总面积约为

**2020 年马山街道主要经济指标完成情况表**

表 66

| 指标 | 单位 | 2020 年 | 2019 年 | 同比增长(%) |
|---|---|---|---|---|
| 规模以上工业主营业务收入 | 万元 | 1386946 | 1488185 | -6.80 |
| 规模以上工业增加值 | 万元 | 325274 | 305134 | 6.6 |
| 限上社会消费品零售总额 | 万元 | 3800 | 17400 | -78.1 |
| 固定资产投资 | 万元 | 360583 | 286022 | 26.07 |
| 自营出口 | 万元 | 594620 | 495975 | 19.89 |

650 平方米，分为调解区域、接待区域、集成办公区域三大功能区域。业务受理窗口、联合调解中心等成建制入驻，交警、劳动监察、公安等各类职能部门采取轮驻和随叫随驻方式开展工作，拥有“裘说法”“师爷调解”“马大嫂调解”等人民调解、专业性行业调解等资源，综合多元化解手段，推动解决矛盾纠纷。

**【项目“包保制”品牌】** 2020 年，马山街道依托新区“规划建设、招商引资、企业服务”职能优势，做深做透项目“包保制”品牌，顺利完成综合保税区一期项目和两岸集成电路创新产业园供地保障任务，入选省重大产业项目 3 个。全年出让经营性用地和工业用地 448 亩，项目征地 1222 亩，完成综合保税区一期项目和两岸集成电路创新产业园供地保障任务并推动重点项目顺利开工。

**【扶贫消薄】** 2020 年，马山街道完成徐潭、宁桑、东豆姜、檀渎 4 个村消薄任务。实施社会救助兜底保障和困难群体精准帮扶，累计走访慰问各类困难家庭 700 余人次，实现 17 个村低收入农户 97 户 137 人全覆盖结对。

**【公共服务建设成果】** 2020 年，马山街道医保、党组织关系迁移等 27 个事项实现就近办，近 200 个高频事项实现“最多跑一次”。青少年健康教育基地建设入选区级社区教育重点实验项目，两湖小学顺利开工，马山街道中心幼儿园中冶梧桐园园区被认定为 2020 年浙江省一级幼儿园，新世纪幼儿园荣获 2017—2019 年绍兴市十佳普惠性民办幼儿园。街道退役军人服务站先后被评为全国“示范型”退役军人服务中心站、省级新时代枫桥式退役军人服务站和市级“双示范型”退役军人服务站。

马山街道新时代文明实践广场（马山街道　提供）

**【人居环境整治提升】** 2020 年，马山街道治理散乱污企业 170 家，拆除违建 7 万平方米，维修改造城区道路 50 万平方米，实施小区生活污水零直排改造工程 5 个。落实中央环保督察“回头看”反馈意见整改，6 件信访案件基本办结。全年大气优良天数 331 天，$PM_{2.5}$ 平均浓度 28 微克 / 立方米。新安人家小区、尚巷村创成省级高标准生活垃圾分类示范小区（村）。车家弄村、尚巷村被评为市级水美乡村，储墅村建成市级特色精品村，尚巷闲置农房激活项目被列入市级优秀案例。佳祥农场入选市高品质绿色科技示范基地。（王小燕）

## 孙端街道

**【概况】** 孙端街道位于越城区境东北部，东、北与上虞区相邻，面积31.3平方千米。相传昔有孙端者居于此，地以人著，遂名孙端。截至2020年，孙端街道实辖16个行政村、1个居委会，总人口38764人。

2020年，孙端街道实现规模以上工业总产值20.48亿元，同比增长7.08%；建材行业同比增长10%；节能环保产业、战略性新兴产业同比增长3%；规下工业营业收入同比增长23.3%。自营出口3月起稳定增长，全年同比增长20%。

**【整村隔离工作经验受各级表彰】** 2020年疫情期间，孙端街道创新探索“街道指导、村居自治、居家隔离、设卡登记、生活保障”20个字疫情防控模式和经验，并在全区推广。对新河、镇塘殿等疫情重点村，于正月初一晚紧急设卡，在全省率先采取整村居家隔离医学观察。构筑“水、陆、空”立体隔离防线，设置卡点64个，共派遣街道、村居两级工作人员143人，并落实整村隔离村民每天每户100元生活供应标准。街道累计发放临时通行证2613人、通行证13753人，其中白名单审核通过2247人，发放2036人。成功实现“无疫情扩散蔓延、无继发及二代病例、无工作人员感染、无死亡病例、无群体性事件”的“5个无”目标，高效完成区委区政府“双清零”工作任务。相关工作经验获省委、市委、区委主要领导肯定以及多家中央级媒体的点赞，人民日报、新华社等多家中央媒体赴孙端进行深度报道、中英文双语刊载，累计获得67家媒体、237篇次的宣传报道。

**【推进“农业+”美丽城镇样板创建行动】** 2020年，孙端街道以创建美丽城镇省级样板为目标，成立以街道主要领导为双组长、其他班子领导为成员的美丽城镇创建工作领导小组与12个专项工作组，明确“一核、一线、一廊、四片”的创建思路，编制行动方案，打造以特色农业为主导的农业大花园和以人文乡情为动力的鲁迅外婆家。将项目库高精准分解为56个建设项目（包括市、区两级重点工程），总投资额为25.2亿元，当年投资额5.98亿元。截至年底，所有项目全面开工，基本完工48个。

**【市、区重点项目拆迁征收】** 2020年，孙端街道成立7个拆迁滞留户攻坚小组，每天进村入户集中攻坚。涉及马山闸强排工程孙端小库村农房征迁滞留户共计7户于5月底前全部完成签约，拆改处置率达100%；绍兴海浩新型建材有限公司征迁项目，合计征收厂房面积136平方米，征收补偿金212万余元，已完成厂房腾空并实施拆迁；杭甬高速孙端互通增设工程已完成新河、安桥头、许家埭、镇塘殿4个村157穴地下墓穴、12万平方米大棚蔬菜（含钢棚）、63亩特种水产（含钢棚）、1.1万平方米水泥沥青路面等附属物、附着物赔偿征迁工作，涉及拆迁13户，完成1户拆迁，12户丈量、调查工作；马山

**2020年孙端街道主要经济指标完成情况表**

表67

| 经济指标 | 单位 | 2020年 | 2019年 | 同比增长（%） |
|---|---|---|---|---|
| 规上工业总产值 | 万元 | 204790 | 191295 | 7.05 |
| 规上工业增加值 | 万元 | 35502 | 32499 | 9.24 |
| 限上批发业销售额 | 万元 | 9096 | 6315 | 44.04 |
| 固定资产投资 | 万元 | 112385 | 42584 | 163.91 |
| 自营出口 | 万元 | 83287 | 65380 | 27.39 |

孙端祝福文化节——骆海森(区委宣传部 提供)

闸强排工程后双盆段完成土地征收及附属物赔偿工作,顺利进场施工;基本完成绍兴洁蕊印染有限公司、浙江启迪印染有限公司2家印染企业的预征收评估工作。

【创建"浙江省AAA级景区镇"】 2020年,孙端街道从自身生态优势和文化资源出发,加快建设新时代美丽乡村,成功创建"浙江省AAA级景区镇"。实施"农文旅"项目助推,小库村"树童部落"、村头村"舒欣果园"获批市级和区级职工疗休养基地,树童部落成功举办南瓜节、丰收节等四季节会,全年累计接待游客超过20万人次。另启动安桥头村"鲁迅外婆家"片区项目策划及概念性规划,已形成初步方案,并成功举办非遗兴乡大巡游;吸引鲁迅文化基金会会长周令飞先生多次到孙端考察调研,鲁迅家博物馆、鲁迅美术学院动漫创作基地等核心启动区项目正在落户商谈。

【提升人居环境治理】 2020年,孙端街道开展小库村2020年度浙江省美丽宜居示范村创建,推进三条溇、吴融、榆林等3个村市级精品村创建和前双盆、孙端、许家埭等3个村区级精品村创建,总投资额2700万元;推进32个新农村建设项目,总投资额1644万元。全年PM2.5平均浓度为27微克/立方米,低于2019年的32微克/立方米。第二轮中央生态环境保护督察期间,共计接收主办案件7件,其中2件为重点件,责令整改企业12家,立案查处2家,责令停产10家,查封关停10家。

【创新探索矛盾纠纷"3+1"调解机制】 2020年,孙端街道强化基层治理四平台功能,创新构建外婆家诉前纠纷"3+1"调解机制。全年共摸排不稳定因素25件;落实重大节会期间重点人员的维稳工作,全年未发生赴京赴杭越级访。截至年底,共受理办结信访件1315件,办结率100%;区级重点督办件、历史积案化解率均为100%。通过民事纠纷化解"3+1"联动机制,各级调委会共调处各类矛盾纠纷346起,司法确认5起,成功率99.5%,群众满意度100%,调解协议涉及金额累计313万元;袍江法庭派送民(商)事诉讼案件48起,化解信访积案2起。

【公共服务城乡融合】 2020年,孙端街道推进集镇主要道路提升、集镇公厕提升等实事工程,完成三条溇等7个村体育设施升级、建设,协助推进329国道路面修复、杭甬高速孙端互通增设等省、市级工程。街道辖区内参保率达99%以上。年内,及时处理劳资纠纷投诉举报案件31起,涉及金额138605元,帮助辖区内182家困难企业落实社保费退返政策。新增低保35户50人,注销23户34人,新增残疾困难户60

户 60 人、注销 34 户 34 人，累计发放低保金、重残金 66 万元。92 个街道干部结对帮扶低收入农户 296 户。1676 人享受 2019 年度奖扶政策，57 人享受特扶政策。顺利实现 16 个村文化礼堂全覆盖。

**【实现“一村一大学生”】** 2020 年，孙端街道圆满完成村社基层组织换届选举工作。对街道 17 个村居的 89 名“两委”干部（主职干部 31 名）开展政治考察，选举产生 59 名党支部组织委员、54 名村（居）委会委员、17 个村党支部副书记和 14 个村（居）委会副主任，吸引 8 名在外优秀人才回归，全面实现“一村一大学生”。（张楠）

## 富盛镇

**【概况】** 富盛镇位于绍兴市越城区东南部，东接上虞区长塘镇，西连皋埠街道，南与上虞区汤浦镇相邻，北与陶堰街道相接，镇域面积 79.77 平方千米，其中森林覆盖率 74%，是越城区内唯一的乡镇。2020 年，全镇下辖 14 个行政村、1 个居委会，年末常住人口 22650 人、流动人口 1249 人。

2020 年，富盛镇完成规模以上工业总产值 78564 万元，同比减少 9.3%；规模以上工业增加值 18950 万元，同比减少 3.4%；完成固定资产投资 4593 万元，其中完成工业投资 3331 万元，同比增长 89.3%；完成限上社会消费品零售额 885.5 万元，同比增长 22.5%；完成限上批发销售额 10.1 亿元，同比增长 15%；完成限上住宿业营业额 907 万元，同比增长 130.8%；完成限上餐饮业营业额 622 万元，同比增长 25.2%；实现自营出口 45493 万元，同比增长 23%。年内，富盛镇获国家卫生镇、省级文明镇、省级 AAA 级景区镇和市级乡村振兴突出贡献集体、市级美丽城镇建设突出贡献集体等荣誉称号。上旺村创建全国文明村，倪家溇村蝉联全国文明村称号。

**【经济增长动能】** 2020 年，富盛镇深化内培外引，新引进工业项目 3 个、服务业项目 2 个、现代服务业企业 7 家，完成个转企 8 家，实现规上其他营利性服务业零的突破。全年整治“低散乱”企业 30 家，淘汰落后产能 3 家；完成“专精特新”企业培育 10 家、跨境电商培育 2 家，新增“上云”企业 13 家，新认定国家高新技术企业 1 家、省科技型中小企业 4 家。全年完成规上企业新产品产值 4.09 亿元，实现高新技术产业增加值 1.42 亿元，支出研究与试验发展经费 2941 万元。柔性引才 17 人，招引高技能人才 10 人，8 家规上企业科技特派员实现全覆盖。

**【生态农业发展】** 2020 年，富盛镇夯实粮食生产基础，扩大生猪养殖规模，保障蔬菜供应。全年完成粮食播种面积 21000 亩，粮食总产量 8700 吨以上；生猪存栏 1.3 万头，出栏 2.5 万头；实施稻鱼（虾）共生、轮作养殖模式 330 亩；3 个市级“菜篮子”蔬菜基地平稳运行。成功创建 2 个省级高品质绿色科技示范基地，建成 1 个连

**2020 年富盛镇主要经济指标完成情况表**

表 68

| 指标 | 单位 | 2020 年 | 2019 年 | 同比增长（%） |
|---|---|---|---|---|
| 规模以上工业主营业务收入 | 万元 | 78564 | 86579 | −9.3 |
| 规模以上工业增加值 | 万元 | 18950 | 21674 | −3.4 |
| 固定资产投资 | 万元 | 4593 | 15770 | −70.9 |
| 限上社会消费品零售总额 | 万元 | 886 | 496.6 | 22.5 |
| 自营出口 | 万元 | 45493 | 36977 | 23 |
| 实到外资 | 万美元 | 45493 | 36977 | 25 |

2020 年，央视记者探访富盛镇抹茶小镇（富盛镇　提供）

作晚稻高产示范方和 3 个化肥定额制配套技术示范方，被评为省级农作物病虫害绿色防控示范区、市级农业绿色发展先行区。中泰畜牧被认定为省级骨干农业龙头企业。国明农场被评为省稻渔综合种养省级示范基地。

**【生态旅游发展】** 2020 年，富盛镇编制镇域《旅游发展总体规划（2020—2035）》，拓展全域旅游发展空间。年内，完成石门古道游步道修建，与廿四岗游步道连接形成环线；完成诸葛仙山景区提档升级，推进富盛绿道建设；成功举办“美丽乡镇 · 七彩富盛”青少年研学游、五峰岭星空露营等活动；成立镇农创客联合会，打开富盛优质农产品销售新通道。诸葛仙山景区被评为全省“乡村氧吧”。全年吸引游客 30 余万人次。

**【美丽乡村建设】** 2020 年，富盛镇完成第一轮中央环保督察反馈问题和省环保督察交办件“回头看”，高标准推进第二轮中央生态环保督察问题整改。完成乌石废弃矿山边坡治理、金溪水石流和边坡崩塌隐患治理；完成义峰村农村全域土地综合整治与生态修复试点，三溪口废弃矿治理主体完工；建成镇生活垃圾减量化处置中心，各行政村户外公共桶垃圾分类实现社会化运作，垃圾分类准确率保持在 80% 以上；投资 2660 万元的“四好农村路”建设项目基本完工。另关停“散乱污”涉气企业 5 家，治理工业挥发性有机物 VOCs 企业 2 家，推进天然气锅炉低氮改造 4 家，PM2.5 年均浓度降至 24 微克 / 立方米。完成小流域生态治理 5300 米，河道砌坎 3900 米，河道清淤 3.08 万立方米，断面水质稳定在Ⅲ类及以上。年内，倪家溇村成功创建省 AAA 级景区村庄和市 AAA 示范村，诸葛山村成功创建省级农家乐集聚村。

**【民事实事】** 2020 年，富盛镇激活闲置农房项目 12 个，7 个年经营性收入 30 万元以下的经济薄弱村实现“消薄”，入选全市农村闲置资源全域激活试点乡镇。8 项为民办实事项目顺利兑现，如期完成镇村共同投资 600 万元的 13 项村级民生实事工程。建成省级老年体育活动中心，镇残疾人之家被评为市级四星级残疾人之家，2 家村级居家养老照料中心实现公建民营。（崔立文）

# 附 录

## 争当"四个率先"先行区　全力建设首位度中心城区 率先走出争创社会主义现代化先行省的区域发展之路（摘要）

### ——在区委九届十二次全体（扩大）会议上

越城区委书记　金晓明

### 一、2020 年区委常委会主要工作情况

2020 年是极不平凡的一年。习近平总书记亲临浙江考察，赋予越城区努力成为新时代全面展示中国特色社会主义制度优越性的重要窗口的新目标新定位。面对突如其来的新冠肺炎疫情，区委常委会全面落实中央和省市决策部署，坚持"两手硬、两战赢"，扎实做好"六稳"工作，全面落实"六保"任务，深化"三个年"行动，奋力打造首位度中心城区。预计全年实现地区生产总值 1054 亿元，同比增长 5.4%；一般公共预算收入 78.76 亿元，同比增长 4.7%；固定资产投资 578 亿元，同比增长 18%；自营出口 566 亿元，同比增长 18%，交出了一份经济社会发展的高分报表。

**这一年，我们旗帜鲜明讲政治，党的政治建设取得新成果。**区委常委会始终坚持把学懂弄通做实习近平新时代中国特色社会主义思想，视为坚定不移讲政治、顾大局、护核心的重要表现。认真学习贯彻习近平总书记考察浙江等系列重要讲话及指示批示精神，组织专题学习 39 次，举行十九届五中全会精神专题学习会，组织开展基层宣讲，推动党的创新理论在越城落地开花结果。始终牢记总书记嘱托，积极探索新时代党建"契约化"共建，制定落实"十个一"新举措，圆满承办第四届全省基层党建论坛，组织召开全区工作现场会，党建"契约化"共建向更大范围、更宽领域、更深层次、更高水平迈进。支持区人大及其常委会依法履职，监督计划实施和预算执行，助推重点项目、民生实事按时优质完成，作出行政区划调整等决议决定 5 个，街道人大工作和建设试点工作获得省人大与时俱进奖特别奖。支持区政协发挥专门协商机构作用，围绕营商环境、产业发展、基层治理等主题开展专题协商，“请你来协商”、委员工作室、界别活动月等特色履职平台持续深化。积极做好统战工作，高质量建成民主党派服务中心，率先在全市探索推行宗教场所标准化管理，做深做实新乡贤及港澳台侨工作，为越城发展凝心聚力。区委党管武装暨全区国防动员工作创新发展，征兵工作考核全市第一。

**这一年，我们统筹推进疫情防控和复工复产，“两手硬、两战赢”取得决定性胜利。**区委常委会认真贯彻落实上级决策部署，坚决打赢疫情防控人民战争、总体战、阻击战。从紧从严防控疫情，果断实施全省首个整村医学隔离，创新出台“二十字”防疫机制，较早实现疫情“未扩散”、患者“零死亡”、医护“零感染”目标。强化应急防疫物资保障，支持重点企业转产增产，累计调拨各类防疫物资超3亿件，振德医疗被省主要领导称赞为战时状态的“兵工厂”并获全国抗疫先进集体。全力帮扶企业复工复产，开出全市首趟就业大巴，率先派出4支省外招工分队，派驻企业服务员近千名，帮助企业解决问题3000余个，发放企业纾困补助资金1.31亿元，惠及8000多家小微企业和个体工商户，在全省复产考核中位列全市第一。用足用好减税降费政策，支持小微企业渡过难关，预计全年累计实现减税30亿元，降费18.5亿元。创新推出支持外贸企业稳订单稳市场十大举措，深化“1+X”外贸服务联盟，打造“一站式”外贸企业服务平台，出口增速列全市第一。

**这一年，我们争先创优谋新篇，产业发展迈上新台阶。**区委常委会始终坚定不移抓项目、增后劲、兴产业，把高质量发展作为第一要务。科学制定“十四五”规划，编制国土空间规划、产业规划、交通规划以及重点区域详细规划，为产业发展增添动力。深入开展“六个一批”项目工程，入选第一批实施类省重大产业项目11个，总投资317亿，用地4087亩，项目数量、投资、用地分别占全市的61%、74%、65%，占全省的9%、16%、14%，现已全部开工。累计争取排污指标13万吨、用煤指标12万吨，实际到位新增建设用地指标1770亩，列全省第一。8个重点项目入选市县长项目工程，现已全部开工。深入实施印染化工跨区域集聚提升行动，47家涉改印染企业中34家组成5个组团全部开工建设；35家涉改化工企业中21家顺利完成签约落户。整治各类“低散乱”企业1005家，完成淘汰落后产能企业50家，高质量完成年度任务。围绕两大“万亩千亿”新产业平台，开展产业链精准招商，新引进亿元以上产业项目39个，总投资970亿元。集成电路产业区域集聚度不断提升，长电科技、中日韩集成电路产业园、两岸集成电路产业园等重大项目加快建设；高端生物医药产业加速推进，加快建设创新药谷、细胞治疗谷、智能康复谷、营养健康谷等“四大特色产业谷”。成功举办2020“同心·越城”大会，承办第三届中国(绍兴)集成电路产业峰会、中国(绍兴)生命健康产业峰会、中德高端制造峰会、绍兴国际医疗器械产业创新高峰论坛，越城“朋友圈”逐步扩大，发展合力不断凝聚。积极开展对口合作、对口支援、山海协作，认真落实东西部扶贫协作，结对帮扶的四川马边彝族自治县实现高质量脱贫摘帽。

**这一年，我们改革开放谋发展，体制机制调整取得新突破。**区委常委会始终坚持推动改革补短板、强弱项、激活力，以“改革创新年”行动为载体，建立完善扁平高效的运行机制，“两区”赋能效应逐步显现。滨海新区围绕规划建设、招商引资、企业服务三大头部职能，确立正面清单46项，越城区全面兜底、充分保障，同步建立八项协作机制，有力推动“两区”融合发展。绍兴综合保税区正式获国务院批复，增设绍兴综合保税区管理委员会，规划研究、工程建设、招商引资等工作全面推进。召开建设全市首位度营商环境大会，首创30条优化营商环境实施意见，聘请20名营商环境观察员，召开“亲清直通车·政企恳谈会”，建立营商环境工作专班，企业便利度、获得感显著提升。沥海街道行政区划调整有序推进。顺利完成第三轮市对区事权调整。深化国有企业改革，积极筹建文旅集团和城发集团。切实开展基层减负行动，制定出台基层减负“九个不得”规定。持续深化机关内部“最多跑一次”改革，办事材料、时间分别缩减28.6%、69.3%。

**这一年，我们科技创新添动力，人才强区创新强区建设实现新成就。**区委常委会始终坚持把人才强区、创新强区作为首位战略，全面构建具有越城标识度的全域创新体系和创新生态。围绕两大“万亩千亿”产业链部署创新链，积极争创国家级集成电路产业创新中心、绍芯实验室，加快推进浙大微电子研究中心、中关村水木湾区科学园、复旦大学科技园绍兴创新中心、国科生命健康创新园等项目建设。聚焦培育创新型企业群，实施科技企业双倍增计划，新增省科技型中小企业206家，高新技术企业通过省评审163家，其中新认定103家。实施凤凰行动计划，新增上市公司2家。研发投入强度同比增长49%。积极创建绍兴滨海新区人才管理改革试验区，统筹推进大湾区院士之家、人才创新服务综合体建设，全面加强人才“引育留用管”，新引进和培育海内外高层次人才90余名，其中顶尖人才5名，国家级领军人才19名，省级领军人才12人，大学生2.4万人。

**这一年，我们守正创新展成效，宣传思想文化工作开创新局面。**区委常委会始终坚持举旗帜、聚民心、育新人、兴文化、展形象的使命任务，不断为越城发展构筑强大思想根基和浓厚舆论氛围。全面加强党对意识形态工作的领导，完成省委、市委意识形态专项检查反馈意见整改落实。培育打造“台门汇”基层理论宣讲品牌，累计开展各类主题宣讲5000余场，覆盖党员群众超10万人。打造文商旅一体化发展新模式，加快推进871LOOP、黄酒小镇等17个总投资530亿元的重点文创大走廊项目建设，持续把文化资源的厚度转变为文化产业的高度。全域化推进文明创建，以主力军姿态实现绍兴全国文明城市“三连冠”，城市形象和文明风尚显著提高。加强新时代爱国主义教育和公民道德建设，新上榜中国好人2人、浙江好人7人。加强新时代文明实践阵地及体系建设，实现“线上线下”阵地全覆盖。深入推进区融媒体中心建设，成立文化传媒有限公司，全方位构建“今日越城”融媒矩阵，在市级以上主流媒体推出头版头条报道350余篇次。探索开展网络生态“瞭望哨”工程，闭环处置网上群众诉求800余件，网络空间清朗有序。成功举办首届“古越论剑”军事文化研讨会，相关工作经验在全市推广。

**这一年，我们城乡统筹惠民生，城市能级和品质取得新跨越。**区委常委会始终坚持以人民为中心发展理念，把改善民生作为一切工作的出发点和落脚点，今年以来全区民生支出56亿元，城乡居民人均可支配收入分别增长6%和7.5%。重抓“一城三故里”古城项目群建设，扎实推进古城北入口、风越里等24项古城保护利用清单工作，城市有机更新和功能提升进一步加速。加快越兴路、群贤路、世纪街等29条道路综合整治提升，推动镜湖、袍江、高新、江滨片区全面融合。全力推进美丽城镇建设，完成老旧小区改造50个，东浦街道成功创建省级样板。全面打赢南汇、871地块等拆改攻坚战，今年累计拆改251万平方米，总量列全市第一。开展滞留户"拔钉清障"专项攻坚行动，有力保障杭绍台高速高铁、智慧快速路、文理学院改扩建等省市重点项目建设。截至目前，124个政府投资项目完成投资83亿元。预计完成经营性土地出让2633亩220亿元以上。公共服务水平加速提升，上海虹桥国际学校、国科大附属肿瘤医院绍兴院区、浙江金融职业学院绍兴校区等签约落户，区人民医院建设顺利推进。5G基站"一件事"审批改革省级试点加快推进，已建设5G基站1505个。高标准做好第二轮中央环保督察，实现全市唯一"零现场检查、零问询谈话、零重点问题、零资料调阅"，所有信访交办件按期完成报结。深入推进城乡垃圾分类，覆盖率分别达到98%、97%。空气质量优良率升至90.9%，PM2.5浓度降至28微克/立方米，改善率全省第一。全面推进"污水零直排区"建设，功能区水质达标率100%。马山闸强排等重大水利工程持续推进。区级退役军人服务中心实体化运作，与市级成功联创"全国双拥模范城"六连冠。新建"五星达标、3A争创"村6个，建成新时代美丽乡村32个。28个经济薄弱村实现年经营性收入30万元以上，低收入农户人均可支配收入增长13%以上。

**这一年，我们维护稳定促和谐，平安建设取得新提升。**区委常委会始终坚持发展和安全齐头并进，开展"治理提升年"行动，推进"五大专项行动"，平安建设实现十五连冠，成功夺得"一星金鼎"。全力推进数字赋能区域社会治理现代化，创造性建设越城区社会治理矩阵式智治平台，成立全省首个党建契约数字赋能社会治理共建基地，召开全省情指行一体化改革现场会，相关工作经验在全省推广。深入发展新时代"枫桥经验"，深化"最多跑一地"改革，体系化推进三级矛调中心建设，加速推进资源整合、职能融合和力量聚合，诉前纠纷化解率、调解成功率保持全市首位。扎实开展"百日攻坚"行动，实现赴省越级访降幅全市第一，连续56个月保持零非访。深入推进扫黑除恶专项斗争，完成全省涉案金额最大涉黑案件的财产刑执行，区法院被评为全省扫黑除恶专项斗争先进集体。区检察院被授予"全国先进基层检察院"称号。做实省级风险评估试点，建设全省首个县级社会风险评估指导中心，完成205件各类重大决策风险评估工作，有效保障重要决策、重点工作、重大项目平稳落地。圆满完成十九届五中全会、省委十四届八次全会等重要时间节点维稳安保任务。深入开展安全生产专项整治，事故起数和死亡人数均同比下降21.4%。

**这一年，我们严管厚爱强作风，干部队伍建设取得新进展。**区委常委会始终坚持涵养政治生态，持续加强作风建设，推动全面从严治党向纵深发展。突出整治形式主义、官僚主义以及"推、拖、躲、怕、差"五种不良风气，问责追责党员干部105人。开展区委四轮巡察，完成对19个镇街部门、162个村社党组织巡察。实施清廉村居建设专项行动，大力整治基层"微腐败"，实现镇街自办案件"全覆盖"。围绕"五好两确保"目标，平稳有序完成村社组织换届工作，全面实现"一肩挑"，村社党组织书记平均年龄较往届下降4.5岁，大专及以上学历较往届提高14.9%。推进失实举报澄清正名工作，为7名党员领导干部澄清正名，干部为事业担当、组织为干部担当的氛围逐步浓厚。发挥区委党校"阵地""熔炉"作用，搭建干部教育培训"悦学堂"平台，举办政治能力提升、年轻干部政治特训等专题培训班，培训各类党员干部9000余人次。

## 二、准确把握新发展阶段越城面临的形势和肩负的使命

党的十九届五中全会是在我国进入新发展阶段、实现中华民族伟大复兴关键时期召开的一次具有里程碑意义的重要会议。会议审议通过的《中共中央关于制定国民经济和社会发展第十四个五年规划和二〇三五年远景目标的建议》，提出了“十四五”时期我国发展的指导思想、遵循原则、主要目标和重大任务举措，是开启全面建设社会主义现代化国家新征程的纲领性文件。

省委十四届八次全会全面贯彻落实十九届五中全会精神，审议通过浙江省“十四五”规划和二〇三五年远景目标的建议，提出了新发展阶段浙江必须担负起的“五大历史使命”，明确了“十四五”时期“争创社会主义现代化先行省”的目标，谋划了“十三项战略抓手”，为全省上下高水平推进社会主义现代化建设提供了行动指南。省委袁家军书记在省委全会期间专门参加绍兴组讨论，赋予绍兴“率先走出争创社会主义现代化先行省的市域发展之路”这一重大使命，并提出“率先走出腾笼换鸟、凤凰涅槃的智造强市之路，率先走出面向全国、走向全球的高效循环之路，率先走出人文为魂、生态塑韵的城市发展之路，率先走出全域覆盖、上下贯通的整体智治之路”这“四个率先”的具体要求，既体现了省委对绍兴工作的高度肯定，对绍兴干部群众的信任与关怀，更体现了省委对绍兴在现代化建设中的新期望、新要求，在绍兴发展史中具有重大而深远的意义。

市委八届九次全会全面贯彻落实十九届五中全会、省委十四届八次全会精神和袁家军书记对绍兴的重要指示精神，审议通过绍兴市“十四五”规划和二〇三五年远景目标的建议，提出了新发展阶段推动绍兴发展的五大战略基点和五项战术原则，明确要牢牢聚焦“四个率先”目标，谋划了十大工作重点，为全市上下走好社会主义现代化建设的新征程指明了前进方向。

区委常委会认为，新发展阶段背景下，省委、市委分别提出有关现代化建设的宏伟蓝图，令人鼓舞、催人奋进，为越城迈向现代化新征程注入了强大动力。市委“十四五”规划建议明确指出，支持越城区（滨海新区）发挥大湾区新区引领作用，打造全市首位度中心城区，更加坚定了我们抢抓发展风口，加快首位崛起的信心和决心。我们必须深入学习贯彻中央、省委、市委全会精神和袁家军书记对绍兴的重要指示精神，落实好中央、省委和市委“十四五”规划《建议》，锚定现代化建设的新目标、新使命，始终坚持正确的历史观、大局观、发展观，进一步找准越城所处的历史方位，牢牢把握越城发展历史性“窗口期”，奋力打造全市首位度中心城区，推动各项工作实现新跨越、再创新辉煌。

**1. 全面把握“十三五”时期取得的发展成就。**过去五年，区委在市委市政府正确领导下，紧紧围绕以“两业经”“双城计”“活力城”为主要内容的高质量发展组合拳，高质量推进“活力越城、品质越城、和谐越城”三个越城建设，锐意进取、奋力拼搏、主动作为、真抓实干，推动经济社会发展取得重大突破，改革力度前所未有，经济发展势头前所未有、城市建设力度前所未有、越城影响力前所未有。一是综合实力大幅跃升，地区生产总值从2015年的336.8亿元到今年将突破千亿大关，财政总收入、一般公共预算收入预计分别达到2015年的3.9倍、3.5倍。二是产业发展欣欣向荣。两大“万亩千亿”产业蓬勃发展，重大项目纷至沓来，资源要素加速集聚，发展势头强劲有力。三是城市建设成效明显。

古城新城联动发展，文商旅融合发展全力推进，稽山鉴水颜值不断提升。四是发展活力动力不断增强。事权承接全面完成，“两区”体制机制融合优势充分释放，营商环境改革有效推进，绍兴综合保税区等重大平台加速建设，对外开放能级大幅提升。五是社会建设和治理水平日益提高。全国文明城市建设持续深化，美丽城镇建设有效实施，公共服务配套优质均衡，成功列入全国社区治理和服务创新实验区、新时代文明实践中心建设试点区。六是全面从严治党纵深推进。党的领导全面加强，党建“契约化”共建内涵进一步延伸，“两个责任”层层压实，清廉越城建设成效彰显，政治生态更加清朗。总之，我们将胜利完成“十三五”规划目标任务，胜利实现高水平全面建成小康社会，为“十四五”时期可持续高质量发展开好局、起好步打下了坚实基础。在此，我代表区委常委会，向全区党员干部和广大群众表示衷心感谢！

**2. 全面把握“十四五”期间越城所面临重大机遇。**“十四五”时期，越城恰逢多重战略机遇叠加的黄金发展期，机遇前所未有。一是长三角一体化发展中绍兴地位突显。绍兴作为杭甬之间的“金扁担”，在杭绍甬一体化发展中将起到越来越重要的作用。二是滨海新区平台的巨大优势。滨海新区作为全省最高能级的发展平台之一，与越城区相互赋能、协同发展，已成为产业和城市发展的风口。三是新旧动能转换带来的新机。印染化工产业改造提升为越城发展腾出了近万亩空间，两大“万亩千亿”产业蓄势崛起。四是创新驱动带来了发展活力。产业链、创新链融合发展前景广阔，滨海新区人才管理改革试验区为人才赋能提供了强大动能。五是文化底蕴进一步激活。越文化资源深度挖潜，标杆式文商旅项目拔地而起，千年古城焕发了新机。六是越城干部在攻坚克难中展现的良好精神风貌成为改革发展稳定的重要支撑。

**3. 全面把握实现首位度中心城区的工作原则。**我们要振奋精神，保持创造性张力，聚焦对理念、机制、工具、手段、方法进行全方位、系统性、重塑性变革，坚持综合集成、迭代升级、久久为功，不断为首位度中心城区建设赋能。一是以党建为统领。就是要全面加强党的领导，始终坚持把政治建设摆在首位，充分发挥党把方向、谋大局、定政策、促改革的作用，提高党的科学决策水平，凝聚各方智慧力量，形成推动发展的强大合力。二是以改革为动力。改革是破解难题、推动发展的关键一招。必须坚持“发展出题目，改革做文章”，善于用改革的办法解决发展中的问题，以全方位、深层次、数字化改革撬动各领域取得新突破，在重要领域和关键环节改革上敢于啃硬骨头、打硬仗，更好发挥改革的突破和先导作用。三是以创新为核心。创新是引领发展的第一动力，是最持续、最长久的竞争力。必须一体推进理念、制度、技术、模式、管理等方面创新，坚持制度创新和科技创新双轮驱动，在创新人才队伍、创新体制机制、创新平台建设、创新人才生态环境上取得重大突破，把激发基层和群众的首创精神贯穿于创新实践全过程，营造良好的创新氛围。四是以系统方法为指引。系统方法就是运用系统观念分析解决复杂系统问题，使系统不断改进、优化、提升的科学方法体系。要把系统观念、系统方法充分运用到发展的各领域各方面各环节，提高干部的学习力、变革力、凝聚力、应变力、持续发展力、抵御风险能力，提高工作的战略性、前瞻性、科学性、协同性、能动性。五是以整体智治为保障。整体智治就是要以“整体思维”提升智慧治理水平，推动经济、社会、政府等各领域整体智治，加快形成即时感知、科学决策、主动服务、高效运行、智能监管的新型治理形态、治理模式。

## 三、全力打造全市首位度中心城区，加快走出社会主义现代化的区域先行之路

我们要紧紧围绕打造全市首位度中心城区的战略目标，坚持唯实惟先、善作善成，统筹提升八大首位度。

**（一）提升产业首位度。**锚定全球先进制造业基地目标，坚定不移走制造强区之路，深入实施“1234”先进制造业高质量发展行动计划，全力构建具有国际竞争力的现代产业体系。围绕传统制造业改造提升2.0版，打好印染化工产业改造提升收官战，加快实现腾笼换鸟、凤凰涅槃，全力打造省级传统产业转型升级示范区。高质量建设集成电路和高端生物医药两大省级“万亩千亿”新产业平台，深化产业链精准招商，大力招引培育“链主型”企业，集成电路产业聚焦中芯国际、长电科技、豪威科技等头部企业，打好“强链集群战”“补链深耕战”，高端生物医药产业重抓头部项目招引，推动绍兴健康新城强势崛起，力争两大产业到2025年总产值分别突破1000亿元，打造成为全省“万亩千亿”新产业平台的顶级标杆。坚持“项目为王”理念，加强资源要素保障，深入谋划中央资金、省重点项目、省重大产业项目和市县长工程项目申报工作，抓住国家加强“新基建”等政策“窗口期”，争取更多项目进入国家省市计划“盘子”，强化关键要素对重点项目的支持。积极实施数字经济“一号工程2.0版”，推动5G、大数据、云计算、物联网、人工智能、区块链等数字技术应用，加快工业互联网和制造强区深度融合，全面拥抱数字经济发展新时代。提前布局未来产业，推动生物技术与信息技术融合创新，谋划发展第三代半导体等产业生态，加快建设未来产业先导区。

**（二）提升城市首位度。**牢固树立“人民城市”理念，加快“融杭联甬接沪”步伐，推动城市综合能级和功能品质实现跨越式提升。全方位接轨长三角一体化、杭绍甬一体化，主动融入上海、杭州大都市圈，全力保障杭绍甬智慧高速、杭绍城际铁路、杭绍台铁路、轨道交通、智慧快速路等重大工程建设，建成“市域半小时、杭甬半小时、上海一小时”交通圈。高标准编制国土空间、重点区域等城市规划，前瞻性谋划沥海城市副中心建设。推动城乡一体化发展，全面铺开老旧小区改造工作，深化主要道路整治提升，抓实镜湖、袍江等重点区域征收拆改，实现全域融合发展。以“一线城市”标准提升公共服务水平，加快高端项目集聚落地，积极构建现代化教育、医疗、社会保障、养老服务体系。高标准建设沧海社区、薛渎社区等未来社区，聚焦“三化九场景”要求，精心打造有归属感、舒适感和未来感的新型城市功能单元。

**（三）提升文化首位度。**坚持文化守正创新、传承发展，主动融入“一廊三带”建设，以更高品质塑造文化体系，全面打造长三角最具文化标识度城市。深入实施绍兴古城保护利用条例，进一步夯实“四个一”体系，推动信息系统数字赋能古城保护利用，科学编制各区块规划研究，综合实施功能疏解、建筑拆改降层、街巷体系梳理等措施，系统有序恢复古城肌理风貌，不断擦亮“江南风”城市底色。高水平抓好“古城项目群”建设，提升“一城三故里”文化IP知名度，推进历史文化活态呈现，打造全域式“没有围墙的博物馆”，争创以绍兴古城为核心的AAAAA级景区城。推进文商旅深度融合发展，创新文化产业园区发展模式，招引一批符合越城发展实际的实力型、领跑型文化企业，加快871LOOP、黄酒小镇、华强方特等重点文商旅项目建设。高质量建设大运河国家文化公园（越

城段），不断激活宋六陵、抹茶小镇、鲁迅外婆家等会稽山文化旅游带资源，努力让广大游客“进得来、留得住、不想走、还想来”。推进文明城市常态长效建设，深化新时代公民道德建设，不断提升城市“温度”。守好意识形态主阵地，高标准建设区融媒体中心和新时代文明实践中心，擦亮“台门汇”基层理论宣讲品牌，持续提升群众的文化获得感、自豪感。

**（四）提升生态首位度。**坚持绿水青山就是金山银山理念，持续提升稽山鉴水颜值气质，打造“三生三宜”城市大花园，加快创建省级生态文明示范区。全力打好生态环境巩固提升持久战，深化蓝天、碧水、净土、清废四大行动，坚持精准治污、科学治污、依法治污，切实抓好中央生态环保督察整改任务。聚焦清新空气示范区建设，深化铁腕治气，加强对扬尘源、工业源、移动源等精细化管控，确保PM2.5、AQI优良天数等指标达到省市任务要求，持续推动空气质量晋位提升。加快“无废城市”创建整体进度，推动固体废物资源化利用项目建设，打通固废处置的“最后一千米”。推进“污水零直排区”建设，落实落细河湖长制，确保水质稳定达标。多措并举深化垃圾分类，健全“定时定点”投放收运机制，优化“智慧分类”一体化监管平台。建设以鉴湖国家湿地公园和会稽山国家森林公园为核心的稽山鉴水生态功能区。拓宽绿水青山就是金山银山的转化通道，紧扣产业生态化、生态产业化主线，大力发展乡村休闲旅游等产业，持续招引培育“绿色企业”，高水平打造美丽城镇、美丽乡村升级版。

**（五）提升创新首位度。**坚持创新核心地位，主动融入绍兴科创大走廊建设，加快构建“产学研用金、才政介美云”创新生态体系，打造人才高地和高水平创新型强区。积极发挥滨海新区产业创新大平台核心作用，加快建设镜湖科技城、滨海科技城和智汇芯城，聚焦两大“万亩千亿”新产业平台，争创国家级集成电路产业创新中心、绍芯实验室。以创建滨海新区人才管理改革试验区为契机，加大顶尖领军人才引进培育力度，深化人才发展体制机制改革，创新长三角乃至全国人才柔性共享机制，壮大人才培养集聚平台，助推本地人才服务产业发展，优化“人才码”“一卡通”等人才全生命周期服务链，努力建设成为长三角人才集聚新高地。聚力打造高质量科创载体平台，大力建设中关村水木湾区科学园、复旦大学科技园绍兴创新中心、国科生命健康创新园等科创平台，深化北大信息技术科创中心、上海交大研究院、浙大微电子研究中心等科研机构建设，推动产业链和创新链双向融合。深入实施“雄鹰行动”“凤凰行动”“雏鹰行动”，抓好国家高企和省科技型中小企业创新梯队建设，持续推进科技型企业“双倍增”计划，支持企业“揭榜挂帅”参与重点项目攻关，建强集成电路、医疗器械、节能环保、黄酒产业、现代医药等创新服务综合体。

**（六）提升开放首位度。**率先走出面向长三角、面向全国、面向全球开放之路，努力在服务构建新发展格局上争当重要节点。重抓国家级绍兴综合保税区建设，加强总体规划、产业规划等编制研究，创新市场化管理运营模式，集聚一批国际国内双循环特色鲜明的头部企业，全力打造长三角乃至全国集成电路、生物医药产业链供应链畅通的制造枢纽，建设成为绍兴对外开放的新引擎、外贸提升发展引爆点和改革开放新高地。统筹抓好国家级跨境电商综试区、市场采购贸易试点建设，积极开拓多元化国际市场，发展外贸新业态、新模式，进一步构建“买全球、卖全球”的发展格局。着力提升绍兴高新区、袍江经开区能级，贯通生产、分配、流通、消费各环节，构建更加完善的要素市场化配置体制机制，促进开发区争先晋位。筑牢对外交流的桥梁纽带，深耕同心越城品牌，提高中德高端制造峰会影响力，与时俱进办好集成电路、生命健康、医疗器械等产业峰会，全面提升越城“国际范”水平。

**（七）提升营商环境首位度。**对照世界银行标准，以“最多跑一次”改革为牵引，深入实施《建设全市首位度营商环境实施意见》30条，全力打造全覆盖、全天候、无差别、数字化、低成本的营商环境。激发“两区”双向赋能优势，聚焦滨海新区头部职能，持续优化完善“两区”体制机制，推动新区集中精力做“增量”，越城区全面兜底优“存量”，消除管理服务“盲区”。聚力优化政务环境，加快推进政府数字化转型，创新投资项目“一章审批”改革，深化“一件事”集成改革，探索以承诺制为核心的极简审批，以更大力度减环节、减材料、减时间，营造稳定公平透明可预期的政策环境，全面提升市场主体全生命周期便利度。抓好企业日常服务提升，高质量推进“三驻三服务”工作，积极发挥企业代办员、营商环境观察员作用，建立反映和解决问题的“绿色通道”，努力做到回应投诉不过天、协调事宜不过周、兑现政策不过月。构建新型亲清政商关系，推动党员干部光明磊落同企业交往，为企业提供“有求必应、随叫随应”的“店小二式”服务，不断促进民营经济健康发展。

**（八）提升基层治理首位度。**以数字化改革为总抓手，对区域治理的体制机制、组织架构、方式流程、手段工具进行全方位、系统性改革提升，构建党建统领的整体智治体系。推进新时代党建“契约化”共建全覆盖，牢记习近平总书记重要批示精神，创新探索“契约化”共建新内涵、新经验、新作用，加强数字化技术利用，建设全省一流的群团服务中心，深化全国社区治理和服务创新实验区创建，持续擦亮新时代契约化“金名片”。全域推进“县乡一体、条抓块统”改革，深化党建契约数字赋能社会治理，完善数据共享体系、业务协同体系、应用开发体系，推动“一中心—四平台—多网格”迭代升级，建设全省领先、全国一流的矩阵式智治平台，更好服务重点人员管控、风险排查处置和区域协调指挥。牢固树立“大平安”理念，增强忧患意识、底线思维，建成全省首个风评中心，不断完善三级矛调体系建设，打造全省一流的平安展示中心。巩固“无欠薪区”创建成果，全力推进“根治欠薪”工作。深化公安情指行一体化改革，保持扫黑除恶高压态势，提升以精密智控为核心的应急管理能力，深化重点行业领域安全风险隐患排查，实现平安创建“护鼎加星”，争创全国社会治理现代化标杆区。

## 四、认真落实新时代党的建设总要求，为打造首位度中心城区提供坚强保障

贯彻落实新时代党的建设总要求和党的组织路线，既是推动现代化建设的重要内容，也是开启现代化建设新征程的根本保障。必须全面加强党的政治建设，进一步夯实基层基础，狠抓正风肃纪整改，推动新时代党建工作高质量发展。

**（一）强化政治引领，建设一支对党忠诚、政治过硬的干部队伍。**坚持把学习贯彻党的十九届五中全会精神和习近平总书记考察浙江重要讲话精神作为重要政治任务，忠实践行“八八战略”、奋力打造“重要窗口”，认真开展学习轮训工作，持续强化理论武装。全面贯彻落实习近平总书记的重要指示批示精神，进一步深化拓展党建“契约化”共建内涵。巩固提升“不忘初心、牢记使命”主题教育成果，健全常态化学习机制，确保第一时间掌握党的创新理论的内涵

精髓和实践要求。抓好领导干部政治把关和政治素质考察，充分发挥各级党委领导核心作用，不断提升干部队伍政治能力。建立健全保障“两个维护”的制度机制，加强对习近平总书记重要指示批示精神贯彻情况的政治监督，确保“四张清单”落到实处，推动全区上下增强“四个意识”、坚定“四个自信”、做到“两个维护”。贯彻落实《意识形态工作责任制实施办法》，建立健全意识形态监测、研判、回应等机制，提高干部队伍意识形态领域斗争能力。以建党百年庆祝活动为契机，进一步加强理想信念教育，引导广大干部自觉听党话、跟党走。

**（二）建强基层堡垒，建设一支上下协同、执行力强的干部队伍。**牢固树立大抓基层导向，做精做优五星系列“升级版”，以“契约化”共建示范社区、乡村振兴先行村、“红色物业”为载体，全面加强机关、村社、学校、医院、国企等各领域党的建设，进一步织密建强上下贯通、执行有力的组织体系。加强和规范基层党内政治生活，严格落实“三会一课”、民主生活会、组织生活会等制度，持续增强基层干部队伍的纪律性、纯洁性。做深做实村社换届“后半篇”文章，推动村社干部领衔攻坚、亮相晒诺、马上就干，全面提升“一肩挑”村社主职干部的系统思维、协同理念、法治意识和为民情怀，着力打造一支讲政治顾大局、扛得住顶得上、促团结会协作的基层干部队伍，为“十四五”期间基层发展奠定坚实的组织保障。

**（三）坚持实干导向，建设一支担当作为、攻坚克难的干部队伍。**突出实践标准、实绩依据，深化干部制度改革，完善政绩考核评价体系，建立健全激励干部担当作为体制机制，强化能者上、优者奖、庸者下、劣者汰的正确选人用人导向，着力破解干部“推、拖、躲、怕、差”等作风问题，充分激发干部干事创业的激情与活力。加强干部教育培训，建强区委党校培训主阵地，切实提升干部队伍政治素养和专业能力水平。深化专班工作机制，深入实施年轻干部“奔跑计划”，着力把干部放到基层一线、关键岗位中积累经验、磨砺成长。坚持严管厚爱相结合，促进“干部为事业担当、组织为干部担当”良性互动，用好容错纠错机制，常态化开展澄清正名工作，严肃查处诬告陷害行为，旗帜鲜明地为敢于担当、踏实做事、不谋私利的干部撑腰鼓劲。

**（四）全面从严治党，建设一支清正廉洁、恪守底线的干部队伍。**深化清廉越城建设，坚持作风建设常态化、长效化，持之以恒深化落实中央八项规定精神，严加整治形式主义、官僚主义等问题，坚决防止“四风”变种反弹回潮，推动全面从严治党向纵深发展。巩固发展反腐败斗争成果，加大打伞破网力度，以更严要求、更高标准深化专项治理行动，加强对重点领域、关键环节的精细化监督。深入开展区委巡察，推动巡察向基层延伸，高质量实现巡察全覆盖。准确把握运用监督执纪“四种形态”，坚持抓早抓小、防微杜渐。提升镇街纪检监察工作规范化建设成效，扎实推进清廉村居建设，强化“小微权力”监管，加强对换届后村社主职干部“一肩挑”监督，营造全社会崇清尚廉的浓厚氛围。

# 绍兴市越城区人民代表大会常务委员会工作报告（摘要）

## ——在越城区第九届人民代表大会第五次会议上

越城区人民代表大会常务委员会副主任　鲍永强

## 一、2020 年工作回顾

2020 年 1 月区九届人大四次会议以来，在中共越城区委的坚强领导下，区人大常委会认真学习贯彻习近平新时代中国特色社会主义思想，围绕高质量完成“三个越城”建设和打造全市首位度中心城区，紧紧依靠广大代表，切实履行宪法法律赋予的职责。一年多来，共召开主任会议 12 次，常委会会议 10 次，听取工作汇报 27 项，听取审议工作报告 18 项，作出决议、决定 5 项，开展调研、视察 26 次，任免国家机关工作人员 137 人次。

**一、强化政治属性、政治担当，全面落实党对人大工作的领导**

坚决贯彻党中央决策部署，落实省、市、区委工作安排，自觉把党的领导贯穿人大工作全过程和各方面。坚持用党的创新理论武装头脑，深入学习领会习近平总书记关于坚持和完善人民代表大会制度的重要思想，认真学习贯彻习近平总书记考察浙江重要讲话精神，并就建设“重要窗口”进行了研讨交流。及时将人大常委会会议、党组会议有关情况以及人大工作中的重大事项、重要问题向区委请示报告，认真落实区委书记在人大常委会上提出的指示要求，确保人大工作始终在区委的领导下进行。注重发挥党组把方向、管大局、保落实作用，认真贯彻民主集中制，坚持科学决策、民主决策、依法决策。全力支持区委巡察，督促机关党组高质量抓好巡察问题整改。

**二、发挥制度优势、工作优势，全力助推战疫情、促发展**

常委会认真学习贯彻习近平总书记关于统筹推进疫情防控和经济社会发展工作的重要讲话精神，及时落实中央和省、市、区委部署要求，以实际行动体现责任担当。常委会专门就贯彻市人大《关于依法全力做好当前新冠肺炎疫情防控工作的决定》发出通知，为政府依法采取应急疫情防控措施提供有力法治支撑。二三月份，常委会领导每天到结对镇街指导防疫工作，深入村、社、企业了解情况，协调解决困难问题，助力疫情防控各项措施落细落实。全体机关干部到结对社区和居住社区，直接参与防控工作。

各级人大代表积极响应区人大倡议，投身疫情防控，助推复工复产，在不同的战线上履职尽责、担当作为。常委会在深入调研的基础上，对区政府统筹推进疫情防控和经济社会发展情况进行了专项监督，助推“两手硬、两战赢”。

**三、坚持精准监督、有效监督，助力打造全市首位度中心城区**

常委会紧紧围绕区委中心工作，找准切入点、提高实效性，在助力建设全市首位度中心城区实践中落实人大履职担当。

**聚焦经济转型升级。**围绕新兴产业培育发展，组织万亩千亿电子产业平台及重大招商项目落地情况专项监督，听取数字经济发展汇报，视察科创大走廊建设，跟踪监督重点项目进展情况，推动政府部门高纬度完善产业布局、高力度做好要素保障。围绕传统产业改造提升，跟踪督查印染化工电镀产业改造提升进展情况，督促解决相关企业搬迁集聚遗留问题。围绕“全市首位度营商环境”建设，抓好《浙江省民营企业发展促进条例》贯彻实施工作，专题听取区政府服务企业有关情况汇报，提出深化“最多跑一次”改革、提振发展信心、推动政策精准落地等建议，促进民营企业健康发展、提质增效。

**聚焦城市能级提升。**持续监督《绍兴古城保护利用条例》贯彻实施情况，连续两年审议古城保护利用工作，促进绍兴古城可持续发展。对越城区部分行政区域界线变更作出决议，确保区域界线变更工作依法有序顺利进行。关注拆迁推地工作，建议加强对拆后土地利用的整体性研究，实现土地资源价值和城市品质的再提升。围绕“融杭联甬接沪”战略，视察杭绍台高速公路(越城段)建设情况，推动高质量完成工程建设。深化老旧小区改造提升监督，督促相关部门提升改造协同性，加快改造进度。开展《绍兴市市容和环境卫生管理规定》执法检查，提出九个方面整改清单，推动政府深化城市精细化管理。调研鉴湖国家湿地公园和会稽山国家森林公园建设，促进稽山鉴水生态优势转化为经济优势。

**聚焦公共服务供给。**着眼教育均衡问题，听取新城老城教育资源布局优化专项汇报，建议相关部门要细化落实网点设置，抓好学校软实力构建，推动教育资源在全区范围内的均衡布局。着眼医疗健康问题，专题听取基层中医药综合服务汇报，开展新冠肺炎疫情防控和公共卫生体系建设工作情况调研，关注医保经费使用和保健品市场监管，助力保障人民群众生命健康权益。开展居家养老服务调研，在分析706份调查问卷基础上，形成调研报告提出7点建议，推动居家养老工作提质增效。调研低收入农户奔小康工作，报告得到区委主要领导的批示肯定。对九届人大四次会议通过的10件民生实事项目，进行全线监督、全程跟踪、全面评价，推动实事办好、好事办实。

**聚焦生态环境改善。**严格执行区、镇街生态环境状况和环境保护目标完成情况报告制度，督促政府和相关部门自觉履行生态环境保护责任，加快形成绿色发展行动体系。开展蓝天保卫战、“无废城市”建设试点专项监督，助推解决水、气、土壤、固废污染等方面突出问题。以“一湖两泵站”和浙东运河文化园为重点，开展重大水利工程建设监督。结合《浙江省农村生活污水处理设施管理条例》实施，审议“污水零直排区”建设及管网设施长效管理工作，要求区政府完善任务清单，加强服务指导，落实资金保障，提升污水治理成效。组织生活垃圾分类工作专题询问，用视频呈现存在问题，在代表与部门的互动中共商改进之策。听取农村人居环境提升工作汇报，对新时代美丽乡村建设工作提出意见建议。

**聚焦计划预算执行。**围绕“把牢图”，开展“十三五”规划实施情况督查，关注“十四五”规划编制，就有关重大问题提出建议，要求凸显发展高度、体现越城特色，科学编制好规划纲要。围绕“管好钱”，听取审议计划、预算、审计工作、债务限额、国有资产管理等情况报告，审查批准2019年财政决算，作出2020年财政预算调整、债务限额的决议，督促政府盘活财政存量资金，规范债务管理。深化支出绩效评估，对富盛镇山区农村饮水工程项目、垃圾分类项目和城南大道改造工程资金使用情况开展专项监督。审议区法院预算执行情况报告，审查塔山、东浦两个街道预算，推动强化部门、镇街预算约束及财务管理。

**四、促进公正司法、严格执法，着力推进法治、维护公平正义**

常委会坚持以促进公平正义为使命，全面助力法治越城建设，努力为高质量发展营造良好法治环境。

**监督公正司法。**听取审议区法院关于行政审判工作情况报告，努力推动法治国家、法治政府、法治社会三位一体建设。就区检察院公益诉讼检察工作开展监督，促进公益诉讼取得更好法律效果、政治效果和社会效果。以“五听二查三报告”的创新方式，对部分法官、检察官开展履职评议，在收集各方意见、查案卷看庭审、听取工作汇报、满意度测评基础上，常委会提出评议意见，督促“两官”依法行使职权，努力提升司法公信力。

**监督依法行政。**围绕行政执法规范化建设，组织开展专题询问，让代表为“法治政府”建设出谋划策。连续两年监督扫黑除恶工作，推动专项斗争长效常治，提升人民群众的安全感和满意度。听取社会矛盾纠纷调处化解“最多跑一地”改革工作情况汇报，提出抓好机制建设、夯实基层治理、提升调处质效等意见建议。关注城乡社区治理体系与治理能力现代化，监督助推全国社区治理和服务创新实验区建设。重视机构改革后新部门运作情况的监督，对退役军人事务局开展专题视察，对应急管理局开展工作评议。

**监督法规实施。**通过明察暗访、调研座谈等形式，对动物防疫和野生动物保护“两法两条例两决定”贯彻执行情况进行了检查监督。开展公共文化服务保障“一法一条例”执法检查，审议城市书房建设工作报告，为打造“全民阅读书香城”建言献策。围绕《浙江省学前教育条例》执法检查发现的问题，开展跟踪督查。在进行《浙江省华侨权益保护条例》执法检查的同时，对基层社区侨务深入调研，提出意见建议并督促整改落实，取得了较好成效。

**五、坚持依靠代表、服务代表，充分发挥代表主体作用**

常委会充分尊重人大代表的主体地位，不断完善保障机制，积极创新服务载体，切实加强和改进代表工作。

**深化代表履职服务。**在前三年推进代表联络站规范化建设基础上，开展代表联络站整体提升行动，达成了“建一批五星级联络站、设一批联络分站、创一批特色联络站”工作目标。深入开展主题活动，市区联动开展了“局长·代表面对面”活动，18位局长和“两院”领导到镇街代表联络站开展各类活动27次，收集各类意见建议73件，解决各类问题45个；开展“建功‘十三五’共谋‘十四五’人大代表在行动”主题活动，为“十三五”圆满收官、“十四五”科学编制贡献人大智慧和力量；各镇街也安排了主题监督活动，贯穿全年作为推动代表履职的抓手。严格履职管理，做好代表履职积分登记工作。

**深化建议意见办理**。抓实抓好代表建议办理,健全完善科学分办、承办答复、跟踪督办、评优表彰机制,落实重点建议常委会领导领衔督办、对口委室跟踪督办制度,推进办理工作满意度测评常态化。针对8件重点建议开展代表约见,促进提办互动,推动建议办结。代表在区九届人大四次会议提出的153件建议,均得到及时研究处理和答复,代表对办理和落实情况总体表示肯定。

**深化街道人大建设**。深入实施《浙江省街道人大工作条例》,印发《关于推进街道人大工作和建设的实施方案》。健全人大街道工委组织,建立党组织并开展"五先引领";加强制度建设,进一步提升街道人大工作规范化水平。常委会专题审议人大街道工委工作报告,并作出决议、列出工作清单,明确人大街道工委的年度工作任务。探索"二听二审二报告"审议模式,在人代会上开展街道预算监督。深化街道民主议政会制度,修订完善章程,探索专题议政。全面实施街道民生实事项目参与式"三上三下"票荐制,推动民生实事办好、办实。我区街道人大工作和建设试点工作获得了2020年省人大与时俱进奖的特别奖。

**六、坚持立足于严、立足于实,不断加强人大自身建设**

一年来,常委会主动适应新形势、新任务,加强自身建设,切实提高履职能力和水平。努力在学习上下功夫,坚持党组政治学习制度,全年共开展理论中心组学习15次,上党课、开展讨论9次,学习法律法规3次。扎实开展"主题党日"和"周一夜学",组织人大机关干部参观绍兴清廉馆和红色藏品展,强化理论武装和廉洁自律。努力在调研上下功夫,常委会重点就深化街道人大工作和建设、发展山区旅游等14个课题深入调研形成报告,为区委决策提供参考,其中《尺度与把握:浅论地方人大司法监督中的几对关系》在省人大理论研讨会上获奖。努力在宣传上下功夫,与区委宣传部联合发出《关于做好新时代人大新闻宣传工作的实施意见》,注重整体策划,讲好越城人大故事,信息工作成绩显著,新闻报道分别获市人大好新闻一、三等奖。努力在创新上下功夫,工作评议首次采用"五听五看三评",代表约见独创"九步法",均获得了省市人大的肯定。

## 二、2021年工作安排

各位代表,2021年是全面实施"十四五"规划的开局之年,也是本届区人大常委会任期的收官之年、区镇两级人大代表的换届之年,区人大常委会工作的总体要求是:高举习近平新时代中国特色社会主义思想伟大旗帜,深入学习贯彻习近平总书记关于坚持和完善人民代表大会制度的重要思想以及在浙江考察时的重要讲话精神,全面贯彻党的十九大和十九届二中、三中、四中、五中全会精神,紧紧围绕区委打造全市首位度中心城区目标和"项目建设攻坚年、改革创新突破年、整体智治提升年"三个年行动部署,按照政治高站位、履职高质量、队伍高素质要求,创造性地做好各项工作,为我区争当"四个率先"先行区,全力建设全市首位度中心城区,率先走出争创社会主义现代化先行省的区域发展之路做出更大的贡献。

重点要把握以下几个方面工作:

**一、在坚持党的领导上更加坚定自觉**。深入学习贯彻习近平新时代中国特色社会主义思想,特别是习近平总书记关于坚持和完善人民代表大会制度的重要思想,做到学深悟透、融会贯通、真信笃行、走实走心。深入贯彻党的十九届五中全会精神,巩固和拓展"不忘初心、牢记使命”主题教育成果，不断树牢“四个意识”、增强“四个自信”、做到“两个维护”。严守政治纪律、政治规矩，认真执行向区委请示报告制度。围绕省、市、区委提出的主题主线和任务要求，积极发挥自身政治优势、制度优势、职能优势、组织优势、智治优势，努力展现一流担当，争创一流业绩。

**二、在助力首位度中心城区建设上更加担当有为。**紧紧围绕打造全市首位度中心城区战略目标，全力助推提升八大“首位度”，在“重要窗口”建设中交出人大履职高分报表。推动经济转型升级。围绕全球先进制造业基地目标，关注经济运行和经济指标全市排名情况，监督“1234”先进制造业高质量发展行动计划实施工作，审议全区重大产业创新平台(四大专班+黄酒小镇)建设情况报告，全力助推“万亩千亿”新产业平台建设。围绕人才强区、创新强区战略，调研科协工作，听取审议企业高层次人才引进情况报告，推动完善人才支撑、技术创新体系。推动营商环境提升。围绕建设全市首位度营商环境目标，听取全区企业涉税环境优化提升情况汇报，找准痛点难点堵点，推动营造良好的税收营商环境。持续关注“最多跑一次”改革，调研行政审批工作，推动政府加快数字化转型，助力提升政务服务便利度和满意度。推动生态环境保护。坚持生态优先、绿色发展不动摇，深化生态环境报告制度，推进生态环境报告工作常态化。持续监督重大水利工程建设，助推“污水零直排区”和“无废城市”创建。围绕提升源头分类质量目标，持续监督生活垃圾分类工作。开展创建省级“渔业健康养殖示范县”工作监督，促进水产绿色健康养殖。推动民生持续改善。健全民生实事项目专项监督长效机制，听取审议老旧小区改造、食品安全放心工程、高层住宅消防设施运行、群众性体育、公共卫生服务、居家养老服务等工作报告，对妇女权益保障、农村宅基地制度改革、安全生产、退役军人服务保障等开展专题调研，视察残疾人之家运行情况。

**三、在依法开展监督上更加精准有力。**以“把牢图”“管好钱”“盯住法”等为重点，打好人大监督“组合拳”。监督规划预算。紧盯我区“十四五”规划和《绍兴滨海新区发展规划》启动各项任务，精准发力，强化监督。关注国土空间格局优化，听取国土空间规划编制汇报。审议计划、预算和国有资产管理等情况报告，开展部门、街道预算执行监督和政府重点支出项目投资绩效评价。关注民主法治。监督村社组织换届后运行情况。聚焦“法治政府”建设，视察枫桥式派出所创建情况，适时作出实施“八五”普法规划的决议。听取区法院家事审判工作汇报，审议区检察院服务非公有制经济工作情况报告，开展法官、检察官履职评议。强化执法检查。持续监督《绍兴古城保护利用条例》，关注《绍兴市大运河世界文化遗产保护条例》贯彻落实情况，助推打造全域式“没有围墙的博物馆”。上下联动开展《中华人民共和国档案法》《浙江省宗教事务条例》等法律法规的执法检查，配合省、市人大做好立法调研。创新监督方式。注重工作评议、专题询问等刚性监督手段的运用，推进评议、询问常态化、制度化。前移监督关口，强化事前、事中、事后全程性监督。深化清单式监督，提高监督的有效性。

**四、在联系服务代表上更加用心用情。**充分尊重代表主体地位，不断提升代表履职服务水平。抓好区、镇两级代表换届选举工作，把好代表“入口关”、选举“组织关”、全过程“监督关”三大关口，确保选举工作风清气正。优化代表履职服务，坚持常委会领导和专职委员走访联系代表、代表列席常委会会议等制度，扩大代表对常委会工作的参与。完善代表建议办理机制，深化重点督办、跟踪督办、满意度测评等机制，总结提升“约见九步法”，落实办理情况报告制度，提高建议办理质量和建议问题解决率。亮出代表履职答卷，健全人大代表向选区选民报告履职情况制度，落实履职管理和履职积分登记办法。指导镇街人大工作，深化落实《浙江省街道人大工作条例》，推进专题民主议政。开展代表联络站建设深化年活动，打造一批功能齐全、特色鲜明的五星级镇街人大代表联络站和联络分站。

**五、在加强自身建设上更加从严从实。**适应地方国家权力机关特点和运作方式，更好发挥“两个机关”作用。加强人大常委会机关党的建设，坚持党组理论中心组学习会、常委会学法、机关“周一夜学”等制度。深化“三服务”和村社结对帮扶活动，在“助”上下功夫，在“帮”上见实效。健全人大与“一府一委两院”的统筹协调机制，加强区、镇两级人大之间思想政治建设和重大工作的互动联动，增强整体实效。深化“智慧人大”建设，改版人大门户网站，探索开发掌上平台，着力推动人大工作数字化转型。

# 政府工作报告（摘要）

## ——在越城区第九届人民代表大会第五次会议上

越城区人民政府区长　袁　建

## 一、“十三五”时期发展成就及2020年主要工作

“十三五”时期，是越城适应新常态、发挥新优势、积蓄新动力、实现新赶超的重要五年。面对复杂的宏观形势和艰巨的改革发展稳定任务，我们在上级党委、政府和区委的正确领导下，在区人大、区政协的监督支持下，紧紧依靠全区人民，一张蓝图绘到底、一以贯之抓落实，“十三五”圆满收官，“活力越城、品质越城、和谐越城”和首位度中心城区建设取得显著成效，高水平全面建成小康社会取得决定性成就。

**——经济综合实力迈上台阶。**五年来，我们抢抓重大改革机遇，与国家级高新区、经开区、省级滨海新区体制合一，经济社会实现赶超式发展。2020年，全区生产总值突破1000亿元，人均生产总值达13.1万元；财政总收入、一般公共预算收入分别达到132.3亿元、78.7亿元，是2015年的4.2倍、3.6倍；固定资产投资、社会消费品零售总额、外贸出口额分别突破581亿元、621亿元、567亿元，是2015年的4.3倍、2.9倍、4.8倍。

**——产业转型升级步伐加快。**五年来，我们坚定不移念好“两业经”、打造“活力城”，集成电路、高端生物医药入选全省“万亩千亿”新产业平台，中芯国际、长电科技、越海百奥等一批重大项目相继落户，印染化工等传统产业改造提升有序推进。“最多跑一次”改革高效落地，“掌上办事之区”“掌上办公之区”初步建成。大力实施“科技新政”“人才新政”，医疗器械、节能环保等5个产业园入选省级创新服务综合体，引育高层次人才216名，国家高新技术企业增至342家，规上工业企业研发中心实现全覆盖，全社会研发经费投入增长7.8倍，高新技术产业增加值占比达58.9%。

**——城乡统筹水平持续提高。**五年来，我们坚定不移唱好“双城计”，完成拆迁征收1050万平方米，古城项目群全面呈现，32省道、群贤路、凤林路、绍三线北延、迪荡湖隧道等主干道路建成通车，新三江闸等重大水利工程顺利推进。高质量完成全国农村集体产权制度改革试点、小城镇环境综合整治、农村人居环境整治，创成“五星达标、3A争创”村122个、新时代美

丽乡村91个，建成“四好农村路”146.6千米。集中整治违建别墅、“大棚房”，拆违884万平方米，获评省级基本无违建区、国土资源节约集约模范区。坚决打好污染防治攻坚战，空气质量持续改善，污水、垃圾、厕所三大“革命”提标推进，夺得“大禹鼎”，连续两年获评省级生活垃圾分类工作优秀县(市、区)。

**——社会民生事业扎实推进。**五年来，我们始终坚持人民至上，扎实办好民生实事，累计民生支出达200亿元。新增就业岗位13万个，城乡居民人均可支配收入分别达到61861元、38633元，收入比降至1.60。户籍人口社保、医保参保率均超过99%。新建扩建学校42所、新增学额2.8万个，获评省教育基本现代化区。医联体、健共体实现全覆盖，健康浙江考核蝉联优秀。现代养老综合服务体系基本形成。率先实现城乡供水一体化。成功联创省双拥模范城。全面消除年经营性收入30万元以下经济薄弱村、家庭人均年收入8000元以下困难户。结对帮扶的四川马边彝族自治县顺利脱贫摘帽。成功列入全国社区治理和服务创新实验区、新时代文明实践中心建设试点区，规范提升基层治理“四平台”和全科网格。大力推进扫黑除恶专项斗争，深入开展安全生产专项整治，亿元生产总值生产安全事故死亡率下降87.8%，成功创建省级食品安全区，荣获全省首批平安“一星金鼎”。

各位代表，刚刚过去的2020年是极不平凡的一年，特别是面对突如其来的新冠肺炎疫情冲击，我们认真贯彻落实习近平总书记考察浙江重要讲话精神和中央、省、市决策部署，统筹推进疫情防控和经济社会发展，扎实做好“六稳”工作，全面落实“六保”任务，攻坚克难、争先创优，交出了一份高分答卷。2020年，地区生产总值增长4.2%，一般公共预算收入增长4.8%，固定资产投资增长18.6%，外贸出口额增长18%，城乡居民人均可支配收入分别增长4.1%和7.2%，节能减排完成市定任务。主要有以下六方面成效：

**(一)统筹“两战”取得胜利。**毫不松懈抓好疫情防控，严格实行“源头查控+硬核隔离+精密智控”机制，果断实施全省首个整村医学隔离，率先有力有效控制疫情。加强应急防疫物资保供，支持重点企业转产增产，累计为全国和省、市调拨各类防疫物资超3亿件，振德医疗被省主要领导称赞为战时状态的“兵工厂”并荣获全国抗疫先进集体。率先推进复工复产，选派近千名驻企服务员，开出全市首趟就业大巴，迎接首批湖北籍返岗员工，抢建首个复工复产综合服务中心，及时落实稳企助企惠企政策，兑现奖补资金7.6亿元、减税35.4亿元、降费16.5亿元，发放纾困补助资金1.3亿元、惠及7900家小微企业和个体工商户，在全省复产考核中列全市第一。

**(二)转型发展实现突破。**聚焦“万亩千亿”新产业平台，精准开展产业链招商，新引进亿元以上项目39个、总投资970亿元，上榜第一批省重大产业项目12个，8个“市县长项目工程”全部开工。长电科技、中日韩集成电路产业园等重点项目加快建设，高端生物医药产业加速培育。印染化工跨区域集聚提升成效明显，32家印染企业五大组团全部开工，21家化工企业顺利签约。新增“上云”企业1300家、工业机器人483台，整治各类“低散乱”企业1024家。打造文商旅一体化发展新模式，加快推进871LOOP、浙东运河文化园、鲁迅故里省级高品质步行街等项目，创造性转化文化资源。全力推进美丽城镇建设，东浦街道成功创建省级样板，黄酒小镇命名省级特色小镇。孙端小库、陶堰民乐等田园综合体加快建设，高标准农田建设、粮食生产和生猪保供任务全面完成。成功举办2020“同心·越城”大会,承办中国(绍兴)集成电路、生命健康产业峰会、中德高端制造峰会等活动,越城“朋友圈”不断扩大。

**(三)改革创新全面深化。**建立健全政区协同机制,启动建设国家级综合保税区。扎实推进政府数字化转型,政务服务事项网上办、掌上办、跑零次分别达到100%、96.7%、96.8%。发布优化营商环境“30条”,实施营商环境观察员制度。深化国有企业改革,筹建文旅集团和城发集团。完成5G基站建设审批“一件事”集成改革省级试点,实现主城区5G信号全覆盖。入选全省首批数字经济创新发展试验区。加快推进水木湾区科学园、复旦大学科技园、国科生命健康创新园等平台建设,培育创新型企业群,新增国家高新技术企业102家、省科技型中小企业206家,全社会研发经费投入同比增长49%。积极创建滨海新区人才管理改革试验区,创设大湾区院士之家,新引育海内外高层次人才102名,新增就业大学生2.73万人、高技能人才8700名。

**(四)城乡魅力不断彰显。**协同编制国土空间规划,细化完善袍江、城南、鉴湖片区规划。强势推进拆迁征收,完成282万平方米,做地2652亩,经营性土地出让2632亩230亿元。开展滞留户“拔钉清障”专项攻坚行动,有力保障杭绍台高速高铁、智慧快速路、亚运场馆等省市重点项目。则水牌、城南等片区路网及孙端互通连接线等工程加快建设,越兴路、群贤路、世纪街等29条道路整治提升。“一城三故里”项目群推进有力,古城保护利用24项清单工作顺利完成。抓好城管“关键小事”,严厉打击渣土泥浆违法倾倒行为,开展萧甬铁路沿线环境整治。扎实推进“无废城市”建设试点,城乡生活垃圾分类提质扩面。空气质量优良率升至90.7%,PM2.5浓度降至28微克/立方米,改善率全省第一。全面推进“污水零直排区”建设,功能区水质达标率100%。高标准抓好第二轮中央生态环境保护督察问题整改,全部信访交办件按期完成报结。顺利通过全国文明城市复评,美丽浙江建设考核优秀。

**(五)民生福祉持续改善。**全力兑现各项民生承诺,全年民生支出56亿元,省、市、区三级65项民生实事任务如期完成。新增城镇就业4.1万人,完成老旧小区改造50个,既有住宅加装电梯60台,建成智安小区381个。义务教育招生制度改革有序推进,北小梅山校区等4所学校完成建设,建功迪荡校区等7所学校进度加快。区人民医院新院区顺利推进,上海虹桥国际学校、浙江金融职业学院绍兴校区、国科大附属肿瘤医院绍兴院区等签约落户。新增群众体育场地9.5万平方米,完成区体育中心场馆改造。新建农村文化礼堂28家、社区文化家园10家、城市书房7家,“15分钟文化圈”初步形成。平稳有序实施村社组织换届。完善矛调中心工作机制,创设社会治理矩阵式智治平台,建设全省首个县级社会风险评估指导中心。深入推进扫黑除恶专项斗争,加强公安情指行一体化改革和合成作战体系建设,刑事治安警情同比下降30.8%。深入开展安全生产专项整治,全面普及“安全码”,推进交通管理中队下沉镇街,基本建成“15分钟应急消防救援圈”,事故起数和死亡人数均同比下降20%。

**(六)政府效能显著提升。**深入学习党的十九届五中全会精神,政府班子成员分赴基层、带头宣讲。高度重视法治政府建设,全面完成“七五”普法,区政府常务会议专题组织学法6次,健全“一府两院”联席会议制度,行政争议案件“两高一低”问题得到明显改善。定期举行“亲清直通车、政企面对面”恳谈会,常态化开展“三驻三服务”活动，累计解决问题2.3万个。全面落实政府系统党风廉政建设主体责任，严肃查处消极腐败问题。坚决落实“过紧日子”的要求，一般性支出压减18.6%，日常公用经费压减5%。自觉接受人大、政协和社会各界监督，高质量办理人大建议153件、政协提案154件，政府信息公开更加规范。重视发展民族宗教、港澳侨台、对外事务、工商联等事业，支持工青妇、红十字会、科协、关工委、社教委等组织履行职责，推动人民武装、国防教育、退役军人、审计、统计、史志、档案、老龄、儿童、残疾人、流动人口、人防、气象等工作取得新进展。

## 二、“十四五”时期的主要目标和任务

今后五年，是乘势而上，全面开启社会主义现代化建设新征程的关键时期。根据区委《关于制定国民经济和社会发展第十四个五年规划和二〇三五年远景目标的建议》，区政府编制了《国民经济和社会发展第十四个五年规划和二〇三五年远景目标纲要（草案）》，提请大会审议，有关情况说明如下。

“十四五”时期将是越城厚积薄发、赶超跨越、大有可为的时期，我区体制整合优势、发展空间优势、人文底蕴优势、市区协同优势叠加，机遇前所未有。同时，疫情深层次影响依然存在，外部环境的不确定性增多，区域发展面临更高层次、更大范围的竞争。我们要牢牢把握越城发展的历史性“窗口期”，深入谋划和推动新发展阶段五大战略基点，抓纲带目、精准发力，打牢高质量之基、建设首位度之区、走好现代化之路。一是着眼高质量发展先行，持续推动质量变革、效率变革、动力变革，锻造以创新为内核的发展主动能，实现内涵式增长；二是着眼双循环驱动先行，立足长三角一体化发展和全省“四大”建设，全面建立现代产业体系、开放体系、市场体系、消费体系，努力打造国内国际双循环的重要节点；三是着眼数字化改革先行，运用数字化理念、方法、手段，全方位、系统性重塑经济社会发展和政府机关运转模式，以数字赋能创造、拓展更多改革场景，努力实现区域治理科学化、精准化、协同化、高效化；四是着眼影响力塑造先行，集中资源，做出特色，做强优势，打造一批具有越城辨识度的“金名片”，形成层层放大的“滚雪球效应”；五是着眼均衡性提升先行，统筹新型城镇化、乡村振兴和人的现代化，全面优化公共服务，更好满足人的全面发展，努力实现城乡一体、协调发展、共同富裕。

“十四五”时期经济社会发展的总体要求是：高举习近平新时代中国特色社会主义思想伟大旗帜，深入贯彻党的十九大和十九届二中、三中、四中、五中全会精神，全面贯彻党的基本理论、基本路线、基本方略，学习贯彻习近平总书记考察浙江重要讲话精神，忠实践行“八八战略”，奋力打造“重要窗口”，统筹推进“五位一体”总体布局，协调推进“四个全面”战略布局，坚持党的全面领导，坚持以人民为中心，坚持新发展理念，坚持深化改革开放，坚持系统观念，坚持稳中求进工作总基调，以推动高质量发展为主题，以深化供给侧结构性改革为主线，以改革创新为根本动力，以满足人民日益增长的美好生活需要为根本目的，统筹发展和安全，奋力提升产业、城市、文化、生态、创新、开放、营商环境、基层治理首位度，争当“四个率先”先行区，打造全市首位度中心城区，率先走出争创社会主义现代化先行省的区域发展之路，在绍兴率先走出争创社会主义现代化先行省的市域发展之路中发挥引领作用。

“十四五”时期经济社会发展的主要目标

是：到2025年，全区地区生产总值、人均生产总值分别突破1500亿元、17万元，数字经济核心产业增加值占GDP比重达到15%以上，全社会研发经费投入占比达到3.5%，高新技术产业增加值占比达到65%以上，空气质量优良率达到92%以上，常住人口城镇化率达到83%，人均预期寿命达到83.5岁，综合实力迈入全省区（县、市）“第一方阵”，努力打造高质量发展先行区、改革创新引领区、新时代文化标杆区、绿色低碳示范区、区域现代化治理样板区、人民幸福美好家园。

实现上述目标，须抓好五方面重点工作任务：一是大力推动产业结构优化。基本建成集成电路、高端生物医药两大“万亩千亿”新产业平台，加快数字经济与实体经济、现代服务业与先进制造业、一二三产深度融合，确立现代产业体系。二是大力推动改革创新赋能。实施人才强区、创新强区首位战略，高水平推进重大科创平台建设，打造营商环境最优区，成为区域创新策源地、人才蓄水池。三是大力推动城市能级跃升。挑起融杭联甬接沪“金扁担”关键支点，全面提高基础设施联通水平，全域建成新时代美丽乡村。对标世界文化遗产，加强古城保护利用，推进文商旅深度融合，打造具有越城辨识度的文化“金名片”。四是大力推动生活品质改善。实施富民惠民安民、推进共同富裕新举措，构建高质量就业、教育、医疗、社保、养老、救助等服务保障体系，切实增强人民群众获得感。深入践行“绿水青山就是金山银山”理念，持续优化生态环境质量，基本建成现代水乡公园城市。五是大力推动治理体系重塑。以数字化改革为牵引，打造便民利企的数字化服务体系、协同高效的数字化执行体系、全域覆盖的数字化治理体系，形成整体智治新格局。

## 三、2021年政府主要工作安排

2021年是具有特殊重要性的一年，“十四五”开局、现代化新征程开启，做好全年政府工作意义重大。

建议今年全区经济社会发展的主要预期目标为：地区生产总值增长7.5%，一般公共预算收入增长8%，固定资产投资增长15%，社会消费品零售总额增长10%，外贸出口额增长5%，城乡居民人均可支配收入分别增长7.5%、8%，节能减排完成年度目标任务。

围绕上述目标，我们要以项目建设攻坚年、改革创新突破年、整体智治提升年“三个年行动”为载体，着重抓好以下六方面工作：

**（一）强化数字赋能，着力打造先进智造新高地**

坚持数字产业化和产业数字化“双轮驱动”，打好产业基础高级化、产业链现代化攻坚战。

全力发展数字经济。实施数字经济“一号工程2.0版”，加快建设省级数字经济创新发展试验区，超前布局第三代半导体、人工智能、区块链等产业生态，数字经济核心产业增加值增长12%。统筹推进5G、大数据中心、千兆光网等新型基础设施体系建设，新建5G基站1500个，在全市率先实现5G信号全覆盖。实施传统产业改造提升2.0版，加快推进企业数字化智能化绿色化，推广“5G+工业互联网”应用，全面完成纺织、机械、家居、包装、黄酒等五大行业智能化改造，新增工业机器人400台、“上云”企业500家，打造一批智能工厂、未来工厂，建设全市5G工业应用先行区。

做大做强平台经济。全面落实滨海新区发展规划，聚力打造集成电路、高端生物医药“万亩千亿”平台，实行重点产业“链长制”，积极招引头部企业、“链主型”企业，新引进10亿元以上项目25个、其中50亿元以上不少于5个,新项目落地率不低于80%。实行专班化服务,加快国际生命健康产业新城建设,积极推动越海百奥、步长制药、显鋆晶圆、美新半导体等重点项目,力争长电科技年底投产,支持中芯绍兴一期扩大产能、二期启动建设,集成电路、生物医药两大板块再上一个大台阶。

加快培育群链经济。持续优化传统产业布局,扎实推进印染化工产业集聚提升,加快印染企业腾退、签约化工企业开工。实施标杆企业培育工程,打好"凤凰""雄鹰""雏鹰"组合拳,新增省级"隐形冠军"入选企业1家、培育企业5家,完成股份制改造20家,辅导报会上市企业3家,打造结构合理的雁行企业梯队。实施小微企业新三年成长计划,新增小微企业园4个、工业规上企业65家、服务业限上企业100家。推进"品字标"贴标亮标计划,打响"越城制造"品牌。鼓励发展税源经济,实施新一轮楼宇经济三年行动计划,重点楼宇税收增长20%。

**(二)强化开放融合,着力构建高效循环新格局**

牢牢扭住国内国际双循环战略基点,发挥双向开放优势,更大范围、更高层次参与区域合作。

拓展投资消费空间。实施新一轮扩大有效投资行动,全面推进123个重点产业项目和171个基础设施项目建设,确保四类结构性投资均增长10%以上,工业投资、服务业投资均增长30%以上,"市县长项目工程"落地率100%。推动消费扩容提质,推进数字生活新服务行动,拓展夜间消费、数字消费场景,培育健康、养老、文化、乡村等消费新热点。积极改善消费环境,加快步行街、历史人文街区品质化改造,推动古城商贸复兴,壮大国金购物城、苏宁广场、袍江城市客厅等商圈,打造"5分钟便利店+10分钟农贸市场+15分钟超市"的社区生活服务圈,争创省级现代服务业强区。做强旅游经济,争创省级全域旅游示范区。

拓展区域一体空间。构建高质量发展的国土空间布局和支撑体系,高标准编制重点片区城市规划,完善城市发展导向、产业空间布局,推动中心城区控制性详规全覆盖,实现"多规合一"。持续推进袍江、镜湖、江滨等片区拆迁征收和拔钉清障,完成200万平方米以上,实现做地3000亩、土地出让3000亩、盘活争取指标3000亩"三个3000亩"以上。全力助推杭绍甬智慧高速、地铁1号线2号线、棒垒球体育文化中心、文理学院改扩建等省市重大工程。加快城市基础设施互联互通,完成104国道北复线东延、玉山路西延、常禧路南延一期、凤凰西路等工程,新建104国道东蒿线,积极谋划滨富线,打造全市域30分钟通勤圈。推进马山闸强排、曹娥江流域综合整治等重点水利项目,加快建设"越城水网"。高标准做好东西部协作、对口支援、对口合作、山海协作工作。

拓展经贸协作空间。实施优进优出战略,联动推进综合保税区、跨境电商综试区、市场采购贸易方式试点等国家级开放平台,确保综保区如期通过封关验收,加快建成跨境电商园区、外贸服务中心,实现跨境电商出口增长30%,实际利用外资2.25亿美元。抢抓区域全面经济伙伴关系协定(RCEP)、中欧投资协定签订机遇,支持企业大力拓展东盟等"一带一路"市场,积极培育中德、中日韩产业合作园,用好"订单+清单"系统,确保出口占全国份额稳定。提升会展平台能级,深耕"同心·越城"品牌,提高中德高端制造峰会影响力,高水平办好集成电路、生命健康、医疗器械等产业峰会,进一步提升国际知名度。

**（三）强化创新驱动，着力积蓄转型升级新动能**

加大改革攻坚力度，优化创新生态体系，不断激发发展活力。

致力科技赋能。高水平谋划建设镜湖科技城、滨海科技城、鉴湖科技城、智汇芯城、迪荡湖科技CBD等高能级创新平台，加快打造国家集成电路产业创新中心、绍芯实验室，启动建设生物医药省级产业创新中心，深化与浙江大学、复旦大学、天津大学等大院名校产学研合作，提升5家省级综合体创新服务功能，实现“一个产业一个研究院一个综合体”全覆盖。突出企业创新主体作用，加强知识产权保护，支持企业加大研发投入，组建创新联合体，实施新一轮科技企业“双倍增”计划，壮大一批核心技术能力突出的创新领军企业，发展一批活跃的科技型中小微企业，新增高新技术企业134家、科技型中小企业207家、市级研发机构20家、省级研发机构10家，全社会研发经费投入占比达到2.7%。

致力人才赋能。大力推进滨海新区人才管理改革试验区建设，深化“鲲鹏行动”“名士之乡”英才计划，办好大湾区院士之家，千方百计招引高端人才，新增市级及以上顶尖人才100名，新建院士专家工作站、博士后工作站各2家。大力实施“金蓝领”职业技能提升行动，培育更多“越城工匠”和高技能人才。大力创新体制机制，推广“揭榜挂帅”等科技攻关模式，升级应用“人才码”，完善“引育留用管”举措，营造最优人才服务环境。

致力改革赋能。认真落实优化营商环境“30条”和“1+10”重点突破改革举措，深化商事制度、企业投资项目审批“最多80天”等改革。深入推进信用体系建设，认真落实反垄断和反不正当竞争决策部署，维护公平竞争市场秩序。进一步优化政策供给，不折不扣执行好惠企政策，建立健全减负降本长效机制，全年为企业减负30亿元，让企业吃下“定心丸”。深化“一件事”集成改革，突出个人和企业全生命周期“一件事”，优化服务流程和应用，加快实现“一站式”集中服务，推动全流程“最多跑一次”甚至“一次都不用跑”，高水平打造“掌上办事之区”。纵深推进国有企业改革，做实做强国投、城发、市政、环境、文旅、黄酒小镇六大主体，完善现代企业治理结构，优化资产整合配置，强化运营绩效考核，全面提升市场竞争力、服务保障力。扎实推进“大综合、一体化”行政执法体制改革，实现“一支队伍管执法”。

**（四）强化统筹协调，着力彰显品质名城新魅力**

深入实施亚运城市行动计划，全面提升城市功能，高水平推进乡村振兴，展示“江南风”“国际范”“文化味”。

提升城市形象辨识度。实施“千年古城复兴”计划，落实古城保护利用条例，深化水系、地下空间、社区商业等规划研究，持续推进非古城功能疏解和台门桥梁修缮、消防基础提升等微更新，推动越子城、八字桥、阳明故里、书圣故里、鲁迅故里等片区活化利用，进一步擦亮古城“金名片”。深入实施浙东运河文化带、浙东唐诗之路文化带、古越文明文化带“三年行动计划”，以古城古镇古村落、名山名水名游线为重点，打造一批大花园“耀眼明珠”。开展名人故居保护计划，加强文物考古发掘，高标准做好名人故居保护修缮工作。统筹推进文商旅项目群，全面投运“风越里”、上大路风情街区，加快建设黄酒小镇、871LOOP、浙东运河文化园、华强方特主题乐园等项目，谋划鉴湖未来城，呈现别样精彩的绍兴城市封面。

提升建设管理精细度。切实加强城市基础设施运维，实施美化、洁化、亮化、序化行动，持续开展袍江等区域环境大整治，推进“绿色出行、品质交通”建设，打好29条城市道路整治收官战，启动绍甘线等改造提升工程。深化“无违建”创建行动，加快违建存量清零。深入开展城市有机更新，完成老旧小区改造61个、加装电梯80台，推进薛渎、沧海未来社区建设，规范提升小区物业管理水平，打造综合城市功能单元。加快建设“城市大脑”，拓展智慧交通、智慧城管、智慧养老、智慧消防、数字乡村等创新应用5个以上，建成经济运行、社会治理、应急管理等数字驾驶舱3个以上，争取更多项目入选省“观星台”优秀应用。

提升美丽乡村繁荣度。实施新时代美丽乡村行动，持续开展农村人居环境整治提升，打造“五星达标、3A争创”升级版，培育省级美丽城镇样板1个、景区镇4个、特色精品村5个、美丽乡村20个。压实“米袋子”“菜篮子”负责制，落实最严格的耕地保护制度，建成高标准农田3500亩，启动建设中心粮库，确保完成产粮6.67万吨、生猪出栏8.3万头任务，争创省级渔业健康养殖示范区。构建“农业+”多业态融合的产业体系，大力发展生态农业、休闲农业、观光农业。抓好全国农村宅基地制度改革试点，实施“闲置农房激活”计划，深化“两进两回”，加速资源要素向农业农村流动。实施“双增”攻坚行动，低收入农户人均可支配收入增长10%，持续巩固村级经济消薄成果。强化海塘安澜及水利工程安全，除险加固山塘水库11座。

**（五）强化生态优先，着力描绘绿色发展新图景**

打好生态环境巩固提升持久战，打造高质量生态体系，维护好稽山鉴水绿色本底。

增强污染防治力。推进“清新空气示范区”建设，实施PM2.5和臭氧“双控双减”行动，确保完成省市下达指标。深化“五水共治”碧水行动，推行“河（湖）长制”标准化管理，全域创建“污水零直排区”，加强农村生活污水治理设施改造和标准化运维，基本实现污水“应截尽截、应处尽处”，完成清淤50万立方米，重点河湖水质全部达到Ⅲ类及以上，力争再夺“大禹鼎”。推进废弃矿山治理，加强土壤污染防治，确保受污染地块、受污染耕地安全利用率均达92%以上。

增强生态修复力。落实“三线一单”生态环境分区管控，推进鉴湖国家湿地公园、会稽山国家森林公园建设，加强生物多样性保护，争创省级生态文明建设示范区。扎实做好第二轮中央生态环境保护督察反馈问题整改，高度重视长江经济带生态环境保护工作。打造全域“无废城市”样板，推广应用固废治理信息化平台，加快建筑垃圾、大件垃圾回收利用设施建设，提高危险废物处置能力，工业危废利用处置率达到98%以上。完善生活垃圾分类体系，新增垃圾分类集置点104个、再生资源回收站点9个，建成省级示范小区13个、市级达标镇街4个。严厉打击渣土泥浆等非法转移、倾倒行为。

增强集约发展力。落实“碳达峰、碳中和”目标要求，淘汰落后产能，提高能源效率，推进控碳工作，完成“低散乱”整治500家，淘汰落后产能35项，腾出用能空间10万吨标煤。深化“亩均论英雄”“标准地”改革，完善综合评价机制，确保规上工业企业亩均增加值、亩均税收均增长8%以上，引导资源要素向优势区域、优势产业、优势企业集中。积极破解土地闲置、低效、碎片化问题，加大盘活整理力度，推进“四未一低”土地消化，提高土地利用效率。

**（六）强化整体治理，着力推动民生福祉新突破**

坚持以人民为中心，不断完善为民办实事长效机制，建设更具幸福感的人民城市。

加大公共保障力度。落实援企稳岗政策，推动零就业家庭动态清零，城镇新增就业3.15万人、新增高校毕业生2.5万人，城镇登记失业率控制在3%以内。实施全民参保登记计划，规范企业职工基本养老保险省级统筹，户籍人员基本养老保险、医保参保率均不低于99%。强化保障性住房建设，促进房地产市场平稳健康发展。加快教育现代化，深入实施“三名”工程，提升名校集团化办学水平，推进一初凤林校区、建功稽山校区等12所学校工程，加速优质教育资源均衡覆盖，争创全国学前教育普及普惠区，进一步打响“学在越城”品牌。完成区体育中心改造提升工程，新增体育场地5万平方米以上，举办各类赛事活动300场以上。深入开展健康越城行动，推进国科大附属肿瘤医院绍兴院区、区人民医院新院、区公共卫生服务中心和东湖、马山街道社区卫生服务中心建设，深化名院合作办医，实施重点人群疾病预防工程，推动中医药传承创新发展，全面提升基层医疗服务和应对突发公共卫生事件能力，通过国家卫生城市复审，夺取全省首批“健康杯”。提升公共文化服务水平，新建城市书房3家、农村文化礼堂18个，打造文化惠民精品工程，加快建成“15分钟文化圈”。构建重点群体关爱服务体系，实行老年人居家探慰等制度，推进适老化、无障碍改造。提升三级退役军人服务保障体系，做好“双拥”工作。全面完成第七次全国人口普查，大力推进国家安全、国防动员、人防、民族宗教、侨务、外事、慈善等工作，支持工会、共青团、妇联、科协、红十字会、残联等人民团体建设。

加大协同治理力度。推进“枫桥式”系列创建，健全“大调解”工作体系和“多调合一”多元纠纷解决机制，做好信访代办、诉源治理、积案化解等工作，争创省级无信访积案区。深化“县乡一体、条抓块统”改革，完善矛调中心和“基层治理四平台”工作机制，构建矩阵式“智治体”，打造“掌上治理之区”。加强新一届村社队伍教育培训，深化发展“五邻社”等基层治理新模式，持续推进“四治”融合，创成全国社区治理与服务创新实验区。健全舆情应对智治体系，构建线上线下协同处置机制，提升网络斗争能力、话题设置能力，有效引导社会面舆论，确保网络安全清朗。

加大风险管控力度。牢固树立“大平安”理念，完善“监测、预警、处置、反馈”的风险闭环管控机制。慎终如始抓好疫情防控，强化“源头查控 + 硬核隔离 + 精密智控”机制，深化冷链食品安全监管，形成“人”“物”同防工作闭环，织密织牢公共卫生防护网。加大金融风险防范力度，精准开展企业纾困，有效化解政府隐性债务。加快智安小区、智安校园建设，常态化开展扫黑除恶，严厉打击违法犯罪活动。严格落实生产安全、消防安全、食品药品安全责任制，扎实推进第二轮安全生产综合治理三年行动，加快构建“大安全、大应急、大减灾”体系，升级“15分钟应急消防救援圈”，确保安全事故起数、死亡人数持续下降，平安建设实现“十六连冠”。

## 四、加强政府自身建设

坚持“整体智治、唯实惟先”理念，大力推进治理体系和治理能力现代化，努力建设人民满意的服务型政府。

**（一）切实加强唯实惟先作风。**坚持把政治建设放在政府自身建设首要位置，深入学习贯彻习近平新时代中国特色社会主义思想，进一步增强“四个意识”，坚定“四个自信”，做到“两个维护”，不折不扣贯彻落实上级党委、政府和区委各项决策部署。深化争先创优，完善“项目

化实施 + 专班化推进”运作方式，实行差别化政策激励，制定科学考核评价机制，健全清单式闭环管理，决不能“把说的当做了，把做过了当做成了”。提升专业化能力，坚持生成性学习，保持创造性张力，大力倡导攻坚克难、主动揽责的担当精神，积极营造鼓励创新、宽容失败的工作氛围，为担当者担当、让实干者踏实。秉持务实为民的优良作风，贯彻落实中央八项规定及其实施细则精神，坚决抵制“四风”，持续整治形式主义、官僚主义。坚持政府“过紧日子”，严控“三公”经费和一般性支出，非刚性、非重点项目支出压减不低于 10%，把更多财政资金用于科技创新、企业帮扶、民生改善。

**（二）切实加强整体智治能力。**全面推进数字政府建设，赋能治理能力现代化。以数字化手段感知经济社会态势，推动决策由经验判断型向数字分析型转变，逐步实现“用数据说话、用数据决策”。以数字化手段破解体制机制梗阻，打通政府机关内部运行堵点，推动新基建、执法管理、风险防范、应急处置等跨部门事项整体协同解决，高水平打造“掌上办公之区”。以数字化手段助企惠民，搭建与群众、企业交流互动平台，完善“亲清直通车、政企面对面”例会制，系统收集“12345”政务咨询投诉举报平台、综合信息指挥中心、公安民意感知中心等数据，进一步找准群众和企业所需所盼，精准开展“三驻三服务”。

**（三）切实加强法治政府建设。**坚持区政府常务会议集体学法，启动实施“八五”普法，落实重大行政决策程序规定，防范化解行政争议，深入推进政务公开，让行政权力在阳光下运行。自觉接受人大法律监督、政协民主监督，主动接受监察监督、司法监督、社会监督、舆论监督，加强内部审计监督，广泛听取各民主党派、人民团体和社会各界的意见建议，认真办理人大建议、政协提案。坚持把纪律和规矩挺在前面，全力抓好政府系统党风廉政建设和反腐败工作，营造风清气正的政治生态。

# 中国人民政治协商会议<br>绍兴市越城区第五届委员会常务委员会工作报告（摘要）

## ——在政协绍兴市越城区第五届委员会第五次会议上

越城区政协委员会主席　金百富

## 一、2020年工作回顾

2020年，区政协常委会高举习近平新时代中国特色社会主义思想伟大旗帜，在中共越城区委的坚强领导下，把坚持和发展中国特色社会主义作为巩固共同思想政治基础的主轴，把服务“改革创新年、项目攻坚年、治理提升年”行动作为主线，把加强思想政治引领、广泛凝聚共识作为中心环节，较好发挥了专门协商机构作用。全年共组织开展各类协商监督活动36次，形成调研成果43篇，交办提案154件，报送社情民意信息83期，为奋力打造全市首位度中心城区作出了积极贡献。

### （一）坚持政治引领，夯实履职基础

人民政协是坚持和加强党对各项工作领导的重要阵地，是用党的创新理论团结教育引导各族各界代表人士的重要平台，是在共同思想政治基础上化解矛盾和凝聚共识的重要渠道。区政协常委会始终坚持党对政协工作的全面领导，把发挥“三个重要”作用放在政协工作的首位。

**发挥“重要阵地”作用。**充分发挥政协党组把方向、管大局、保落实的重要作用，认真履行全面从严治党主体责任，通过有效工作，把区委的领导落实到政协履职的全过程和自身建设的各方面。全力支持区委巡察，督促机关党组高质量抓好巡察问题整改。在协商活动中，始终围绕区委、区政府的中心任务，自觉做到在大局下思考，在大局下行动，努力找到最大公约数，画出最大同心圆。

**发挥“重要平台”作用。**深入学习习近平新时代中国特色社会主义思想，持续在学懂弄通做实上下功夫。准确把握区委的工作思路、工作方针和工作部署，确保区委的各项要求得到坚决贯彻落实。组织委员走进滨海，走访企业和社区，做调研，搞服务，提振精气神，传递正能量，助推越城区、滨海新区深度融合相互赋能，提升全区人民的政治认同和思想认同。

**发挥“重要渠道”作用。**在各项履职活动中积极宣传区委整体思路，组织委员利用自身影响力主动发声，传达区委、区政府重大决策部署，取得更多的支持和理解。深化委员联系界

别群众制度，努力把区委的思路转化为社会各界的共识。

**（二）坚持协商议政，服务发展大局**

人民政协要紧扣党和政府中心工作履职尽责。区政协常委会始终围绕我区经济社会发展大局建言资政。

**助推优化营商环境。**围绕“优化营商环境”深入开展调查研究，工作面覆盖越城区、滨海新区 17 个镇街，涉及一二三产的 197 家企业，有 32 个部门（镇街）的相关负责人和 18 位委员先后参与了调研工作，掌握了大量第一手资料，形成了专题调研报告。利用“请你来协商”平台，组织召开“进一步提升行政效能”专题协商会，邀请区政府主要领导、相关部门主要负责人与委员、专家面对面协商，为进一步优化营商环境建言献策。

**助推产业发展。**围绕产业发展积极开展履职活动，视察两个“万亩千亿”新产业平台的有关企业，召开“请你来协商”座谈会，想对策思路，提意见建议。全力支持印染和化工企业跨区域集聚搬迁，转型升级。发挥政协优势牵线搭桥，为文创企业提升发展创造条件。出谋划策帮助黄酒小镇建设。

**助推基层治理。**围绕社会治理体系和治理能力现代化，积极助力加强基层治理。以城市社区为切入点，深入街道社区、矛调中心、基层人民法庭和派出所进行扎实细致的调研，形成了 1 个总报告、9 个子报告，得到了省政协领导的批示肯定。以“提升中心城区首位度”为主题，组织界别活动月，有 171 名委员积极参与，提出的意见建议，归纳整理成 6 大方面，呈报区委、区政府决策参考。

**（三）坚持关注民生，恪守为民初心**

人民政协是具有中国特色的制度安排，人民性是其最鲜明的特征。区政协常委会始终牢记人民政协的初心使命，切实做到人民政协为人民。

**抗击疫情保民生。**把抗击疫情作为头等大事，牢牢树立战疫情就是保民生的理念。第一时间响应区委决策部署，主席会议成员从大年初一开始常驻各联系镇街指导督促，机关干部投入“一线”参与社区布点防控，政协委员为抗疫捐款、捐赠紧缺医疗物资，主动寻找机会，参与疫情防控。紧跟疫情发展形势，下村社、进企业开展防疫和复工复产的指导服务，直接参与区内高校复学，参加区企业复工集中服务中心的组建运行。

**专项监督惠民生。**持续围绕“城乡生活垃圾分类处置”开展三级政协联动监督，5 个督查组、17 个镇街组织了监督活动，200 余名委员参与，发现问题 49 个，提出意见建议 57 条。针对“重点区域大气污染防治”工作，开展为期一个月的专项民主监督活动，委员参与 153 人次，视察工地 16 个、村社区 18 个、垃圾处理场所 6 个、餐饮街区 2 条，提出意见建议 26 条。以“发挥县乡矛调中心作用”为主题，开展专项集体民主监督，精准剖析“矛调中心”建设运行中存在的短板，提出了理顺工作体系、推进点面结合等 4 方面建议，促进了我区三级“矛调中心”建设。

**情系群众为民生。**利用提案和社情民意信息渠道，积极反映社会热点和民生关切，64 件共建共享美好生活类的提案得到了高质量办理，29 个民生问题通过社情民意信息得到及时反映。围绕古三江闸和狭猕湖避塘保护利用、稽山鉴水旅游资源挖掘、美丽乡村建设、杭绍台高速公路建设、区人民医院建设、区体育中心运行、高品质步行街建设、全民健身战略落实等主题开展协商视察活动，为提升越城人民生活品质积极发声。区政协各参加单位和广大政协委员积极参与公益慈善活动，献爱心，暖人心。

**（四）坚持凝聚共识，汇聚各界力量**

人民政协的主责主业是协商，凝聚共识是协商的重要目的。区政协常委会始终重视民主协商的实效，把汇聚各界力量，凝聚各界共识作为工作的着力点。

**参与主体更加广泛。**坚持“开门协商”，力求多元主体参与。设法让更多委员参与政协活动，多次邀请区委、区政府领导和有关部门、镇街同志参加政协协商，邀请智库专家、企业家代表、社区干部代表、各界群众代表共同参与协商调研。广泛的参与主体在政协协商议政平台上畅所欲言，畅通了社会各界意见诉求表达渠道，增进了团结。

**协商氛围更加浓厚。**把协商民主贯穿政协履职全过程，运用多种协商方式，积极营造良好的协商氛围，不断扩大协商的包容性。特别是专题性协商活动，开展面对面交流，协商互动成为重要环节。通过协商，大家集思广益，进一步引起了区委、区政府的重视，使问题有了更多解决思路，参与各方进一步增进了理解、凝聚了共识。

**履职平台更加完善。**持续推进履职平台建设，促进政协组织与社会各界沟通思想、增进共识、协调关系、凝心聚力。运用好全体会议、常委会会议、主席会议等传统协商平台，提升界别组、镇街政协工委协商平台的活动能力。完善“请你来协商”新型协商平台，制定《关于“请你来协商”平台建设实施办法》，新建科技界别组委员工作室，推进平台建设工作规范化、制度化、标准化。同时，发挥好书画院、茶研会等社团组织的作用，广泛交流，广交朋友。

**（五）坚持固本培元，提升履职质效**

人民政协是政治组织，加强履职能力建设是政协工作的重要环节。区政协常委会始终坚持守正创新，把制度建设和队伍建设放在重要位置。

**注重守正创新。**坚持先学习再调研，先调研再协商，形成精选议题、深入调研、充分协商、促进转化的有序有效协商格局。举办“采风会”“吹风会”“双向评比”等活动，提高提案撰写质量，通过办理培训、“百案督办”“二次办理”提高提案办理质量，实现提办、交办、反馈等环节“全程”网上办理。组织编纂文史资料《绍兴的塘与闸》，讲好越城故事。

**注重制度完善。**为适应新时代政协工作新要求，对区政协成立以来的所有制度进行全面系统的分析整理，并根据实际情况，作出废止、保留、修订、新立等相应处理。以制度为保障，规范了协商程序，提高了协商质量，推动了专门协商机构“专”出特色、“专”出质量、“专”出水平。

**注重队伍建设。**落实委员知情明政机制，加强委员服务与管理，开展委员读书活动、网络讲座和现场教育，提高委员能力素质和履职热情。狠抓干部作风和机关效能建设，主席会议成员率先垂范，带动机关干部在抗击疫情、“三驻三服务”、文明城市创建、重大项目建设等重点工作中担当有为，进一步提升了服务水平。

## 二、2021年工作任务

2021年是中国共产党建党100周年、“十四五”规划的开局之年，是全区上下抢抓发展风口、加快首位崛起的关键之年，也是本届政协履职的收官之年。新的一年，区政协工作的总体思路是：以习近平新时代中国特色社会主义思想为指导，全面贯彻落实中共十九届五中全会精神，忠实践行“八八战略”，奋力打造“重要窗口”，在中共越城区委的正确领导下，紧紧围绕“项目建设攻坚年、改革创新突破年、整体智治提升年”行动，充分发挥协商民主重要渠道和专门协商机构的作用，为争当“四个率先”先行区贡献政协力量,为建设首位度中心城区展现政协担当。

**(一)坚持党的领导,进一步加强思想引领、凝聚共识**

牢牢把握新时代人民政协的新方位新使命,坚持用习近平新时代中国特色社会主义思想武装头脑。切实落实党对政协工作的全面领导,增强"四个意识"、坚定"四个自信"、做到"两个维护"。坚持把思想政治引领贯穿到履职全过程和各方面,在多元中立主导,在多样中谋共识,在多变中把方向,打牢团结奋斗的共同思想基础。

加强与各党派团体的团结合作,进一步完善各党派团体在政协发表意见、提出建议的机制,努力为各党派团体知情明政、履职尽责创造条件。拓展同党外知识分子、非公有制经济人士、新社会阶层人士交往渠道,联系港澳台侨人士,以新理念、新方式开展工作,真正与这些群体"说得上话、牵得上线、做得上工作、交得上朋友",把更多的人团结凝聚在党的周围。

充分利用政协联系各界、团结各方的独特政治优势,自觉把党的主张转化为全区各界的思想共识和行动自觉,把区委、区政府的安排部署落到实处。组织和引导广大委员多做宣传政策、解疑释惑之事,多谋同舟共济、攻坚克难之策,多鼓提振信心、争先创优之劲,为越城改革发展凝聚人心、汇集力量。

**(二)助推越城发展,进一步发挥专门协商机构作用**

自觉把政协工作融入全区改革发展大局,坚持区委、区政府、区政协共同制定年度协商计划的制度,选准选好协商议题。重点围绕加快产业发展、优化城市管理、提升整体智治等议题,在体验式调研、融入性视察的基础上,开展广泛、多层的民主协商,助推区委的各项决策部署得到贯彻落实。

把握关键环节,改进协商方式,精心组织好每一场协商活动。围绕协商议题学习消化相关知识,做深做实调查研究工作,找出问题症结,精准建言献策。坚持"开门协商",让更多有代表性的委员参加协商活动,依托议政智库邀请专家学者参与协商。提高协商的有效性、针对性、精准性,积极营造既畅所欲言、各抒己见,又理性有度、合法依章的良好协商氛围,做到商以求同,协以成事。

始终聚焦提高协商质效,健全以全体会议为龙头,以专题议政性常委会会议、主席会议、"请你来协商"等为重点的协商议政格局,从注重"做了什么""做了多少"向"做出了什么效果"转变,真正在协商中出办法,出共识,出感情,出团结,以良好的协商质效推动协商成果转化落实。

**(三)聚焦民生事业,进一步强化协商式监督**

准确把握协商式监督的深刻内涵,以协商为方式和原则,以监督为手段和途径,协助区委、区政府解决问题、改进工作、增进团结、凝心聚力。

坚持人民政协为人民的理念,按照协商于民、协商为民的要求,组织广大委员深入基层,深入群众,了解民情,倾听民声,广聚民智,反映民意,化解民忧,不断提高协商式监督的针对性和有效性。

关注区委、区政府民生实事工程及惠民便民利民政策措施的落实情况。针对社会普遍关注和群众普遍关心的居民养老、公共文化服务、环境质量、社会保障、农村建房等工作开展调研视察。着力提高提案质量和提案办理成效,聚焦民生热点难点献计出力。开展社情民意"微调研",畅通反映渠道,充分发挥社情民意"直通车"作用。

**（四）致力固本强基，进一步提升自身建设水平**

充分发挥政协党组在政协工作中的领导核心作用，落实压实党建责任。努力打造“书香政协”，以政协党组理论学习为引领，持续深化常委会组成人员、广大委员和机关干部各层次的学习培训，致力形成全员覆盖、整体提升的学习格局，进一步增强履职尽责的政治定力。

充分发挥委员主体作用，强化委员责任担当，严格按照习近平总书记“政治立场不能含糊、政治原则不能动摇”“把事业放在心上，把责任扛在肩上”的要求，切实当好政治上的“明白人”，当好人民政协制度的参与者、实践者、推动者，担负起“落实下去”“凝聚起来”的政治责任。

持续推动政协工作守正创新，发挥专委会基础性作用，指导和改进界别、镇街政协工委履职活动。充分利用各级融媒体，综合运用信息化手段，创新履职模式，汇众智、聚合力。加强政协系统的上下联动和横向联系，促进交流互鉴。

# 人 物

## 全国劳动模范

| | |
|---|---|
| 倪长兴 | 富盛镇倪家溇村生产队队长 |
| 何兴龙 | 外拓军山湖专业合作社社长 |
| 李阿根 | 越城区灵芝镇张市村书记 |
| 欧定成 | 绍兴三圆石化有限公司副总经理 |
| 郑　旭 | 浙江绿宇环保股份有限公司副总经理 |
| 樊式洲 | 绍兴市富利达丝绸印染厂董事长 |
| 徐爱娟 | 浙江天宇交通建设集团副总经理 |
| 王水木 | 绍兴市汽运集团公司驾驶员（绍兴集亚特种货运有限公司货车驾驶员） |
| 高维英 | 府山街道越都社区书记兼主任 |
| 赵爱根 | 浙江中联建设集团有限公司 |
| 李春波 | 浙江医药股份有限公司党委书记兼董事长 |
| 陶月梅 | 鲁迅小学教育集团总校长 |
| 黄镇发 | 绍兴市市容环卫管理处蕺山清倒组组长 |

## 全国五一劳动奖章获得者

| | |
|---|---|
| 倪宝根 | 富盛镇倪家溇村党委书记 |
| 陈德幸 | 浙纸集团生产厂长 |
| 董建光 | 绍兴市天龙锡材有限公司制造部经理 |
| 余龙生 | 绍兴瓷厂副厂长 |
| 李建明 | 浙江中联建设集团有限公司分公司副经理 |
| 金友良 | 绍兴文理学院附属医院口腔科主任 |

| | |
|---|---|
| 章双林 | 府山街道办事处工会主席劳动保障所所长 |
| 张友华 | 长业建设集团有限公司项目经理 |
| 董建奋 | 绍兴市北海小学教育集团总校长 |
| 王慧琴 | 鲁迅小学教育集团党总支书记、和畅堂校区校长 |
| 叶燕芬 | 绍兴市蕺山中心小学校长 |
| 程小珍 | 绍兴市越城区环境卫生管理处清卫公司塔山清渣组组长 |

## 浙江省劳动模范

| | |
|---|---|
| 余云龙 | 绍兴市独树村党支部书记 |
| 章九斤 | 绍兴市独树村印染厂厂长 |
| 金银燕 | 绍兴市银龙农场场长 |
| 李天荣 | 绍兴平绒厂厂长 |
| 陈成松 | 绍兴县孙端镇皇甫庄村党委书记 |
| 张高章 | 浙江越宫钢结构有限公司品管部经理 |
| 薛建平 | 绍兴市天龙锡材有限公司设备部经理 |
| 童仙敏 | 浙江环宇建设集团有限公司副总工 |
| 林福堂 | 浙江环宇建设集团有限公司工人 |
| 徐春林 | 东浦镇政府人武部长 |
| 胡月祥 | 东浦镇袁川村党总支部书记 |
| 韦福安 | 绍兴市恒昌集团有限公司董事长 |
| 祝兰英 | 水沟营社区主任兼书记 |
| 李　军 | 绍兴市汽车运输集团有限公司客车驾驶员 |
| 王关福 | 亭山乡树下王村书记 |
| 鲁海潮 | 浙江天宇交通建设集团有限公司 |
| 沈建斌 | 兰科所所长 |
| 谢茂根 | 绍兴市迪荡街道沈家庄村书记 |
| 丁来富 | 迪荡街道世禾社区书记 |
| 张金纪 | 上虞县伟明村奶牛养殖场职工 |
| 吕春雷 | 浙江医药股份有限公司昌海生物分公司总经理 |
| 谢璜珍 | 绍兴县两溪乡罗镇小学校长 |
| 孟　琴 | 绍兴市北海小学教育集团教科室主任 |
| 蒋慧娟 | 鲁迅小学教师 |
| 沈越超 | 越城区北海街道社区卫生服务中心副主任 |
| 周栩杰 | 绍兴市越城区环境卫生管理处经理助理 |

石晓勤　区统战部（原区委办）
吴子芳　绍兴市越城区不动产登记服务中心管理八级

## 浙江省五一劳动奖章获得者

马国良　绍兴博利豪家纺有限公司董事长
茅天尧　绍兴咸亨酒店有限公司副总经理、技术总监
何祖国　绍兴市越城区环境卫生管理处清卫公司维修班班长

## 绍兴市劳动模范

王新红　鲁建国　谢永明　唐克铭　潘其贤　高建兴　裘宝华　杨菊祥　李建明　张阿五
陈尧火　姚百祥　吕柏松　章水桥　沈　蕾　华玉武　谢小本　沈云水　戴金富　钱国统
戴国水　谢中富　寿越强　俞宝兴　何国兴　赵建林　劳建华　樊益棠　刘文革　余　钢
张国祥　胡美珍　祝张法　吴金水　丁阿良　钟建明　崔桂新　杨吉富　李方正　叶利明
陈德根　柴德木　黄金灿　张佩珍　王阿牛　李吉利　余　智　虞爱凤　冯家初　陈利民
王尧森　傅春林　周水林　应立峰　他维琪　刘伯福　葛华明　胡国祥　阮荣涛　单　波
孔望欣　陈春峰　周　军　钱小萍　余水园　钱水根　张国昌　吴剑荣　胡淑香

## 绍兴市五一劳动奖章获得者

陈芳芳　孟红娟　孙良虎　吕闰强　赵　刚　赵荣兴　余伟国　陈柏梁　张国富　李刚明
高国龙　王小朝　谢云飞　王荣东　徐崇光　黄　帅　王苗庆　孙国林　胡四平　陆天承
陈福英　郑华东　马少军　朱剑雄　叶宏伟　徐兴江　虞伟庆　王红卫　胡四平　高秀凤
金淙淙　高学文　陈卫刚　李　慧　陈国青　朱学辉　金任奎

## 2020年越城区各级“好人”名单

**“中国好人”**　陈　良　鲁建国

**“浙江好人”**　李青华　陈　良　鲁建国　汪水利　杨敖金　林伟堂　黄成民

**“绍兴好人”**　绍兴市人民医院隔离病区的“抗冠团队”
徐爱意　狄　枫　陈　良　鲁建国　汪水利　杨敖金　王炳峰
林伟堂　刘成伦　许春美　黄成民　郭海玲　劳光亮　李来云

# 2020年越城区党政机构及有关部门负责人名单

（截至2020年12月31日）

## 中共绍兴市越城区委员会

书　记　金晓明
副书记　袁　建
　　　　钱林江
　　　　胡文炜
常　委　何浩挺
　　　　盛学东
　　　　茹福军
　　　　王姿琴
　　　　寿建华
　　　　应尧刚
　　　　陈学军
　　　　郑　华（2020年2月任）
　　　　刁文辉（2020年3月任）
　　　　王媛媛（2020年7月挂职）

## 绍兴市越城区第九届人民代表大会常务委员会

主　任　徐　荻（2020年11月提名）
副主任　鲍永强
　　　　陈云根
　　　　宋国兴
　　　　周春雨
　　　　徐敬德

## 绍兴市越城区人民政府

区　长　袁　建
副区长　何浩挺
　　　　汤栃钧
　　　　王媛媛（2020年7月挂职）
　　　　盛卓异
　　　　赵腾飞
　　　　钟建荣
　　　　胡旭东（2020年3月任）

## 政协第五届绍兴市越城区委员会

主　席　金百富
副主席　应芙蓉
　　　　钱伟平
　　　　郑明花
　　　　王建利
　　　　王柏振
秘书长　唐国梁

## 区纪委、区监委

区纪委书记、区监委主任　盛学东
区纪委副书记、区监委副主任　何冠军
　　　　单伟国

## 区委办公室（区台办、区档案局、区委机要局、区委保密办）

区委办公室主任
区台办主任　戴宝水
区档案局局长　董湘颐

## 区人大常委会办公室

主　任　陈志平

## 区人大常委会研究室

主　任　单玲龙

## 区人大常委会代表工委

主　任　吴尧森

## 区人大常委会法制（监察和司法）工委

主　任　陈瑞祥

## 区人大常委会财经工委

主　任　徐百平

## 区人大常委会科教文卫工委

主　任　王　伟

## 区人大常委会城建环保工委

主　任　单国炎（2020年6月任）

## 区人大常委会农业与农村工委
主　任　裘国海

## 区人大常委会社会建设工委
主　任　高玮民

## 区政府办公室（区政府外事办公室）
区人民政府办公室主任　谢勇峰
区政府外事办公室主任　谢勇峰

## 区政协办公室
主　任　葛卫江

## 区政协提案委
主　任　袁稼阳

## 区政协经济委
主　任　董兴昌

## 区政协科教卫体委
主　任　夏国祥

## 区政协社法民宗委
主　任　胡继铭

## 区政协文化文史和港澳台侨委
主　任　王　甬（2020年6月任）

## 区政协委员工委
主　任　钱纪才

## 区委组织部（区直机关工委、区委"两新"工委、区公务员局）
区委组织部部长　应尧刚（2020年1月任）
区直机关工委书记　应尧刚（2020年1月任）
区委组织部常务副部长　周　胜
区委"两新"工委书记　方　茂（2020年6月任）
区公务员局局长　杨枝华（2020年12月任）

## 区委宣传部（区文明办、区新闻办、区新闻出版局、区网信办）
区委宣传部部长　茹福军
区委宣传部常务副部长　单曙光
区文明办主任　王　剑
区新闻办主任　单曙光
区新闻出版局局长　单曙光
区融媒体中心副主任　金伟锋
区新时代文明实践指导中心副主任　金水福

## 区委统战部（区民宗局、区侨办）
区委统战部部长　王姿琴
区委统战部常务副部长　徐卫东
区民宗局局长　王永兴
区侨办主任　季　斌（2020年12月提名）

## 区委政法委
书　记　钱林江
常务副书记　祝卫越

## 区委改革办（区委政研室、区跑改办）
区委改革办主任　钱林江
区委改革办常务副主任　杨卫江（2020年12月任）

## 区委编办
主　任　寿建明

## 区委巡察办
主　任　潘国尧

## 区信访局
局　长　黄　伟（2020年6月任）

## 区委老干部局
局　长　王立刚

## 区发改局（区粮食物资局）
区发改局党组书记、局长　陈荣华
区粮食物资局局长　陈荣华

## 区经信局（区金融办）
区经信局党组书记、局长　郑雪奎
区金融办主任　郑雪奎

## 区教体局
党工委书记、局长　戴志根

**区科技局**
党组书记　黄汉平
局　长　谷　丰

**区公安分局**
党委书记、局长　胡旭东（2020年2月任）
党委副书记、政委　王岳伦（2020年3月任）

**区民政局**
党组书记、局长　陈继瑞

**区司法局（区行政复议局）**
区司法局党工委书记、局长
区行政复议局局长　王　挺

**区财政局（区国有资产监管办）**
区财政局党组书记、局长
区国有资产监管办主任　沈华清

**区人力社保局**
党组书记、局长　罗方远

**区建设交通局（区人防办）**
区建设交通局党工委书记、局长
区人防办主任　胡森华（2020年12月任）

**区水利局**
党组书记、局长　章国荣

**区农业农村局**
党工委书记、局长　娄建成

**区商务局**
党组书记、局长　陈智明

**区文广旅游局**
党组书记、局长　周志红（2020年12月任）

**区卫生健康局**
党工委书记、局长　祝佩兰

**区退役军人事务局**
党组书记、局长　张俊牯（2020年12月任）

**区应急管理局**
党委书记、局长　刘明华（2020年12月任）

**区审计局**
党组书记、局长　张国昌（2020年3月任）

**区市场监管局（区知识产权局）**
区市场监管局党工委书记、局长
区知识产权局局长　梁钦鸿

**区统计局**
党组书记、局长　李　钢（2020年6月任）

**区综合执法局（区城管局）**
区综合执法局党工委书记、局长　俞科军（2020年4月任）

**区自然资源和规划分局**
党委书记、局长　金建兴

**市医保分局**
党组书记、局长　蒋　坚

**区生态环境分局**
党组书记、局长　汤　华（2020年12月任）

**区人武部**
部　长　吴　罡
政　委　刁文辉

**区法院**
党组书记、院长　王　骏
党组副书记、副院长　张硕栋

**区检察院**
党组书记、检察长　周　江（2020年1月当选）
党组副书记、副检察长　杨文芳

**区总工会**
党组书记、主席　曹刚勇（2020年12月任）

**团区委**
党组书记、书记　魏珂赛（2020年12月任）

## 区妇联
党组书记、主席　谢　菁（2020年12月提名）

## 区残联
党组书记、理事长　邵　越

## 区红十字会
党组书记　　姚洪敏
常务副会长　张荣利

## 区科协
主　席　周玲玲

## 区工商联
党组书记　曹刚勇
主　席　　沈云根

## 市名城办
党工委副书记、主任　徐党民
党工委委员、副主任　徐国峰

## 区房征办
党组副书记、主任　金越峰

## 区政务服务办（区公管办）
区政务服务办党委副书记、主任
区公管办党委副书记、主任　吕钢强

## 黄酒小镇管委会
党工委书记、主任　金　栋

## 区流管中心
党组书记、主任　马　超

## 区综合信息指挥中心
党组书记、主任　黄　玮

## 区委党校（区行政学校）
区委党校筹建办主任　方　茂

## 区档案馆（区史志研究室）
馆　长　董湘颐

## 区机关事务中心
党组书记、主任　吴卫阳

## 区大数据中心
党组书记、主任　童妙灿

## 区税务局
党委书记、局长　徐志方

## 区气象局
党支部书记、局长　何满火

## 区消防救援大队
大队长　　　丁　飞
政治教导员　沈潮阳

## 民革越城区基层委
主　委　汤枥钧

## 民盟越城区基层委
主　委　董越标

## 民建越城区基层委
主　委　周　江

## 民进越城区基层委
主　委　周玲玲

## 农工党越城区支部
主　任　陈　康

## 九三学社越城区基层委
主　委　王建利

# 2020 年越城区各街道和建制镇党政正职名单

（截至2020年12月31日）

**塔山街道**
党工委书记　叶海木（2020 年 6 月任）
办事处主任　张　标

**府山街道**
党工委书记　童云英
办事处主任　傅晓铭

**北海街道**
党工委书记　王徐彪（2020 年 12 月任）
办事处主任　赵溢彬（2020 年 5 月任）

**稽山街道**
党工委书记　陈天政
办事处主任　陈水祥

**城南街道**
党工委书记　王宝金（2020 年 2 月任）
办事处主任　倪国峰（2020 年 5 月任）

**迪荡街道**
党工委书记　蒋国梁（2020 年 12 月任）
办事处主任　盛　瑜

**东湖街道**
党工委书记　柳祖耀
办事处主任　赵建标

**灵芝街道**
党工委书记　朱建华（2020 年 12 月任）
办事处主任　胡　博（2020 年 5 月任）

**东浦街道**
党工委书记　董敏华（2020 年 5 月任）
办事处主任　俞小红

**鉴湖街道**
党工委书记　赵雄伟
办事处主任　金巍东

**斗门街道**
党工委书记　劳志明（2020 年 12 月任）
办事处主任　蒋　潮

**皋埠街道**
党工委书记　李鲁旗

**陶堰街道**
党工委书记　王小伟
办事处主任　陈　镔

**马山街道**
党工委书记　裘夏杰
办事处主任　陆正韵（2020 年 12 月任）

**孙端街道**
党工委书记　李　彰（2020 年 4 月任）
办事处主任　胡立钊

**富盛镇**
党委书记　张春华
镇　　长　黄　伟

# 区委重要文件目录选编

| | |
|---|---|
| 越委〔2020〕2 号 | 关于认真学习贯彻党的十九届四中全会精神更高水平推进区域治理现代化的决定 |
| 越委〔2020〕5 号 | 关于深入贯彻落实习近平总书记重要指示和中央、省委、市委文件精神切实加强党的领导为打赢疫情防控阻击战提供坚强政治保证的通知 |
| 越委〔2020〕30 号 | 关于表彰在疫情防控和复工复产一线表现突出的优秀共产党员和先进基层党组织的决定 |
| 越委〔2020〕32 号 | 关于深入学习贯彻习近平总书记考察浙江重要讲话精神以实际行动展现“重要窗口”维护者建设者展示者的风采的决议 |
| 越委〔2020〕33 号 | 关于加快建设首位度中心城区人才高地 奋力打造高水平创新型强区的决定 |
| 越委〔2020〕36 号 | 印发《关于推进新时代民政事业高质量发展的实施意见》的通知 |
| 越委〔2020〕37 号 | 关于越城区部分行政区域界线变更方案的决议 |
| 越委〔2020〕40 号 | 关于授予“越城工匠”称号的决定 |
| 越委办〔2020〕2 号 | 印发《关于调整完善滨海新区与越城区管理体制机制的若干意见》的通知 |
| 越委办〔2020〕7 号 | 关于印发《关于高水平推进越城区美丽城镇建设的实施意见》的通知 |
| 越委办〔2020〕8 号 | 关于印发《越城区“无废城市”建设试点工作实施方案》的通知 |
| 越委办〔2020〕9 号 | 印发《关于深化“三服务”、建立重点工作（项目、工程）专班工作机制的实施意见（试行）》的通知 |
| 越委办〔2020〕12 号 | 关于印发《越城区 滨海新区“1234”先进制造业高质量发展行动计划》的通知 |
| 越委办〔2020〕14 号 | 关于印发《越城区重大决策社会风险评估责任追究办法（试行）》的通知 |
| 越委办〔2020〕15 号 | 关于印发《越城区社区规模优化工作方案》的通知 |
| 越委办〔2020〕16 号 | 印发《关于建立联合大督考机制的实施意见》的通知 |

| | |
|---|---|
| 越委办〔2020〕18号 | 印发《越城区关于开展"治理提升年"五大专项行动的实施方案》的通知 |
| 越委办〔2020〕20号 | 印发《关于健全和完善聘请民主党派成员、无党派人士担任特约人员工作制度的意见》的通知 |
| 越委办〔2020〕23号 | 关于印发《2020年越城区"改革创新年"行动实施方案》的通知 |
| 越委办〔2020〕28号 | 印发《越城区、滨海新区关于深化新时代党建"契约化"共建深入推进"三服务"活动的实施意见》的通知 |
| 越委办〔2020〕29号 | 关于印发《越城区社会矛盾纠纷调处化解三级体系建设实施意见(试行)》的通知 |
| 越委办〔2020〕33号 | 关于印发《越城区部分行政区域界线变更组织实施总体方案》的通知 |
| 越委办〔2020〕35号 | 印发《关于进一步调整完善市与越城区相关事权的实施方案》的通知 |
| 越委办〔2020〕46号 | 印发《关于高质量做好村(社区)组织换届选举工作的实施办法》的通知 |
| 越委办〔2020〕41号 | 关于公布保留的越城区、滨海新区党委议事协调机构名单的通知 |
| 越委办〔2020〕42号 | 关于印发《进一步加强"红色物业"管理工作的实施方案》的通知 |
| 越委办〔2020〕43号 | 关于印发《越城区、滨海新区建设全市首位度营商环境的实施意见》的通知 |
| 越委办〔2020〕48号 | 印发《关于高质量推进乡村振兴确保农村同步高水平全面建成小康社会的实施方案》的通知 |
| 越委办〔2020〕50号 | 关于印发《越城区档案工作服务农村基层社会治理试点工作的实施意见》的通知 |
| 越委办〔2020〕53号 | 印发《关于进一步加强新乡贤工作助推首位度中心城区建设的实施意见》的通知 |
| 越委办〔2020〕57号 | 印发《关于构建社会矛盾纠纷"大调解"工作体系的若干意见》的通知 |
| 越委办综〔2020〕3号 | 转发《关于深入学习习近平总书记重要指示批示精神传承弘扬驻村指导员、民情日记、社区党建"契约化"共建等制度高质量深化"三服务"的意见》的通知 |
| 越委办综〔2020〕11号 | 关于印发《越城区加快推动"三农"高质量发展若干补充政策(2020年修订版)》的通知 |
| 越委办综〔2020〕17号 | 关于印发《新时代越城产业工人队伍建设改革工作清单》的通知 |
| 越委办综〔2020〕23号 | 关于持续解决形式主义突出问题为基层减负的通知 |

# 区政府重要文件目录选编

| | |
|---|---|
| 越政发〔2020〕1号 | 关于印发《绍兴市越城区5G通信基站专项规划(2019—2025年)》的通知 |
| 越政发〔2020〕9号 | 关于印发《越城区突发事件总体应急预案》的通知 |
| 越政发〔2020〕10号 | 关于综合行政执法调整划转行政处罚事项的通告 |
| 越政办发〔2020〕1号 | 关于印发《越城区深化浙江省食品安全区创建工作实施意见》的通知 |
| 越政办发〔2020〕2号 | 关于加快推进5G网络规划建设的实施意见 |
| 越政办发〔2020〕6号 | 关于印发《绍兴市越城区畜禽养殖禁养区划分调整方案》的通知 |
| 越政办发〔2020〕8号 | 关于印发《越城区规划非保留村农村生活污水治理设施长效运维管理办法(试行)》的通知 |
| 越政办发〔2020〕13号 | 关于印发《全区开展农村人居环境整治提升常态化评估的实施意见》的通知 |
| 越政办发〔2020〕14号 | 关于印发《绍兴市高新技术创业服务中心企业入驻管理办法(试行)》的通知 |
| 越政办发〔2020〕19号 | 印发《关于全域推进放心消费建设的实施方案》的通知 |
| 越政办发〔2020〕21号 | 关于印发《越城区农村产权交易管理办法》的通知 |
| 越政办发〔2020〕23号 | 关于印发《支持外贸企业应对全球疫情蔓延全力稳订单稳市场十大举措》的通知 |
| 越政办发〔2020〕24号 | 关于印发《2020年越城区城乡道路平安畅通提升行动方案》的通知 |
| 越政办发〔2020〕27号 | 关于印发《古城精细化管理考核办法(试行)》的通知 |
| 越政办发〔2020〕35号 | 关于建立越城区"亲清直通车·政企面对面"恳谈会制度(试行)的通知 |
| 越政办发〔2020〕37号 | 关于印发《关于对重点产业项目减免城市基础设施配套费的实施意见》的通知 |
| 越政办发〔2020〕41号 | 关于印发《2020年越城区耕地安全利用与严格管控工作方案》的通知 |
| 越政办发〔2020〕42号 | 关于印发《绍兴市越城区拆迁安置房全过程代建开发实施办法(试 |

| | |
|---|---|
| | 行)》的通知 |
| 越政办发〔2020〕45 号 | 关于印发《越城区创建全省全域“无废城市”工作方案》的通知 |
| 越政办发〔2020〕49 号 | 印发《关于加快推进越城区夜间经济发展的实施意见》的通知 |
| 越政办发〔2020〕50 号 | 关于印发《越城区创建健康促进区实施方案》的通知 |
| 越政办发〔2020〕55 号 | 关于公布 2020 年度区政府重大行政决策事项目录的通知 |
| 越政办发〔2020〕65 号 | 关于印发《绍兴市越城区科技企业培育专项行动计划(2020—2022)》的通知 |
| 越政办发〔2020〕66 号 | 关于印发《越城区地质灾害“整体智治”三年行动方案(2020—2022)》的通知 |

# 索 引

## F



## G



## H



## J



## K

W



X



Y

## Z



## 0-9



## 其 他